Der Thematische
Apperzeptionstest (TAT)
in Diagnostik und Therapie

Udo Rauchfleisch

Der Thematische Apperzeptionstest (TAT) in Diagnostik und Therapie

Eine psychoanalytische Interpretationsmethode

 Ferdinand Enke Verlag Stuttgart 1989

Prof. Dr. rer. nat. Udo Rauchfleisch
Psychiatrische Universitätspoliklinik
Kantonsspital Basel
Petersgraben 4, CH–4031 Basel

CIP-Titelaufnahme der Deutschen Bibliothek

Rauchfleisch, Udo:
Der thematische Apperzeptionstest (TAT) in Diagnostik und
Therapie : e. psychoanalyt. Interpretationsmethode / Udo
Rauchfleisch. – Stuttgart : Enke 1989
  ISBN 3-432-97751-4

© 1989 Ferdinand Enke Verlag, P.O.Box 10 12 54, D-7000 Stuttgart 10 – Printed in Germany
Satz: G. Heinrich-Jung, D-7120 Bietigheim-Bissingen, gesetzt in 9/10 Punkt Times auf Linotronic 300
Druck: betz-druck gmbh, D-6100 Darmstadt 12

Vorwort

Es ist ein merkwürdiges Phänomen, daß zum Thematischen Apperzeptionstest (TAT), der als „projektives" Verfahren ein letztlich auf der psychoanalytischen Theorie basierender Test ist, bisher in deutscher Sprache kein Handbuch publiziert worden ist, in dem ein explizit tiefenpsychologischer Interpretationsansatz dargestellt wird. *Revers* (1973) hat, ähnlich wie *Seifert* (1984), seiner Deutungsmethode eine eher allgemeine „strukturtheoretisch orientierte Entwicklungspsychologie der Persönlichkeit" zugrunde gelegt. Auch die meisten größeren Publikationen aus dem anglo-amerikanischen Bereich orientieren sich, von *Murray* (1935, 1938, 1943) angefangen bis in die Gegenwart, nicht ausdrücklich an der psychoanalytischen Theorie. Eine Ausnahme stellt allenfalls *Bellak* (1954) dar, der zumindest in wesentlichen Aspekten seiner Auswertungsmethode vom psychoanalytischen Modell ausgeht. Konsequent ist ein tiefenpsychologischer Interpretationsansatz bisher aber noch nicht verfolgt worden.

Diese Diskrepanz zwischen dem psychoanalytischen Hintergrund und den sich auf andere Persönlichkeitsmodelle stützenden Auswertungsmethoden hat sich meines Erachtens sehr behindernd auf die Verwendung des TAT ausgewirkt. Die aufwendigen Signierungssysteme, wie sie u. a. von *Murray* (1938, 1943), *Magda B. Arnold* (1962), *Bellak* (1954), *Stein* (1948) und *Tomkins* (1947) vorgeschlagen worden sind, haben sich nicht durchgesetzt (eine Diskussion dieser Methoden findet sich bei *Revers*, 1973). Abgesehen von dem großen dazu nötigen Zeitaufwand, erweist sich die Anwendung dieser Interpretationsmethoden auch insofern als unbefriedigend, als eine Untersuchung im Vorfeld psychotherapeutischer Interventionen nicht das Material liefert, das für die Behandlung relevant ist und unmittelbar therapeutisch umgesetzt werden kann. Gerade der psychoanalytisch orientierte Therapeut empfindet bei der bisher üblichen TAT-Auswertung einen seine Arbeit behindernden Bruch zwischen der Abklärungs- und der Behandlungsphase. Er ist, wenn er sich an die gängigen Auswertungsrichtlinien hält, gezwungen, die Testresultate zunächst vor dem Hintergrund einer allgemein-psychologischen, nicht spezifisch psychodynamischen Persönlichkeitstheorie zu formulieren. Erst in einem zweiten Schritt kann er dann versuchen, die Befunde in die psychoanalytische Sprache zu „übersetzen." Ein solches Vorgehen hat vor allem zwei Nachteile: Zum einen erfordert es einen unverhältnismäßig großen Aufwand, indem zwei Auswertungsschritte zu vollziehen sind. Zum anderen gehen bei der „Übersetzung" von der einen in eine andere Persönlichkeitstheorie leicht wichtige Inhalte verloren; außerdem wird das vom Probanden gelieferte Material nicht optimal ausgeschöpft.

Diese Überlegungen und die Bestätigung meines Eindrucks durch Gespräche mit vielen „Praktikern" haben mich angeregt, für den TAT eine neue Interpretationsmethode zu entwickeln, die einen möglichst bruchlosen Übergang von der diagnostischen zur therapeutischen Phase garantiert. Es war dabei mein Bestreben, dem mit dem TAT arbeitenden Psychologen und Psychiater eine Möglichkeit an die Hand zu geben, die Testresultate direkt in den therapeutischen Prozeß einfließen zu lassen. Voraussetzung dafür ist allerdings, daß das diagnostische und das therapeutische Vorgehen auf ein und demselben Persönlichkeitskonzept basieren. In Anbetracht des theoretischen Hintergrundes des TAT lag es nahe, dabei das psychoanalytische Modell zu verwenden. Hinzu kommt, daß die Diagnostiker und Therapeuten, welche den TAT benutzen, in der Regel psychoanalytisch orientiert arbeiten.

In diesem Zusammenhang ist noch auf ein weiteres beim TAT feststellbares – im Grunde merkwürdiges – Phänomen hinzuweisen. Es ist die Tatsache, daß dieses Testverfahren sich in der Praxis großer Beliebtheit erfreut, während es im wissenschaftlichen Schrifttum eine nur relativ geringe Rolle spielt. Nach Umfragen in den USA wird der TAT beispielsweise in jugendforensischen Diensten bei 51% aller Abklärungen verwendet (*Haynes* al., 1985). Auch in anderen Untersuchungen (s. *Polyson* et al., 1985; *Vane*, 1981; *Gonzales,* 1977) ergab sich übereinstimmend, daß dieses Verfahren zu den am häufigsten benutzten Tests gehört. Nach*Weiner* (1972) sprach sich bei einer Befragung amerikanischer Hochschullehrer, die in der Diagnostikausbildung tätig sind, nur eine Minderheit von 10% dafür aus, daß für einen praktizierenden Psychologen die Kenntnis und Anwendung des TAT unwichtig sei. Diese aus den USA stammenden Resultate besitzen nach meiner Beobachtung auch für den deutschsprachigen Bereich Gültigkeit. Auch bei uns zählt der TAT zu einem der viel verwendeten Persönlichkeitstests. Nicht zuletzt deshalb figuriert er beispielsweise auch als eines der wenigen Testverfahren in der ärztlichen Gebührenordnung der Bundesrepublik Deutschland.

Im Gegensatz zu diesen Hinweisen, die für eine große Bedeutung des TAT in der Praxis sprechen, steht das wissenschaftliche Desinteresse an diesem Verfahren. Während *Kornadt* et al. (1982) – in Anlehnung an *Reynolds* et al. (1976) – für die drei Beobachtungsperioden 1940–1951, 1952–1963 und 1964–1971 noch von einer konstanten Zuwachsrate bezüglich der jährlich publizierten Arbeiten zum TAT berichten konnten, muß man heute feststellen, daß das Forschungsinteresse am TAT (zwischen 1970 und 1983) eindeutig zurückgegangen ist (*Polyson* et al., 1985). Paradigmatisch für dieses wissenschaftliche Desinteresse ist die Tatsache, daß unter den 107 in den Literatur-Computersuchsystemen PSYCHINFO und MEDLINE gespeicherten, zwischen 1980 und 1985 publizierten Arbeiten zum TAT lediglich 3 Veröffentlichungen in deutscher Sprache figurieren.

Dieses Schicksal einer Diskrepanz zwischen „Theorie" und „Praxis" teilt der TAT mit anderen projektiven Verfahren (z.B. Rorschachtest, Rosenzweig Picture-Frustration Test, Sceno-Test, Düss-Fabeln). Dennoch ist das Mißverhältnis beim TAT besonders kraß. Die Konsequenz ist, daß der Testbenutzer, der nicht auf einem veralteten Stand stehen bleiben will, sich gezwungen sieht, sich ein „eigenes" Auswertungs- und Interpretationskonzept zu erarbeiten. Diesem haften indes wegen der eingeschränkten Möglichkeiten eines einzelnen Untersuchers, eine große Zahl von Protokollen zu sichten, zwangsläufig große Unsicherheiten an. Hinzu kommt, daß neue persönlichkeitstheoretische und therapeutische Konzepte (wie die Narzißmustheorie und die Borderline-Diskussion) nicht in die TAT-Interpretation einbezogen werden. Dadurch vergrößert sich der „Graben" zwischen Theorie und Praxis noch mehr, und das Verfahren wird immer weniger attraktiv.

Auch dies sind Gründe, die mich bewogen haben, ein neues Handbuch zum TAT zu verfassen. Die von mir vorgeschlagene Interpretationsmethode ist indes eigentlich nicht neu. Es ist lediglich die konsequente Weiterführung des ursprünglichen psychoanalytischen Ansatzes, der dem TAT als einem projektiven Verfahren zugrunde liegt. Dabei gehe ich allerdings von der zeitgenössischen psychoanalytischen Theorie mit ihren Weiterentwicklungen in metapsychologischer und therapeutischer Hinsicht aus. Das bedeutet, daß ich beispielsweise auch die neuen Narzißmus- und Borderline-Konzepte in meine Betrachtungen einbezogen habe. Ihnen sind zwei spezielle Kapitel (14.2 und 14.3) gewidmet.

Eine Arbeit wie die hier vorgelegte ist nicht möglich ohne vielfältige Anregungen und Unterstützung durch Kollegen und Freunde. Ganz besonders habe ich Herrn Prof.Dr. *Raymond Battegay,* dem Leiter der Psychiatrischen Universitätspoliklinik Basel, zu danken. Er hat mir während unserer langjährigen Zusammenarbeit eine Fülle von Anregungen gegeben. Mein Dank gilt ferner den Kolleginnen und Kollegen sowie meinen Studenten, mit denen ich über TAT-Protokolle diskutieren konnte. Ihre Fragen, kritischen Anmerkungen und Einfälle waren mir eine große Hilfe. Die Sekretariatsarbeiten haben Frau *Margaretha Avis* und Frau *Linda Reinhardt* in vorbildlicher Weise erledigt. Ihnen sei dafür herzlich gedankt.

Danken möchte ich schließlich auch Frau Dr. *Marlis Kuhlmann* vom Ferdinand Enke Verlag für ihre wohlwollende Unterstützung meines Projekts und für die angenehme Zusammenarbeit

Basel, Winter 1988 *Udo Rauchfleisch*

Inhalt

1 Theoretische Grundlagen des TAT

Der TAT ist ein projektives Verfahren, das, wie der Testautor *Murray* (1938, 1943) es formuliert hat, dem Diagnostiker ermögliche, „einige der dominanten Triebe, Gefühle, Gesinnungen, Komplexe und Konflikte einer Persönlichkeit" zu erkennen. Der besondere Wert des Verfahrens liege darin, daß es in der Lage sei, „untergründige, verdrängte Tendenzen zu enthüllen, die der Proband sich entweder nicht eingestehen will oder nicht eingestehen kann, weil er sich ihrer nicht bewußt ist".

Diese Formulierungen lassen erkennen, daß *Murray* als theoretischen Bezugsrahmen hier den sog. „klassischen" psychoanalytischen Projektionsbegriff vor Augen hat. Nach *Freud* (1911) ist dieser Mechanismus dadurch gekennzeichnet, daß eine Eigenschaft, die das Ich bedroht, nicht in der eigenen Person gesehen wird, sondern einem Objekt der Außenwelt zugeschrieben wird. Neben diesem engeren findet sich bereits bei *Freud* (1911) ein weiter gefaßtes Projektionskonzept. In diesem läßt *Freud* ausdrücklich den Abwehraspekt fallen. Er formuliert: „Wenn wir die Ursachen gewisser Sinnesempfindungen wie die anderer nicht in uns selbst suchen, sondern sie nach außen verlegen, so verdient auch dieser normale Vorgang den Namen einer Projektion." Projektion wird in diesem Falle nicht als Abwehr verstanden, sie kommt auch ohne intrapsychischen Konflikt zustande.

Die projektiven Testverfahren, zu denen auch der TAT zu zählen ist, basieren indes nicht nur, wie *Murray* in der oben zitierten Charakterisierung andeutet, auf dem Mechanismus der Projektion im engeren Sinne, sondern ebenfalls auf dem weiteren Projektionskonzept. *Frank* (1948, 1960), der Nestor der projektiven Diagnostik, hat diesen theoretischen Sachverhalt folgendermaßen beschrieben: Die projektiven Verfahren seien Methoden, „welche die Persönlichkeit dadurch untersuchen, daß sie die Versuchsperson einer Situation gegenüberstellen, auf welche die Versuchsperson entsprechend der Bedeutung reagiert, die diese Situation für sie besitzt" (1948). *Frank* führt aus, das Wesen eines projektiven Verfahrens liege darin, daß es etwas hervorrufe, das Ausdruck der „private world", des individuellen Persönlichkeitsprozesses, des Probanden sei. Ähnliche Überlegungen finden wir bei *Bell* (1948), der von den projektiven Tests sagt, der Proband manifestiere hier seine Persönlichkeit, indem er sie aus sich herausstelle, so daß sie der Betrachtung zugänglich werde. Der projektive Test übernehme dabei die Rolle eines Katalysators, der eine persönlichkeitsspezifische Reaktion provoziere.

Bei den erwähnten Autoren (eingeschlossen *Freud* mit seiner zweiten, weiteren Fassung) wird Projektion also – in Anlehnung an die Bedeutung des lateinischen Ursprungswortes – als ein „Sich-nach-außen-Entwerfen" der Persönlichkeit verstanden, ohne daß etwas über die diesem psychischen Vorgang zugrundeliegenden dynamischen Prozesse ausgesagt wird. *Cameron* (1951) spricht bei diesen Mechanismen von einer „attributive" oder „assimilative projection", einem Externalisierungsprozeß spezifischer Art, eine Auffassung, die mehr oder weniger auch *Munn* (1946), *Dymond* (1950) *Zubin* et al. (1965), *Blankenburg* (1975) und andere Autoren vertreten. Auch *Horney* (1939) schildert eine solche Art der Projektion, die keinen Abwehrcharakter im klassischen Sinne aufweist. *Wellek* (1954) definiert Projektion als „Konflikt-Objektivierung bzw. Hinausverlegung des Subjektiven überhaupt". *Macfarlane* (1941) spricht davon, daß sich im projektiven Verfahren darstelle, wie ein Individuum seine Erfahrung auswähle und organisiere.

Andere Autoren differenzieren zwischen verschiedenen Arten von projektiven Prozessen: *Anzieu* (1960): „projection spéculaire", „cathartique" und „complémentaire"; *E. Abraham* (1951): doppelte und partielle Projektionen; *Heiß* (1953): „scharfe und gezielte, provokatorische, stigmatisierte Aufforderungscharaktere" und „nicht genau umschriebene, unbestimmt ausgeprägte Anknüpfungspunkte für Projektionen"; *van Lennep* (1959): Projektionen vom Typ A, B, C und D; *Murstein* und *Pryer* (1959): „klassische" Projektionen, „attributive projection", „autistic projection" und „rationalized projection".

Diese wenigen Hinweise lassen bereits erkennen, daß das Projektionskonzept, wie es in der Psychodiagnostik verwendet wird, schillernd und im Grunde unscharf ist. Kritiker haben deshalb dafür plädiert, entweder den Begriff „projektive Tests" völlig zu verwerfen, oder das globale Konzept „Projektion" durch Herausarbeitung seiner verschiedenen Anteile und Wirkmechanismen zu differenzieren. Für die projektiven Tests ergibt sich die Konsequenz, daß jeweils genau zu definieren ist, was bei diesem Verfahren „Projektion" beinhaltet.

In bezug auf den TAT gilt folgendes: Der Proband stellt in den von ihm gelieferten Geschichten sowohl bewußte als auch unbewußte Einstellungen, Konflikte und Verarbeitungsweisen dar. Durch die je verschiedene thematische Valenz der Bildtafeln angeregt (s. Kapitel 5), entwirft er in den Erzählungen ein Bild von seiner Persönlichkeit und läßt dabei vor allem die psychodynamischen Bedingungen seiner Entwicklung und seines jetzigen Lebens sichtbar werden. Der TAT ist damit im wahrsten Sinne des Wortes ein „Entfaltungstest" (*Heiß,* 1950), der dem Probanden die Möglichkeit bietet, seine Persönlichkeit in ihren verschiedenen Facetten darzustellen. *Revers* (1973) weist zurecht darauf hin, daß eine weitere Besonderheit dieses Verfahrens darin liegt, daß es – wie kaum ein anderer Test – eine Verlaufsanalyse ermöglicht und damit besondere Einblicke in das dynamische Kräfteverhältnis einer Persönlichkeit eröffnet.

Obwohl im vorliegenden Buch der TAT ganz im Mittelpunkt der Betrachtung steht und nur gelegentlich, ergänzend, Befunde aus anderen Testverfahren herangezogen werden, darf daraus nicht der Schluß abgeleitet werden, es reiche bei einer Untersuchung aus, nur diesen einen Test zu verwenden. Kein noch so ergiebiges Verfahren ist in der Lage, eine Persönlichkeit so umfassend auszuloten, daß der Diagnostiker sich in seinem Urteil auf diesen einen Test allein stützen dürfte. Bei der Verwendung des TAT ist es insbesondere notwendig, die Resultate einer sorgfältig erhobenen Anamnese einzubeziehen. Ich werde auf die Zusammenhänge zwischen anamnestischen Daten und TAT-Befunden bei der Darstellung der Testinterpretation (in den Kapiteln 8 bis 14) noch ausführlich eingehen. Der Einsatz weiterer Testverfahren, deren Auswahl sich je nach der Fragestellung der Untersuchung richtet, bietet dem Diagnostiker die Möglichkeit, die Hypothesen, welche er aus dem TAT gewinnt, zu validieren bzw. zu verwerfen oder zu differenzieren und aufgrund der Befunde neuen Überlegungen weiter nachzugehen.

Einzig bei Verwendung des TAT als Hilfsmittel zur Formulierung psychodynamischer Hypothesen vor Beginn einer Psychotherapie erscheint es mir legitim, nur dieses eine Verfahren zu verwenden. In diesem Falle muß sich der Diagnostiker aber darüber klar sein, daß er das Verfahren nicht als Test im engeren Sinne zur möglichst exakten Erfassung bestimmter Persönlichkeitszüge einsetzt, sondern – ähnlich wie beim Umgang mit Träumen – eine möglichst breite Palette von psychodynamischen Einfällen gewinnen möchte. Das Ziel der Untersuchung ist hier nicht die Exaktheit einer – wie auch immer gearteten – „Messung", sondern die Gewinnung eines möglichst reichhaltigen psychodynamischen Materials, das durch den Test zutage gefördert werden soll. Auf diese wichtigen Unterschiede wird bei der Diskussion der Gütekriterien (s. Kapitel 3) noch einmal zurückzukommen sein.

2 Allgemeines zur Verwendung des TAT und verwandter Verfahren

Das Verfahren ist für weibliche und männliche Probanden, für Kinder ebenso wie für Erwachsene, konzipiert. Mit Hilfe der auf der Rückseite der Tafeln angebrachten Vermerke (B = Boys, G = Girls, M = Males, F = Females) läßt sich für jeden Probanden eine Serie von insgesamt 20 Tafeln zusammenstellen. *Murray* legte die Altersgrenze, bis zu der die Serie für Kinder anzuwenden sei, auf 14 Jahre fest. *Revers* relativiert – mit Recht – diese Altersgrenze und regt an, die Entscheidung über Kinder- oder Erwachsenenserie vom Entwicklungsstand des Kindes bzw. Jugendlichen abhängig zu machen. So kann es seiner Ansicht nach bei akzelerierten Kindern bereits mit zirka 12 Jahren ergiebiger sein, die für Erwachsene gedachten Tafeln vorzulegen (ich selber werde in Kapitel 9 das Testprotokoll eines 10jährigen Knaben diskutieren), während sich umgekehrt bei retardierten 15-/16jährigen Jugendlichen oft die BG-Serie als geeigneter erweist.

Als untere Altersgrenze für die Anwendung des TAT gilt das Alter von zirka 4 Jahren. Indes ist es in der Regel schwierig, ein 4jähriges Kind über die relativ lange Untersuchungszeit, welche der TAT erfordert, für eine Mitarbeit zu gewinnen. Selbstverständlich erzählen Kinder dieses Alters im allgemeinen auch keine zusammenhängenden Geschichten, wie sie eigentlich beim TAT vom Probanden gefordert werden. Bei kleinen Kindern wird der Untersucher vielmehr wiederholt Fragen stellen müssen, um dadurch das Kind zur weiteren Ausgestaltung und zur Fortsetzung der Geschichten anzuregen.

Im allgemeinen empfiehlt es sich, bei Vorschulkindern nicht den TAT, sondern die **Children Apperception Technique** (CAT) zu verwenden. Dieser von *Bellak und Bellak* (1955) entwickelte Test entspricht in seinem Konzept dem TAT. Es ist allerdings ein kürzeres Verfahren: Auf 10 Bildtafeln sind stark anthropomorphisierte Tiere in Situationen dargestellt, die orale Probleme, Geschwisterrivalitäten, Elternkonflikte, Reinlichkeitserziehung und ähnliche Themen ansprechen. Dieser Test eignet sich nach meiner Erfahrung wesentlich besser für Kinder zwischen zirka 3 und 10 Jahren als der TAT. Bei kleinen Kindern ist es ferner sinnvoll, auf spielerische Verfahren (wie den Sceno-Test, *v. Staabs,* 1964), auf Satzergänzungstests oder auch auf die Düss-Fabeln (vergleiche ein Beispiel dazu in Kapitel 9) zurückzugreifen.

In den vergangenen Jahren sind weitere thematische Apperzeptionstests speziell zur Untersuchung von Kindern und Jugendlichen entwickelt worden, auf die hier lediglich kurz verwiesen werden soll: Im **Columbus-Test** (*Langeveld,* 1976) sind auf 24 Bildtafeln Kinder und Jugendliche in Situationen dargestellt, die im Leben dieser Altersstufen eine zentrale Rolle spielen. Der **Schwarzfuß-Test**(*Corman,* 1977) konfrontiert Kinder mit den „Abenteuern des Schweinchens Schwarzfuß." Inhaltlich werden in den Darstellungen orale, oral-sadistische, anale, anal-sadistische, urethrale und ödipale Themen sowie eine Auseinandersetzung mit Trennungssituationen und Autonomiebestrebungen nahegelegt.

Auch der **„Four-Picture-Test"**(*van Lennep,* 1951), der **„Blacky-Picture-Test"** (*Blum,* 1950) und die **„Object-Relations-Technique"** (*Phillipson,* 1955) lassen sich zumindest bei Jugendlichen, zum Teil aber bereits bei Kindern, anwenden. In jüngster Zeit haben *Revers* und *Allesch* (1985) einen **„Thematischen Gestaltungstest"**, vorgelegt, der sich weitgehend am Oginal-TAT orientiert (die neuen Tafeln sind lediglich koloriert und durch einige Bildvorlagen ergänzt, die der Erfassung wichtiger biographischer Standardsituationen dienen. Außerdem haben die Autoren ein differenziertes Anamnesenschema entworfen, das beim Einsatz des „Thematischen Gestaltungstests" verwendet werden soll).

Für betagte Personen sind zwei thematische Apperzeptionsverfahren entwickelt worden: Der **„Gerontological Apperception Test"** (*Fitzgerald* et al., 1974. *Pasework* et al., 1976) und die **„Senior Apperception Technique"** (*Bellak,* 1973). Weitere am TAT orientierte Modifikationen sind: Der **„Heckhausen-TAT"** zur Messung des Leistungsmotivs (*Heckhausen,* 1963), der **„Tell Me a Story-Test"** (TEMAS,*Costantino* et al., 1981, 1983) zur Untersuchung ethnischer Minoritäten sowie verschiedene am TAT orientierte Verfahren, die farbige beziehungsweise leicht kolorierte Bilder enthalten (*Meyer* et al. 1985; *Semeonoff,* 1976; *Yudin* et al., 1966)

Obwohl uns, wie dieser kurze Überblick zeigt, heute etliche verschiedene thematische Apperzeptionstests zur Verfügung stehen, erweist sich nach meiner Erfahrung nach wie vor der Original-TAT als eines der ergiebigsten Verfahren. Es ist angesichts der doch zum Teil recht altertümlich wirkenden Bilder des TAT eigentlich erstaunlich, daß Probanden kaum einmal Anstoß an der Art der Darstellung nehmen. Möglicherweise liegt aber gerade in der unzeitgemäßen Darstellung ein Grund dafür, daß es den Probanden besonders leicht fällt, ihre Wünsche, Hoffnungen, Ängste und Konflikte in eine solche nicht mit ihrer Alltagsrealität übereinstimmende Welt zu projizieren. Bei gleichzeitiger Verwendung verschiedener thematischer Apperzeptionsverfahren bei einem Patienten habe ich immer wieder die Erfahrung gemacht, daß die Original-TAT-Form die ergiebigsten Resultate erbrachte.

3 Objektivität, Reliabilität und Validität des TAT

Bei den meisten projektiven Tests stellen sich vielfältige, schwer lösbare Probleme im Hinblick auf die Überprüfung der Gütekriterien der Objektivität, Reliabilität und Validität (zu den methodischen Problemen s. *Lienert*, 1969). Ein Überblick über die diesbezüglichen Resultate beim TAT (s. *Kornadt* et al., 1982) zeigt, daß insgesamt die Untersuchungen zu den besten Ergebnissen führten, die zur Auswertung des TAT Zählungsmethoden verwendeten und bei denen nicht eine globale Persönlichkeitsbeschreibung, sondern eine Auswertung nach präzis definierten Persönlichkeitsmerkmalen vorgenommen wurde. Im Zusammenhang damit steht, daß die TAT-Modifikationen, die zur Erfassung spezieller, klar abgrenzbarer Verhaltensbereiche (z.B. des Leistungs- und des Machtmotivs sowie der Aggressivität) konzipiert sind, sich als dem Original-TAT überlegen erwiesen. Diese Befunde sind insofern plausibel, als die ohnehin schwierigen Überprüfungen von Objektivität, Reliabilität und Validität um so komplizierter werden, je weniger eindeutig die Auswertungs- und Interpretationskriterien sind. Dabei spielt das von *Cronbach* (1970) beschriebene sog. Bandbreiten-Dilemma eine wichtige Rolle (dieses besteht darin, daß bei einem Verfahren, das auf die Erfassung nur eines eng umgrenzten Persönlichkeitsmerkmals ausgerichtet ist, in der Regel bessere und exaktere Reliabilitäts- und Validitätsergebisse zu erzielen sind als bei einem projektiven Verfahren, das inhaltlich umfassend auf die Untersuchung mehrerer Persönlichkeitsbereiche abzielt).

Im Hinblick auf die **Objektivität** (d.h. die Unabhängigkeit des Testergebnisses vom Untersucher) haben sich bei der Verwendung von Auszählungsmethoden gute bis sehr gute Resultate ergeben: die Inter-Rater-Korrelationen liegen zwischen r = .80 (*Murstein*, 1963, 1965; *Semeonoff*, 1976) und r = .95 (*McClelland*, 1953, für die von ihm konzipierte Modifikation zur Erfassung von Motivbereichen). Demgegenüber sind Objektivitätsbestimmungen bei intuitiv-ganzheitlichen Auswertungsmethoden praktisch nicht möglich, da hier die Zwischenschritte des Katalogisierens oder Zählens wegfallen und nur die Gesamtinterpretation untersucht werden kann. Diese aber läßt sich, soweit sie in „Essay"-Form abgefaßt ist, schwer quantifizieren (es sei denn, man würde die Resultate nachträglich in ein Kategoriensystem bringen, womit aber ein großer Informationsverlust verbunden wäre).

Mit *Lienert* (1969) versteht man unter der **Reliabilität** eines Tests den „Grad der Genauigkeit, mit dem er ein bestimmtes Persönlichkeits- oder Verhaltensmerkmal mißt, gleichgültig, ob er dieses Merkmal auch zu messen beansprucht." Es geht bei diesem Gütekriterium also nicht um inhaltliche Aspekte, sondern um die formale Exaktheit der Merkmalserfassung. Auch dieses Gütekriterium hängt wesentlich von der Art des verwendeten Auswertungssystems ab. Wieder sind Auszählungsmethoden und Auswertungen im Hinblick auf klar umschriebene Verhaltensbereiche der „freien" Interpretation weit überlegen. Von den verschiedenen Methoden der Reliabilitätsbestimmung kommen beim TAT und seinen Modifikationen nur die Retest- und die Halbierungstechik in Betracht (Paralleltestreliabilitäten lassen sich nicht bestimmen, da keine äquivalenten Parallelformen existieren).

Die Untersuchungen zur **Retest-Reliabilität** führten, je nach Zeitintervall, erfaßtem Persönlichkeitsmerkmal und der Art der Bildvorlage, zu erheblich voneinander abweichenden Resultaten: *Tomkins* (1950) fand bei einer Untersuchung an 15 Mädchen (18 bis 20 Jahre) nach 2 Monaten Koeffizienten von r = .80, nach 6 Monaten Werte von r = .60 und nach 10 Monaten Reliabilitätskoeffizienten von r = .50. *Lindzey* et al.(1955) berichten bei der Instruktion, die Probanden sollten sich bei der zweiten Testaufnahme nach 2 Monaten „nicht bemühen, die erste Geschichte zu wiederholen", von Koeffizienten zwischen r = .00 (need affiliation) und r = .94 (need recognition). Aus einer Untersuchung von *Kagan* (1959) ergab sich, daß die Retest-Reliabilität offenbar um so geringer ausfällt, je größer die Mehrdeutigkeit der Tafel ist. Bei der Erfassung klar abgrenzbarer Persönlichkeits- und Verhaltensmerkmale ließen sich, wenn auch z.T. niedrige, so doch signifikante Koeffizienten ermitteln.

Die Prüfung der **inneren Konsistenz mit Hilfe von Halbierungstechniken** ist bei den thematischen Apperzeptionstests problematisch, da die dazu erforderliche Homogenität nicht gegeben ist (mit den verschiedenen Tafeln sollen ja gerade verschiedene Themen, Motive etc. angesprochen werden). *Lindzey* et al.(1955) haben trotz dieser Einwände die Halbierungsmethode angewendet und berichten von Koeffizienten von r = .19 bis r = .45 (nach Spearman-Brown-Korrektur für 20 Bilder: r = .41 bis r = .80). Bei den eindimensionalen oder speziell skalierten TAT-Modifikationen ergaben sich hingegen erwartungsgemäß höhere Koeffizienten: so erzielte *Kornadt* (1974) für den von ihm entwickelten Aggressions-TAT einen Halbierungskoeffizienten von r = .67.

Das Kernstück der testtheoretischen Analyse bildet die Validitätsprüfung. Unter **Validität** verstehen wir den „Grad der Genauigkeit, mit dem dieser Test dasjenige Persönlichkeitsmerkmal oder diejenige Verhaltensweise, das (die) er messen soll oder zu messen vorgibt, tatsächlich mißt" (*Lienert,* 1969). Es geht in diesem Falle also um die inhaltliche Genauigkeit des Testverfahrens. *Kornadt* et al.(1982) haben die bisher vorliegenden Befunde im Hinblick auf verschiedene Aussagebereiche zusammengestellt:

1. Zur Übereinstimmung der aus dem TAT gewonnenen Bilder der „ganzen" Persönlichkeit mit den aus anderen Quellen bezogenen Informationen: Aus den zu dieser Frage durchgeführten Untersuchungen ergibt sich, „daß man ein gewisses Bild über die ‚Persönlichkeit' eines Patienten nach dem TAT bekommen kann und daß dieses eine richtige Zuordnung zu Informationen aus anderem Material ermöglicht . . . Zwischen verschiedenen Auswertern besteht jedoch sehr große Variabilität" (*Kornadt* et al.,1982).
2. Der prognostische Wert: Es liegen kaum systematische Forschungsarbeiten zu diesem Validitätsaspekt vor. Die Einzeluntersuchungen über verschiedene Verhaltensbereiche (z.B. Erziehungsverhalten der Eltern, „locus of control"-Orientierung in bestimmten Situationen, Abhängigkeitsverhalten, Zusammenhänge zwischen Stärke des Leistungsmotivs und Leistungen im Schlußexamen) weisen auf eine gute, z.T. sogar hohe prädiktive Validität des TAT hin.
3. Unterscheidung klinischer Gruppen: Auch bei dieser Fragestellung kam man zu den besten Resultaten, wenn man bei der Auswertung Zählungssysteme verwendete, während globale Einschätzungen oftmals zu unbefriedigenden Ergebnissen führten. Um die differentialdiagnostische Validität des TAT zu verbessern, bedarf es nach *Kornadt* et al.(1982) der Konstruktion adäquater (d.h. klar definierter und objektiv faßbarer) Auswertungskriterien.
4. Übereinstimmungen zwischen dem TAT und anderen Tests: Die Resultate sind uneinheitlich. Während einige Autoren von signifikanten Korrelationen zwischen TAT-und Rorschach-Variablen berichten, fanden andere keine Übereinstimmung. Zu besseren Resultaten führten Untersuchungen, in denen Aussagen über präzis definierte Persönlichkeitsmerkmale geprüft wurden.
5. Unterschiede zwischen sozialen Gruppen und „situationale" Validität: Im Hinblick auf Unterschiede zwischen Alters- und Geschlechtsgruppen ließen sich in den TAT-Geschichten durchaus relevante Charakteristika feststellen. Ferner liegen Untersuchungen über verschiedene ethnische Gruppen und ihre voneinander abweichenden TAT-Produktionen vor. Positive Resultate erbrachten auch die Untersuchungen der McClelland-Gruppe. Die Autoren konnten nachweisen, daß Probanden in den entsprechenden TAT-Modifikationen auf experimentell angeregte Motive

(wie Hunger, Aggressivität, Sexualität, Macht-, Leistungs-, Geselligkeitsbedürfnis und Angst) in ganz spezifischer Weise reagieren.

6. Beziehungen zwischen speziellen TAT-Kennwerten und dem Verhalten: Das bekannteste und bisher am sorgfältigsten untersuchte Merkmal ist das Leistungsmotiv, das sich mit Hilfe einer von *McClelland* speziell entwickelten TAT-Technik als tatsächlich meßbar erwies. Dabei konnte auch zwischen unterschiedlichen Stärkegraden des Leistungsmotivs und verschiedenen Komponenten (wie „Hoffnung auf Erfolg" und „Furcht vor Mißerfolg") unterschieden werden. Ferner liegen positive Befunde aus Untersuchungen über das Machtmotiv und die Aggressivität vor (für beide Fragestellungen wurde indes wiederum nicht der Original-TAT verwendet, sondern es wurden spezielle TAT-Modifikationen eingesetzt).

Der hier kursorisch gegebene Überblick über die zum TAT vorliegenden Objektivitäts-, Reliabilitäts- und Validitätsstudien läßt erkennen, daß die thematischen Apperzeptionsverfahren durchaus die Kriterien der klassischen Testtheorie erfüllen. Dies gilt indes weniger für die Originalform des TAT als vielmehr für den Einsatz spezieller Modifikationen, die klar definierte Persönlichkeits- und Verhaltensmerkmale, vor allem solche motivationaler Art, erfassen. Besonders große testtheoretische Probleme stellen sich, wenn man mit Hilfe des TAT ein ganzheitliches Persönlichkeitsbild entwerfen möchte und keine quantifizierenden Auswertungsverfahren verwendet.

Aufgrund der uns heute vorliegenden Befunde ergeben sich meines Erachtens in der Zukunft zwei Wege für die weitere Verwendung des TAT: Der eine besteht darin, die zur Erfassung bestimmter Verhaltensmerkmale konzipierten TAT-Modifikationen weiter auszuarbeiten und, ausgehend vom *McClelland*schen Theorieansatz, die Untersuchung der motivationalen Kräfte voranzutreiben. Ein solches Vorgehen wird zweifellos bei eng umschriebenen Fragestellungen zu guten Resultaten führen. Hingegen wird es unbefriedigend sein, wenn der Untersucher in umfassenderer Weise Informationen über die Dynamik der Persönlichkeit des Probanden erlangen möchte.

Beim zweiten, mir ebenfalls fruchtbar erscheinenden Weg geht es nicht in erster Linie um die Frage nach der mehr oder weniger exakten Erfassung bestimmter Persönlichkeits- oder Verhaltensmerkmale, sondern darum, **den TAT als heuristisches Verfahren, als Instrument zur Sammlung psychodynamischer Hypothesen einzusetzen.** Damit ist zwar die Frage nach den Gütekriterien nicht überflüssig geworden. Aber sie steht nicht mehr so im Zentrum wie bei einem Test im engeren Sinne (der gar noch nach psychometrischen Prinzipien aufgebaut ist). Wichtig ist für den Untersucher bei diesem zweiten Weg nicht primär, ob und mit welcher Sicherheit sich aus einer TAT-Geschichte auf einen bestimmten Persönlichkeitszug schließen läßt, sondern ob die TAT-Produktionen das Spektrum seiner psychodynamischen Überlegungen zu erweitern vermögen und ihm helfen, Hypothesen über therapiebezogene interaktionelle Prozesse (z.B. hinsichtlich der zu erwartenden Übertragung) zu entwickeln.

Dieser von mir im vorliegenden Buch verfolgte Weg bedeutet nicht ein Ausweichen vor den schwierigen testtheoretischen Problemen, die sich beim TAT angesichts der widersprüchlichen Resultate ergeben. Ich bin vielmehr der Ansicht, daß es beim heutigen Forschungsstand nur konsequent ist, den Original-TAT nicht (zumindest nicht in erster Linie) als psychodiagnostisches Verfahren im strengen Sinne aufzufassen, sondern ihn als **Explorationshilfe** zu verwenden. Erst wenn wir den (wie alle Untersuchungen zeigen: letztlich doch wohl erfolglosen) Versuch aufgeben, den Original-TAT als psychometrisches, streng experimentelles Verfahren „retten" zu wollen und wenn wir ihn als **Instrument zur Sammlung psychodynamischer Hypothesen** akzeptieren, – erst dann sind wir meiner Ansicht nach frei dafür, seine großen diagnostischen Möglichkeiten wirklich auszuschöpfen.

Ein solches Vorgehen bedeutet auf der einen Seite eine eindeutige Beschränkung, einen Verzicht auf diagnostische Aussagemöglichkeiten. Auf der anderen Seite liegt meines Erachtens im Aufgeben der Forderung, der TAT müsse als Instrument zur „Messung" der Persönlichkeit dienen, aber auch ein großer Gewinn. Wie ich in Kapitel 7 noch ausführlicher darstellen werde, besitzt der TAT (trotz einiger Unterschiede) nach meiner Ansicht große Ähnlichkeiten mit dem Traummaterial, das uns ein Proband liefert. So wie es beim Umgang mit Träumen nicht „die" eine richtige und nur „die" eine mögliche Trauminterpretation gibt, so lassen sich auch die TAT-Geschichten bei Verwendung eines psychodynamischen Persönlichkeitskonzepts nach ganz verschiedenen Gesichtspunkten auswerten. Diese ergänzen einander und sollen dem Untersucher helfen, das Spektrum seiner psychodynamischen Assoziationen zu erweitern.

4 Durchführung des TAT

4.1 Indikation der Testanwendung

Wie bei der Verwendung anderer Untersuchungsmethoden muß der Diagnostiker auch beim Einsatz des TAT entscheiden, ob der Aufwand der Untersuchung in einem vertretbaren Verhältnis zu den Resultaten steht. Diese Frage ist beim TAT um so wichtiger, als der zeitliche Aufwand recht groß ist: Allein die Testaufnahme nimmt insgesamt 2 bis 3 Stunden, an zwei verschiedenen Tagen, in Anspruch; die Interpretation erfordert, je nach Umfang und Schwierigkeit des Protokolls bzw. je nach Differenziertheit der Auswertung, nochmals zirka 1 bis 2 Stunden. Vergleicht man diese zeitliche Beanspruchung, welche der TAT für Proband und Untersucher mit sich bringt, etwa mit der Zeit, die für die Bearbeitung und Auswertung der verschiedenen Persönlichkeitsinventare und anderer Fragebogentests notwendig ist (z.B. Freiburger Persönlichkeitsinventar, Giessen-Test, verschiedene klinische Skalen, s. *Rauchfleisch*, 1980), so wird offenkundig, daß der TAT ein Verfahren besonderer Art ist, das nicht „routinemäßig" bei allen psychodiagnostischen Abklärungen „mitlaufen" kann.

Wie aus den Ausführungen zu den theoretischen Grundlagen (Kapitel 1) und zum Anwendungsbereich (Kapitel 2) bereits hervorgegangen ist, liegt die besondere Stärke des TAT darin, daß er eine Fülle psychodynamisch bedeutsamen Materials zutage zu fördern vermag und damit auch differenzierten Einblick in die innerpsychische Situation eines Menschen eröffnet. Mit dieser Umschreibung ist der **Anwendungsbereich** des TAT abgesteckt: Er eignet sich vorzüglich bei psychiatrischen und psychotherapeutischen Abklärungen. Insbesondere erscheint es mir fruchtbar, dieses Verfahren mit dem Ziel einzusetzen, vor Beginn einer tiefenpsychologisch orientierten Psychotherapie detailliertere Informationen über Struktur und Dynamik des Patienten zu erhalten. Die von mir vorgeschlagene Interpretationsmethode verfolgt das Ziel, die diagnostische und die therapeutische Phase möglichst ohne Bruch ineinander übergehen zu lassen. Das heißt: bei der TAT-Auswertung und bei der anschließenden Behandlung soll vom gleichen theoretischen Bezugssystem ausgegangen werden, so daß die aus dem Test gewonnenen Resultate direkt in den therapeutischen Prozeß integriert werden können. Ich werde dieses Vorgehen in den Kapiteln 8 bis 11 anhand verschiedener Beispiele ausführlich darstellen.

4.2 Erhebung der Anamnese

Der Testaufnahme soll ein ausführliches anamnestisches Gespräch vorausgehen. Ebenso wie *Murray* selber haben auch andere mit dem TAT arbeitende Autoren betont, daß die Testbefunde stets in einem engen Zusammenhang mit der Lebensgeschichte des Probanden gesehen werden müssen. Viele in den Geschichten verwendete Details können erst bei Kenntnis der biographischen Umstände recht gewürdigt und in ihrer psychodynamischen Bedeutung erkannt werden.

Die vom Untersucher bei der Erhebung der Anamnese gewählte Methode hängt zumeinen vom Persönlichkeitskonzept ab, nach dem er arbeitet. Zum anderen werden Form und Inhalt des anamnestischen Gesprächs und der anschließenden Fixierung der Daten aber auch vom Zweck der Untersuchung bestimmt. Bei Verwendung des TAT empfiehlt es sich meiner Ansicht nach, eine tiefenpsychologisch orientierte Anamnese aufzunehmen (vgl.*Arnds,* 1973a, 1973b, 1984). Dies gilt insbesondere für die von mir vorgeschlagene psychoanalytische Interpretationsmethode. Die Orientierung an einem psychodynamischen Anamnesenschema ermöglicht es dem Untersucher, ohne Schwierigkeiten Verbindungen zwischen Anamnese, TAT-Befund und Therapie herzustellen. Es entfällt bei einem solchen Vorgehen die sonst mühevolle Arbeit des „Übersetzens" der aus verschiedenen Quellen stammenden Informationen. Das Arbeiten mit einem einheitlichen Persönlichkeitskonzept bietet auch den Vorteil, daß die von einem Probanden vorliegenden Befunde viel umfassender ausgeschöpft werden können als bei Verwendung ganz verschiedener Persönlichkeitsmodelle und darauf basierender Untersuchungstechniken.

4.3   Vorlage der Tafeln

Wie bereits erwähnt, enthält der TAT Bildtafeln für Mädchen (G) und Knaben (B) sowie für Frauen (F) und Männer (M). Ferner befinden sich im Test Tafeln ohne solche Kennzeichnungen. Sie sind für alle Probanden gedacht. Je nach Altersstufe und Geschlecht des Probanden läßt sich eine Serie von insgesamt 20 Tafeln zusammenstellen, die in zwei Sitzungen vorgelegt werden. Nach *Murray* und anderen Autoren sollen zwischen den beiden Sitzungen mindestens 24 Stunden liegen. Der optimale Abstand beträgt einige Tage. Größere Zeitabstände beeinträchtigen nach *Revers* (1973) die Verlaufskontinuität in der Thematik der Erzählungen. In jeder Sitzung werden dem Probanden 10 Bildtafeln vorgelegt, und zwar in der Reihenfolge 1 bis 10 beziehungsweise 11 bis 20.

Nach meiner Erfahrung ist es – vor allem bei der Arbeit im ambulanten Bereich – mitunter notwendig, die Testaufnahme auf mehr als zwei Sitzungen zu verteilen. Wenn die Untersuchungstermine nur wenige Tage auseinander lagen, habe ich in solchen Fällen keine Beeinträchtigung der Verlaufskontinuität beobachtet, wie *Revers* sie befürchtet. Gerade in Fällen, in denen der Proband ausführliche Geschichten lieferte, dehnte sich die Untersuchungszeit leicht über 1 Stunde aus, was nach Ansicht aller Autoren nicht empfehlenswert ist. Allerdings lassen sich auch in dieser Hinsicht Ausnahmen finden, und man kann meines Erachtens nicht generell sagen, bei Testzeiten von mehr als einer Stunde ermüde der Proband so, daß er keine ergiebigen Erzählungen mehr liefere und das Interesse an der TAT-Bearbeitung verliere (Martin, s. Kapitel 9, und Frau M., s. Kapitel 14.2, stellen Beispiele für Probanden dar, die sich voller Begeisterung geradezu in die TAT-Geschichten „stürzten" und pro Sitzung jeweils mehr als 1 Stunde arbeiten **wollten**).

4.4   Die Zusammenstellung der Testserie

Die Standardform der TAT-Durchführung erfordert die Vorlage von 20 Bildtafel. In Anbetracht des relativ großen dafür nötigen Zeitaufwandes ist wiederholt die Frage diskutiert worden, ob man nicht ein verkürztes Verfahren konzipieren könne, das nur einige wenige Tafeln enthalte. In der Tabelle 4.1 sind die Resultate der einschlägigen Arbeiten, die sich mit dieser Frage beschäftigen, zusammengestellt.

Tabelle 4.1 Vorschläge betr. Zusammenstellung verschiedener TAT-Serien

Autor und Jahr	Untersuchungsziel/ Probanden	Tafel-Auswahl
Aaron, 1967	Asthmatiker: Motivation, Feindseligkeit, Depressivität, Eltern-Kind-Beziehung, Einsamkeit, Armut	**Für Männer:** 1, 2, 3BM, 5, 6BM, 7BM, 8BM, 13B, 18BM, 14 **Für Frauen:** 1, 2, 3BM, 5, 6GF, 7GF, 8BM, 13B, 18GF, 14
Alkire et al., 1974	Familienbeziehungen (Schizophrene)	2, 3GF, 6BM, 7BM
Arnold, 1962	Basic Set	1, 2, 3BM, 4BM, 6BM, 7BM, 8BM, 10, 11, 13MF, 14, 16, 20
Berns et al., 1972	Eltern-Kind-Beziehung	1, 4, 6BM, 7BM, 9BM
Cooper, 1981	„Produktivste" TAT-Tafeln für Adoleszenten	4, 6BM, 3BM, 8BM, 10, 18BM, 15, 7BM, 1, 13B
Gelles, 1975	Sexualität und Gewalttätigkeit	13MF
Goldstein et al., 1970	Familienbeziehungen	1, 2, 3GF, 6BM, 7BM, 13MF, 8BM
Grzesiak et al., 1973	Zusammenhänge zw. väterlichen u. autoritären bzw. mütterlichen u. Sicherheitsthemen (Studenten)	11, 7BM, 16, 13MF, 7GF
Hartmann, 1970	„Produktivste" Tafeln	**Für Erwachsene:** 13MF, 1, 6BM, 4, 7BM, 2, 3BM, 10, 12M, 8BM, 18GF **Für Kinder:** 1, 3BM, 6BM, 7BM, 13MF, 2, 7GF, 8BM, 4, 10, 12M, 16, 18GF **Allgemein:** 1, 2, 3BM, 4, 6BM, 7BM, 13MF, 8BM
Haynes et al., 1985	Befragung amerikan. u. kanadischer Psychologen (n = 107)	69,9% der Befragten verwenden eine Auswahl von 6 bis 10 TAT-Tafeln
Hoffberg et al., 1966	Unterschiede zw. Mathematikern, Schriftstellern u. Psychologen	11, 19
Honor et al., 1972	„achievement attitudes"	1, 2, 3BM, 5, 6BM, 7BM, 8BM, 9BM, 12M, 13B, 17BM, 20
Hymowitz et al., 1980	Sprachverhalten von Schizophrenen	2, 8BM, 13B, 12M, 17BM, 18GF
Inman, 1977	Extra- vs. Intropunitivität	3BM, 6BM, 13MF, 18GF, 18BM
Irvin et al., 1971	„Produktivste" Tafeln	**Basic Set:** 13MF, 1, 6BM, 4 3BM, 7BM, 9BM, 2, 20, 14, 11
Jacquemin, 1981	„Produktivste" Tafeln/ Basic Set	**Für Individuum:** 1, 3BM **Für Familieninteraktionen:** 2, 6BM, 7BM **Heterosexuelle Situationen:** 4, 13MF

Tabelle 4.1   Vorschläge betr. Zusammenstellung verschiedener TAT-Serien (Fortsetzung)

Autor und Jahr	Untersuchungsziel/ Probanden	Tafel-Auswahl
Johnson et al., 1975	„locus of control"	**Für Männer:** 1, 2, 4, 6BM, 9BM, 12M **Für Frauen:** 1, 2, 4, 6GF, 9GF, 12F
Kaldegg, 1975	Heroinabhängige	6BM
Kazdin et al., 1983	Depression	3BM, 6BM, 9BM, 13GF, 13G, 14, 18BM, 19, 5, 7BM
Lindzey et al., 1959	Sexualität u. Gewalt-tätigkeit	2, 4, 13MF, 14
Loeblowitz-Lennard et al. (nach *Revers,* 1973)	Basic Set	4, 6BM, 6GF, 7BM, 8BM, 12M, 12F
Manchanda et al., 1979	Feindseligkeit u. Schuldgefühle (Zwangs-neurotiker)	1, 2, 3BM, 4, 6BM, 8BM, 13MF
Milner, 1975	Beziehung zwischen Ge-schlecht Versuchsleiter und Proband	1, 2, 4, 6GF, 6BM, 7GF, 12BG, 13MF, 14, 17BM
Moosmann, 1977	Eltern-Kind-Interaktion	1, 13B, 3BM/3GF, 5, 6BM, 6GF, 7GF, 9GF, 12M, 12F
Murray et al., 1943	Basic Set (Absolventen einer Offiziersschule)	6BM, 4, 12M, 9BM
Murstein, 1963	„Every-day Series"	1, 2, 3BM/3GF, 4, 6BM/6GF, 7BM/7GF
Oppenheimer, 1945	Einzelfallstudie	Der Proband wählt 3 Tafeln aus
Pettigrew et al., 1982	Homosexuelle vs. Nicht-homosexuelle Probanden	2, 13MF
Revers, 1973		Je nach der vorherrschenden Problematik des Probanden Auswahl spezieller Tafeln
Rosenzweig et al., 1942	Hypnotisierbarkeit (Autonomie, Angst, Nach-giebigkeit, Unterwerfung)	12M
Smyth, 1982	Aggressivität, Sexualität	3BM, 6GF, 8BM, 13MF, 4
Starker et al., 1970	Einfluß von Schlafstadien u. Weckmethoden auf TAT-Produktionen (Studenten)	1, 13B, 5, 3BM
Streitberg, 1973	Exhibitionisten	1, 2, 3BM, 5, 6BM, 7BM, 11, 12M
Taylor et al., 1985	Alexithymie (Psychoso-matiker vs. Psychoneurotiker)	1, 2, 3BM, 5, 13MF
Thomas et al., 1985	Eltern-Kind- und Partner-Beziehungen	1, 2, 4, 6GF, 10, 13MF, 16
Weisskopf, 1950	„Produktivste" Tafeln	6BM, 4, 7BM, 7GF, 2
Werner et al., 1970	Eltern-Kind-Interaktion	1, 2, 3BM/3GF, 4, 6BM/6GF, 7BM/7GF, 13MF, 18BM/18GF, 16

Die Übersicht läßt erkennen, daß – erwartungsgemäß – die Vorschläge, welche Tafeln am ergiebigsten seien, je nach Probandengruppe weit voneinander abweichen. Einige Tafeln (vor allem 1, 3BM, 4, 6BM und 13MF) werden zwar übereinstimmend von den meisten Autoren als diagnostisch relevant bezeichnet. Andere hingegen (wie 5, 12M, 12F und 14) werden bezüglich ihrer Ergiebigkeit kontrovers eingeschätzt. Schließlich fällt auf, daß unter den vorgeschlagenen Bildvorlagen die Tafeln 11, 12BG, 16, 19 und 20 fast nie genannt werden. Selbst die als „basic sets" beziehungsweise „every day series" bezeichneten Zusammenstellungen weichen erheblich voneinander ab.

Die hier nur kurz skizzierten Resultate sind wenig ermutigend für den Versuch, eine reduzierte Testserie zusammenzustellen, die sich für die Anwendung bei den verschiedensten Probandengruppen eignet. Besonders fragwürdig erscheint es mir, daß in den am häufigsten vorgeschlagenen Kombinationen gerade die nach meiner Erfahrung besonders ergiebige Tafel 16 wegfällt (vgl. Kapitel 15).

Will man dennoch zur Untersuchung eines Probanden eine reduzierte Serie verwenden, so bleibt meines Erachtens nur die eine Möglichkeit, eine speziell auf die Problematik dieser Persönlichkeit zugeschnittene Auswahl vorzunehmen. *Revers* hat mit Recht darauf hingewiesen, daß dies zwar ein durchaus legitimes Vorgehen ist, daß sich der Untersucher vor der Entscheidung für eine reduzierte Bildserie aber vergewissern sollte, ob die auf diese Weise zu erzielenden diagnostischen Resultate wirklich die Zeitersparnis rechtfertigen.

Ferner ist zu bedenken, daß der Untersucher nur dann eine Auswahl spezieller, für seinen Probanden relevanter Tafeln vornehmen kann, wenn er bereits recht präzise Vorstellungen von der Problematik dieser Persönlichkeit besitzt. Diese Voraussetzung ist aber wohl nur in den seltensten Fällen gegeben, da der TAT ja gerade dazu dient, Informationen über die Psychodynamik und die Persönlichkeitsstruktur des Probanden zu sammeln und daraufhin Hypothesen zu entwickeln. In Fällen, in denen ich mich nach anfänglicher Auswahl bestimmter Tafeln dann doch entschieden habe, dem Probanden alle 20 Tafeln vorzulegen, habe ich wiederholt feststellen können, daß die Probanden bei etlichen Tafeln, die ich ursprünglich nicht zu zeigen beabsichtigt hatte, diagnostisch sehr egiebige Geschichten lieferten. Gerade diese Produktionen waren oft besonders bedeutsam, da sie Facetten der Persönlichkeit aufscheinen ließen, an die ich noch gar nicht gedacht hatte. Ich habe aus diesen Erfahrungen die Konsequenz gezogen, **möglichst im jedem Falle alle 20 Tafeln zu verwenden.** Der zeitliche Mehraufwand gegenüber einer reduzierten Serie wird meines Erachtens bei weitem wettgemacht durch die wesentlich differenzierteren Resultate, welche die Gesamtserie erbringt.

Eine Ausnahme stellen lediglich wissenschaftliche Untersuchungen an größeren Probandengruppen dar. In solchen Fällen bildet der TAT ja in der Regel nur ein Instrument unter vielen anderen Untersuchungsmethoden, und es ist deshalb aus zeitlichen Gründen nicht möglich, den Probanden alle 20 Tafeln vorzulegen. Hier ist es unumgänglich, eine reduzierte Serie zu verwenden. Die Auswahl der für die Fragestellung relevanten Tafeln ist allerdings oft schwierig und bedarf einer genauen Kenntnis der zu untersuchenden Probanden und der thematischen Valenz der TAT-Tafeln. Es wird im allgemeinen erforderlich sein, in Voruntersuchungen die Ergiebigkeit der geplanten Tafel-Auswahl empirisch zu überprüfen. Eigene Erfahrungen (beispielsweise beim Einsatz einer reduzierten TAT-Serie bei Patienten mit dermatologischen Artefakten, s. *Plaßmann,* 1986) haben mir gezeigt, daß der TAT auch bei wissenschaftlichen Untersuchungen mit Erfolg eingesetzt werden kann.

Abschließend sei noch auf eine von *Oppenheimer* (1945) vorgeschlagene Auswahl-methode hingewiesen: Der Autor legte seinen Probanden alle 20 Tafeln vor und for-derte sie auf, davon 3 Bilder auszuwählen und dazu Geschichten niederzuschreiben. Für ein solches Vorgehen spricht, daß auf diese Weise nicht der Untersucher auf Grund seiner eigenen Sicht eine Auswahl vornimmt, sondern daß die Psychodynamik des Probanden bereits in diesem Stadium der Testdurchführung ihre Wirkung entfal-tet. Allerdings müßte vorgängig geklärt sein, ob die auf diese Weise entstandenen 3 Geschichten tatsächlich diagnostisch relevante Resultate zeigen. Dies ist bisher nicht empirisch belegt. Ferner muß man, wie *Revers,* die kritische Frage stellen, ob eine Auswahl, die davon ausgeht, welche Tafeln dem Probanden „am besten gefal-len" (dies ist das häufigste Auswahlkriterium), wirklich zu diagnostisch bedeutsamen Geschichten führt. Die Erfahrung zeigt, daß gerade zu Tafeln, auf die der Proband zu-nächst verbal oder mimisch-gestisch ausgesprochen ablehnend reagiert, häufig psy-chodynamisch besonders relevante Erzählungen geliefert werden.

4.5   Die Testinstruktion

Die Testinstruktion soll dem Probanden zweierlei vermitteln: Zum einen soll ihm mit-geteilt werden, daß es im TAT um die **Phantasietätigkeit** geht, d.h. daß er seine Phan-tasie möglichst ungehemmt spielen lassen soll. Falls man mit dem Probanden vorher bereits andere Tests (beispielsweise Intelligenzverfahren) durchgeführt hat, muß er insbesondere darauf hingewiesen werden, daß der TAT nicht aus Aufgaben besteht, bei denen man etwas „richtig" oder „falsch" machen kann, sondern daß es allein dar-auf ankommt, eine möglichst lebendige, dramatische Erzählung zu erfinden.

Zum zweiten muß dem Probanden klar gemacht werden, daß seine Geschichten **drei Stadien** umfassen sollen: die **Vorgeschichte,** das **gegenwärtige Geschehen,** wie es auf dem Bild dargestellt ist, und die **weitere Entwicklung** beziehungsweise den **Aus-gang der Geschichte.** Wichtig ist, daß er keine Bildbeschreibung liefern soll, sondern eine Handlungsabfolge mit den daran gebundenen Gefühlen, Gedanken, Plänen etc.

Murray hat zwei verschiedene Formulierungen vorgeschlagen, die je nach dem In-telligenzniveau und der Ausbildung des Probanden zu verwenden sind (zitiert in der deutschen Übersetzung von *Revers*).

Instruktion A (zu verwenden bei Jugendlichen und Erwachsenen mit durchschnitt-licher Intelligenz) lautet:

> „Wir haben hier einen Test zur Untersuchung der Phantasie. Ich werde Ihnen Bilder vorlegen, und Sie haben die Aufgabe, zu jedem Bild eine möglichst dramatische Geschichte zu erzählen. Schauen Sie sich die Bilder an, und erzählen Sie mir dann, was auf dem Bilde im Augenblick geschieht, was die Menschen, die auf den Bildern dargestellt sind, gerade denken, fühlen und vorhaben, was in ihnen vor sich geht. Machen Sie dann daraus eine vollständige Geschichte, erfinden Sie dazu, wie es zu der Situa-tion kam, was vorher passierte, wie sich die Sache weiter entwickelt und wie sie dann am Ende ausgeht. Sie können nichts falsch machen; es kommt lediglich darauf an, daß Sie Ihre Phantasie spielen lassen und daß Sie eine dramatische Erzählung erfinden. Sie können sich für jede Geschichte etwa 5 Minuten Zeit nehmen. Hier sehen Sie das erste Bild."

Den letzten Satz mit dem Hinweis auf die zeitliche Limitierung verwende ich selber nicht (siehe meine Ausführungen zu diesem Problem im Kapitel 4.6).

Instruktion B (zu verwenden bei Kindern und bei Erwachsenen mit geringer Intelli-genz und Bildung):

„Ich habe hier einen Erzähltest. Das sind lauter Bilder. Die Bilder will ich Dir/Ihnen zeigen, und dann machst Du/machen Sie dazu eine Erzählung. Du/Sie erzählst mir, was auf dem Bild gerade los ist, was da geschieht und was vorher los war. Erzähle mir/erzählen Sie mir, was die Leute, die auf dem Bild sind, gerade denken und was sie vorhaben. Und dann erzählst Du/erzählen Sie mir noch, wie das weiter geht und wie es zu Ende geht. Du kannst/Sie können Geschichten erzählen, wie Du willst/Sie wollen und wie es Dir/Ihnen gerade einfällt."

Für die zweite Sitzung schlägt *Murray,* und im Anschluß an ihn auch *Revers,* die beiden folgenden Instruktionen vor:

Instruktion A: „Auch heute lege ich Ihnen wieder Bilder vor. Sie sollen wieder Geschichten dazu erfinden. Sie werden gleich sehen, daß die Bilder anders sind als das vorige Mal. Voriges Mal enthielten die Bilder mehr Situationen, die im täglichen Leben vorkommen. Die Bilder, die ich Ihnen jetzt zeigen werde, sind nicht mehr so alltäglich, sie sind in Inhalt und Form eigenartiger. So können Sie diesmal Ihrer Phantasie noch mehr freies Spiel lassen, brauchen sich nicht an Alltagssachen zu halten. Ich sähe gerne, was Sie darstellen, wenn Sie auf die übliche Realität keine Rücksicht nehmen. Zu diesen Bildern können Sie Erzählungen in der Form von Mythen, phantastischen Allegorien, Fabeln, Märchen und Träumen erfinden, wie sie Ihnen in den Sinn kommen. Schauen Sie sich die Bilder an, und dann erzählen Sie, was darauf vor sich geht, und machen Sie daraus eine möglichst phantasievolle Erzählung, ähnlich wie das vorige Mal, nur unwirklicher."

Instruktion B: „Heute zeige ich Dir/Ihnen wieder einige Bilder. Diesmal fällt es Dir/Ihnen bestimmt leichter zu erzählen, denn diese Bilder sind viel besser und interessanter als voriges Mal. Die Geschichten, die Du/Sie voriges Mal erzähltest, waren recht gut. Heute will ich sehen, ob es nicht noch besser geht. Mache/Machen Sie heute die Erzählungen noch aufregender als das letzte Mal, so wie Märchen oder Träume. Was Du erzählst/Sie erzählen, braucht es in Wirklichkeit gar nicht zu geben. Hast Du verstanden/haben Sie verstanden, was ich meine?"

Ich selber ziehe für die zweite Sitzung eine „offenere" Instruktion vor. Diese lautet, für beide Probandengruppen A und B etwa folgendermaßen:

„Auch heute lege ich Ihnen wieder Bilder vor. Sie sollen wieder Geschichten dazu erfinden. Voriges Mal enthielten die Bilder mehr Situationen, die im täglichen Leben vorkommen. Die Bilder, die ich Ihnen jetzt zeigen werde, sind in Inhalt und Form weniger alltäglich. Lassen sie Ihrer Phantasie ganz freien Lauf. Schauen Sie sich die Bilder an und erzählen Sie dazu eine dramatische Geschichte. Schildern Sie, wie beim vorigen Mal, wie es zu der dargestellten Situation kam, was auf dem Bild im Augenblick passiert und wie sich die Sache weiterentwickelt und am Ende ausgeht."

Der von *Murray* gegebene Hinweis auf „Mythen, phantastische Allegorien, Fabeln, Märchen und Träume" erscheint mir insofern problematisch, als er die Phantasien des Probanden meines Erachtens allzu stark in eine bestimmte Richtung lenkt. Ich halte es demgegenüber für diagnostisch wichtig, daß der Proband sich auch in der zweiten Serie frei entfalten kann und daß es ihm überlassen bleibt, wie er die in ihm aufsteigenden, durch die weniger realitätsnahen Bildvorlagen ausgelösten Phantasien gestaltet.

Eine **spezielle Anweisung** ist bei **Tafel 16** zu geben. Sie enthält kein Bild, sondern stellt eine leere, weiße Fläche dar. Der Proband soll sich vorstellen, auf dieser Fläche sei ein Bild, dieses beschreiben und dann zum vorgestellten Bild in der üblichen Weise eine Geschichte erfinden. Nach meiner Erfahrung bereitet es den Probanden, nachdem sie bereits 15 Tafeln bearbeitet haben, in der Regel keine Schwierigkeit, dieser Aufforderung nachzukommen. Es erscheint mir auch nicht von großer Bedeutung, daß der Proband eine detaillierte Beschreibung des vorgestellten Bildes gibt, bevor er seine Geschichte erzählt. Wichtig ist allein, daß er sich auf die Aufgabe einläßt und sie – entsprechend seiner Persönlichkeit – bearbeitet. Nach meiner Beobachtung wirkt es für manche Probanden ausgesprochen störend, wenn man sie dazu anhält, zunächst eine genaue Beschreibung des vorgestellten Bildes zu geben (wie *Revers* es verlangt).

Sie werden durch ein solche Aufforderung mitunter aus dem dynamischen Prozeß geradezu herausgerissen. Der verstärkte Einsatz von Ich-Funktionen (wie Beobachten und Denken) führt in solchen Fällen leicht dazu, daß der Proband in eine stärker vom Bewußtsein gesteuerte Sphäre „auftaucht" und dadurch den Kontakt zu den sich bildenden Phantasien wieder verliert.

4.6   Die Protokollierung der Geschichten

Das Ziel der Protokollierung besteht darin, die vom Probanden gelieferten Geschichten vollständig und wortgetreu aufzuzeichnen. Außerdem ist der Untersucher gehalten, mimische und gestische Reaktionen des Probanden sowie scheinbar beiläufig geäußerte Bemerkungen zu notieren.

Die am häufigsten verwendete Methode ist die, daß der **Untersucher selbst das Protokoll führt.** Auf diese Weise wird die den Probanden störende Gegenwart einer dritten Person vermieden. Allerdings bedeutet ein solches Vorgehen für den Untersucher häufig eine große Belastung, da es vor allem bei rasch erzählenden Probanden schwierig ist, die Geschichten während des Erzählens wortgetreu aufzuzeichnen und gleichzeitig Mimik und Gestik des Patienten zu beobachten. In diesen Fällen muß der Untersucher seinen Probanden gelegentlich bitten, etwas langsamer zu sprechen oder einen Augenblick inne zu halten. Derartige Hinweise wirken sich erfahrungsgemäß nicht störend auf die Testsituation aus.

Problematisch erscheint mir hingegen eine Empfehlung von *Revers,* welcher der Ansicht ist, der Untersucher könne bei rasch erzählenden Probanden zunächst den Verlauf der Handlung lediglich in seinen Hauptzügen skizzieren und ausgelassene Stellen dann sofort nach Beendigung der Erzählung ergänzen. Eine auf diese Weise protokollierte Geschichte mag zwar in bezug auf die wichtigsten psychodynamischen Themen zuverlässige Resultate erbringen. Eine genauere Analyse der sprachlichen Struktur (wie sie beispielsweise von *Weintraub* et al., 1962, 1965, und von *Taylor* et al., 1985, vorgeschlagen worden ist) sowie eine Untersuchung der Feinheiten der Psychodynamik und der Abwehrorganisation sind aus einem solchen Protokoll aber nicht mehr erschließbar.

In einer solchen Situation stellt die Aufnahme mit **Tonband beziehungsweise Cassette** eine hilfreiche Alternative dar. Der Untersucher kann, nachdem er den Probanden über das Vorgehen informiert hat, ein Gerät kontinuierlich laufen lassen und besitzt auf diese Weise nicht nur eine wortgetreue Aufzeichnung von den Erzählungen des Probanden, sondern hat außerdem seine eigenen Fragen und Bemerkungen genau vermerkt. Außerdem ist er frei für die Beobachtung des mimischen und gestischen Verhaltens des Probanden. Der einzige Nachteil einer solcher Protokollierungstechnik liegt darin, daß es erfahrungsgemäß – selbst einer versierten Sekretärin – große Mühe bereitet, Transkripte dieser Art anzufertigen.

Eine dritte Variante, die etwa *Tomkins* (1947) für durchaus möglich hält, ist das **Selbstprotokoll des Probanden.** Er erhält die übliche Instruktion, bekommt dann Schreibzeug und wird gebeten, seine Geschichten selbst niederzuschreiben. Einige Autoren haben indes Bedenken gegen solche Selbstprotokolle geäußert (z.B. *Stein,* 1948). Insbesondere wird angeführt, es bestehe die Gefahr, daß der Proband weniger spontane Geschichten liefere, es seien oft weitgehend überarbeitete Produkte, denen viele psychodynamisch bedeutsame Nuancen der „Rohfassung" fehlten. Es liegt auf der Hand, daß das Selbstprotokoll auch bei all jenen Probanden nicht zu empfehlen ist, die wenig schreibgewandt sind. Sie richten beim Schreiben ihre Aufmerksamkeit allzusehr auf orthographische und stilistische Probleme und liefern aus diesem Grunde zumeist nur sehr knappe, stark „gefilterte" Geschichten.

Trotz dieser – ernst zu nehmenden – Einwände ist es nach meiner Erfahrung bei einer Reihe von Probanden durchaus möglich, sie ihre Geschichten selbst schreiben zu lassen (vereinzelt haben Probanden sogar die Geschichten selbst direkt auf Band diktiert). Allerdings muß sich der Untersucher darüber klar sein, daß er in diesem Falle der wichtigen Möglichkeit der Verhaltensbeobachtung während der Testaufnahme verlustig geht. Er müßte deshalb ein besonders sorgfältiges ergänzendes Interview durchführen, in dem er nicht nur die Quellen der Geschichten exploriert, sondern sich auch über emotionale Stellungnahmen des Probanden zu einzelnen Tafeln informiert. Faßt man die für und gegen ein Selbstprotokoll sprechenden Argumente zusammen, so läßt sich sagen, daß es zwar eine durchaus mögliche Protokollierungstechnik ist. Sie sollte jedoch nur in Ausnahmefällen verwendet werden (vgl. die von Frau L. gelieferten Geschichten, Kapitel 11).

Wenn man von der Gesamt-TAT-Serie ausgeht, bei der pro Sitzung 10 Tafeln vorgelegt werden, und fordert, daß die Sitzung möglichst nicht mehr als 1 bis höchstens 1 1/2 Stunden dauern soll, so ergibt sich bereits aus diesen zeitlichen Grenzen die (von *Murray, Revers*, und anderen Autoren erhobene) Forderung an den Probanden, er solle sich bei der einzelnen Geschichte auf zirka 5 bis 6 Minuten beschränken. Als weiterer Grund für eine solche (wenn auch im Einzelfall flexibel zu handhabende) zeitliche Limitierung führt *Revers* an, der Untersucher könne auf „unwesentliches Beiwerk (für das Geschehen nebensächliche Beschreibungen)" verzichten. Der Autor empfiehlt deshalb, bei „geschwätzigen" Erzählungen den Probanden aufzufordern, er möge sich kürzer fassen und sich mehr auf das beschränken, was in seiner Geschichte passiere.

Auf Grund meiner eigenen Erfahrungen mit dem TAT und in Anbetracht des psychodynamischen Konzepts, das ich bei der Interpretation verwende, **greife ich unter keinen Umständen durch das Setzen von zeitlichen Grenzen in den Ablauf des Erzählens ein.** Bei einer psychoanalytisch orientierten Auswertung gibt es keine „Ausschmückungen" durch "unwesentliches Beiwerk" und keine „nebensächlichen" Beschreibungen. Alle derartigen Elemente der Geschichte besitzen einen psychodynamischen Sinn und sind von daher stets bedeutsam (oft nicht zuletzt deshalb, weil sich darin Abwehrtendenzen gegen bestimmte Konflikte artikulieren).

Aus diesem Grunde möchte ich auch **dringend davor warnen, einen Probanden, der „in endloses Fabulieren (gerät)** , ohne daß eine wirkliche Weiterentwicklung des Geschehens sich ergibt" (*Revers*, 1973), dazu **zu ermahnen, die Geschichte nun langsam zu Ende zu führen.** Wiederum erscheint es mir – vor dem Hintergrund des psychoanalytischen Modells – höchst bedeutsam, daß sich ein Proband ins Fabulieren „verliert". Wichtig ist dabei auch, bei welcher Tafel dies geschieht und welches Material dabei auftaucht. Ich werde in den Kapiteln 13 und 14.2 noch ausführlich darauf eingehen, daß das „Sich-verlieren" ein außerordentlich wichtiges Merkmal ist, das etwa Hinweise auf ich-strukturelle Störungen liefert.

Generell gilt – und diesbezüglich sind sich eigentlich alle Autoren einig –, daß **der Untersucher möglichst überhaupt nicht in den Fluß der Erzählung eingreifen soll.** Nachdem er dem Probanden die Instruktion mitgeteilt hat, soll er sich ganz auf die Protokollierung der Geschichten, auf allfällige „Randbemerkungen" sowie auf das mimische und gestische Verhalten des Probanden konzentrieren. **Auf keinen Fall** sollte der Diagnostiker den Probanden auf **Details** eines Bildes **aufmerksam machen,** welche dieser offensichtlich übersehen hat. Es ist ja nicht nur bedeutsam, was der Proband sieht und in seine Geschichten aufnimmt, sondern ebenso wichtig ist, welche Aspekte der thematischen Valenz einer Tafel (vgl. Kapitel 5) er übersieht.

Der Untersucher sollte auch keineswegs eingreifen, wenn die Geschichte keinen logischen Ablauf erkennen läßt oder wenn die im Verlaufe einer Erzählung einmal erwähnten Figuren später vergessen oder vernachläßigt werden. Das Ziel der Testerhebung besteht ja nicht darin, möglichst perfekte literarische Produktionen zu erhalten, sondern den Probanden durch die thematische Valenz der Bildvorlagen zu psychodynamisch relevanten Reaktionen anzuregen. Dabei ist es gerade von besonderer Bedeutung, ob und in welchem Zusammenhang „Ungereimtheiten" auftreten und welche Figuren in welchem Zusammenhang „vergessen" werden.

Auch **auf Fragen des Probanden** sollte der Untersucher möglichst **nicht eingehen** beziehungsweise lediglich noch einmal auf die eingangs gegebene Instruktion hinweisen und dem Probanden mitteilen, es sei ganz ihm überlassen, wie er etwas deute und in welcher Art er seine Geschichten formuliere.

Auch **Fragen und Ermunterungen von seiten des Untersuchers sind auf das absolut nötige Minimum zu beschränken.** Lediglich in Situationen, in denen der Proband vor Beginn einer Geschichte oder im Verlaufe des Erzählens ungewöhnlich lange stockt oder direkt zum Ausdruck bringt, er wisse gar nichts zu sagen, sollte der Untersucher durch Ermunterung den Probanden wieder zur Produktion von Geschichten anregen. Indes ist es nach meiner Beobachtung keineswegs nötig – und vor allem auch aus psychodynamischen Gründen gar nicht sinnvoll –, schon bei kurzem Stocken des Probanden einzugreifen. Im Gegensatz zu *Revers,* der rät, der Untersucher solle in solchen Fällen nicht mehrere Minuten warten, sondern gleich fragen, strukturiere ich auch in dieser Hinsicht die Testsituation möglichst wenig. Es erscheint mir wichtig und diagnostisch aufschlußreich, wenn ein Proband längere Zeit stockt, wie er mit einer solchen Situation umgeht und wie er dann – von sich aus – im Erzählen weiterfährt. Lediglich bei ausgesprochen stupurösem Verhalten des Probanden ist es natürlich notwendig, ihn zur Weiterarbeit zu ermuntern. Am Ende der Sitzung sollte man sich dann (auf keinen Fall aber während der Testaufnahme!) unbedingt beim Probanden erkundigen, was ihn an dieser Stelle der Geschichte oder beim Vorlegen der betreffenden Tafel so irritiert hat und was dabei in ihm vorgegangen ist.

Als **generelle Richtlinie** für das Verhalten des Untersuchers während der Protokollierung gilt: Er sollte sich **größtmögliche Zurückhaltung auferlegen.** Jedes Eingreifen birgt die Gefahr einer Beeinflussung des Probanden i.S. einer Lenkung seiner unbewußten Phantasien in eine bestimmte Richtung in sich. Der Untersucher soll ihm in der Testsituation einen Raum bieten, in dem sich der Proband möglichst frei mit seinen Phantasien, Konflikten, Widerständen und den für seine Persönlichkeit spezifischen Verarbeitungsweisen entfalten kann (zu Recht sprach deshalb *Heiß,* 1950, bei den projektiven Verfahren von „Entfaltungstests").

4.7   Das ergänzende Interview

Es empfiehlt sich, im Anschluß an die Aufnahme des gesamten Protokolls ein ergänzendes Interview vorzunehmen. Diese Exploration dient dem Untersucher dazu, sich über die Quellen der vom Probanden gelieferten Geschichten zu informieren. Der Diagnostiker liest am besten dem Probanden die jeweilige Geschichte, zu der er eine ergänzende Auskunft wünscht, vor und bittet ihn, mitzuteilen, weshalb er auf gerade diese Erzählung kam, ob sie auf eigene Erlebnisse, auf Filme oder literarische Vorlagen zurückgeht usw.

Nach meiner Erfahrung ist es bei einer sorgfältig aufgenommenen tiefenpsychologischen Anamnese indes nicht notwendig, bei jeder Geschichte die Quellen zu explorieren. Oftmals ergeben sich Querverbindungen zur Lebensgeschichte gleichsam „von selbst", wenn man den Probanden im anamnestischen Gespräch genauer kennengelernt hat. Mitunter stellt der Proband selber sogar einen solchen Bezug her (vgl. die von Herrn A. gelieferten Geschichten in Kapitel 8).

Meiner Ansicht nach wird der diagnostische „Wert" einer Geschichte auch nicht dadurch reduziert, daß der Proband auf eine literarische Vorlage zurückgreift. Gewiß ist es in solchen Fällen nicht die eigentlich gewünschte, völlig vom Erleben des Patienten bestimmte Deutung und Verarbeitung der Bildvorlage. Zugleich muß man aber berücksichtigen, daß es keineswegs zufällig ist, welche Vorlage dem Probanden in den Sinn kommt und bei welcher Tafel er sie in welcher Form einsetzt.

Bei einer tiefenpsychologisch orientierten Interpretation der TAT-Geschichten läßt sich die an die Testaufnahme sich anschließende Exploration vergleichen mit der Sammlung von Assoziationen zu den einzelnen Elementen des Traumes. Die dabei gewonnenen Daten liefern Informationen über den psychodynamischen Kontext der jeweiligen Geschichte und erleichtern damit zweifellos die Interpretation. Der Untersucher muß sich jedoch darüber klar sein, daß ein bis in die Details gehendes Interview nochmals eine recht große zeitliche Belastung für Proband und Diagnostiker darstellt.

Ich selber verzichte deshalb häufig auf die Exploration der Quellen über das gesamte Testprotokoll hin und verwende diese Methode lediglich bei Geschichten, die mir besonders auffällig erscheinen. Die „Auffälligkeit" kann entweder in einem ganz ungewöhnlichen Inhalt oder umgekehrt in einer sehr klischeehaften Darstellung liegen, es kann aber auch eine Erzählung sein, die mich auf Grund der anamnestischen Angaben des Patienten an signifikante Ereignisse seiner Lebensgeschichte erinnert, oder der Patient deutet selber einen biographischen Bezug an, beziehungsweise weist auf eine literarische Vorlage hin. Fruchtbar kann es nach meiner Erfahrung auch sein, **im Verlaufe der Psychotherapie auf die TAT-Produktionen eines Patienten zurückzukommen und den psychodynamischen Gehalt in eine Deutung einzubeziehen.** In einem solchen Falle kann man – mit Gewinn – gleichsam nachträglich, nun aber im Hinblick auf ein bestimmtes psychodynamisches Thema, die Assoziationen des Patienten zu einzelnen Details der TAT-Geschichten sammeln und in der therapeutischen Arbeit verwenden.

5 Beschreibung und thematische Valenz der TAT-Tafeln

Die Bildvorlagen sind so konzipiert, daß sie zwar ein bestimmtes Thema nahelegen. Sie lassen dem Probanden für seine Deutungen jedoch einen so weiten Spielraum, daß er sich innerhalb des (zum Teil recht weit gesteckten) thematischen Rahmens seiner Persönlichkeit entsprechend entfalten kann. Bei der Auswertung wird untersucht, wie der Proband mit den von den Tafeln nahegelegten Themen umgeht. Es ist dabei von diagnostischem Interesse, ob er überhaupt auf die Valenz der Tafeln eingeht, was er ausläßt, wie er die verschiedenen Themen in seinen Geschichten verarbeitet, welche Abwehr er einsetzt etc. Ich werde das Vorgehen ausführlich in den Kapiteln 8 bis 11 darstellen.

Bei der folgenden Diskussion der thematischen Valenz (man spricht auch vom "card pull" oder „Aufforderungscharakter" der Tafeln) ist zu bedenken, daß manche Bildvorlagen dem Probanden einen sehr weiten projektiven Spielraum lassen (es ist das in der projektiven Diagnostik viel diskutierte Problem der "ambiguity", der Vieldeutigkeit der Reizvorlage). Die Hinweise auf die thematische Valenz dürfen deshalb nicht als bindende Richtlinien verstanden werden. Sie sollen lediglich den thematischen Rahmen skizzieren, wie er häufig von Probanden wahrgenommen wird und in dem sich üblicherweise ihre Phantasien entfalten.

Tafel 1: Ein Junge sitzt, den Kopf in beide Hände gestützt, vor einer Geige, die vor ihm auf einem Tisch liegt, und betrachtet sie.
Thematische Valenz: Einstellung des Probanden gegenüber seinen Eltern und Pflichten. Selbstverwirklichungs- und Geltungsstreben, Einstellung gegenüber der Zukunft. Tagträume.

Tafel 2: Eine Szene auf dem Lande: vorne steht eine jüngere weibliche Person mit Büchern in der Hand. Im Hintergrund arbeitet ein Mann mit einem Pferd auf dem Acker. Rechts steht, an einen Baum angelehnt, eine Frau in bäuerlicher Kleidung.
Thematische Valenz: Generationenkonflikt und ödipale Konstellationen. Berufswünsche, Einstellung zur Schwangerschaft.

Tafel 3BM: Mit dem Rücken zum Beschauer kauert am Boden die Gestalt einer jüngeren Person. Der Kopf ist nach vorn übergebeugt, auf den rechten Arm aufgelegt, an eine Couch angelehnt. Seitwärts von dieser Person liegt am Boden ein Gegenstand, der einem Revolver ähnlich sieht.
Zu dieser Tafel liegen einige Untersuchungen vor (s. *Dungas* et al., 1982, und *Holmes* et al., 1981), die zeigen, daß die auf dem Bild dargestellte Person sowohl als männliche als auch als weibliche Gestalt gesehen werden kann. Aus diesen Untersuchungsresultaten ergibt sich die Konsequenz, daß man bei männlichen Probanden nicht allein aus der Deutung der Person als weibliche Figur auf Identitätsprobleme oder Geschlechtsrollenkonflikte schließen darf.
Thematische Valenz: Deprimierende Erlebnisse, depressive Verstimmungen und Auseinandersetzung damit.

Tafel 3GF: Eine junge weibliche Person steht mit nach vorn gebeugtem Kopf da, das Gesicht ist mit der rechten Hand bedeckt. Der linke Arm ist ausgestreckt. Die Hand greift zur Kante einer nahezu geschlossenen Tür.
Thematische Valenz: Deprimierende Erlebnisse, depressive Verstimmungen und Auseinandersetzung damit.

Tafel 4: Eine Frau greift einen Mann bei den Schultern. Gesicht und Körper des Mannes sind von ihr abgewandt, als versuchte er von ihr loszukommen. Im Hintergrund neben dem Kopf des Mannes ist undeutlich die Gestalt einer spärlich bekleideten Frau sichtbar.
Thematische Valenz: Partnerbeziehung und allfällig dabei auftretende Konflikte.

Tafel 5: Eine Frau in mittlerem Alter steht an einer Türschwelle und schaut, zum Bildbetrachter gerichtet, durch die halbgeöffnete Türe in ein Zimmer.
Thematische Valenz: Einstellung des Probanden zur Mutter/ Mutterfiguren oder zum Partner, der diese Rolle im Erleben des Probanden übernimmt.

Tafel 6BM: Eine ältere Frau steht, ihren Rücken einem jungen Manne zugekehrt, an einem Fenster, den Blick nach links gerichtet. Der Mann, dem Betrachter zugewandt, hat den Blick gesenkt. In den Händen hält er einen Hut.
Thematische Valenz: Mutterbeziehung des Probanden, u.u. ödipale Konflikte.

Tafel 6GF: Eine junge Frau sitzt auf einer Sofaecke und schaut über ihre Schulter nach rückwärts zu einem Mann, der eine Pfeife im Mund hat und sie anzureden scheint.
Thematische Valenz: Vater-Tochter-Beziehung beziehungsweise Beziehung von Mann und Frau zueinander. U.u. ödipale Konflikte.

Tafel 7BM: Ein grauhaariger Mann mit Schnurrbart richtet seinen Blick auf einen jungen Mann, der mürrisch ins Weite schaut.
Thematische Valenz: Vater-Sohn-Beziehung und Einstellung zu Autoritäten.

Tafel 7GF: Eine ältere Frau sitzt auf einem Sofa dicht neben einem Mädchen, zu diesem hingewandt, als ob sie mit ihm spräche oder ihm etwas vorläse. Das Mädchen hält eine Puppe im Schoß und schaut weg.
Thematische Valenz: Mutter-Tochter-Beziehung. Mitunter gedeutet als Drei-Generationen-Beziehung (in diesem Falle wird die „Puppe", die das Mädchen auf dem Schoß hält, als Kind gedeutet).

Tafel 8BM: Im Vordergrund rechts schaut ein jüngerer Mann aus dem Bild heraus den Betrachter an. An der linken Seite ist der Lauf eines Gewehrs sichtbar. Im Hintergrund ist die Szene einer Operation vage angedeutet.
Thematische Valenz: Aggressive Vorstellungen. Zukunftsträume und beruflicher Ehrgeiz.

Tafel 8GF: Die Arme auf die Stuhllehne gelehnt, sitzt eine junge Frau da, den Kopf in die Hand gestützt, und blickt ins Weite.
Thematische Valenz: Nachdenken über die Vergangenheit oder Zukunft. Tagträume.

Tafel 9BM: Vier Männer in Arbeitskleidung liegen im Gras und ruhen sich aus. Einer davon, vorne links, hält, mit dem Gesicht zur Gruppe, den Kopf erhoben.
Thematische Valenz: Einstellung zu Gruppen, Beziehung von Männern „unter sich."

Tafel 9GF: Eine junge Frau steht an einem Baum. In der linken Hand hält sie ein Heft und eine Handtasche oder ähnliches. Hinter dem Baum läuft, im Gesellschaftskleid, eine andere junge Frau den Strand entlang.
Thematische Valenz: Gefühlsbeziehung zu gleichaltrigen weiblichen Personen, insbesondere Schwesternbeziehung.

Tafel 10: Eine Frau hat ihren Kopf an die Schulter eines Mannes gelehnt. Beide Partner haben die Augen geschlossen.
Thematische Valenz: Beziehung zwischen zwei Partnern.

Tafel 11: (Die Felsschlucht von Böcklin) Eine Straße zieht sich durch eine tiefe Felsschlucht. Auf der Straße sieht man vor einer Brücke in der Ferne dunkle Gestalten. Aus der Felswand streckt ein Drache Hals und Kopf hervor.
Thematische Valenz: Erlebnisse von Gefahr, Bedrohung und Angst. Auseinandersetzung damit.

Tafel 12M: Ein junger Mann liegt mit geschlossenen Augen auf der Couch. Neben der Couch steht, das Knie auf die Couch gestützt, ein anderer (älterer) Mann, leicht zu dem Liegenden gebeugt und hält die Hand in geringer Entfernung über dessen Gesicht.

Thematische Valenz: Beziehung zu älteren, überlegenen oder erfahrenen männlichen Personen.

Tafel 12F: Im Vordergrund die Gestalt einer jungen Frau, mit dem Gesicht zum Beschauer. Hinter ihr eine ältere Frau, einen Schal um den Kopf, die rechte Hand am Mund. **Thematische Valenz:** Mutter-Tochter-Beziehung.

Tafel 12BG: Ein aufs Land gezogenes Ruderboot an einem Fluß, der sich durch eine baumbestandene Landschaft zieht. Menschliche Gestalten sind auf diesem Bild nicht zu sehen. **Thematische Valenz:** „Nestflucht", ihre Motive und Ziele.

Tafel 13MF: Auf einem Bett liegt ausgestreckt ein Frauenkörper. Die Brust ist unbedeckt und unbekleidet, der rechte Arm hängt zu Boden. Vor dem Bett ein Mann, der den Arm vor das Gesicht hält. Rechts vorne ein Tisch mit Büchern und Lampe. **Thematische Valenz:** Beziehung der Geschlechtspartner zueinander. Häufig Darstellung von Konflikten und Sexualängsten.

Tafel 13B: Ein kleiner Junge sitzt auf der Türschwelle einer Holzbaracke. **Thematische Valenz:** Erlebnisse der vergangenen Kindheit oder kindliche Zukunftsträume.

Tafel 13G: Ein Mädchen in einem Treppenhaus steigt die Treppe hinauf. **Thematische Valenz:** Unklar. Diese Tafel gilt im allgemeinen als unergiebig (s. jedoch die in den Kapiteln 10 und 12.1 zitierten Geschichten, die diagnostisch durchaus ergiebig sind).

Tafel 14: Auf einer schwarzen Fläche ein geöffnetes helles Fenster. Im Fenster ist die Silhouette einer Gestalt, die mit einem Arm an den Fensterrahmen gelehnt ist. **Thematische Valenz:** Zukunftshoffnungen oder Sorgen und Enttäuschungen. Freiheitswünsche, u. U. auch Suizidtendenzen.

Tafel 15: (Holzschnittartige Darstellung) Ein hagerer Mann mit gefalteten, nach unten gestreckten Händen steht zwischen Grabsteinen. **Thematische Valenz:** Aggressive Tendenzen, Todeswünsche, Schuldgefühle, depressive Verstimmungen.

Tafel 16: Weiße, leere Tafel. **Thematische Valenz:** Diese Leertafel legt kein Thema nahe. Nach eigenen Erfahrungen (s. Kapitel 15) werden zu dieser Tafel häufig Geschichten erfunden, in denen der Proband direkt einen Bezug zur eigenen Person herstellt (vgl. *Kahn,* 1984) und seine zentrale Konfliktthematik darstellt. Mitunter soll in den Geschichten zu Tafel 16 auch die Einstellung des Probanden zum Berater zum Ausdruck kommen.

Tafel 17BM: Ein unbekleideter Mann hängt an einem Seil und klettert hinauf oder hinunter. **Thematische Valenz:** Darstellung von Erwartungen: einer Gefahr entrinnen oder sich (vor anderen) produzieren. Leistungs- und Geltungsansprüche.

Tafel 17GF: (Holzschnittartige Darstellung) Eine Brücke über einem Fluß. Eine weibliche Gestalt lehnt sich über das Geländer. Im Hintergrund hohe Gebäude und unterhalb des Brückenbogens auf der Kaimauer ein Boot. Auf der Kaimauer kleine männliche Gestalten, die Lasten zu tragen scheinen. **Thematische Valenz:** Suizidale Tendenzen. Auseinandersetzung mit Krisensituationen.

Tafel 18BM: Ein Mann mit offenem Mantel und Rock wird von hinten von drei Händen gegriffen. Der Kopf ist nach rechts gewandt, die Augen sind geschlossen. Die Gestalten, die nach ihm greifen, sind unsichtbar. **Thematische Valenz:** Erleiden von Angriffen oder Gewalt. Einstellung dem gegenüber.

Tafel 18GF: Eine Frau hat ihre Hände um den Hals einer anderen Frau gelegt, die sie rückwärts gegen ein Treppengeländer zu drücken scheint. **Thematische Valenz:** Einstellung gegenüber Angriffen und Gewalt, mitunter aber auch Hilfeleistung. Mutter-Tochter-Konflikte.

Tafel 19:   Auf diesem wenig strukturierten Bild läßt sich, etwas verschwommen, eine schneebe-
deckte Hütte erkennen, die von bizarren Wolkenformen umgeben ist.

             Thematische Valenz: Streben nach Sicherheit, Einstellung zum Heim und zur Gebor-
genheit.

Tafel 20:   Eine spärlich beleuchtete Gestalt (meist männlich gedeutet) steht bei Nacht an einen
Laternenpfahl gelehnt.

             Thematische Valenz: Einsamkeit, Verlassenheit. Sexuelle Abenteuer und aggressive
Tendenzen.

6 Bisherige Auswertungsmethoden

Das von *Murray* vorgeschlagene Auswertungssystem geht davon aus, daß die TAT-Geschichten eines Probanden einerseits Aufschluß über seine Bedürfnisse („needs") geben und andererseits ein Bild davon vermitteln, wie er die von seiner Umwelt ausgehenden Einflüße („press") erlebt und mit ihnen umgeht. Die Persönlichkeitsausformung und -dynamik des Probanden wird von *Murray* als Resultante von „needs" und „press" verstanden. Bei einer Auswertung nach *Murray*s Methode ist in jeder TAT-Geschichte zunächst die Hauptfigur (der „hero") zu bestimmen und im Hinblick auf diese Figur eine Need-Press-Analyse vorzunehmen. Diese wird anhand umfangreicher Kataloge von „needs" (z.b. Bedürfnis nach Selbsterniedrigung, nach Selbstverwirklichung und Geltung, Aggressionsneigung, Dominationsstreben, Tendenz zu Mitgefühl und Fürsorge, Neigung zur Passivität, Hilfsbedürfnis, sexuelles Bedürfnis etc.) und „press" (z.B. Kontakteinflüsse, Einflüsse aggressiver Art, Erlebnis von Herrschsucht, Hilfsbedürftigkeit, Erlebnis von Zurücksetzung, Mangel/Verlust, physische Gefährdung etc.) durchgeführt. *Murray*s Auswertungsmethode ist außerordentlich zeitaufwendig und recht unhandlich. Es findet heute meines Wissens keine Anwendung mehr.

Ähnlich ist es mit den von anderen Autoren (z.B. *Tomkins*, 1947, *Stein*, 1948, *Bellak*, 1954, *Rapaport*, 1949) entworfenen formalen Signierungsschemata. Sie besitzen zwar eine höhere Auswertungsobjektivität als freie Interpretationen (vgl. Kapitel 3). Doch haben sie sich alle – nicht zuletzt wegen ihres großen Zeitaufwandes – nicht durchsetzen können. Zudem muß ich auf Grund eigener vergleichender Auswertungen mit verschiedenen dieser Systeme kritisch einwenden, daß der für die Signierung nötige Aufwand in keinem vertretbaren Verhältnis zum Resultat steht. Umfangreiche Signierungen und Verrechnungen führen mitunter zu ausgesprochen trivialen Ergebnissen, die man bereits bei einem ersten, flüchtigen Durchlesen der Geschichten hätte formulieren können.

Die heute übliche Auswertung ist die einer **freien Interpretation,** wie sie etwa von *Revers* (1973) vorgeschlagen worden ist. Der Untersucher geht die Geschichten daraufhin durch, ob und in welcher Weise der Proband auf die thematische Valenz der Tafeln eingegangen ist, welche Arten der Konfliktverarbeitung in den Geschichten feststellbar sind und welche Themen sich wie ein „roter Faden" durch das Protokoll ziehen. Obwohl von einem psychodynamischen Ansatz ausgehend, interpretiert *Revers* die TAT- Produktionen nicht im Rahmen explizit psychoanalytischer Modellvorstellungen. Phänomene wie Übertragung, Subjektstufe und andere mir vor allem im Hinblick auf psychotherapeutische Interventionen wichtig erscheinende Aspekte finden sich bei ihm nicht.

Wiederholt ist auch vorgeschlagen worden, das durch den TAT gewonnene Material einer Sprachanalyse zu unterziehen. Über solche Ansätze, die zu fruchtbaren Resultaten führen können, haben unter anderem *Weintraub* und Mitarbeiter (1962, 1965) und *Taylor* et al. (1985) berichtet. *Weintraub* und Mitarbeiter analysierten die per Tonband aufgezeichneten Geschichten im Hinblick auf die folgenden 12 Kategorien: 1. Menge des Gesprochenen, 2. lange Pausen und Schweigen, 3. Sprachrate, 4. unpersönliche Hinweise, 5. Verschiebung in die Vergangenheit, 6. Negationen, 7. Vagheit, 8. Widerruf, 9. Erklärungen, 10. direkte Hinweise, 11. Ausdruck von Gefühlen, 12. Abgabe von Werturteilen. *Weintraub* und Mitarbeiter haben jeder dieser Kategorien spezifische Abwehrmechanismen zugeordnet und schließen auf Grund der Sprachanalyse darauf, welche Formen der Abwehr bei einem Probanden vorherrschen beziehungsweise fehlen. Auch bei dieser Methode ist einzuwenden, daß sie zweifellos sehr aufwendig ist.

Es sei abschließend noch auf zwei Modifikationen der Testaufnahme und -auswertung hingewiesen, deren Anwendung bei bestimmten Fragestellungen von Vorteil sein kann. *Stix* (1979) schlägt vor, bei Paarkonflikten mit beiden Partnern zunächst, in der üblichen Art, ein individuelles TAT-Protokoll mit 10 speziell ausgewählten Tafeln aufzunehmen. In einem zweiten Schritt wird dann (nach mindestens 24 Stunden) ein sog. **„Interaktions-TAT"** durchgeführt, der ebenfalls 10 aus beiden Serien stammende speziell für diese Thematik geeignete Tafeln enthält. Das Paar hat die Aufgabe, gemeinsam Geschichten zu produzieren und sich jeweils am Ende auf eine Deutung zu einigen (es ist eine Modifikation, die Ähnlichkeit mit dem von *Willi*, 1973, vorgeschlagenen „Gemeinsamen Rorschach-Versuch" besitzt)

Die beiden individuellen TAT-Protokolle werden in der von *Revers* beschriebenen Weise interpretiert. Die Auswertung des Interaktions-TAT erfolgt durch die Erstellung eines Psychogramms auf Grund der "Verhaltensvariablen" (Kräftedynamik, affektive Dynamik, Funktionsfähigkeit und Kommunikationsfähigkeit der Partnerschaft) und auf Grund der „Erlebensanalyse" (in Analogie zur individuellen Interpretation werden die Themen und Probleme der Geschichten, der situationale Kontext sowie Verlauf und Ausgang der Geschichten untersucht). Das Hauptgewicht liegt bei der Auswertung in der Beobachtung der interaktionellen Prozesse.

Eine ebenfalls auf das soziale Umwelt bezogene TAT-Modifikation hat *Moosmann* (1977) entwickelt: Der Autor verwendet den TAT zur Untersuchung von Kindern, bei denen er zu Elternrechtsfragen (Sorgerecht, Besuchsreglung etc.) Stellung nehmen muß. Bei der von ihm vorgeschlagenen **„kontextspezifischen" Anwendung und Interpretation** einer reduzierten TAT-Serie läßt er die Kinder zunächst die Bildvorlagen in der üblichen Weise bearbeiten. Wenn bei der Auswertung der Eindruck entsteht, der Proband sei auf „harmlose" (d.h. nicht auf die familiären Konflikte eingehende) Geschichten „ausgewichen", so legt *Moosmann* dem Kind die Tafeln nochmals mit einer speziellen, auf die familiäre Situation bezogenen Instruktion vor. Bei einem Kind, das sich entschieden weigert, den Vater weiterhin zu besuchen, im TAT aber keinerlei problembezogene Geschichte geliefert hat, kann die „kontextspezifische" Instruktion etwa heißen: „Mache jetzt Geschichten von einem Kinde, das nicht zum Vater will."

Das von *Moosmann* entwickelte Verfahren bietet zweifellos die Möglichkeit, genauere Einblicke in die Eltern-Kind-Dynamik zu gewinnen. Indes erscheint mir ein solches Vorgehen, welches das Kind geradezu in den Eltern-Kind-Konflikt hineindrängt, aus ethischen und psychodynamischen Erwägungen nicht ganz unproblematisch.

7 Darstellung der neuen psychoanalytischen Interpretationsmethode

Die von mir für den TAT vorgeschlagene Auswertungsmethode verfolgt das Ziel, bei der Testinterpretation bereits das gleiche theoretische Bezugssystem zu verwenden wie bei der anschließenden Therapie. Auf diese Weise soll der Schritt von der diagnostischen zur therapeutischen Phase einfacher gestaltet werden. Außerdem soll der Testbenutzer in die Lage versetzt werden, das vom Patienten gelieferte Material in einer direkt auf die Psychotherapie bezogenen Weise soweit wie möglich auszuschöpfen. Ich lege meinen Ausführungen das psychoanalytische Persönlichkeits- und Therapiemodell zugrunde und werde auch die neueren Narzißmus- und Borderlinekonzepte mit in meine Betrachtungen einbeziehen.

Das Vorgehen besitzt gewisse Ähnlichkeiten mit der psychoanalytischen Trauminterpretation (vgl. *Eckes-Lapp,* 1980; *Rauchfleisch,* 1984). Ein wichtiger Unterschied zwischen Traum und TAT-Produktion liegt allerdings darin, daß die TAT-Geschichten nicht völlig frei aufsteigende Phantasien sind. Jede Tafel (außer der Leertafel 16) besitzt vielmehr, wie in Kapitel 5 dargestellt, einen bestimmten Aufforderungscharakter, das heißt sie legt ein bestimmtes Thema nahe. Wir berücksichtigen deshalb bei der Interpretation unter anderem, ob der Proband auf die thematische Valenz eingegangen ist bzw. wie er sie in der jeweiligen Geschichte gestaltet hat.

Trotz dieses Unterschieds zwischen Traum und TAT-Produktion ist es nach meiner Erfahrung sehr wohl möglich und fruchtbar, die zum Test gelieferten Geschichten ähnlich wie Traummaterial zu behandeln. Unter den verschiedenen möglichen Deutungsaspekten erscheinen mir im Hinblick auf eine geplante Psychotherapie vor allem die folgenden relevant: Formulierung der Psychodynamik und Überlegungen zur Ich-Struktur der Persönlichkeit, Deutung auf der Objekt- und Subjektstufe sowie Interpretation auf der Übertragungsebene.

Bevor ich auf die theoretischen Annahmen, die diesen Deutungsaspekten zugrundeliegen, etwas ausführlicher eingehe, soll noch ein prinzipielles Problem psychoanalytischer Interpretationen, wie ich sie verwende, diskutiert werden. Dem mit der psychoanalytischen Theorie und Praxis weniger vertrauten Leser drängt sich bei tiefenpsychologischen Darstellungen nicht selten der Eindruck auf, es sei letztlich alles und jedes „krankhaft." Selbst die harmlosesten und selbstverständlichsten Verhaltensweisen sehe der Psychoanalytiker als Ausdruck pathologischer Kräfte. Seinem reduktionistischen Deutungsansatz vermöge sich kein Phänomen des menschlichen Lebens zu entziehen. Gleichgültig, ob es sich um Religion, Kunst, Literatur, Politik oder andere Bereiche handle – hinter allem sehe die Psychoanalyse nur die Pathologie.

Gewiß finden sich derartige – verkürzte – Ansätze zum Teil in der älteren psychoanalytischen Literatur. Im Hinblick auf die moderne Psychoanalyse stellt eine solche Sicht jedoch ein grobes Mißverständnis dar. Untersucht man das heutige psychoanalytische Verständnis von „Gesundheit" und „Krankheit", so ist dreierlei zu berücksichtigen:

Zum **ersten** verwendet die Psychoanalyse (unglücklicherweise) für viele Sachverhalte Begriffe, die aus dem Bereich der Psychopathologie übernommen worden sind. Sie haben jedoch mit „Krankheit" im üblichen Sinne nichts zu tun und haben in der psychoanalytischen Theorie eine Ausweitung auf den normalpsychologischen Bereich erfahren (dies gilt beispielsweise für die Konzepte der Aggression, der Sexualität und der Abwehrmechanismen, aber auch für Begriffe wie „primitiv", „polymorph-pervers" etc.). Spätestens seit Einführung der psychoanalytischen Ich-Psychologie durch *Heinz Hartmann* (1972) versteht sich die Psychoanalyse als Theorie, die sowohl zum Verständnis der normalen menschlichen Entwicklung als auch zur Erfassung pathologischer Prozesse dient. Damit sind die Grenzen zwischen psychischer Gesundheit und Krankheit fließend geworden.

Zum **zweiten** gilt es heute als unbestritten, daß die psychoanalytische Theorie nur ein Verständnismodell **unter anderen** liefern kann. Die Auseinandersetzung mit religiösem Erleben und künstlerischer Kreativität, aber auch mit sozialen und politischen Ereignissen ist niemals nur von diesem einen Deutungsansatz her möglich. Gewiß lassen sich in den verschiedensten Bereichen des menschlichen Lebens die Kräfte des Unbewußten und seine Dynamik nachweisen. Es wäre jedoch ein Irrtum anzunehmen, durch eine solche Betrachtungsweise würde eine bestimmte Art des Erlebens oder Verhaltens als „pathologisch" eingestuft.

Zum **dritten** hat uns gerade die Beschäftigung mit schweren psychischen Erkrankungen gelehrt, daß es oftmals wenig relevant und therapeutisch auch gar nicht sinnvoll ist, die pathologischen Aspekte besonders hervorzuheben. Häufig ist es – auch bei streng psychoanalytischer Betrachtungsweise – mindestens ebenso wichtig, sich Klarheit über die Bereiche der Persönlichkeit zu verschaffen, die ungestört arbeiten und kompensatorische Funktionen erfüllen.

Diesen prinzipiellen Überlegungen kommt insofern eine Bedeutung für den Umgang mit TAT-Geschichten zu, als auch bei der von mir vorgeschlagenen psychoanalytischen Interpretationsmethode beim Leser der Eindruck entstehen könnte, dieser Deutungsansatz zeige nur die Pathologie auf. Mitunter mag sich sogar die Frage erheben, ob es denn in den TAT-Geschichten gar nichts „Normales" gebe. Berücksichtigt man das, was ich über das psychoanalytische Verständnis von Gesundheit und Krankheit ausgeführt habe, so ergibt sich daraus dreierlei für die Interpretation der TAT-Produktionen:

1. Im TAT werden die psychodynamisch relevanten Inhalte, die Hauptkonfliktbereiche und die für eine Persönlichkeit charakteristischen Verarbeitungsweisen sichtbar. Dabei muß man davon ausgehen, daß Antinomien und konflikthaftes Erleben keineswegs nur Merkmale der psychischen Erkrankung sind, sondern zum menschlichen Lebens an sich gehören. Nicht das Vorliegen von Konflikten überhaupt oder allein der Einsatz von Abwehrmechanismen weisen auf psychische Störungen hin, sondern erst eine ausgeprägte Rigidität der Abwehr bzw. ein Eingeengtsein auf ganz bestimmte Abwehrstrategien und eine besondere Häufung konflikthafter Erlebnisinhalte können als Indikatoren für eine Erkrankung angesehen werden.

2. Ich habe bereits darauf hingewiesen, daß die TAT-Produktionen eine Ähnlichkeit mit dem Traum aufweisen. So wie es nicht den „typisch pathologischen" Traum gibt (d.h. einen Traum, der in dieser Form nur von einem psychisch kranken Menschen geträumt werden kann), so läßt sich im allgemeinen auch einer TAT-Geschichte nicht ohne weiteres ansehen, ob sie von einem Menschen mit manifester psychischer Störung oder einer psychisch unauffälligen Persönlichkeit stammt (eine Ausnahme bilden Protokoll mit eindeutigen formalen Denkstörungen und einem Hervorbrechen unzensurierter primärprozeßhafter Inhalte. Vgl. Kapitel 13.2 und 13.3). Die TAT-Geschichte läßt – wie der Traum und andere Produktionen des Unbewußten – in erster Linie das Spektrum der Erlebensinhal-

te, der Konflikte und der Verarbeitungsmodi erkennen, nicht aber das Ausmaß von Pathologie oder Gesundheit. Die Besonderheit dieses Testverfahrens liegt gerade darin, daß es dem Untersucher Einblick in **qualitative** Aspekte der Persönlichkeit – des kranken wie des gesunden Menschen – gestattet. Angesichts der fließenden Grenzen zwischen Gesundheit und Krankheit interessiert uns oftmals nicht in erster Linie, **ob** eine psychische Störung vorliegt (darüber geben uns die Anamnese, das Gespräch mit dem Klienten und andere Tests hinlänglich Auskunft), sondern es steht vielmehr die Frage im Vordergrund, **welches** die für diese Persönlichkeit charakteristischen Erlebens**inhalte** sind.

3. Aus dem zuletzt Ausgeführten ergibt sich, daß der TAT vor allem qualitative Informationen liefert. Quantitative Angaben (z.B. über die Intensität einer Störung und das Ausmaß an „Pathologie") sind aufgrund der TAT-Produktionen im allgemeinen nur bedingt möglich. Insofern besteht beispielsweise ein grundsätzlicher Unterschied zwischen dem TAT und den Persönlichkeits- und Befindlichkeitsfragebögen, die gerade die Intensität verschiedener psychischer Symptome (wie Depressivität, Angst, innere Gespanntheit, soziale Rückzugstendenzen etc.) „messen" wollen, hingegen keine differenzierten Informationen über den Inhalt und die hinter diesen Phänomenen stehende Dynamik zu liefern vermögen. Durch diese Besonderheit des TAT scheinen mir auch – zumindest zu einem Teil – die zitierten negativen Resultate aus Validitätsstudien bedingt zu sein (vgl. Kapitel 3). Der TAT möchte und kann nicht in erster Linie dazu dienen, eindeutige Grenzen zwischen psychisch gesunden und kranken Persönlichkeiten zu ziehen und das Ausmaß an „Pathologie" zu bestimmen, sondern er entwirft – wie der Traum –, unabhängig von Gesundheit und Krankheit, ein plastisches Bild der zentralen Erlebnisinhalte und der Verarbeitungsweisen eines Menschen.

7.1   Formulierung der Psychodynamik und Überlegungen zur Ich-Struktur

Die meisten Autoren, die Auswertungssysteme für den TAT entwickelt haben (vgl. Kapitel 6), weisen darauf hin, daß es wichtig sei, die Hauptthemata der gelieferten Geschichten herauszuarbeiten. Ganz ausdrücklich stellen *Bellak* (1975) und *Magda B. Arnold* (1962) eine solche Analyse der zentralen Gehalte der Geschichten in den Mittelpunkt ihrer Auswertung. Da diese beiden Autoren Interpretationsmethoden entwickelt haben, die meinem Ansatz recht nahe stehen und in gewisser Weise Voraussetzungen für mein Vorgehen darstellen, möchte ich ihre Auswertung etwas genauer schildern.

Bellak (1975) vorgeschlagene Auswertungssystem umfaßt 10 Variablen, unter denen das „Hauptthema" („main theme") eine zentrale Rolle spielt (außerdem werden der Hauptheld, zentrale Bedürfnisse, signifikante Konflikte, Hauptabwehrformen, Über-Ich-Aspekte und Ich-Integration erfaßt). Das Hauptthema stellt die Essenz der TAT-Geschichte dar und soll auf den folgenden 5 Ebenen formuliert werden:

1. Auf einer deskriptiven,
2. auf einer interpretativen,
3. auf einer diagnostischen,
4. auf einer symbolischen und
5. auf einer Ebene, welche die Assoziationen des Probanden zu den einzelnen Details der Geschichten einbezieht.

Diese von *Bellak* entwickelte Methode, das „Hauptthema" herauszuarbeiten, sei an einem Beispiel demonstriert. Ich wähle die Geschichte, welche Herr B. (s. Kapitel 10) zu **Tafel 1** erzählt hat:

Dem Bub seine Mutter will aus dem Sohn etwas machen. Deshalb muß er immer Geige spielen. Er ist davon nicht begeistert, möchte lieber Fußball spielen. Es stinkt ihm. Das sieht man. Eine zeitlang muß er noch weiter spielen. Dann sieht die Mutter es vielleicht ein, daß es nicht gut ist, daß man nichts von den Kindern erzwingen darf, daß es ihm keine Freude macht. Er muß dann nicht mehr spielen.

Die **deskriptive** Formulierung, welche die Hauptgedanken der Geschichte zusammenfaßt, könnte lauten: „Eine Mutter möchte aus ihrem Sohn etwas machen. Er beugt sich dieser Forderung zunächst. Die Mutter gibt schließlich aber dem Wunsch des Sohnes nach."

Auf der **interpretativen** Ebene soll nach *Bellak* der Gehalt der Geschichte in einer verallgemeinerten Form dargestellt werden: „Wenn mir jemand etwas aufzwingt, hoffe ich, daß der andere (speziell die Mutter) seinen Fehler einsieht und es mir erläßt" (*Bellak* verweist darauf, daß man die Formulierung auf der interpretativen Ebene vorzugsweise in der Form „Wenn man . . ." vornehmen solle).

Bei der **diagnostischen** Ebene geht es um eine Übersetzung dessen, was auf der interpretativen Ebene als Eindruck formuliert war, in eine eindeutige Stellungnahme. Im Hinblick auf die zitierte Geschichte von Herrn B. könnte eine solche Formulierung lauten: „Der Patient weist eine Störung in seiner Autonomieentwicklung auf. Er erlebt sich in Beziehungen als ausgenutzt, ohnmächtig seinen Partnern ausgeliefert und unfähig, seine Anliegen selber durchzusetzen."

Die Deutung der TAT-Geschichte auf der **symbolischen** Ebene geht von der psychoanalytischen Symboltheorie aus und muß nach *Bellak* mit größter Vorsicht vorgenommen werden, da sie sonst leicht zu „wilden" Spekulationen führt. In der Geschichte von Herrn B. könnte man beispielsweise im Fußballspiel den symbolhaften Ausdruck der männlichen Welt, im Geigespiel den der mütterlichen Sphäre sehen. Die Geschichte würde dann besagen, daß sich der Patient verzweifelt aus der symbiotisch-mütterlichen Umklammerung zu lösen versucht.

Die Interpretationsebene, auf der man bei der Formulierung des Hauptthemas von den **Assoziationen des Erzählers** zu einzelnen Details seiner Geschichte ausgeht (*Bellak* spricht von dem **„elaborative level"**), führt bei Herrn B. zu folgenden Hinweisen: Für ihn war das Fußballspielen eine Tätigkeit, die ihn als Kind angeblich niemals interessiert hat; er habe sich durch das rauhe (für ihn typisch „männliche") Verhalten der anderen Knaben dabei sogar abgestoßen gefühlt. Obwohl er auch keinerlei Interesse am Geigenspiel habe, komme ihm dies viel „feiner" und deshalb auch akzeptabler vor. Von diesen wenigen Hinweisen ausgehend, darf man auf der „elaborativen" Interpretationsebene sagen, daß Herr B. mit seiner Geschichte zu Tafel 1 unter anderem seine Ambivalenz zwischen dem bewußten Erleben („ich lehne das Männliche ab") und den untergründig wirksamen Strebungen („ich suche das Männliche") zum Ausdruck bringt.

Wie die Ausführungen zur Geschichte, die Herr B. zu Tafel 1 geliefert hat, zeigen, geht es *Bellak* darum, den Kern der TAT-Produktionen unter verschiedenen Aspekten herauszuarbeiten, wobei der Autor von der Oberfläche ausgeht und bis zu Tiefendimensionen vordringt.

Eine ähnliche Art der Auswertung nimmt *Magda B. Arnold* (1962) vor. Sie fordert den Untersucher auf, zu jeder TAT-Geschichte einen **„import"**, gleichsam die „Moral" der Erzählung, zu formulieren. Man kann den Begriff „import" am besten mit „Fokus" übersetzen, womit bei *Magda Arnold* indes nicht ein Fokus im psychodynamischen Sinne gemeint ist. Der „import" stellt vielmehr eine Abstraktion von den konkreten Details der Geschichte dar und soll – ähnlich wie *Bellak*s Formulierung auf der interpretativen Ebene – die Essenz der Erzählung zum Ausdruck bringen. Die Autorin hält sich dabei aber eng an den manifesten Inhalt der TAT-Geschichte und geht bei der Formulierung der „imports" nicht auf die hintergründige Dynamik der Persönlichkeit ein. Bei der zitierten Geschichte zu Tafel 1 von Herrn B. könnte der „import" lauten: „Ein Junge will nicht das tun, was die Mutter von ihm verlangt. Die Mutter sieht dann ein, daß sie nichts von ihm ‚erzwingen' darf."

Ein wichtiges Element in der Auswertung eines TAT-Protokolls liegt für *Magda Arnold* darin, eine **„Sequenz- Analyse"** der aus den verschiedenen Geschichten gewonnenen „imports" vorzunehmen (die Autorin schlägt vor, dem Probanden nicht alle 20 Tafeln, sondern nur eine Auswahl, bestehend aus den folgenden Tafeln, vorzulegen: 1, 2, 3BM, 4BM, 6BM, 7BM, 8BM, 10, 11, 13MF, 14, 16, 20). Es geht in diesem Auswertungsschritt darum, den „roten Faden" herauszuarbeiten, der sich durch die TAT-Geschichten hindurchzieht.

Bei der von mir vorgeschlagenen Auswertungsmethode lehne ich mich, wie erwähnt, eng an die Methoden von *Bellak* und *Magda B. Arnold* an. Im **Unterschied** zu beiden Autoren geht es mir jedoch darum, nicht bei einer deskriptiven Darstellung der Essenz der TAT-Geschichten stehenzubleiben, sondern auch die hintergründig wirksame Dynamik der Persönlichkeit einzubeziehen. Dieses Vorgehen entspricht der Formulierung **psychodynamischer Foki,** wie sie in der psychoanalytischen Fokaltherapie üblich sind (*Balint* et al., 1973; *Beck,* 1974; *Malan,* 1963). Bei den in der Psychotherapie verwendeten Foki geht es darum, eine möglichst prägnante Formulierung für den Kernkonflikt des Patienten zu finden. Der Therapeut ist bemüht, im Fokus sowohl die Impulse als auch die dagegen aufgebaute Abwehr deutlich werden zu lassen. In der Behandlung dient der Fokus als Zentrum und Leitlinie der therapeutischen Arbeit.

Wie eingangs erwähnt, ist es mein Ziel, den Schritt von der diagnostischen zur therapeutischen Phase zu erleichtern. Aus diesem Grunde neige ich dazu, die psychodynamischen Foki der TAT-Geschichten – wie die Foki in der Fokaltherapie – in der Ich-Form zu formulieren. Dies ermöglicht es dem Benutzer des TAT, die aus den Geschichten gewonnenen psychodynamischen Foki direkt in der Therapie zu verwenden. Außerdem trägt die Formulierung in der Ich-Form dazu bei, daß die Foki inhaltlich und in ihrer emotionalen Aussage eine größere Prägnanz erhalten.

Ich werde in diesem Buch an verschiedenen Beispielen demonstrieren, daß es sich empfiehlt, in einem ersten Auswertungsschritt aus jeder TAT-Geschichte den psychodynamischen Hauptgedanken herauszuarbeiten. Im Anschluß daran kann dann ein Gesamtfokus für das ganze TAT-Protokoll formuliert werden. Dabei ist es sinnvoll, speziell die Themen und Verarbeitungsweisen hervorzuheben, die sich wie ein „roter Faden" durch das Protokoll ziehen (ähnlich wie es *Magda B. Arnold* in der von ihr vorgeschlagenen Sequenz-Analyse tut).

Ich habe bereits darauf hingewiesen, daß in den psychodynamischen Foki sowohl die Impuls- als auch die Abwehrseite enthalten sein sollte. Letztere ist wesentlich mitbestimmt von den **Abwehrmechanismen**, die zur Reduzierung der Konfliktspannung eingesetzt werden. Es ist deshalb empfehlenswert, die TAT-Geschichten speziell daraufhin zu untersuchen, auf welche Abwehrmechanismen sie schließen lassen. Hierbei ist an die „klassischen" Abwehrmechanismen zu denken, wie sie von *S. Freud* in verschiedenen Schriften dargestellt und von *Anna Freud* (1936) in systematischer Form behandelt worden sind: Verdrängung, Regression, Reaktionsbildung, Isolierung, Ungeschehenmachen, Projektion, Introjektion, Wendung gegen die eigene Person, Verkehrung ins Gegenteil, Sublimierung, Verneinung, Idealisierung, Identifizierung mit dem Angreifer. Hinzu kommen die folgenden vor allem von *Melanie Klein*

(1972), Kernberg (1979) und anderen Autoren aus dem Bereich der Objektbeziehungstheorie beschriebenen Mechanismen: Spaltung, projektive Identifizierung, Verleugnung der Realität, omnipotente Kontrolle des Objekts, Entwertung, Entwicklung von Allmachts- und Omnipotenzphantasien. Eine ausführliche Beschreibung der Abwehrmechanismen findet sich in den verschiedenen Lehrbüchern der Neurosenlehre (s.*Battegay*, 1986; *Laplanche* et al., 1972; *Mertens*, 1981).

Da auch **die übrigen Ich-Funktionen** (wie Denken, Wahrnehmen, Reizschutz, Realitätsprüfung, antizipierende Funktionen, Steuerung der Motilität etc.) sowohl bei diagnostischen Fragen, etwa bei der Abgrenzung zwischen Neurose und Borderline-Persönlichkeitsstörungen (vgl. Kapitel 14.2), als auch für das therapeutische Vorgehen von großer Bedeutung sind, ist es sinnvoll, auf Grund der TAT-Produktionen auch Aussagen über die Ich-Struktur des Probanden zu formulieren (zu den theoretischen Grundlagen der psychoanalytischen Ich-Psychologie s. *H. Hartmann*, 1972). So gilt es beispielsweise einzuschätzen, in welchem Verhältnis konfliktfreie und konfliktuöse Bereiche im Ich zueinander stehen, von welcher Art die intrasystemischen Konflikte (das heißt Konflikte zwischen verschiedenen Bereichen des Ich) sind und über welche integrativen Ich-Funktionen die Persönlichkeit verfügt (letzteres ist etwa wichtig bei differentialdiagnostischen Fragen bezüglich der Abgrenzung zwischen Neurose, Borderline-Störung und Psychose). Darauf, daß die Beachtung ich-psychologischer Aspekte für die Psychotherapie von großer Bedeutung ist, haben unter anderem Autoren wie *Blanck* et al. (1978) und *Kernberg* (1979) hingewiesen.

7.2   Objekt- und Subjektstufeninterpretation

Diese beiden einander ergänzenden Betrachtungsweisen sind bereits von *Freud* (1900) in die Traumdeutung eingeführt worden. *C.G. Jung* (1948) hat später vor allem die Bedeutung der Subjektstufeninterpretation betont.

Bei der **Objektstufendeutung** werden die im Traum auftretenden Personen als die realen Bezugspersonen des Träumers aufgefaßt. Der Traum liefert bei dieser Sicht Hinweise auf die Qualität der Interaktionen, mit ihren gefühlsmäßigen Komponenten zu eben diesen Beziehungspersonen. Außer Personen können auch Gegenstände und situative Faktoren auf der Objektstufe gedeutet werden.

Diese Interpretationsmethode läßt sich auch auf die TAT-Produktionen anwenden. Die Analyse der Geschichten auf der Objektstufe vermittelt uns vor allem Einsicht in die **Art der Objektbeziehungen** unseres Klienten. Der oben (s.S. 29) zitierten Geschichte von Herrn B. zu Tafel 1 würden wir beispielsweise den Hinweis auf eine konflikthafte Beziehung des Patienten zur Mutter entnehmen (dies um so mehr, als die Muttergestalt nicht auf der Tafel abgebildet ist, also offensichtlich aus einem „inneren Bedürfnis" des Patienten in seine Geschichte eingeführt wird). Ferner weist uns die Objektstufeninterpretation der Erzählung von Herrn B. darauf hin, daß der Patient sich in der Beziehung zur Mutter als Opfer erlebt und sich unfähig fühlt, seine Anliegen ihr gegenüber direkt und zielstrebig durchzusetzen (die Mutter muß **von sich aus** „einsehen, daß man nichts von den Kindern erzwingen darf").

Bei der Trauminterpretation auch der **Subjektstufe** wird der Traum als innere Bühne verstanden. Alle im manifesten Inhalt erscheinenden Personen (und auch Gegenstände) stellen Repräsentanten verschiedener Seiten des Träumenden dar. Die Relationen der Traumelemente zueinander können als Abbild der innerseelischen Beziehung zwischen den verschiedenen Persönlichkeitsanteilen des Träumers interpretiert werden. Auf den TAT angewendet, bedeutet dies, daß auf Grund der Geschichten

Aussagen über **intrapersonelle Konflikte** und **spezifische innerpsychische Verarbeitungsweisen** möglich sind.

Die von Herrn B. zu Tafel 1 gelieferte Geschichte (s. S. 29) würde auf der Subjektstufe etwa dahingehend interpretiert werden können, daß im Patienten ein Konflikt zwischen einer fordernden (Über-Ich-)Instanz und den Ansprüchen des Lustprinzips besteht. Auf einer tieferen Ebene könnte man auch an einen Identitätskonflikt zwischen männlichen und weiblichen Seiten denken. Die für Herrn B. charakteristische Art, diesen Konflikt zu lösen, würde darin liegen, daß er sich zunächst dem introjizierten weiblich-mütterlichen Diktat beugt, dann aber – in eher indirekter Form – dagegen aufbegehrt und dadurch das mütterliche Introjekt zur „Einsicht" (d. h. zum Nachgeben) zwingt.

Wie die als Beispiel angeführte Analyse der ersten TAT-Geschichte von Herrn B. zeigt, ergänzen die Formulierung der psychodynamischen Hauptlinien und der ich-strukturellen Aspekte sowie die Objekt- und Subjektstufeninterpretation einander in fruchtbarer Weise. Die Zusammenfassung der auf diese Art gewonnenen Befunde vermittelt ein anschauliches Bild der innerpsychischen Situation und des Verhaltens des untersuchten Probanden.

7.3   Interpretation auf der Übertragungsebene

Ebenso wie Träume lassen sich auch TAT-Produktionen auf der Übertragungsebene interpretieren. Gerade diese Deutungsart stellt eine direkte Verbindung zwischen der diagnostischen und der therapeutischen Phase dar. Ziel der TAT-Interpretation ist nämlich in diesem Falle, Aussagen über die in der Behandlung zu erwartenden Übertragungskonstellationen zu formulieren. Die Besonderheit des TAT-Materials liegt darin, daß es aus einer prä-therapeutischen Phase stammt und damit dem Behandelnden frühzeitig Informationen über das Übertragungsgeschehen zu vermitteln vermag.

Angesichts der Tatsache, daß der Übertragungsbegriff in der psychoanalytischen Literatur in verschiedener Weise verwendet wird, soll noch kurz auf die theoretischen Grundlagen dieses Konzepts eingegangen werden. *Freud* (1895) gebrauchte die Bezeichnung „Übertragung" erstmals, als er seine Versuche schilderte, seine Patienten zum verbalen Assoziieren zu bringen. Er wies darauf hin, daß „ . . . die Kranke sich davor erschreckt, daß sie aus dem Inhalt der Analyse auftauchende peinliche Vorstellungen auf die Person des Arztes überträgt" (*Freud,* 1895). Als Übertragung wird hier eine „falsche Verknüpfung" zwischen einer Person, die früher Objekt der kindlichen Wünsche war, und dem Therapeuten bezeichnet. In einer einige Jahre später verfaßten Arbeit formulierte *Freud:* „Was sind Übertragungen? Es sind Neuauflagen, Nachbildungen von Regungen und Phantasien, die während des Vordringens der Analyse erweckt und bewußtgemacht werden sollen, mit einer für die Gattung charakteristischen Ersetzung einer früheren Person durch die Person des Arztes" (1905). Während *Freud* zu Beginn seiner Theorienbildung die Übertragung ausschließlich als Widerstandsphänomen betrachtete, faßte er die Übertragung später als wichtiges therapeutisches Agens auf, das geradezu eine Voraussetzung für die Bearbeitung der frühkindlichen Konflikte darstellt. Wir sehen heute in der Übertragung vor allem diese für die Therapie wichtige Dimension, die indes durchaus auch Widerstandsaspekte enthält. In diesem Falle sprechen wir von „Übertragungswiderständen", die wie andere Widerstandsphänomene einer sorgfältigen therapeutischen Bearbeitung bedürfen.

Es dürfte einleuchtend sein, daß es für den Therapeuten von großer Bedeutung ist, über einen so zentralen psychodynamischen Sachverhalt wie die Übertragung möglichst frühzeitig Informationen zu erhalten. Dies gilt insbesondere im Hinblick auf die zu erwartenden Übertragungswiderstände, die sich – bei Nichtbeachtung – sehr behindernd auf die Behandlung auswirken und im Extremfall sogar dazu führen können, daß der Patient die Therapie abbricht. In dieser Hinsicht liefern die TAT-Geschichten nach meiner Erfahrung außerordentlich fruchtbare Informationen, die den Therapeuten noch vor Beginn der eigentlichen Behandlung auf Übertragungsprobleme hinzuweisen vermögen, mit denen er bei Übernahme der Therapie rechnen muß. Ich werde diese Aussagemöglichkeiten des TAT anhand der verschiedenen Beispiele noch ausführlich demonstrieren.

8. Herr A. – ein Mensch mit chronischer Dissozialität

8.1 Zur Lebensgeschichte von Herrn A.

Der heute 32jährige Herr A. ist als sechstes von neun Kindern eines Hilfsarbeiters in einer Kleinstadt aufgewachsen. Den Vater schildert er als sehr streng. Er habe oft auch zu körperlichen Züchtigungen gegriffen. Die Mutter sei zwar an und für sich fürsorglich gewesen, habe sich dem Patienten aber wegen der Arbeitsbelastung durch die große Familie kaum zuwenden können. Schon früh habe er – gerade auch in der Beziehung zur Mutter – unter dem Gefühl gelitten, zu kurz zu kommen. In einem Gespräch, das ich anläßlich einer früheren Begutachtung des Patienten mit der Mutter führte, imponierte sie als resolute Frau. Neben echter Sorge um das Schicksal ihres Sohnes erwies sich als charakteristisch für ihre Beziehung zum Patienten eine deutliche Tendenz, den Sohn möglichst fest an sich zu binden. So betonte sie wiederholt, daß sich der Patient unbedingt von seiner Ehefrau trennen und wieder zurück ins Elternhaus, zu ihr, kommen solle. Aus Gesprächen mit der Ehefrau des Patienten erfuhr ich in jüngster Zeit, daß die Mutter sich auch heute noch dem Sohn gegenüber oftmals hart und vorwurfsvoll verhalte. Er gelte in seiner Familie als das „schwarze Schaf, auf dem alle herumhacken."

In seiner Familie fühlte sich der Patient von Kindheit an als „Sündenbock". Er sei ein ruhiges, braves und eher schwächliches Kind gewesen. Lediglich zum nächstälteren Bruder und zu einer älteren Schwester, die Mutterstelle an ihm vertreten habe, habe er eine enge, gute Beziehung gehabt. Für die übrigen Geschwister und die Kameraden hingegen sei er oft der „Prügelknabe" gewesen. Das Gefühl, zu kurz zu kommen und ausgenutzt zu werden, durchzieht wie ein roter Faden das Leben des Patienten. Er absolvierte Primar- und Sekundarschule zwar als mittelmäßiger Schüler, empfand aber auch hier schmerzlich die Ablehnung durch die Kameraden und die geringe Wertschätzung durch die Lehrer. Im Alter von 11 Jahren zog sich der Patient an einer Maschine Frakturen am Unter- und Oberschenkel zu. Noch heute leidet er an den Folgen dieses Unfalls (Verkürzung des rechten Beines). Außerdem kam es in den folgenden Jahren immer wieder zu Manipulationen, die der Patient an seinem Bein vornahm, d.h. zu dermatologischen Artefakten, so daß in den Jahren 1965, 1972, 1974, 1976 und 1978 Operationen notwendig wurden, die mit oft monatelangen Spitalaufenthalten verbunden waren. Der Patient berichtet, daß er sich jeweils im Spital sehr wohl gefühlt und die Umsorgung dort sehr genossen habe.

Eines der einschneidendsten Ereignisse seiner Kindheit sei der Tod seines Lieblingsbruders 1968 gewesen. Dieser Verlust traf den Patienten um so härter, als dieser Bruder, wie erwähnt, außer der bereits genannte Schwester offenbar der ihm am nächsten stehende Mensch war. In dieser Zeit verübte der Patient seine ersten Delikte: Entwendung eines Mofas, Diebstahl eines Portemonnaies am Arbeitsplatz und verschiedene Verkehrsdelikte. Eine Lehre als Mechaniker vermochte er zwar erfolgreich abzuschließen, verstrickte sich aber seit 1968 immer wieder in Delikte (wiederholte Diebstähle).

Im Alter von 20 Jahren ging er die Ehe mit einer aus einer Zigeunersippe stammenden Frau ein. Sowohl seine Eltern als auch die Eltern der Frau waren entschieden gegen diese Ehe. Beide Ehepartner brachen aus diesem Grunde für längere Zeit die Beziehung zu ihren Herkunftsfamilien ab. Der Patient suchte, nach seinen eigenen Worten, bei seiner Frau ein „wirkliches Zuhause" und war sehr enttäuscht, als sich schon bald herausstellte, daß die Ehefrau ihm nicht die erhoffte Umsorgung zu geben vermochte, sondern ihrerseits von ihm Stützung erwartete. Es kam deshalb schon kurze Zeit nach der Eheschließung zu erheblichen Spannungen zwischen den Gatten. Wie in anderen Bereichen seines Lebens fühlte sich der Patient nun auch von der Ehefrau ausgenutzt und beklagte enttäuscht, daß er auch bei ihr „zu kurz" komme. In diese Zeit fallen weitere Diebstähle des Patienten.

Er verbüßte eine mehrmonatige Haftstrafe. Nach der Entlassung aus der Strafanstalt delinquierte er erneut, indem er zusammen mit wesentlich jüngeren Burschen Automaten aufbrach und sie beraubte. Es kam in dieser Zeit auch zu einer Exazerbation eines seit Jahren bestehenden Duodenal-Ulcus, so daß eine Operation notwendig wurde. Nach den letzten Delikten erhielt der Patient vom Gericht nach Art. 43 Schweizer StGB die Auflage einer ambulanten psychiatrischen Behandlung. Die Therapeutin, welche die Behandlung übernahm, empfand vor allem seine geringe Äußerungs- und Introspektionsfähigkeit als einen die Therapie erschwerenden Umstand. Er erschien ihr weitgehend befangen in seinen Stimmungen und in seinem Handeln abhängig von seinen eigenen Bedürfnissen, unfähig, die Befindlichkeit eines Partners in seine Überlegungen einzubeziehen. Parallel zur psychiatrischen Betreuung fand noch eine Familientherapie statt, an der der Patient, seine Ehefrau und die beiden damals 3-und 5jährigen Töchter teilnahmen. Ferner bemühte sich eine Schutzaufseherin um den Patienten und seine Familie. Allerdings wußte damals keine der drei betreuenden Instanzen von der anderen, und es kam deshalb zu keiner Koordination der Bemühungen.

Im Sommer 1979 starb der Vater des Patienten an einem Karzinom. Der Patient litt sehr unter diesem Verlust und erwähnte immer wieder, daß er sich in den vergangenen Jahren, in denen es vor allem zwischen der Mutter und ihm zu Spannungen wegen seiner Eheschließung gekommen sei, dem Vater zunehmend verbunden gefühlt habe. Wenige Wochen nach dem Tode des Vaters verstarb die ältere Schwester, an der der Patient von Kindheit an sehr hing, an Herzversagen. Unmittelbar anschließend mußte die Therapeutin die Einzelbehandlung für einige Monate unterbrechen und die Betreuung des Patienten während dieser Zeit an einen Kollegen abgeben. Unglücklicherweise schied zur gleichen Zeit auch die Therapeutin aus, die zusammen mit einem männlichen Therapeuten die Familienbehandlung durchgeführt hatte. Der Patient reagierte in keiner sichtbaren Weise auf diese Trennungserlebnisse. Doch bereits kurz nach der Abreise der beiden Therapeutinnen verübte er ein schweres Notzuchtsdelikt.

Nach einem längeren Aufenthalt in einer psychiatrischen Klinik, in der u.a. eine vom Gericht auferlegte Androcur-Behandlung durchgeführt wurde, und anschließender ambulanter Betreuung arbeitete der Patient an verschiedenen Stellen. 1982 verübte er innerhalb weniger Monate eine große Zahl von Einbrüchen, wobei sich die Diebstahlsbeute auf rd. 100.000,— Fr. belief. Durch seine Einbrüche verursachte er ferner Sachschäden von nochmals ca. 100.000,— Fr. Der Patient hatte diese Straftaten vor allem begangen, um einer Nachtclubtänzerin, zu der er damals eine Beziehung unterhielt, kostspielige Geschenke machen, Reisen mit ihr unternehmen und sich ihr als großzügiger Freund präsentieren zu können. Nach Aufdeckung der Diebstähle wurde er zu einer Zuchthausstrafe von 2 Jahren verurteilt, die er in einer Strafanstalt verbüßte. Die nach wie vor schwelenden Ehekonflikte führten dazu, daß die

Ehefrau während der Haft des Patienten eine Scheidung plante, diese aber wieder zurückzog.

Nach Verbüßung der Haft wendete sich der Patient, mit dem ich erstmals anläßlich der ersten Begutachtung und in der Folge bei gelegentlichen Konsultationen zusammengetroffen war, 1985 mit der Bitte nach einer Psychotherapie an mich. Er betonte, daß ihm jetzt klar sei, daß er „etwas tun" müsse, sonst werde er sich immer weiter in die Delinquenz verstricken, und ihm drohe am Ende die Verwahrung. Herr A. hatte zu dieser Zeit die Scheidung eingereicht und bewohnte eine separate Wohnung. Es ist indes bezeichnend für die Ehedynamik, daß jeweils einer der beiden Partner fortstrebt (auch die Ehefrau hatte bereits einige Male eine Scheidung erwogen, bzw. sogar beim Gericht eingereicht), der andere dann aber unbedingt die Ehe aufrecht erhalten möchte. Dabei übernehmen die Partner wechselweise die Rollen des auf Trennung Drängenden und des Festhaltenden.

Der Patient arbeitete 1985 zunächst als Lagerarbeiter in einem Industriebetrieb. Er galt dort – wie schon an früheren Arbeitsstellen – als sehr einsatzbereiter, geschätzter Mitarbeiter. Für sein Verhalten im Arbeitsbereich ist charakteristisch, daß er sich außerordentlich bemüht, gute Leistungen zu erbringen, um auf diesem Wege narzißtische Gratifikation zu erfahren. Dies gelingt ihm in der Regel auch während einiger Zeit. Aus dem Bestreben heraus, immer noch mehr zu leisten (und damit noch mehr Wertschätzung durch die Umgebung zu erfahren),kommt es dann aber jeweils schon bald dazu, daß der Patient einen geradezu extremen Arbeitseinsatz zeigt und sich auf diese Weise erheblich überfordert.

Er verhielt sich auch an seiner Stelle im Jahre 1985 in dieser Art und geriet deshalb in einen Erschöpfungszustand. So war er beispielsweise oft schon zwei bis drei Stunden vor dem eigentlichen Dienstbeginn an der Arbeitsstelle tätig und machte eine Unmenge von Überstunden. Psychodynamisch bedeutsam ist dabei, daß dies häufig keine offiziellen, d.h. vom Arbeitgeber gewünschten Überstunden waren, sondern eine Art „freiwilliger Arbeitseinsatz". Daraus resultierten vor allem zwei Probleme: Zum einen entstand im Patienten das Gefühl, er „gebe" unendlich viel, erhalte aber nicht die von ihm erhoffte Gratifikation; zum anderen kam es dazu, daß er sich häufig an der Arbeitsstelle aufhielt, ohne daß andere Mitarbeiter anwesend waren. Diese Konstellation von einem immer heftiger werdenden Gefühl, zu kurz zu kommen und ausgenutzt zu werden, und einer mangelnden Kontrolle durch die Umgebung hatte zur Folge, daß der Patient während eines Wochenendes ein Werksauto zum eigenen Gebrauch entwendete und dabei beschädigte (vermutlich entwendete er auch Material, ohne daß ihm dies aber vom Arbeitgeber nachgewiesen werden konnte). Der Patient wurde daraufhin fristlos entlassen.

Es folgte eine länger dauernde Arbeitslosigkeit. Bezeichnenderweise kam es in dieser Zeit erneut zu einer Exazerbation seiner Artefakte. Dies ging soweit, daß er seine Wunde sogar mit Kot infizierte, dabei aber versicherte, es sei ihm unvorstellbar, wie Kot in die Wunde habe gelangen können. Es ist bekanntlich ein bei Artefaktpatienten allgemein feststellbares Phänomen, daß sie sich ihre Verletzungen in einer Art von psychischem „Ausnahmezustand" zufügen und jedes Wissen um die Ursachen strikt verneinen. (vgl.*Haenel* et al., 1982; *Rauchfleisch* et al., 1983; *Plassmann*, 1986, 1987). Charakteristisch für diese Patientengruppe ist aber auch, daß diese Menschen – wie auch Herr A. – sich die Selbstschädigungen in der Regel in ihnen unlösbar erscheinenden Situationen zufügen.

Während der Zeit der Arbeitslosigkeit betätigte sich der Patient als Aushilfe in einem Restarant. Er kannte die Inhaber bereits seit etlichen Jahren und unterhielt zu dieser Familie fast freundschaftliche Kontakte. Das Arbeitsverhalten verlief wiederum nach dem oben beschriebenen Muster: Aus gelegentlichen kleinen Hilfen in Notsituationen wurden größere Einsätze des Patienten, er beanspruchte ausdrücklich keinerlei Bezahlung, sondern gab sich mit kleinen Geschenken und Trinkgeldern zufrieden. Wieder verstärkte sich in ihm das Gefühl, zu kurz zu kommen und ausgenutzt zu werden (eine Situation, die er in diesem Falle offensichtlich durchaus realistisch wahrnahm, die er aber selber so konstelliert hatte). Im Herbst des Jahres 1986 entwendete er wiederholt Eßwaren und Wertgegenstände aus dem Restaurant, in dem er aushalf, und verübte eine Reihe von Einbrüchen.

Das Gericht ordnete eine ambulante psychiatrische Behandlung nach Art. 43 StGB an. Wie schon zuvor hält der Patient auch seither die mit mir abgemachten Termine mit großer Zuverlässigkeit ein – ganz im Gegensatz zu vielen anderen dissozialen Persönlichkeiten, für die gerade charakteristisch ist, daß sie sich zumindest über lange Strecken der Therapie nicht an verbindliche Abmachungen halten können (*Rauchfleisch*, 1981). Auf dieses Verhalten des Patienten soll später, bei der Interpretation seiner TAT-Geschichten, noch eingegangen werden. Wegen der nach wie vor bestehenden gravierenden Eheprobleme und ihrer Bedeutung für das Befinden und Verhalten des Patienten bin ich in den letzten Monaten dazu übergegangen, gelegentlich auch gemeinsame Sitzungen mit dem Patienten und der Ehefrau abzuhalten. Einige Male waren auch die beiden Töchter anwesend, damit Probleme des ganzen Famliensystems besprochen werden konnten.

Der Patient hat nach einiger Zeit der Arbeitslosigkeit inzwischen eine ihn befriedigende Tätigkeit in einer Baufirma gefunden.

8.2   Die TAT-Geschichten von Herrn A.

Die folgenden 20 TAT-Geschichten lieferte der Patient im Jahre 1978 anläßlich einer Konsultation in unserer psychiatrischen Poliklinik:

Tafel 1
Das ist ein Knabe, der von seinen Eltern zur Geigenstunde gezwungen wurde. Es ist ihm verleidet, den Unterricht weiter zu besuchen. Er denkt: Was er für Ausreden wohl finden könnte, oder was er anstellen könnte, damit er nicht mehr zum Geigenunterricht muß. Er überlegt: Soll ich die Geige zerschlagen oder die Geige absichtlich verlieren, verschwinden lassen. Es scheißt mich einfach an. Ich gehe nicht mehr in den Unterricht, damit ich gefeuert werde. Mit der Zeit würden auch die Eltern dann nachgeben. Die Eltern erhielten einen Brief vom Lehrer, wieso ich nicht mehr in den Unterricht komme. Dann wird mal zuhause diskutiert, wieso ich kein Interesse an den Stunden habe, – daß sie zur Einsicht kommen, daß es keinen Wert hat, Stunden weiter zu bezahlen und ich auch nicht mehr zu Geigenstunden gehen müßte. Dann wäre ich froh darüber. Ich könnte dann andere Hobbys unternehmen, z.B. Fußballspielen, das ich gerne möchte, – mit dem auch die Eltern einverstanden wären. Die Eltern wollten nur, daß ich Geigenunterricht hätte, weil **sie** musikalisch sind.

Tafel 2
Bauer auf dem Feld. Die Bäuerin ist dabei – aber das Mädchen (Pat. lacht), die steht im Wege – mh – das Mädchen sieht mir so aus, als ob es ins Studium geht, ein Stadtmädchen. Sie ist in der Stadt aufgewachsen, wohnt jetzt auf dem Lande. – Schon öfters abends, wenn ich nach Hause kam (ich setze mich jetzt in das Mädchen), sah ich den Bauern auf dem Feld und dachte mir: Das wäre schön, Bauer zu sein. Die haben ein schönes Leben in freier Natur und können sich die Arbeit nach freiem Wunsch einteilen. So blieb ich eines Abends stehen und studierte rum, den Bauernsohn zu heiraten und Bäuerin zu werden. Soll ich das Studium abschließen oder aufhören? So entschloß ich mich, das Studium erstmal abzuschließen. Es geht ja nicht mehr so lange. In ein oder zwei Jahren. Ich will das Studium erst mal weitermachen, später bin ich vielleicht froh, ein Abschlußzeugnis zu besitzen. – Etwa achtzehn Monate später, kurz vor Abschluß des Studiums, lernte ich den einen Bauernsohn kennen. Nach ca. zwei bis drei Monaten fragte er mich, ob ich nicht seine Frau werden wolle. Ich machte ihm klar, daß ich jetzt noch kurz vor dem Abschluß des Studiums stehe und ob er nicht noch etwa ein halbes Jahr warten möchte. Ich weiß ja noch nicht, wie die Abschlußprüfung verläuft. Mein Traum wäre es ja

schon öfters gewesen, Bauersfrau zu werden, und somit möchte ich noch warten, bis die Prüfung, der Abschluß, vorbei ist. Die Zeit verging. Die Abschlußprüfung habe ich gut überstanden. Da entschloß ich mich doch, den Bauernsohn zu heiraten und Bäuerin zu werden.

Tafel 3BM
Muß das sein? – Das kommt mir vor wie im Gefängnis, in einer Zelle. Ein Drogensüchtiger oder eine Drogensüchtige. Der rumstudiert: Warum habe ich die Drogen genommen? Warum habe ich das getan? Sich alles selbst vorzuwerfen – warum? – Wie geht es weiter? Es kommt morgen die Verhandlung auf mich zu. Wieviel werden die mir geben? Ein halbes Jahr? Ein Jahr? Anderthalb Jahre? Mensch, das hat doch keinen Wert! Warten wir ab! Dann die Verhandlung 24 Stunden später. Abends, nach der Verhandlung: Mensch, habe ich mal Schwein gehabt, daß ich mit „bedingt" davongekommen bin! Hoffentlich kann ich es durchstehen. Ich werde mein Bestes dazu geben. Wenn ich später mal einen Kollegen treffe, der ihm etwas anbieten will: „Mensch, hör auf, ich will nicht mehr! Ich war lange genug im Knast, mit der Untersuchung! Versuche auch damit aufzuhören, sonst kommst Du auch mit dem Gesetz in Konflikt. Nütz Deine Chance, solange Du noch Zeit hast! Danach ist es zu spät. Ich weiß das, ich habe es erlebt."

Tafel 4
– Die gute Ehe: Da hat der Mann nach einem Streit schon öfters ein Restaurant aufgesucht und mit dem Alkohol eine Befriedigung gesucht. Wieder mal nach einer Auseinandersetzung will der Mann wieder mal in ein Restaurant gehen. Die Frau versucht ihn zurückzuhalten: „Bleib hier, es hat doch keinen Sinn. Verzeih mir, daß ich das gesagt habe. Ich weiß, daß Du nicht zu faul bist zu arbeiten. Ich weiß, daß Du Dir schon öfters Mühe gegeben hast und daß das Arbeitsamt Dir keine Stelle hat. Bitte verzeih mir, daß ich das gesagt habe, und bleibe hier." Da der Mann doch stärker ist als die Frau, kommt er los, geht in ein Restaurant, sucht die Befriedigung mit dem Alkohol und kommt abends spät betrunken nach Hause. Die Frau weiß: „Ich darf nichts sagen, sonst hört das ja nie auf." Sie bleibt im Bett liegen und läßt den Mann machen. Morgens steht die Frau auf, wie gewohnt. Sie geht zur Arbeit, und der Mann schläft seinen Rausch aus – wie es bis jetzt schon immer war.

Tafel 5
Das kommt mir vor wie abends: Der Mann vor dem Fernsehapparat, vor einer Sportübertragung, den Apparat aufgedreht, so daß man fast sein eigenes Wort nicht versteht. Die Ehefrau, die ihren Ehemann aus der Küche schon öfters gerufen hat, das Abendessen zu nehmen. Er hat nichts gehört. „Kommst Du jetzt endlich essen, oder müssen wir jeden Sonntag das gleiche haben?." Daraufhin der Mann: „Du weißt ja, der Sport läuft immer bis sieben Uhr. Wir können doch nach sieben essen. Bitte geh ohne mich essen. Du kannst nachher Deinen Film sehen. Ich werde Dir dann die Küche aufräumen." Daraufhin die Frau, die das Angebot annimmt: Sie geht essen, um 19.00 Uhr geht der Mann in die Küche und sagt: „Dein Film läuft. Du kannst jetzt gehen. Ich mache hier fertig." Die Frau geht und schaut den Film an. Der Mann nimmt seelenruhig sein Abendessen ein. Danach, wie versprochen, bringt er die Küche in Ordnung, wäscht das Geschirr ab. Nachher kehrt er zu der Frau in die Stube zurück und sagt: „Die Küche ist erledigt." Die Frau gibt ihm zur Antwort: "Ich danke Dir. Ich werde mir von nun an Mühe geben, daß wir jeweils vor der Sportschau essen können."

Tafel 6BM
– Sie können mir wohl nichts dazu sagen? – Ich weiß nicht. – Das könnten Frau und Mann oder Mutter und Sohn sein. – Aber was für eine Geschichte dazu? – – Ich nehme an, daß der Sohn enttäuscht nach dem Ehestreit mit seiner Frau zur Mutter kommt und sagt: „Mensch, ich kann das nicht mehr, ich verlasse sie." Er fragt sie um Rat: „Was soll ich tun? Es kann doch so nicht weitergehen! Hätte ich nur auf Dich gehört, vor der Heirat! Dann wäre es nie soweit gekommen!" Die Mutter, die nachdenklich zu ihm sagt: „Geh zurück. Ich weiß jetzt auch nicht, was wir machen können." Der Sohn, der zu seiner Frau zurückkehrt und sagt: „Hör mal, es hat keinen Zweck mehr. Ich werde die Scheidung eingeben." Sie wurden mal für ein Jahr getrennt. Der Mann – nachdenklich – : Es war doch eine schöne Zeit, die letzten sechs bis sieben Jahre. Er möchte gerne wieder zu seiner Frau zurück. Sie akzeptiert das auch, sie hat ihn auch vermißt. Und von nun an bauten sie zusammen ein neues Leben auf.

Tafel 7BM
– Die gleiche Geschichte wie eben, nur Vater und Sohn. – Ein Professor mit einem Schüler im Studium. Er versucht ihm klar zu machen, daß er sich doch mehr Mühe geben soll – möchte. Ansonsten er für die kommende Zwischenprüfung schwarz sähe. Der Student sagt zu seinem Professor: „Ich werde mir Ihren Vorschlag mal zu Herzen nehmen. Ich versuche, mir mehr Mühe zu geben." Die Zwi-

schenprüfung geht gut vorbei, er hat sie gut bestanden. Danach sucht der Student den Professor auf und sagt zu ihm: „Herr Professor, ich danke Ihnen für Ihre guten Ratschläge und werde mir von nun an alle Mühe geben, um auch die Abschlußprüfung so gut zu bestehen wie diese Zwischenprüfung, und werde Sie von nun an weiter als mein großes Vorbild akzeptieren."

Tafel 8BM

– Das wäre ein etwas brutaler Operationstisch. – – Ein Mann, der im wilden Westen angeschossen wurde. Ein Gewehr ist ja dabei. Der Arzt, der ihm versucht die Kugel aus dem Bauch zu operieren, mit dem Gedanken an frühere Zeiten, daß er den jungen Mann zur Welt brachte, wie er aufwuchs – daß er sich nicht vorstellen kann, wie dieser junge Mann, so anständig, in eine solche Sache verwickelt wurde. Aber mit einem Überfall muß jeder mal rechnen, so allein auf einer verlassenen Farm. Dem steckt die Kugel glücklicherweise nicht zu tief im Bauch. Die Operation ist gut gelungen. – Der Patient ist gestorben (Pat. lacht) – nein, nicht so. Der Mann ist mehrere Stunden bewußtlos, liegt mehrere Stunden so da. Als er erwachte, hat ihm der Arzt erklärt, was geschehen ist: „Schau mal, diese Kugel habe ich Dir aus dem Bauch geschnitten. Du bist nochmal gut davongekommen. Du brauchst jetzt ein paar Tage Ruhe, um Dich zu erholen. Ich werde Dir eine Pflege hier lassen, ein guter Freund von mir, der Dir in dieser Zeit Deine Arbeit auf Deiner Farm erledigt."

Tafel 9BM

Können Sie nicht etwas schreiben? – Vier Wandergesellen, die sich vorgenommen hatten, einmal zu Fuß die Schweiz zu durchqueren. Um halb sieben ruhen sie sich auf halber Strecke erschöpft aus. Wollen wir weiter? Wollen wir zurück? Dann entschlossen sie sich doch mal weiter zu gehen. Ich kann nicht gut sagen: Sie liefen und liefen und liefen. – Das Ziel ist immer noch Bodensee, Genf. Nach drei Wochen sind sie endlich an ihrem Ziel angelangt. Wie abgemacht: Auf der Reise absolut keinen Alkohol. Nun feiern sie in einem Restaurant: „Wir haben es geschafft. Mensch, sind wir froh, daß wir nicht aufgegeben haben! Es war doch ein einmaliges Erlebnis." Der eine sagt zu den anderen Dreien: „Denkt mal, drei Wochen haben wir dafür gebraucht zu Fuß, und jetzt wollen wir fast dieselbe Strecke mit dem Zug innert ein paar Stunden zurücklegen."

Tafel 10

Der Ehemann, der zurückkehrende Ehemann aus dem Gefängnis. Ich hätte jetzt ein gutes Beispiel: Mich! Unschuldig, aus der Haft kommend. Nein, das geht nicht. – Die Ehefrau zuhause: Hoffentlich bekommt er ein Drittel. Der Mann kommt überraschend, zwei Monate, bevor das Drittel fertig war, nach Hause. Die Frau sagt zu ihm: „Mensch das darf doch nicht wahr sein! Bleibst Du jetzt, oder mußt Du wieder gehen?" Der Mann sagt: „Nein, die haben mich gehen lassen wegen schlechter Gesundheit, und weil ich mich gut geführt habe, bekomme ich auch diese zwei Monate geschenkt." Der Mann zur Frau: „Nun hoffe ich, daß Du mir beistehst und helfen wirst, daß ich nichts mehr anstellen werde. Ich werde mir auch selbst alle Mühe geben, daß nichts mehr passiert." Die Frau sagt: „Na gut, waren wir so lange getrennt, habe ich auf Dich gewartet, werden wir von nun an auch zusammenhalten und die Probleme miteinander besprechen. Schließlich bin ich ja froh, daß Du wieder zuhause bist. Und selber hoffe ich, daß Du nie mehr zurückgehen mußt."

Tafel 11

Nach Erzählungen von Leuten aus dem Dorf erfuhr ein Mann, daß hier im Wald ein Ungeheuer existiere. Er wollte es genauer wissen und ging auf die Suche. Ein Forscher, der es wissen wollte, der Spur nachging. Unterwegs mit einem Pferd, ganz allein, auf sich angewiesen, erlebt er plötzlich – begegnete er plötzlich diesem Ungeheuer, wie es ihm beschrieben wurde. Der Forscher, der nicht weiß, was tun, die Gruft – äh – ergreift die Flucht, in Panik zu Pferd. Im letzten Moment konnte er dem Ungeheuer noch entweichen.

Tafel 12M

Der Sohn, der schon längere Zeit krank im Bett liegt, dem Vater keine Antworten mehr, auf die Rufe des Vaters keine Antwort mehr gibt, der Vater nachschaut, was los ist und feststellen muß, daß seinem Sohn – daß sein Sohn nach längerer Krankheit, nun für immer von ihm gegangen ist, gestorben ist. Der Vater versucht erschrocken, den Sohn noch zu wecken, und alles vergebens, ihm noch die geöffneten Augen schloß. Für den Vater ist es unbegreiflich, daß er seinen letzten,– äh – einzigen Sohn vorloren hat.

Tafel 13MF

Der Mannn, der kurz zuvor aufstand und sich angezogen hat, mit Kopfschmerzen, dem es einesteils stinkt, zur Arbeit zu gehen. Er überlegt: Soll ich, soll ich nicht? Soll ich wieder ins warme Bett? Zur

Frau ins Bett? Und sich nun entschloß, nun der Arbeit nachzugehen. Mit schmerzendem Kopf nun doch am Arbeitsplatz, wo die Schmerzen nach und nach nachgeben. Mittags, als er nach Hause kam, erzählte er seiner Frau die ganze Geschichte vom Morgen. Zum Schluß kommt, daß er doch froh sei, daß er zur Arbeit gegangen sei, da schon zwei andere Arbeitskollegen krank seien.

Tafel 14
Nun hat das Gewitter, das sich im Verlaufe des Abends anzeichnete, gegen Mitternacht doch noch losgelassen. Der Mann, der von dem Donner, von Blitzen und von Donner, geweckt wurde, geht ans Fenster, den Blitzen zusehend, sieht er zu, wie sie sich am Himmel entlang zerstreuen. Da das Gewitter nachgegeben hat, nicht mehr donnert, ist der Mann wieder zu Bett gegangen, um seinen Schlaf in Ruhe beenden zu können, ohne am Morgen zuwenig geschlafen zu haben.

Tafel 15
(Pat.lacht). Wie ein Dracula-Film, Geist aus Gräbern, aber das ist ja nicht der Sinn. – Eine alte Frau, die ahnt, daß sie bald sterben werde. Eines Abends entschließt sie sich, seinem vor Jahren verstorbenen Manne auf dem Friedhof noch einmal ein letztes Gebet zu widmen. Sie verläßt einsam den Friedhof, geht nach Hause, ohne schlechten Gedanken, zu Bett. Müde und erschöpft, und doch auf eine Art glücklich, da ihr bewußt ist, daß sie ihr langes Leiden nicht mehr allzu lange mit sich herumtragen muß. Mit dem Gedanken bei ihrem Mann schläft sie ein. Am andern Tag, als die Krankenpflege ihr den Haushalt besorgen wollte, stellte sie fest, daß nun die alte Frau in der Nacht gestorben sei.

Tafel 16
– (Pat. stellt einen Aschenbecher auf die Leertafel: „Jetzt ist etwas darauf") – Ich würde mir vorstellen: Ein jugendlicher Freund am Totenbett seines besten Kollegen. Das ist das Bild. Die zwei wuchsen sozusagen miteinander auf, von klein auf kannten sie sich. Der Kollege war ein Jahr älter. Sie gingen miteinander durch dick und dünn. Der Freund vernahm in seiner Abwesenheit, in den Ferien, daß er durch einen tragischen Unfall seinen besten Kollegen verloren hatte. Der Freund entschloß sich, die Ferien abzubrechen. Er reiste nach Hause zurück, wo er tagtäglich, die drei Tage als der Kollege noch aufgebahrt war, noch bei ihm zu sein, so nah wie möglich noch zu sein. Der Freund mit dem Gedanken: Wieso? Warum? Für ihn unbegreiflich, da er mit seinen eigenen Geschwistern sozusagen nicht auskam, weil sie ihn nicht verstehen wollten. Seine Freizeit hatte er immer mit seinem Kollegen verbracht. Und nun so ein tragischer Abgang des besten Kollegen. Er sozusagen alleine für sich dastand. Es war ein Fabrikunfall, er ist von einer Maschine zerdrückt worden.

Tafel 17BM
–Das Bild ist eigentlich einfach. Titel: Der Lehrer in der Turnstunde. – Der Lehrer, der schon die Vorgedanken hatte, womit er eigentlich die erneute Turnstunde beginnen könnte. So entschloß er sich, die Schüler mal mit dem Tau in Erfahrung zu bringen. Er turnte den Schülern vor, wie einfach es an und für sich wäre, an dem Tau hochzuklettern. Der Lehrer ist zuversichtlich, daß sich alle Schüler auf die Begegnung mit dem Tau freuten. Nach der Turnstunde ist der Lehrer zufrieden, daß die Jugendlichen, die Kinder besser mit dem Tau zurechtkamen, als er sich eigentlich vorgestellt hatte.

Tafel 18BM
– Der Mann, der Nachtschicht im kalten Winter hat, müde und erschöpft, seinen Weg zu Fuß nach Hause antrat. Vor Kälte halb zerfroren, erschöpft und müde, zuhause ankam. Die Frau, die ihm noch beisteht, daß er nicht gleich zusammenbricht, ihm hilft, in die warme Stube zu gelangen. – Die Frau, die ihm heißen Kaffee zubereitet, zubereitete – ihm gibt zum Aufwärmen, den er auch trinkt und dann ihr sagt: „ Wäre ich froh, wenn ich endlich im Bett wäre." Der Mann, der seiner Frau im Bett dann sagte: „Bin ich froh, daß ich bald keine Nachtschicht mehr habe und der Winter vorbei ist."

Tafel 19
– – Ein Schiff auf dem Meer. Der Kapitän legt den ganzen Tag seiner Mannschaft klar, er versuchte, klar zu machen, daß wir diese Nacht, im Verlaufe dieser Nacht, in ein starkes Unwetter geraten könnten. In der Nacht, wie der Kapitän es voraussagte, dieses Unwetter, die hohen Wellen, die zum Teil Wasser in das Schiff hineinwarfen. Die Matrosen bemühen sich und versuchen, das Wasser wieder herauszupumpen, was ihnen dann im Verlaufe der Stunden auch gelang, da der – Unwetter nachgegeben hatte, und sie eigentlich alle froh sind, daß dieses – daß sie sich alle eigentlich bewußt sind, daß es hätte noch schlimmer ausgehen können, und nun alle froh sind, daß doch noch alles so gut vorüberging.

Tafel 20
Könnte das nicht klarer sein? – Der Bauer, der bedenklich seinen Obstbäumen gegen den Spätherbst nachging, nach so einem nassen Sommer. Jetzt, wo es nun Zeit würde, da eigentlich das Obst reifen würde. Nun noch dieser starke Nebel und noch so eine Kälte dazu. Zehn bis vierzehn Tage darauf ist der Bauer wieder besserer Laune, da das Wetter wieder nach seinem – Wunsch erfüllt hat und das Obst nun auch, wenn auch verspätet, doch noch ausreifen konnte.

8.3 Formulierung der Psychodynamik und Überlegungen zur Ich-Struktur

Wie in Kapitel 7.1 ausgeführt, kann man ein anschauliches Bild von der Psychodynamik eines Patienten entwerfen, indem man aus jeder der produzierten Geschichten den latenten Gehalt herausarbeitet und ihn – ähnlich wie in der Fokaltherapie – in Gestalt einer psychodynamischen Formel darstellt. In einem zweiten Schritt faßt man dann die 20 Foki zusammen. In der Regel finden sich Wiederholungen und Überschneidungen von zentralen, für den Patienten charakteristischen Themen. Ferner ergänzen und modifizieren die Foki einander und lassen auf diese Weise die Psychodynamik des Patienten deutlich hervortreten.

Über die Ich-Struktur (vgl. Kapitel 7.1) erhalten wir am ehesten Aufschluß, wenn wir die TAT-Geschichten daraufhin untersuchen, welche Abwehrmaßnahmen vom Patienten dort eigesetzt worden sind und in welcher Weise der Patient mit seinen übrigen Ich-Funktionen (wie Wahrnehmen, Denken, Steuerung der Motilität, Reizschutz etc.) umzugehen vermag.

Dieses diagnostische Vorgehen soll im folgenden am Beispiel der zitierten TAT-Geschichten von Herrn A. veranschaulicht werden.

Der psychodynamische Hauptgedanke der Geschichte zu **Tafel 1** könnte folgendermaßen formuliert werden: „Ich fühle mich durch die Eltern mißbraucht. Widerstand gegen ihre Forderungen kann ich nur auf indirekte Art leisten, nämlich indem ich mich in die Opferrolle bringe und damit ihre Forderungen boykottiere." In dieser Geschichte verwendet der Patient den Abwehrmechanismus der Verkehrung ins Gegenteil, d.h. Verkehrung der Aktivität in Passivität (er handelt nicht selber, sondern **wird** „gefeuert"). Er erringt einen „Sieg" in Form eines masochistischen Triumphes. Der Patient erweist sich in dieser Geschichte als unfähig, sich konstruktiv mit einem Konflikt auseinanderzusetzen. Er strebt nach einem Leben, das vor allem vom Lustprinzip bestimmt ist.

Bei **Tafel 2** ist zunächst bemerkenswert (bei einem männlichen Probanden ungewöhnlich), daß sich der Patient nicht mit der männlichen, sondern mit der jungen weiblichen Figur auf dieser Tafel identifiziert. Außerdem deutet sich in der – bei diesem Patienten mehrfach auftretenden, im allgemeinen aber selten anzutreffenden – Formulierung in der „Ich"-Form an, daß der Patient eine nur geringe Distanz zum Geschehen einzunehmen vermag. Er läßt sich offensichtlich weitgehend in die Thematik der Tafel „hineinziehen", ohne zumindest eine gewisse projektive Distanz aufrechterhalten zu können. Die psychodynamische Formel für Tafel 2 könnte lauten: „Ich möchte ein freies Leben führen, mich nicht nach anderen richten müssen, möchte versorgt werden. Dieser Wunsch ist nur erfüllbar mit Hilfe einer weiblichen Identifikation." Zu berücksichtigen ist bei der Geschichte zu Tafel 2 im übrigen noch, daß der Patient zu Beginn antönt, daß er die thematische Valenz der ödipalen Konflikthaftigkeit zwar spürt („das Mädchen . . . steht im Wege . . ."), aber durch die weibliche Identifizierung der Auseinandersetzung mit diesem für ihn offenbar schwierigen Thema ausweicht. Im Hinblick auf die Ich-Struktur ist bemerkenswert, daß schließlich wieder das Lustprinzip siegt. Als Abwehrmechanismus wird vor allem die Regression eingesetzt (die regressive Identifikation mit der weiblichen Figur erspart ihm auch die Konfrontation mit ödipalen Strebungen). Aus der fehlenden projektiven Distanz darf man zudem auf eine mangelhaft entwickelte Fähigkeit zur Sublimierung schließen.

Bei der Geschichte zu **Tafel 3BM** ist bemerkenswert, daß der Patient sich in dreifacher Hinsicht als den hilflos Ausgelieferten darstellt: Zum einen als Gefangenen, zum anderen als Drogenabhängigen und schließlich als denjenigen, der – ohne eigenes Zutun („Schwein gehabt") – einem Richterspruch unterworfen ist. Bei der Wahl des Themas „Drogensüchtiger" (bei späteren TAT-Tafeln entwirft der Patient Geschichten, in denen auch Alkohol eine wesentliche Rolle spielt) ist zu berücksichtigen, daß Herr A. in Realität – glücklicherweise! – keinen Alkohol-oder Drogenabusus betreibt. Das Phänomen Sucht ist demnach nicht aus Gründen gewählt worden, die mit der äußeren Realität zusammenhängen, sondern ist Ausdruck einer psychodynamischen Konstellation. Der Fokus der Geschichte könnte lauten: „Ich bin ohnmächtig anonymen Kräften ausgeliefert und muß mich mit ihnen solidarisieren. Wenn ich Glück habe, entkomme ich dieser Macht." In ich-struktureller Hinsicht fallen wiederum starke regressive Elemente auf. Hinzu kommt der Mechanismus der Identifikation mit dem Aggressor. Es fehlt – wie bei vielen anderen Tafeln – an jeglichem zielstrebigen Handeln.

Auch in der Geschichte zu **Tafel 4** spielt ein Suchtmittel, „Alkohol", eine zentrale Rolle. Es wird hier indes nicht als Ausdruck von Ohnmacht eingesetzt, sondern – wenn auch in regressiver Weise – als Mittel zur Demonstration von Stärke und Überlegenheit des Mannes. Als Fokus läßt sich formulieren: „Durch Ausweichen und durch den Einsatz von regressivem Verhalten kann ich mich von den Vorwürfen der Frau befreien. Zugleich kann ich sie bestrafen und sie zwingen, sich meinen Vorstellungen entsprechend zu verhalten." Eingesetzte Abwehrmechanismen: Regression und Projektion (i.S. einer Projektion eigener Über-Ich-Anteile auf die Frau, die dem Patienten als Über-Ich-Träger dient, gegen den er sich auflehnen kann). Im Hinblick auf die Ich-Struktur ist ferner von Bedeutung, daß der Patient sich wiederum nicht mit Konflikten auseinanderzusetzen vermag, sondern zum Agieren neigt (d.h. zu einer Externalisierung innerer Konflikte in Form von impulsivem Handeln). Damit gelingt ihm letztlich auch eine „omnipotente Kontrolle des Objekts".

Auch in der Geschichte zu **Tafel 5** wird eine Ehesituation geschildet, in der die Frau zunächst Forderungen an den Mann stellt, denen dieser sich dann aber erfolgreich zu entziehen versteht. Das Ende der Geschichte läßt erkennen, daß letztlich die Frau die Forderungen des Mannes umfänglich erfüllt. Fokus: „Ich wehre mich gegen die Forderungen der Frau, indem ich scheinbar zu einem Kompromiß bereit bin. Tatsächlich aber bringe ich die Frau dazu, umfänglich auf meine Wünsche einzugehen." In der Formulierung „ . . . so daß man fast sein eigenes Wort nicht versteht" deutet sich an, daß sich der Patient im Grunde weitgehend mit der kritisierenden Position der Frau identifiziert, diese dann aber in der beschriebenen Art „entmachtet". Dies weist zum einen auf eine Identifikation mit der Aggressor und zum anderen auf den Mechanismus der omnipotenten Kontrolle des Objekts hin. Wichtig ist in ich-struktureller Hinsicht ferner die Neigung des Patienten, das Lustprinzip um jeden Preis durchzusetzen.

Die beim Vorlegen von **Tafel 6BM** einleitend an den Untersucher gerichtete Bitte, er möge dem Patienten bei der Aufgabe, eine Geschichte zu erzählen, helfen, läßt wiederum regressive Tendenzen und Anlehnungswünsche des Patienten erkennen. Die Geschichte greift dieses Thema auf: Es wird eine dominierende Mutter dargestellt, bei der der Patient Unterstützung sucht; sie versagt ihm jedoch ihre Hilfe. Seine Rückkehr zur Ehefrau ist weniger eine echte Versöhnung und der Versuch eines neuen Beginns als vielmehr die hilflose Rückkehr zu ihr wegen der Abweisung durch die Mutter. Fokus: „Ich möchte mich an die Frau/Mutter anlehnen, finde jedoch keine Unterstützung bei ihr und bin enttäuscht." Auch in dieser Geschichte dominieren regressive Tendenzen. Es fehlt an zielstrebigem Handeln unter Einsatz differenzierter Ich-Funktionen. Der „Aufbau eines neuen Lebens" imponiert nicht als konstruktive Auseinandersetzung mit den Beziehungskonflikten, sondern als vage, von illusionären Erwartungen getragene Zukunftshoffnung.

Durch den einleitenden Hinweis zu **Tafel 7BM** „die gleiche Geschichte" deutet der Patient an, daß er das Thema der Anlehnung fortsetzt. Er schildert eine idealisierte Vatergestalt, die er als sein „großes Vorbild" apostrophiert. Der Beginn der Geschichte läßt erkennen, daß die Leistungsforderungen indes nicht vom Patienten selber, sondern von der Vatergestalt ausgehen. Fokus: „Ich kann den an mich gestellten Forderungen nur durch Anlehnung an ein männliches Idealbild nachkommen. Es sind im Grunde aber nicht meine eigenen Forderungen, sondern die der Umwelt." In dieser Geschichte entledigt sich der Patient seiner Leistungsforderungen durch Projektion auf einen idealisierte Über-Ich-Träger. Die starke Anlehnung an diese Autoritätsfigur läßt regressive Züge erkennen.

Das durch die Bildvorlage von **Tafel 8BM** nahelegte Thema der Aggression wird vom Patienten zu Beginn kurz aufgegriffen („brutaler Operationstisch") und findet noch einmal Ausdruck in der Randbemerkung „die Operation ist gut gelungen. – Der Patient ist gestorben" sowie in dem diesen Ausspruch begleitenden Lachen. Die Verarbeitung der andrängenden Aggression geschieht in der Geschichte dann jedoch auf die Weise, daß der Patient sich als Opfer fremder Aggression darstellt. Die körperliche Beschädigung bringt ihm die Möglichkeit, sich von Pflichten zu befreien und gepflegt zu werden. Als Fokus läßt sich formulieren: „Ich wende meine Aggression gegen mich selber. Dies bringt mir den Vorteil, mich als Opfer fühlen zu können, mich von Pflichten zu befreien und mich pflegen lassen zu können." Die durch die Tafel ausgelöste Aggression „entschärft" der Patient durch eine Projektion auf andere Personen und durch eine Wendung der Aggression gegen die eigene Person. Das Ende der Geschichte signalisiert wiederum seinen Wunsch nach einem vom Lustprinzip geprägten regressiven Zustand.

Die von der **Tafel 9BM** nahegelegte Thematik der Passivität wird vom Patienten unmittelbar in seiner einleitenden Frage an den Untersucher aufgegriffen. Zudem äußert sich in dieser und anderen ähnlichen Randbemerkungen eine – allerdings weitgehend verschleierte (als witzige Bemerkung entschärfte) – Aggression gegen den Versuchsleiter. Es ist zwar eine der wenigen Geschichten, in denen der Patient von einer zielstrebigen Aktivität und von einem Sich-Durchsetzen gegen Unlustgefühle berichtet. Bezeichnenderweise geht es bei dieser Aktivität aber nicht um eine Arbeit, eine sonstige Pflichterfüllung oder um das Eingehen auf die Bedürfnisse anderer Menschen, sondern um eine Vergnügungsreise. Fokus: „Ich bin durchaus bereit und fähig, eine Anstrengung auf mich zu nehmen und durchzuhalten. Es darf sich dabei jedoch nicht um eine von außen auferlegte Pflicht handeln, sondern es muß eine Aktivität aus dem Bereich des Lustprinzips sein." Im Hinblick auf ich-strukturelle Aspekte ist bemerkenswert, daß der Patient durchaus zielstrebig handelt. Dies geschieht jedoch auf der Grundlage einer Verstärkung durch andere Menschen. Außerdem dient das Handeln in erster Linie der Aufrechterhaltung des Lustprinzips. Es deuten sich somit fusionär-regressive Züge an.

Die durch **Tafel 10** ausgelöste, im Patienten auftauchende Phantasie wird relativ unverhüllt zu Beginn erwähnt: „Mich! unschuldig . . .." Die dann folgende Geschichte dient letztlich vor allem der Verhüllung dieser ursprünglichen Vorstellung. Psychodynamisch wichtig ist neben der Opferrolle, in welcher sich der Patient fühlt, vor allem auch die Bedeutung, die er der Frau beimißt. Es steht wesentlich in ihrer Macht, ob der Patient „nichts anstellen" wird, d.h. zugleich aber auch: Nicht er, sondern sie ist letztlich schuld, wenn etwas „passiert" (in dieser Formulierung wird noch einmal ausdrücklich jegliche Eigenaktivität des Patienten bei Delikten negiert). Hinzu kommt, daß er sich der Macht, als deren Opfer er sich fühlt, durch „gute Führung" (d.h. für ihn wohl: durch vordergründige Anpassung) und insbesondere durch gesundheitliche Beeinträchtigung (Artefakte!) zu entziehen vermag. Fokus: „Ich bin im Grunde ein unschuldiges Opfer. Körperliche Beschwerden und Anpassung („gute Führung") sind die einzigen Möglichkeiten, die mir eine gewisse Freiheit garantieren. Mein Schicksal wird weitgehend durch die Frau bestimmt." In dieser Geschichte setzt der Patient den Abwehrmechanismus der Verkehrung ins Gegenteil ein (nicht er ist eigentlich der Handelnde, sondern er wird durch die Aktivität der Frau bestimmt). Außerdem kommt es zur Wendung der Aggression gegen die eigene Person (Krankheit). Die Rückkehr zur Frau trägt schließlich den Charakter einer Regression in einen passiv-rezeptiven Zustand. In der Geschichte finden sich weder zielgerichtete Handlungsimpulse, noch werden Denkfunktionen zur Lösung von Konflikten eingesetzt.

In der Geschichte zu **Tafel 11** thematisiert der Patient seine Unfähigkeit, sich mit ihn ängstigenden Situationen (der Innen- und/oder Außenwelt) auseinanderzusetzen. Bei einer derartigen Konfrontation vermag er nicht eine klar lokalisierbare Gefahr wahrzunehmen (der er dann auch viel eher begegnen könnte). Er empfindet die Situation vielmehr als existentielle Bedrohung (Versprecher: „Gruft"), auf die er mit Panik reagiert. Das Erleben einer solchen von panischen Aktionen begleiteten überwältigenden Angst, die häufig die Qualität eines „Vernichtungsgefühls" (*Parin*, 1961) annimmt, ist charakteristisch für viele dissoziale Persönlichkeiten (vgl. *Rauchfleisch*, 1986a). Fokus: „Es würde mich zwar interessieren, den Quellen von inneren und äußeren Gefahren nachzugehen. Eine derartige Konfrontation empfinde ich jedoch als existentielle Bedrohung, der ich mich nicht gewachsen fühle." Die den Patienten überwältigende Angst von der Qualität eines Vernichtungsgefühls läßt auf eine wenig tragfähige Ich-Struktur schließen (i.S. einer mangelnden Angsttoleranz). In der produzierten Geschichte werden keine differenzierten Abwehrmechanismen zur Verarbeitung der Angst eingesetzt, sondern es kommt zu einem impulsiven Handeln.

Im Zentrum der Geschichte zu **Tafel 12M** von der Beziehung zwischen Vater und Sohn steht das körperliche Leiden. Der Sohn ist das unmittelbare Opfer, aber auch der Vater steht der Situation hilflos gegenüber. Der Sohn vermag den Vater durch seinen Tod emotional zu erschüttern und in dieser Grenzsituation eine ganz besondere Stellung zu erreichen (Versprecher: „letzten – äh, einzigen Sohn . . ."). Vom lebensgeschichtlichen Hintergrund des Patienten her sind zwei Interpretationen möglich: Zum einen kann man den verstorbenen Sohn als Repräsentanten des Patienten verstehen, der den Vater nur durch körperliche Beeinträchtigungen für sich zu engagieren vermag. Der Fokus könnte dann lauten: „Ich kann den Vater nur durch extremes körperliches Leiden für mich gewinnen." Zum anderen ist es aber auch möglich, den Sohn der Geschichte mit dem in Realität verstorbenen Bruder des Patienten gleichzusetzen. In diesem Falle hieße der Fokus: „Der Bruder hat sich durch seinen Tod beim Vater die Rolle des einzigen Sohnes erobert." In der Geschichte werden die Mechanismen der Regression und der Wendung der Aggression gegen die eigene Person eingesetzt. Je nach Deutungsebene spielt dabei die Dynamik eines masochistischen Triumphes eine Rolle.

In der vom Patienten entworfenen Geschichte zu **Tafel 13MF** wird der vorgegebene Konflikt zwischen den Geschlechtspartnern ausdrücklich ausgeblendet. Wieder spielt, wie schon in anderen Geschichten, die körperliche Beeinträchtigung eine wichtige Rolle. Der Mann im Zentrum der Geschichte gibt zwar seinen regressiven Impulsen nicht nach. Die treibende Kraft hinter der Bereitschaft zur Pflichterfüllung, durch die er sich wiederum in die Rolle des Opfers versetzt („mit schmerzendem Kopf . . . am Arbeitsplatz"), scheint aber zum einen das Motiv zu sein, dadurch Anerkennung zu ernten. Zum anderen bietet die Zuwendung zur äußeren Realität mit ihren Foderungen dem Mann auch die Möglichkeit zur Distanzierung von der Frau, deren Nähe von ihm offensichtlich als bedrohlich erlebt wird. Fokus: „Einerseits möchte ich dem regressiven Sog ins warme Bett folgen, andererseits würde dies eine gefährliche Nähe zur Frau mit sich bringen. Die Wendung zur äußeren Realität ermöglicht wenigstens ein Minimum an narzißtischer Gratifikation." Bezüglich der Abwehrformation zeigen sich neben regressiven Tendenzen die Mechanismen der Wendung gegen die eigene Person und der Verleugnung (der von der TAT-Tafel nahegelegten Konflikthaftigkeit zwischen Mann und Frau).

Der Patient schildert bei **Tafel 14** eine bedrohliche, letztlich anonym bleibende Situation. Zugleich ist er bestrebt, die Harmlosigkeit ausdrücklich hervorzuheben (die Blitze „zerstreuen" sich, das Gewitter „gibt nach", der Mann befindet sich in sicherer Entfernung vom Geschehen und spürt keinerlei Nachwirkungen des Ereignisses). Als Fokus kann man formulieren: „Ich halte mich – passiv – in sicherer Entfernung von Gefahren. Dann vergeht alles von ganz alleine." In dieser Geschichte setzt der Patient vor allem den Abwehrmechanismus der Verleugnung (betr. Bedrohung) ein. Es findet sich kein Hinweis auf einen zielgerichteten Einsatz von Ich-Funktionen (einzig die Wahrnehmung wird erwähnt, die hier jedoch ausschließlich im Dienste der Verleugnung steht).

Der Inhalt der kurzen Bemerkung, mit welcher der Patient spontan auf die Vorlage der **Tafel 15** reagiert, läßt erkennen, daß in ihm oral-aggressive Impulse angesprochen worden sind („Dracula"). Gegen diese Impulse richtet sich jedoch sofort eine heftige Abwehr („das ist ja nicht der Sinn"). Der Patient versucht, den durch die TAT-Tafel in ihm ausgelösten Konflikt vor allem auch dadurch zu entschärfen, daß er (wie schon bei Tafel 2) eine weibliche Identifikation wählt. Es findet in der Geschichte eine Regression von oral-sadistischen Impulsen zu einem oral-passiven Verhalten mit fusionären Verschmelzungstendenzen statt. Auch in dieser Geschichte taucht wiederum das Thema der körperlichen Erkrankung auf. Fokus: „Ich möchte andere Menschen aussaugen. Doch das darf nicht sein. So suche ich nach symbiotisch-fusionären Beziehungen, in deren regressivem Sog ich jedoch meine Individualität opfern muß." Die vor allem eingesetzten Abwehrmechanismen sind die der Verleugnung (aggressiver Impulse), der Verkehrung ins Gegenteil (oral-sadistische Impulse zu oral-passivem Verhalten) und der Regression (in eine symbiotische Beziehungsstruktur).

Die **Leertafel 16** hat den Patienten zunächst offensichtlich sehr beunruhigt. Er hat sich deshalb in diesem Falle nicht mehr, wie bei manchen anderen TAT-Vorlagen auf „witzige" Randbemerkungen beschränken können, sondern hat sich zu einem agierenden Verhalten gedrängt gefühlt. In diesem deutet sich außer der Angstabwehr zugleich auch ein aggressiver Impuls dem Untersucher gegenüber an, indem sich der Patient über die Testsituation lustig macht. Die daraufhin von ihm entworfene Geschichte nimmt in verschiedener Hinsicht eine Sonderstellung unter seinen TAT-Produktionen ein: Es findet ein abrupter Stimmungswechsel statt vom ironisierenden Agieren zu einer Geschichte von erschütternder Dramatik, aus der die Betroffenheit des Patienten deutlich spürbar wird. Seine Schilderung lehnt sich eng an eines der einschneidendsten Ereignisse seiner Jugend an: den Tod des Lieblingsbruders. Der

Hinweis am Ende der Geschichte, der Freund sei von einer Maschine zerdrückt worden, weist auf die Bedeutung des Bruders als ein Aspekt des Selbst des Patienten hin: Er selber hat sich ja im Alter von 11 Jahren an einer Maschine eine schwere Verletzung zugezogen, die für ihn bis in die Gegenwart von zentraler Bedeutung ist, indem er in Konfliktsituationen immer wieder an dieser Wunde manipuliert und sich dadurch – z.T. schwere – Verletzungen zufügt. Der Fokus dieser Geschichte könnte lauten: „Mein ‚gutes Selbst' ist in der Kindheit ‚zerdrückt' worden. Ich bin ein Opfer der erdrückenden Situation und bin nun einsam in einer feindlichen Welt." Die zunächst vom Patienten gewählte Form der Angstabwehr ist das Agieren (Aschenbecher auf die Tafel stellen). In der Geschichte selbst finden sich die Mechanismen der Regression, der Wendung gegen die eigene Person und der Idealisierung (narzißtische Beziehungsstruktur nach Art einer Alter-Ego-Beziehung).

Der Patient geht in einer für ihn charakteristischen Weise mit dem von **Tafel 17BM** nahegelegten Thema „Leistung" um: Wie er expressis verbis gleich zu Beginn erwähnt, ist alles „eigentlich einfach." Die Geschichte handelt zwar vordergründig von einer Leistung. Bei genauerer Untersuchung stellt sich jedoch heraus, daß sowohl die Anstrengung, die zur Erbringung der Leistung nötig wäre, als auch irgendeine Form zielstrebiger Aktivität völlig ausgelassen worden sind. Fokus: „Es ist eigentlich alles ganz einfach, ohne große Anstrengung erreichbar." Im Hinblick auf die Abwehr imponiert vor allem die Verleugnung (von zielstrebiger Aktivität).

In der Geschichte zu **Tafel 18BM** dominieren eindeutig die regressiv-passiven Tendenzen des Patienten und sein Wunsch nach oraler Verwöhnung. Der Hinweis auf die Wärme, nach der er sich sehnt, kann wohl auch im Sinne einer narzißtischen Zufuhr gedeutet werden. Bezeichnenderweise erhofft er sich die Erfüllung aller dieser Strebungen von der Frau. Sie erhält damit – wie schon in etlichen anderen Geschichten des Patienten – in der Rolle einer ihn nährenden Mutter eine außerordentlich große Macht. Allein von ihr hängt es letztlich ab, ob er „zusammenbricht" oder noch durchzuhalten vermag. Als Fokus läßt sich formulieren: „Unter den Forderungen der Erwachsenenwelt breche ich zusammen. Ich kann nur mit Hilfe einer mich nährenden Frau (d.h. letztlich: Mutter) überleben." Bezüglich der Abwehrformation steht die Regression ganz im Vordergrund.

Die **Tafel 19** hat den Patienten offensichtlich recht stark beunruhigt. Dies zeigt sich zum einen daran, daß häufiger als in anderen TAT-Geschichten Satzfragmente auftreten und angefangene Gedanken, in fast stuporöser Weise, abbrechen. Diese formale Beobachtung wird durch die inhaltliche Analyse bestätigt: Die Sätze brechen vor allem dort ab, wo die drohende Gefahr genauer zu benennen wäre, d.h. wo sich der Patient mit Angstgefühlen konfrontieren müßte (die in der Erzählung völlig ausgeblendet sind). Außerdem wird die Bedrohung (wie schon bei Tafel 14) in den Bereich von anonymen Naturgewalten verlegt, denen der Patient sich mehr oder weniger hilflos ausgeliefert fühlt. Zum Teil finden sich sogar die gleichen Formulierungen wie in der Geschichte zu Tafel 14 („nachgegeben"). Als Fokus kann formuliert werden: „Ich fühle mich einer drohenden Gefahr gegenüber, der ich mehr oder weniger hilflos ausgeliefert bin. Ich kann mich zwar um Rettung bemühen, letztlich muß ich aber darauf hoffen, daß die Gefahr von allein ‚nachgibt'." Im Hinblick auf die Ich-Struktur ist bemerkenswert, daß die durch die Tafel provozierte Angst ein Vernichtungsgefühl auslöst. Es kommt zwar zu einem zielgerichteten Handeln. Das Bild des Ausgeliefert-Seins an anonyme Naturgewalten läßt daneben aber auch regressive Tendenzen erkennen. Das tatsächliche Ausmaß der Gefahr wird vom Patienten mehr oder weniger verleugnet (es geht „ alles gut vorüber").

Auch die Geschichte zu **Tafel 20** steht ganz im Zeichen der Passivität, des Abwartens, bis sich die Situation von sich aus ändert (wieder sind anonyme Naturkräfte am

Werk). Der Patient kann nichts dazu tun, daß die bedrohliche Situation sich verbessert. Ganz diskret deutet er in dieser Geschichte auch Grandiositätsvorstellungen an, indem sich das Wetter „nach seinem Wunsch erfüllt." Einerseits ist er ohnmächtig den Naturgewalten ausgeliefert, andererseits ist er in allmächtiger Weise Beherrscher eben dieser Natur. Fokus: „Ich fühle mich der Umgebung hilflos ausgeliefert. Wenn ich Glück habe (und ich hoffe auf diese grandiose Wunscherfüllung), wendet sich alles doch noch zum Guten. Ich selber kann jedoch nichts dazu beitragen." Die Abwehr ist bestimmt durch regressive Tendenzen und durch die Entwicklung von grandiosen Vorstellungen (i.S. einer sich diskret andeutenden omnipotenten Kontrolle des Objekts).

Wie im Kapitel 7.1 ausgeführt, schließt sich an die Formulierung der Foki der 20 TAT-Geschichten und die Zusammenstellung der eingesetzten Abwehrmechanismen ein weiterer Auswertungsschritt an: Es gilt nun, aus diesem Material die für den betreffenden Patienten charakteristische Psychodynamik und Ich-Struktur herauszuarbeiten. Dabei ist zum einen zu untersuchen, ob sich bestimmte Konflikte und Verarbeitungsweisen wie ein „roter Faden" durch die TAT-Geschichten ziehen. Zum anderen dient dieser Auswertungsschritt der Formulierung von psychodynamischen Hypothesen, welche durch die anamnestischen Angaben des Patienten verifiziert und falsifiziert werden müssen bzw. zu einer vertieften Exploration anregen können.

Aus den zitierten Foki lassen sich bei Herrn A. die folgenden psychodynamischen Hauptlinien herausarbeiten: Der Patient fühlt sich in seiner Identität schwerwiegend beeinträchtigt. Er ist offensichtlich sehr bemüht, Konflikte unter allen Umständen zu vermeiden. Es imponiert bei ihm eine nur geringe Spannungstoleranz und eine Neigung, Situationen, die ihm unangenehm sind, möglichst aus dem Wege zu gehen. Er zeigt ein passiv-resignatives Verhalten, und es fehlt ihm weitgehend an der Fähigkeit, konflikthafte Situationen (soweit er sie nicht überhaupt völlig ausblendet) selber aktiv zu gestalten. Allein die Opferrolle, u.a. in Form von körperlichen Leiden (Artefakte), birgt für ihn die Möglichkeit in sich, Zuwendung zu erfahren und die eigenen Interessen wenigstens ansatzweise durchzusetzen. Von den Menschen seiner Umgebung, insbesondere von den Frauen, hängt zu wesentlichen Teilen Wohl und Wehe des Patienten ab. Die Frau, d.h. letztlich die Mutter, ist dann aber auch „schuld" daran, wenn er sich inadäquat verhält. Der zuletzt erwähnten Dynamik entspricht, daß Herr A. als Triebfeder seiner Delikte aus dem Jahre 1982 zwei Gründe anführte: Die ehelichen Spannungen und seinen Wunsch der Nachtclubtänzerin, mit der er befreundet war, zu imponieren. Auch in letzter Zeit äußerte er sich – fast drohend – dahingehend, daß die Ehefrau ihn nicht mehr so viel kritisieren dürfe, „sonst muß sie sich nicht wundern, wenn wieder etwas passiert" (womit er meinte: Sonst werde er am Ende wieder delinquieren!).

Im Hinblick auf die nach wie vor gravierenden Ehekonflikte ist noch auf ein Detail hinzuweisen: Wie bereits erwähnt, wurde der TAT im Jahre 1978 aufgenommen. Die Szene, welche der Patient zur Tafel 6BM schildert, hat sich etliche Jahre später in genau dieser Weise in Realität abgespielt. Er berichtete mir 1985 davon, daß er sich von der Ehefrau habe trennen wollen und diesen Entschluß mit der Mutter besprochen habe. Obwohl diese doch früher stets gegen die Eheschließung gewesen sei, habe sie jetzt lediglich gesagt: Nun könne sie ihm auch nicht weiterhelfen, er hätte vor der Heirat auf ihren Rat hören sollen!

In den TAT-Geschichten des Patienten wird immer wieder von ihm der Wunsch nach einer besseren, „heilen" Welt artikuliert. Es ist für ihn jedoch charakteristisch, daß er selber zu einer Veränderung seiner Situation keinen aktiven Beitrag zu leisten vermag, sondern in passiver Weise darauf hofft, „daß doch noch alles gut vorübergeht", wie es am Ende der Geschichte zu Tafel 19 heißt und sich in ähnlicher Form in vielen seiner Erzählungen findet.

Im Hinblick auf die Ich-Struktur des Patienten können wir aus den Geschichten folgende Hinweise entnehmen: Die vor allem von ihm verwendete Abwehrmaßnahme ist die Regression. Daneben spielen Verleugnung, Projektion (vor allem i.S. einer Projektion eigener fordernder Über-Ich-Anteile auf Über-Ich-Träger in der Außenwelt), Idealisierung und Wendung gegen die eigene Person (i.S. einer Somatisierung) eine dominierende Rolle. Die Realitätswahrnehmung erscheint vor allem durch die Tendenz des Patienten zur Verleugnung, zur Idealisierung und zur Projektion beeinträchtigt. Trotz all der von ihm eingesetzten Schutzmaßnahmen erweist sich die Abwehrformation als insgesamt eher brüchig. Es finden sich vielfältige Hinweise auf die von *Kernberg* (1979) beschriebenen „unspezifischen Anzeichen von Ichschwäche": Es liegen sowohl eine mangelhafte Angsttoleranz als auch eine mangelhafte Impulskontrolle und eine mangelhaft entwickelte Sublimierungsfähigkeit vor.

Es ergibt sich **diagnostisch** insgesamt das Bild einer Borderline-Persönlichkeit mit den dafür charakteristischen ich- und über-ich strukturellen Störungen. In psychodynamischer Hinsicht liegen vor allem oral-aggressive Konflikte und narzißtische Probleme beim Patienten vor (s. auch die Ausführungen in Kapitel 14.2).

8.4   Interpretation auf der Objekt- und Subjektstufe

Eine weitere Möglichkeit, aus den TAT-Geschichten Informationen über das Erleben und die Verarbeitungsweisen eines Patienten zu erhalten, besteht darin, diese Produktionen – ähnlich wie Träume – sowohl auf der Objekt- als auch auf der Subjektstufe zu interpretieren. Auf der Ebene der Objektstufe erhalten wir vor allem Informationen über die **Qualität der Objektbeziehungen.** Aufgrund der Subjektstufendeutung sind Aussagen über **intrapersonelle Konflikte** und **spezifische Verarbeitungsweisen** möglich.

Wie bei der Formulierung der psychodynamischen Foki empfiehlt es sich auch bei diesen Deutungsarten, zunächst jede der TAT-Geschichten durchzugehen und dann in einem zweiten Schritt eine Gesamtinterpretation über das ganze TAT-Protokoll hin vorzunehmen. Das Vorgehen sei wiederum am Beispiel des TAT von Herrn A. veranschaulicht.

Ich werde die Interpretation auf der **Objektstufe** paradigmatisch anhand der Geschichten demonstrieren, die der Patient zu den drei ersten Tafeln produziert hat. Im übrigen können die Befunde hier summarisch dargestellt werden. Sie ergeben sich aus den psychodynamischen Foki, die bereits ausführlich diskutiert worden sind (vgl. 8.3).

Die Geschichte zu **Tafel 1** weist auf der Objektstufe darauf hin, daß der Patient seine Beziehungspersonen als fordernd und ihn ausbeutend erlebt. Er fühlt sich als Opfer (er bringt sich selber in diese Rolle) und sucht sich gegen die Umwelt zur Wehr zu setzen, indem er indirekten Widerstand leistet (mit dem Ziel eines masochistischen Triumphes).

Die Beziehungsstruktur in der Geschichte zu **Tafel 2** läßt den Wunsch des Patienten nach passiver Umsorgung, nach Anlehnung und nach einem „schönen Leben in freier Natur" erkennen.

Die bereits bei Tafel 1 sichtbar gewordene Neigung von Herrn A., sich in eine Opferrolle zu bringen, wird besonders deutlich in seiner Geschichte zu **Tafel 3BM:** Er erlebt sich anonymen Mächten weitgehend ausgeliefert (Gefangener, Drogenabhängiger, einem Richterspruch unterworfen). Einen Schutz bietet ihm allenfalls die bedingungslose Unterwerfung und die Identifikation mit den Forderungen dieser Macht.

Die Interpretation des ganzen von Herrn A. gelieferten TAT auf der Objektstufe zeigt, daß er sich in Beziehungen vornehmlich als Opfer sieht. Dies ist indes eine Rolle, in die er sich jeweils selber bringt und aus der er die Legitimation ableitet, (mehr oder weniger passiven) Widerstand zu leisten. Er sucht insbesondere in Frauen eine ihn verwöhnende Mutter und hofft, durch körperliches Leiden Zuwendung und Erfüllung seiner oralen Wünsche erzwingen zu können.

Auch die **Subjektstufendeutung** möchte ich zunächst am Beispiel der drei ersten Tafeln veranschaulichen. Anschließend soll eine Gesamtinterpretation des TAT von Herrn A. unter diesem Aspekt vorgenommen werden.

Die vom Patienten zu **Tafel 1** produzierte Geschichte weist auf der Subjektstufe darauf hin, daß er sich unter dem Druck einer als übermächtig erlebten Über-Ich-Instanz fühlt, deren Forderungen er jedoch sabotiert. Letztlich erweisen sich seine aus dem Lustprinzip stammenden Impulse als siegreich über die Über-Ich-Ansprüche.

Auch die Geschichte zu **Tafel 2** kann auf der Subjektstufe als Darstellung des im Patienten bestehenden Konflikts zwischen Lust- und Realitätsprinzip angesehen werden. Er folgt hier zwar ein Stück weit dem Realitätsprinzip. Letztlich aber setzen sich doch seine infantilen Wünsche nach Versorgung und Freiheit von jeglicher Verpflichtung durch.

Wie sadistisch und unintegriert seine Über-Ich-Instanz ist, zeigt anschaulich die Geschichte, welche Herr A. zu **Tafel 3BM** entwirft: Angesichts der erdrückenden Macht seines Über-Ich bleibt ihm als Mittel der Abwehr und des Schutzes nur die blinde Identifikation mit dem Aggressor. Die ganz im Vordergründigen bleibende Argumentation, mit welcher er am Ende der Geschichte operiert, läßt erkennen, daß er über kein flexibles, differenziertes Über-Ich verfügt. Es ist vielmehr eine Instanz, die von ihm blinde Unterwerfung fordert. Anderenfalls würde sein Ich zum Ziel sadistischer Angriffe, die in seinem Erleben (wie die Geschichte zu Tafel 11 erkennen läßt) eine totale Vernichtung zur Folge hätten.

Aus den angeführten Deutungen der TAT-Geschichten auf der Subjektstufe ergibt sich, daß ein für den Patienten zentrales innerpsychisches Problem darin liegt, daß er ein mit sadistischen Zügen ausgestattetes, weitgehend unintegriertes Über-Ich besitzt. Seine Methode der „Auseinandersetzung" mit dieser Instanz ist die, daß er sich in eine Opferrolle bringt, aus der er dann die Legitimation zum Boykott (der externalisierten Über-Ich-Forderungen) ableitet. Diese Thematik zieht sich wie ein „roter Faden" durch viele seiner TAT-Produktionen.

Daneben tauchen bei der Subjektstufeninterpretation noch weitere für Herrn A. charakteristische Aspekte auf: Seine Geschichten weisen auf ein gegenüber den Es-Impulsen eher schwaches Ich hin, das sich anlehnen, oral auffüllen und narzißtisch verstärken möchte, da es sich den Ansprüchen der äußeren Realität nicht gewachsen fühlt und keine differenzierten Funktionen zu ihrer Bewältigung einzusetzen vermag (vgl.die Geschichten zu den Tafeln 6BM, 7BM, 8BM, 9 BM, 15, 18BM).

Eine Konsequenz dieser relativ schwachen Position des Ich ist die Tatsache, daß nicht nur die Ansprüche des (sadistischen) Über-Ich als gefährlich erlebt werden, sondern daß auch die aus dem Es andrängenden Triebimpulse große Angst auslösen. Der Patient steht seinen libidinösen und aggressiven Wünschen weitgehend hilflos gegenüber und vermag gegen sie nur archaische Abwehrstrategien (wie Projektion, Verleugnung und Regression) einzusetzen, die ihm letztlich aber keinen wirklichen Schutz garantieren. Deutlich kommt diese Thematik u.a. in seinen Geschichten zu den Tafeln 11, 14 und 19 zum Ausdruck: Nur knapp entkommt er der als anonym erlebten Gefahr, er vermag die ihn überschwemmenden (Tafel 19) Impulse weder klar wahrzunehmen noch sich mit ihnen in differenzierter Weise auseinanderzusetzen. Es bleibt ihm am Ende nur – wie es in stereotyper Art in etlichen Geschichten dargestellt wird – der Griff zur illusionären Vorstellung von einer „heilen" (narzißtischen) Welt, ohne Konflikte, in der alles von allein „gut vorübergeht" (Tafel 19).

Ein weiterer bei der Subjektstufendeutung sichtbar werdender Themenbereich hängt mit der zuletzt erwähnten narzißtischen Dimension zusammen: Die zu den Tafeln 12M und 16 produzierten Geschichten können als Darstellung eines gefährdeten, fragilen Selbst interpretiert werden. Im Bild vom Tod der beiden jungen Männer drückt Herr A. sein Gefühl aus, daß expansive, zukunftsträchtige, männliche Seiten seiner Persönlichkeit „erdrückt" (Tafel 16) worden sind. Hier wird sichtbar, daß der Einsatz der erwähnten archaischen Abwehrmechanismen, das Externalisieren von Konflikten und das impulsive Handeln sowie die Versuche grandioser Kompensationen letztlich erfolglos bleiben. Unvermittelt und hilflos sieht sich der Patient immer wieder mit der Tatsache konfrontiert, daß er in zentralen Bereichen seiner Persönlichkeit bereits „gestorben" ist, „zerdrückt" von einer anonymen, überwältigenden Macht.

8.5   Die Interpretation auf der Übertragungsebene

Eine psychodiagnostische Abklärung verfolgt in der Regel nicht nur ein rein diagnostisches Ziel, sondern soll auch Aussagen über therapeutische Interventionen ermöglichen. Gerade in dieser Hinsicht vermag der TAT wichtige Hinweise zu liefern (eine Diskussion der theoretischen Grundlagen des psychoanalytischen Übertragungskonzepts findet sich in Kapitel 7.3).

Ich möchte das Vorgehen bei einer Deutung des TAT auf der Übertragungsebene wiederum am Protokoll von Herrn A. demonstrieren. Wie schon bei den anderen Interpretationsarten empfiehlt es sich, zunächst jede einzelne Geschichte daraufhin zu untersuchen, welche Hinweise sie zum Übertragungsgeschehen liefert. Die Formulierung der Befunde kann in Form eines Fokus vorgenommen werden. In einem zweiten Auswertungsschritt kann man dann diese Informationen zusammenfassen und die Hauptlinien herausarbeiten.

Da man den TAT im allgemeinen in einer der Therapie vorgeschalteten Abklärungsphase durchführt, kann man bei einer Deutung auf der Übertragungsebene nicht von der bereits ausgebildeten Übertragung sprechen. Man erhält vielmehr Informationen über die **zu erwartenden** Übertragungskonstellationen. Gerade hierin liegt der besondere diagnostische Wert des TAT, ist es doch mit Hilfe dieses Verfahrens möglich, einen – prospektiv für die Therapie außerordentlich wichtigen – Aspekt der Interaktion zwischen Patient und Therapeut genauer zu beleuchten. Ich werde auf diese Möglichkeit beim TAT- Protokoll von Herrn A. besonders hinweisen, zumal ich von ihm TAT-Geschichten aus einer Zeit besitze, in der noch keine therapeutische Beziehung zwischen uns bestand und an eine Behandlung bei mir auch nicht gedacht war. Dennoch werden in seinen TAT-Geschichten bereits Übertragungsaspekte sichtbar, die sich später im Verlaufe der Behandlung in eben dieser Weise entfaltet haben.

Man muß sich bei einer Interpretation auf der Übertragungsebene selbstverständlich darüber klar sein, daß man lediglich Hypothesen entwickeln kann, die sich dann in der Therapie bestätigen lassen oder die verworfen bzw. modifiziert werden müssen. Trotz des hypothetischen Charakters der Übertragungsfoki sind sie jedoch insofern von besonderer Bedeutung, als sie uns frühzeitig auf Übertragungsprobleme aufmerksam machen, die bei Nichtbeachtung zum Teil verhängnisvolle Konsequenzen für die Therapie haben können.

Der Gehalt der zu **Tafel 1** von Herrn A. produzierten Geschichte lautet auf der Übertragungsebene: „Ich werde in der Behandlung gezwungen, mir etwas anzueignen, was ich selber eigentlich gar nicht will. lch werde passiven Widerstand leisten. Dann wird mich der Therapeut sicher feuern, und ich bin, wie üblich, in der Opferrolle. Auf diese Weise kann ich mich von den Forderungen des Therapeuten befreien und kann meinen eigenen Wünschen folgen."

Dieser Übertragungsfokus ist prospektiv für die Behandlung insofern von Bedeutung, als er den Therapeuten hellhörig für die Neigung des Patienten machen wird, sich in die Opferrolle zu manövrieren, um daraus dann die Legitimation zum Widerstand ableiten zu können. Der Therapeut muß etwa auch darauf achten, vom Patienten nicht in die Rolle eines erdrückenden Über-Ich gebracht zu werden, d.h. er muß seine vom Patienten konstellierten Gegenübertragungsreaktionen insbesondere in dieser Hinsicht sorgfältig reflektieren und kontrollieren.

Die Geschichte zu **Tafel 2** könnte man im Hinblick auf den Übertragungsaspekt folgendermaßen interpretieren: „Ich spüre – zumindest ansatzweise – durchaus rivalisierende Tendenzen. Ich wehre diese jedoch ab und biete mich dem Therapeuten in passiver Weise als Liebesobjekt an. Auf diese Weise kann ich mir meine Freiheit bewahren."

Angesichts dieses Fokus wird man als Therapeut vor allem die Unterwerfungstendenzen des Patienten, seine passiv-femininen Anlehnungsversuche im Auge behalten müssen. Man kann aus der Geschichte zu Tafel 2 die Vermutung ableiten, daß der Patient ein derartiges Verhalten in der Behandlung einsetzen wird, um Rivalitätskonflikten auszuweichen und um seine Wünsche nach oraler Verwöhnung durch den Therapeuten erfüllt zu bekommen.

Wie bereits bei der Formulierung des psychodynamischen Fokus (vgl. 8.3) und bei der Objektstufendeutung (vgl. 8.4) dargelegt, weist die Geschichte, welche Herr A. zur **Tafel 3BM** liefert, darauf hin, daß er sich im Kontakt mit anderen Menschen als hilflos Ausgelieferter erlebt. Im Hinblick auf die zu erwartende Übertragungsdynamik dürfen wir vermuten, daß der Patient sich auch in der Beziehung zum Therapeuten wie ein „Gefangener", der einem Richterspruch unterworfen ist, fühlen wird. Die für Herrn A. charakteristische Form der Abwehr gegenüber einer solchen Abhängigkeit ist die der Identifikation mit dem Aggressor (d.h. dem Therapeuten). Daraus ergibt sich für das konkrete therapeutische Vorgehen die Warnung an den Behandelnden, sich nicht durch eine scheinbar große „Einsicht" des Patienten blenden zu lassen. Der Therapeut muß, wenn dieser Eindruck bei ihm entstehen sollte, vielmehr daran denken, daß der Patient hier möglicherweise den Mechanismus der Identifikation mit dem Aggressor zu Abwehrzwecken einsetzt, um sich auf diese Weise gegen die vermeintlich vom Therapeuten ausgehenden Forderungen (die in Wahrheit Projektionen von sadistischen Über-Ich-Kernen des Patienten sind) zu wehren. Diese Art von „Einsicht" darf nicht als Indikator für ein flexibles, integriertes Über-Ich angesehen werden, sondern ist Ausdruck einer spezifischen Über-Ich-Pathologie, die in der Psychotherapie unbedingt bearbeitet werden muß.

Die Übertragungskonstellationen, die Herr A. in den Tafeln 1 bis 3 darstellt, finden sich auch in den Geschichten zu weiteren Tafeln, beispielsweise die Opferrolle des Patienten und seine Manipulationstendenzen dem Therapeuten gegenüber bei den Tafeln 4 und 5. Aus Tafel 6BM wird ersichtlich, daß der Therapeut per Übertragung als harte, ihre Unterstützung versagende Mutter erlebt werden kann.

Die Idealisierungs-und Anlehnungstendenzen des Patienten werden von ihm anschaulich in seiner Geschichte zur Tafel 7BM dargestellt. Gerade diese Geschichte sollte – auf der Übertragungsebene gelesen – den Therapeuten aber warnen, unkritisch oder gar geschmeichelt auf die Idealisierungen des Patienten einzugehen. Welche Gefahren sich für die Therapie daraus ergeben könnten, wird deutlich, wenn man die Geschichten zu den Tafeln 1, 4, 5 und 7BM zusammen, wie eine Fortsetzungsgeschichte, betrachtet: Man darf erwarten, daß der Patient sich an den Therapeuten anlehnen und ihn idealisieren wird, und er wird scheinbar Kompromisse eingehen. Das, was er in der Therapie erlebt, wird er jedoch als ihm selber im Grunde fremde Forderung des Therapeuten empfinden. Er wird sie boykottieren und wird versuchen, den Therapeuten letztlich so zu manipulieren, daß dieser umfänglich auf die Bedingungen des Patienten eingeht (in der Geschichte zu Tafel 5 essen die Ehegatten, nachdem sie zunächst scheinbar einen Kompromiß gefunden haben, am Ende doch **vor** der Sportschau, d.h. zu der vom Patienten gewünschten Zeit).

Über die ambivalenten Gefühle, die der Patient einer Therapie gegenüber hegen wird, und über seine Erwartungen an den Therapeuten geben anschaulich die Geschichten zu den Tafeln 8BM, 9BM, 10, 11, 17BM, 18BM, 19 und 20 Auskunft. Auf der einen Seite bestehen große (allerdings heftig abgewehrte) Ängste der therapeutischen Situation gegenüber. Die Bilder des „brutalen Operationstisches" (8BM), des Waldes, in dem ein Ungeheuer haust (11), des Gewitters (14), des aus dem Grab aufsteigenden Dracula (15), des Schiffes, das in ein Unwetter gerät (19), und des von Kälte und Nässe bedrohten Obstes (20) sprechen diesbezüglich eine deutliche Sprache. Andererseits erwartet der Patient jedoch – und diese Gefühle sind seinem bewußten Erleben offensichtlich näher, d.h. sie werden vermutlich in der Übertragung auch früher zum Ausdruck kommen –, daß der Therapeut ihm umfassende Hilfe leistet. Diese Wünsche deuten sich bereits in den Bemerkungen an, mit denen der Patient den Untersucher mehrmals um Unterstützung beim Erzählen der Geschichten bittet, bis hin zur direkten Frage: „Können Sie nicht etwas schreiben?" (9BM). Ferner thematisiert Herr A. seine Erwartungen an den alles verstehenden, ihn in jeder Hinsicht unterstützenden Therapeuten in etlichen Geschichten: Er schildert die Therapie als lustige Wanderung (9BM) und „eigentlich einfache" Turnstunde (17BM) sowie – in verschiedenen Versionen – vor allem als Ort, an dem ihm ein Mensch „beisteht" und „hilft", „daß ich nichts mehr anstellen werde" (10) bzw. ihm etwas „zum Aufwärmen" gibt, „daß er nicht gleich zusammenbricht"(18BM).

Die Geschichte zur Tafel 11 bringt, auf der Übertragungsebene interpretiert, noch eine ganz besondere Dynamik des Patienten zum Ausdruck: Man kann das dort erwähnte „Ungeheuer" auch als symbolischen Ausdruck des Patienten selbst verstehen. Der Verlauf der Geschichte besagt dann, daß der Patient den (forschenden) Therapeuten, der sich auf eine Begegnung mit ihm einläßt, in Panik versetzen und in die Flucht schlagen möchte.

Die tiefste Ebene dessen, was der Patient von einer Therapie erwartet und per Übertragung erleben wird, stellt er in den Geschichten zu den Tafeln 12M und 16 dar: Der Patient erlebt sich selber offensichtlich wie „gestorben", im Kern seiner Persönlichkeit wie „zerdrückt" von den zerstörerischen Erfahrungen seines bisherigen Lebens. Im Therapeuten wird er einen Menschen suchen, der bei ihm gleichsam Totenwache hält (bei einer solchen Interpretation muß indes bedacht werden, daß diese Bilder auch signalisieren, daß der Therapeut letztlich am Patienten scheitern werde, „alles vergebens", wie es bei Tafel 12M heißt).

Aus diesen Überlegungen leitet sich für den Therapeuten die Notwendigkeit ab, daß er sich auf die Behandlung von Herrn A. einlassen muß, ohne irgend etwas zu erwarten. Das einzige, was der Patient wirklich braucht und was über die vielen Klippen dieser Therapie hinwegtragen mag, ist die echte „Sorge" um den Patienten, die mitmenschliche Anteilnahme und Begleitung – eine Gegenübertragungskonstellation, die etwa *Kernberg* (1979) für ausschlaggebend bei der Psychotherapie von Boderline-Patienten hält.

Auch nach meiner Erfahrung (*Rauchfleisch,* 1981) ist es für die Behandlung von Patienten mit schweren chronischen dissozialen Fehlentwicklungen auf Boderline-Niveau von zentraler Bedeutung, daß der Therapeut sich nicht in den Strudel von überhöhten Erwartungen und völliger Resignation ziehen läßt, sondern die paradoxe Situation aushält: nichts vom Patienten zu erwarten und zugleich Vermittler von Hoffnung zu sein. Unter diesem Aspekt müßte der Therapeut in seiner Gegenübertragung das von Herrn A. entworfene Bild der Totenwache um die Dimension der Hoffnung ergänzen.

Wie die Interpretation der TAT-Geschichten auf der Übertragungsebene gezeigt hat, liefert diese Deutungsmethode eine Fülle von Material, das im Hinblick auf eine geplante Therapie von großer Bedeutung sein kann. Ich habe bereits darauf hingewiesen, daß die TAT-Geschichten von Herrn A. aus einer Zeit stammen, in der die Frage einer Behandlung noch nicht zur Diskussion stand. Aus dem nunmehr zwei Jahre dauernden therapeutischen Umgang mit dem Patienten ist es mir möglich, die im Hinblick auf die Übertragung formulierten Hypothesen mit den tatsächlichen Übertragungskonstellationen zu vergleichen.

Die anhand seiner TAT-Produktionen entwickelten Überlegungen haben sich in allen wesentlichen Aspekten als relevant erwiesen. So dominieren im Verhalten und in den verbalen Äußerungen des Patienten eindeutig die Anlehnungs- und Idealisierungstendenzen. Ich habe bei der Schilderung seiner Lebensgeschichte (s. 8.1) bereits darauf hingewiesen, daß Herr A. – im Gegensatz zu vielen anderen dissozialen Persönlichkeiten – von Anfang an seine Therapiesitzungen mit einer erstaunlichen Regelmäßigkeit eingehalten hat. Immer wieder präsentiert er sich auch als einsichtiger, „guter" Patient und bringt zum Ausdruck, wie wohl er sich bei mir fühle und daß es für ihn eine Ehre sei, zu mir kommen zu dürfen. Zugleich hat Herr A. aber, wie oben ausgeführt, während der Therapie wieder erheblich delinquiert, ohne daß er je auch nur mit einem Wort angedeutet hätte, daß er sich in einer für ihn konflikthaften Situation befinde.

Zwei Verhaltensweisen sind im Hinblick auf die Übertragung bezeichnend. Ich möchte sie zur Veranschaulichung dessen, was sich im TAT bereits gezeigt hat, etwas ausführlicher darstellen. Die Neigung des Patienten zur Idealisierung des Therapeuten und zur Suche nach Halt bei ihm kam in der folgenden Situation deutlich zum Ausdruck: In der letzten Therapiesitzung des ausgehenden Jahres 1987 wies mich der Patient auf einen ca. 30 m hohen Baum hin, der in einem meinem Sprechzimmer gegenüberliegenden Vorgarten steht. Es ist in der Umgebung der einzige große Baum, der sogar die Häuser um einige Meter überragt. An diesem Tage herrschte ein starker Sturm, der dazu führte, daß der Baum heftig schwankte. Der Patient bekundete sein Erstaunen darüber, daß dieser Baum nicht vom Sturm aus der Erde gerissen werde. Ich hörte hinter dieser scheinbar belanglosen Äußerung die den Patienten tatsächlich bewegende Frage, wie es um seine eigene „Standfestigkeit" stehe. Aufgrund meiner Erfahrung (*Rauchfleisch,* 1982), daß es in der Therapie von dissozialen Persönlichkeiten auf Boderline-Niveau sinnvoll ist, auf solche in symbolischer Form geäußerten Hinweise des Patienten auf der gleichen – symbolischen – Ebene zu antworten, erwiderte ich, dieser Baum sei ja auch tief und fest in der Erde verwurzelt; es komme nach meiner Ansicht sehr darauf an, daß ein solches Fundament bestehe, dann sei auch nicht zu befürchten, daß der Baum entwurzle. Der Patient antwortete mir daraufhin nachdenklich: Eigentlich sei es doch nicht so verwunderlich, daß dieser Baum fest in der Erde verwurzelt sei, er stehe ja auch direkt meinem Fenster gegenüber!

Fragt man nach dem hintergründigen Sinn der Äußerungen des Patienten über den Baum, so darf man folgendes vermuten: Er verglich sich mit dem größten (!) aller Bäume in meiner Umgebung und fragte sich, wie es um seine eigene „Verwurzelung" bestellt sei. In seiner zuletzt zitierten Äußerung brachte er dann zum Ausdruck, daß ihm die Nähe zu mir Sicherheit bieten könnte gegenüber den „Stürmen" des Lebens. Der Patient entwarf damit das Bild einer im Grunde grandiosen Beziehung (er: der größte aller Bäume, ich: der allmächtige Hüter). Obschon ich in dieser symbolhaften Darstellung durchaus auch positive Ansätze zu einer vertrauensvollen Beziehung sehe, scheint es mir doch wichtig, daß man sich als Therapeut auch der (allerdings nur sehr indirekt zum Ausdruck kommenden) aggressiven Aspekte dieses Bildes bewußt ist. Diese werden dann ersichtlich, wenn man das vom Patienten entworfene Bild von der Entwurzelung des Baumes weiter phantasiert: Falls der Sturm den riesigen, etwas gegen mein Zimmer geneigten Baum tatsächlich aus der Erde risse, würde er nämlich auf **mich** stürzen! Dies bedeutet, daß der Patient offensichtlich in sich die – sicher unbewußte – Phantasie hegte, mit seiner „Entwurzelung" auch den zuvor so idealisierten Therapeuten vernichten zu können. In dieser Episode wird eine Übertragungskonstellation sichtbar, die in voller Übereinstmmung mit dem Gehalt seiner TAT-Geschichten steht (vgl. vor allem die Produktionen zu den Tafeln 7BM, 11, 12M und 16).

Die zweite für die Übertragung von Herrn A. charakteristische Situation stammt aus der Zeit des Therapiebeginns. Ich teilte ihm beim Gespräch über das Setting damals mit, daß ich zwar prinzipiell zu Kontakten mit Drittpersonen (wie Schutzaufseher, Gericht, Angehörigen etc.) bereit sei, ein solches Gespräch aber nur in Gegenwart des Patienten führen wolle. Herr A. reagierte darauf mit dem Hinweis, er habe volles Vertrauen zu mir, ich dürfe mit jedem, mit dem ich wolle, über ihn sprechen, es sei nicht nötig, daß er anwesend sei, er sei absolut sicher, daß alles, was ich täte, zu seinen Gunsten sei, und daß ich bezüglich Informationen über ihn Drittpersonen gegenüber verschwiegen sei. Der Patient gab mir damit quasi einen „Blanko-Check" für sämtliche Kontakte zu Drittpersonen und schien ein absolutes Vertrauen in mich zu signalisieren (womit er auch zum Ausdruck brachte, daß er mich erheblich idealisiere und sich vertrauensvoll bei mir anlehnen wolle).

Unvermittelt fügte der Patient dieser Stellungnahme jedoch hinzu: Bei einem anderen Therapeuten, den er früher einige Male aufgesucht habe, sei er allerdings in dieser Hinsicht sehr enttäuscht worden. Der Theapeut habe ihn in einer Sitzung auf ein Thema angesprochen, das der Patient unmittelbar vorher zuhause mit der Ehefrau diskutiert habe. Er sei überzeugt, daß der Therapeut hinter seinem Rücken mit der Ehefrau gesprochen, ihm dies aber nicht gesagt habe. Der Patient hat, wie er berichtete, niemals auch nur den Versuch unternommen, seinen Verdacht mit dem Therapeuten offen zu diskutieren. Er hat vielmehr die Behandlung ohne weitere Erklärung abgebrochen!

An dieser Episode zeigt sich deutlich, daß der Patient – wie er es in den TAT-Geschichten andeutet – den Therapeuten idealisiert und sich scheinbar voller Vertrauen an ihn anlehnt, sich dann aber in die Rolle des Opfers manövriert, dem Unrecht geschieht, und daraus die Legitimation zum Abbruch der Beziehung (d.h. auch: zur Entladung aggressiver Impulse, vgl. Deutung von Geschichte 11) ableitet.

Ich habe die Deutung der TAT-Geschichten auf der Übertragungsebene ausführlich dargestellt, da mir gerade diese Interpretationsart besonders fruchtbar zu sein scheint. Gewiß können wir auch auf Grund einer sorgfältig aufgenommenen tiefenpsychologischen Anamnese (*Arnds,* 1973a, 1973b, *Argelander,* 1970) Hypothesen über die wesentlichen zu erwartenden Übertragungskonstellationen ableiten. Der Vorteil des TAT scheint mir aber darin zu liegen, daß wir diesbezüglich sehr differenzierte Informationen erhalten und daß uns der TAT ein besonders anschauliches Bild vom Übertragungsgeschehen zu vermitteln vermag.

9 Martin – ein 10 ½jähriger Knabe mit einer neurotischen Fehlentwicklung

9.1 Zur Lebensgeschichte

Im folgenden möchte ich die verschiedenen Deutungsarten an TAT-Geschichten darstellen, die ein 10 ½ jähriger Knabe mir geliefert hat. Ich werde anhand dieses Materials zeigen, daß der TAT in der beschriebenen Art auch in der Kinderdiagnostik mit
Vorteil verwendet werden kann. Da ich auch diesen Klienten in einer sich an die Untersuchung anschließenden neun Monate dauernden Psychotherapie intensiver erlebt
habe, kann ich die TAT-Deutungen sowohl zur Anamnese als auch zu Träumen und
Verhaltenweisen in der Behandlung in Beziehung setzen.

Die Eltern des 10 ½jährigen Martin wendeten sich an mich, da sie sich große Sorgen wegen seiner Enuresis diurna (Einnässen ausschließlich während des Tages)
machten. Der Knabe sei mit ca. 3 Jahren tags und nachts trocken gewesen, habe dann
aber plötzlich im Alter von 4 ½ Jahren, von einem Tag auf den anderen, ohne den Eltern erkennbaren Grund tagsüber einzunässen begonnen. Dieses Symptom bestehe
bis zur Gegenwart. Nachts sei er nach wie vor trocken. Bei der Exploration von Eltern
und Kind stellte sich später indes heraus, daß sehr wohl eine das Symptom auslösende
Situation zu eruieren war: Im Alter von 4 ½ Jahren hatte Martin ein eigenes Zimmer
bezogen, nachdem er zuvor im Zimmer der Eltern geschlafen hatte.

Martin war das jüngste von insgesamt vier Kindern einer zur Zeit der Exploration
48jährigen Geschäftsführerin und eines 53jährigen höheren Verwaltungsbeamten.
Die drei Schwestern waren wesentlich, nämlich 10, 12 und 15 Jahre, älter als Martin.
Die beiden jügeren lebten noch im Hause, die Älteste war verheiratet. Ferner lebte
im Haushalt die 75jährige Großmutter mütterlicherseits. Sie kümmerte sich während
der beruflichen Abwesenheit der Eltern (Mutter halbtags, Vater ganztags) in erster
Linie um Martin. Aber auch die beiden noch im Elternhaus lebenden Schwestern
wurden von ihm als „Erzieherinnen" und kaum als Geschwister im eigentlichen Sinne
empfunden.

Die **Mutter** imponierte als dynamische, extravertierte Frau, die ihrer Berufstätigkeit mit großem Engagement nachging. Sie führte den Haushalt, unterstützt von ihrer
Mutter, nach einem strengen Reglement. Selber sagte sie von sich, daß sie alles „möglichst perfekt organisieren" wolle. Die Geburt des Sohnes sei ihr im Grunde völlig un-
gelegen gekommen. Sie habe nach den drei Töchtern eigentlich keine Kinder mehr
haben wollen. Im Übrigen sei sie ihrer Ansicht nach „keine richtige Jungen-Mutter",
da sie doch ganz auf Töchter eingestellt sei.

Der **Vater** war ebenfalls beruflich sehr engagiert. Während er neben seinem Beruf
noch in verschiedenen politischen und gemeinnützigen Organisationen tätig war, zog
er sich im Haus weitgehend von allen Verpflichtungen zurück. Insbesondere die Erziehung des Sohnes überließ er völlig „den Frauen", wie er es selber formulierte. Der
Vater war froh, daß seine Frau und seine Schwiegermutter – ganz in seinem Sinne –
großen Wert auf gute Leistungen des Sohnes legten. Obwohl Martin früher in der
Volksschule und nun in der ersten Gymnasialklasse gute bis sehr gute Zensuren auf-
zuweisen hatte, beurteilten Eltern und Großmutter diese lediglich als „durchschnittlich."

Martin selber war ein körperlich eher zartes Kind. In seinem Verhalten imponierte er als außerordentlich wohlerzogen und altklug, sichtlich gewöhnt an den Umgang mit Erwachsenen. Schon im ersten Gespräch mit ihm fiel mir seine gute Verbalisierungsfähigkeit auf. Über sein Symptom der Enuresis diurna äußerte er sich ohne irgendwelche Befangenheit, beinahe so, als ob er über die Probleme einer anderen Person spreche. Er selber hatte keinerlei Erklärung für das Einnässen, er hatte auch keine Zusammenhänge zwischen bestimmten Tagesereignissen und der Enuresis beobachtet. Bezüglich der Konsequenzen seines Symptoms berichtete er, daß er „natürlich" an keinen Schulreisen, nicht einmal an Ausflügen teilnehmen könne, „denn es wäre doch zu peinlich, wenn ich plötzlich mit nasser Hose dastünde." Aber selbst diese Äußerung erfolgte ohne sichtbare emotionale Beteiligung.

Während ihn die Eltern lediglich als allgemein etwas ängstlichen, vom Kontakt mit Gleichaltrigen sich zurückziehenden Knaben geschildert hatten, stellte sich im Gespräch mit ihm heraus, daß er unter einer voll ausgebildeten Hundephobie litt. Interessanterweise führte er als Erklärung dieses Symptoms an: Er habe hauptsächlich Angst vor Hunden, „die verwildert sind, die eine schlechte Laune haben, weil sich niemand um sie kümmert"!

Der in der Phobie sich andeutende Aggressionskonflikt zeigte sich ebenfalls in Martins Beschreibung von seinen Beziehungen zu Kameraden: Er erkärte mit unverhohlener Empörung, er wolle mit „so wilden, unerzogenen Kindern", wie sie in seiner Klasse seien, nichts zu tun haben. Der Inbegriff ihres ungehörigen Benehmens war für ihn, daß einige Kameraden während der Pause auf einer Mauer saßen und die Beine einfach hängen ließen, statt sittsam in einer Ecke des Hofes zu stehen und still ihr Brot zu verzehren! Martin pflegte keine Kontakte zu seinen Mitschülern. Er hielt sich zumeist im Elternhaus auf und beschäftigte sich vor allem mit Lesen und Fernsehen.

Bezüglich seiner Beziehungen zu den Familienangehörigen berichtete Martin, die Mutter sei sehr streng und schaue auf gute Leistungen. Er habe sie aber sehr gern und vermisse sie oft. Die Großmutter sei lieb mit ihm, sie sei „außer der Mutter richtig mütterlich." Zugleich schilderte er aber auch sie als strenge Frau, der es wichtig sei, daß alles „ordentlich und gesittet zugeht." Vom Vater schließlich wußte er einzig zu berichten, daß dieser „stark" sei. Er kümmere sich wenig um den Sohn, „er hat ja auch kaum Zeit. Aber ich vermisse ihn gar nicht, denn er interessiert sich doch für ganz andere Sachen als ich." Konflikte zwischen den Eltern bzw. der Großmutter und ihm gebe es nicht. Lediglich mit den beiden Schwestern, die noch im Elternhaus lebten, habe er mitunter Streit. „Sie bilden sich ein, daß sie alles dürfen, nur weil sie älter sind . . . Wenn meine Schwestern und ich mal alleine sind, bin **ich** das Oberhaupt, der einzige Mann – sonst nur Frauen – furchtbar, was?!." Mit der ältesten bereits verheirateten Schwester komme er besser aus. Auch sein Schwager sei sehr nett, er sei „stark" (ein Merkmal, das Martin auch zur Charakterisierung des Vaters verwendet hatte).

Es war charakteristisch für Martin, daß er sein Leben und seine Beziehungen zwar sehr detailliert schildern konnte. Es fehlte seinen Darstellungen jedoch völlig an emotionaler Beteiligung. Einzig aus seiner Empörung über das ungesittete Benehmen der Schulkameraden sprach eine gewisse gefühlsmäßige Berührung. Aber selbst bei diesem Thema erschien er nicht wirklich emotional ergriffen, sondern immer noch relativ distanziert. Auch aus der Schilderung seiner Symptome ließ sich nicht entnehmen, daß er darunter – für ihn selber fühlbar – litt, obwohl ihm die Symptome tatsächlich große Schwierigkeiten bereiteten (wegen der Enuresis war er von vielen Aktivitäten ausgeschlossen und mußte dauernd befürchten, daß er plötzlich einnässen würde; wegen der Phobie mußte er auf dem Schulweg oft weite Umwege in Kauf nehmen, da er jedem auch nur in der Ferne auftauchenden Hund, deren es viele in Martins Wohnort gab, auszuweichen suchte).

Wichtige Hinweise auf die Psychodynamik dieses Kindes ließen sich aus seinen **Träumen** entnehmen. Paradigmatisch seien die drei folgenden, besonders eindrücklichen Träume mitgeteilt:

Den ersten Traum berichtete Martin mit bei unserem ersten Gespräch auf meine Frage nach irgendeinem Traum, an den er sich aus der Vergangenheit erinnern könne. Er habe diesen Traum vor einigen Monaten mehrmals geträumt und erinnere sich, am Morgen jeweils voller Angst erwacht zu sein:

„Eine Riesenschlange kam auf mich zu und wollte mich fressen. Sie roch furchtbar nach altem Kuhfleisch und schlechter Milch. Ich lief weg, doch sie fand mich immer wieder und verfolgte mich. Sie sprach mit männlicher Stimme."

Zu diesem Traum vermochte Martin keine Assoziationen zu liefern.

Den zweiten Traum erwähnte er von sich aus in einer der ersten Therapiesitzungen. Auch dieser Traum hatte ihn recht stark beunruhigt. Martin berichtete:

„Ich guckte in den Spiegel, um mich zu kämmen, um den Scheitel zu machen. Da sah ich auf einmal, daß ich ein ganz anderes Gesicht hatte: Ich hatte ein ganz langes, schmales Gesicht. Ich sah ganz häßlich aus. Ich hatte ganz dünne Augenbrauen und ganz kurzes Haar und Schlitzaugen, die gar nicht in das Gesicht paßten. Ich machte alles Mögliche, um das wieder wegzukriegen, aber es änderte sich nicht. Dann legte ich mich ins Bett, weil ich dachte, ich träume vielleicht und dann wäre es nachher weg. Doch als ich aufstand und in den Spiegel guckte, sah ich noch genauso aus. Die ganze Familie fürchtete sich vor mir, wie ich aussah. Ich ging noch einmal zum Spiegel und sah auf einmal, daß ich wieder meinen normalen Gesichtsausdruck hatte."

Im Gegensatz zum ersten Traum gelang es nun, von Martin recht detaillierte Assoziationen zu den einzelnen Traumelementen zu erhalten. Das lange, schmale Gesicht, die dünnen Augenbrauen und die Schlitzaugen erinnerten ihn an Filmschauspielerinnen und an die geschminkten Gesichter seiner Schwestern. Er möge das überhaupt nicht leiden. Zu den kurzen Haaren assoziierte Martin zwei Schulkameraden, die besonders „streitsüchtig" und „eingebildet" seien. Der eine „boxt einen immer furchtbar und versucht sich mit jedem zu keilen". Der andere sage häufig: „Ich reiße dir gleich den Kopf ab." Er sei auch sehr unanständig: „Er läßt schlechte Luft ab, geht dann aber nicht etwa weg, sondern kommt noch extra dicht an einen heran. Er hat auch oft Tintenkleckse im Heft und ist unsauber." Zur Szene des Scheitel-Kämmens fiel Martin schließlich ein, daß die Mutter am Morgen des Vortages seine Haare mit einem Fett eingerieben habe, „weil die Haare morgens immer so abstehen und dann so unordentlich aussehen".

Den dritten Traum schließlich träumte Martin drei Monate nach Therapiebeginn. Er lautete:

„Ein junger Mann, ein Freund von mir, und ich waren in eine Badeanstalt gegangen. Wir waren durch das Nichtschwimmer-Becken gewatet und kamen auf eine kleine Insel, so eine Art Landzunge. Hinter uns hörten wir das Rufen und Schreien der anderen Badegäste. Doch plötzlich war es still hinter uns. Mein Freund wollte mir hinter der Landzunge im Wasser wilde Nilpferde zeigen. Da kam eins, und er sagte: „Nun schnell weg", denn die können einen ja angreifen. Wir rannten los. Plötzlich war da kein Wasser mehr, sondern wir rannten im Wald und hörten hinter uns immer das Schnaufen des Nilpferds, das uns verfolgte. Ich hatte meinen Freund dann aus den Augen verloren und irrte ganz alleine im Wald herum, hinter mir immer noch das Nilpferd. Auf einmal waren da im Wald auch noch lauter andere Nilpferde, und alle verfolgten mich."

Zum Verständnis dieses Traumes ist wichtig zu wissen, daß Martin in dieser Zeit noch nicht schwimmen konnte. Er fürchtete sich vor dem Wasser und zwar insbesondere davor, „den Boden unter den Füßen zu verlieren." Nilpferde empfand Martin als

„träge, schwerfällige Tiere", die im Traum von unten her aus dem Wasser aufgetaucht seien. Er habe am Tage vor dem Traum in einer Zeitung von „heiligen Nilpferden" gelesen, die in einem Drittweltland verehrt würden. Den zu Beginn des Traumes auftretenden jungen Mann habe er nicht genau erkennen können. Er sei immer vor Martin hergeschwommen und vor ihm hergelaufen. In seiner Gestalt habe er eine gewisse Ähnlichkeit mit mir aufgewiesen.

Alle drei Träume thematisieren eine Gefahr, die Martin droht. Er ist auf der Flucht vor einer gierigen Schlange und vor stampfenden Nilpferden bzw. erscheint selber in einer solchen Gestalt, daß sich die ganze Familie vor ihm fürchtet. Die von ihm als gefährlich erlebten Impulse sind insbesondere solche aggressiver und oral-sadistischer Art (Schlange, Nilpferde, streitsüchtige und unanständige Kameraden). Wie in seinem phobischen Symptom werden diese Impulse auch in den Träumen von der Schlange und von den Nilpferden auf Tiere projiziert, vor deren Angriff sich Martin fürchtet. Lediglich im Spiegeltraum erlebt er sich selber als – von den Familienangehörigen – gefürchtete Person, wobei durch die Traumarbeit der latente Inhalt (er sei der Aggressive, Unanständige) weitgehend unkenntlich gemacht worden ist.

Es ist unter psychodynamischem Gesichtspunkt interessant, daß in den beiden Träumen von der Schlange und vom Spiegelbild eine Vermischung von männlichen und weiblichen Selbstaspekten thematisiert wird. **Die** Schlange, die nach **Kuh**fleisch und schlechter **Milch** riecht, spricht mit **männlicher** Stimme; das schmale Gesicht, die „Schlitzaugen" und die rasierten Augenbrauen erinnern Martin an Fimschauspiele-**rinnen** bzw. an die **Schwestern,** Merkmale, die nun aber in **seinem** Gesicht auftauchen. Wir dürfen diese Traumdynamik wohl als Ausdruck seiner unsicheren männlichen Identität verstehen. Einerseits spürte er in sich sehr wohl männliche (von ihm als aggressiv erlebt) Kräfte, andererseits aber empfand er eben diese Impulse als außerordentlich bedrohlich und versuchte sie mit Hilfe einer weiblichen Identifizierung abzuwehren.

Ein weiteres psychodynamisch wichtiges Element tritt im Traum von den Nilpferden auf: Martin wird hier von einem Manne begleitet, der Ähnlichkeit mit mir besitzt und ihm vorangeht, d.h. ihn durch die Gefahr geleitet. Man kann aus dem Inhalt dieses Traumes schließen, daß Martin zwar hoffte, in mir einen solchen Leiter zu finden, zugleich aber befürchtete, letztlich doch alleine der Bedrohung (durch seine bisher abgewehrten Impulse) gegenüberzustehen.

Im Verlaufe der neun Monate dauernden Psychotherapie kam es bei Martin zu einer deutlichen Reduzierung seiner Gehemmtheiten. Er wurde sichtlich expansiver (so lernte er beispielsweise in dieser Zeit auch schwimmen!), er begann sich mit Kameraden auseinanderzusetzen, statt sich, wie früher, zurückzuziehen, und er versuchte sich in der Familie eine eigenständige Position zu schaffen. Dies erfolgte vor allem durch eine zunehmende Annäherung zwischen Vater und Sohn und, damit einhergehend, durch Martins Distanzierung von der Welt der Frauen, die bisher für ihn ganz im Vordergrund gestanden hatten. Seine Enuresis verschwand bereits nach ca. drei Monaten, die Phobie verlor wesentlich an Intensität. Auch aus diesem Grunde konnte sich Martin freier bewegen und seine Ansprüche unmittelbarer befriedigen.

Ich hätte als die Therapie des Sohnes begleitende Maßnahme gerne auch regelmäßige Gespräche mit den Eltern geführt, wenn möglich sogar das gesamte Familiensystem, zumindest in gelegentlichen Sitzungen, zusammen gesehen. Auf alle derartigen Vorschläge reagierten die Eltern jedoch ausweichend, bzw. direkt ablehnend. Als Gründe wurden von ihnen Zeitmangel und organisatorische Schwierigkeiten angegeben. Es wurde jedoch deutlich, daß sie letztlich nicht in die Behandlung involviert werden wollten. Sie waren lediglich zu einzelnen Kontaktnahmen mit mir bereit (offensichtlich war es ihnen möglich, bei dieser Art von Setting die Vorstellung aufrechtzuerhalten, allein Martin sei der Patient, und sie selber seien nicht weiter betroffen, sondern stellten sich nur als Informationsvermittler zur Verfügung). Die Erwartung der Eltern an die Therapie des Sohnes war offenbar, daß dieser die Symptome „loswerden" sollte, die ihn sozial behinderten und ihn (wie es die Eltern formulierten) „komisch dastehen ließen." Im Grunde sollte er mit Hilfe der Behandlung also noch angepaßter, „braver", werden.

Aus der geschilderten Dynamik wird verständlich, daß die Eltern zwar voller Zufriedenheit auf den Verlust der Enuresis und die Verminderung der phobischen Symptome reagierten, die größere Expansivität des Sohnes aber ambivalent erlebten und schließlich, nach neun Monaten, darauf drängten, daß die Behandlung beendet werde, „da doch alles nun in Ordnung ist." Zweifellos konnte in der Psychotherpie bei Martin eine positive Entwicklung eingeleitet werden (nur so war es ihm ja auch möglich, auf seine Symptome zu verzichten). Der nach meiner Ansicht wichtigste Schritt, nämlich die Neuorganisation der intrafamiliären Beziehungen und Rollen (wozu u.a. auch die männliche Identität des Sohnes gehörte), konnte jedoch nicht mehr vollzogen werden, da die Therapie auf Wunsch der Eltern vorzeitig beendet werden mußte.

Vor Beginn der Behandlung wurde mit Martin eine umfangreiche testpsychologische Abklärung durchgeführt. Zur Testabatterie gehörten Intelligenz- und spezielle Leistungstests sowie vor allem projektive Verfahren, die Aufschluß über die Psychodynamik und die ich-strukturellen Aspekte seiner Persönlichkeit liefern sollten. Neben dem Rorschachtest und dem Rosenzweig Picture-Frustration Test (*Rauchfleisch*, (1979a, 1979b) verwendete ich, außer dem TAT, auch die Wildesche Wunschprobe (*Wilde*, 1949/50) und den Düssfabeltest (*Düss*, 1976). Auf die Resultate der beiden letzteren Verfahren werde ich bei der Interpretation von Martins TAT-Geschichten noch ausführlicher eingehen. Bei dem 10 ½ jährigen Knaben stellte sich die Frage, ob es sinnvoll sei, die Erwachsenenform des Thematischen Apperzeptionsverfahrens, den TAT, oder die Kinderform, die Children Apperception Technique (CAT), anzuwenden. Angesichts der hohen Intelligenz (HAWIK-Gesamtintelligenzquotient = 120) und der verbalen Gewandtheit des Probanden entschloß ich mich, ihn mit der Erwachsenenform zu untersuchen (wobei ich ihm außer den Tafeln für Erwachsene auch die für Kinder vorlegte).

Martin ging mit sichtlichem Vergnügen auf die ihm im TAT gestellte Aufgabe ein und produzierte die folgenden Geschichten:

9.2 Martins TAT-Geschichten

Tafel 1 Die Geige

Peter geht mit einer Geige zum Geigenunterricht. „Immer das Gleiche", denkt er, „immer muß ich geigen. Was Mutter an diesem gräßlichen Sport bloß schön findet?" Endlich erreicht er seinen Geigenlehrer. Dort muß er wieder fleißig üben und G-und A-Saite spielen. Als er nach Hause kommt, trifft er Fritz und erzählt ihm, wie schlecht es ihm doch ginge, seitdem er Geigenunterricht bekommen hat. Da schmieden sie zusammen einen Schlachtplan. Da kommt Peter auf einmal eine gute Idee: „Paß auf", sagt er. „Du nimm meine Geige und versteckst sie. Ich werde nach Hause laufen und sagen (und lügen, leider), daß einer meine Geige gestohlen hat. Siehst du so macht man das. Vater und Mutter werden denken, ich hätte sie wirklich verloren, und ich brauche keinen Geigenunterricht mehr zu nehmen, weil die Geige ja weg ist." Vater arbeitet an einer Baustelle. Er will gerade einen Haufen Bretter davontragen, als er etwas entdeckt. „Da ist ja Peters Geige." Er nimmt sie raus, um sich davon zu überzeugen, ob es Peters Geige ist. Er macht den Geigenkasten auf und liest die sauber hineingeschmierte Schrift: Peter-Johannes Jürgensen. „Doch mein Sohn", denkt er. Er läßt sich von seinem Chef Urlaub geben und läuft, so schnell er kann, nach Hause. „Peter", ruft er fröhlich, „ich habe deine

Geige wieder." „Oh", denkt Peter, „dieser Trottel von Fritz! Dabei habe ich ihm doch ausdrücklich gesagt, er soll die Geige ordentlich verstecken." Da setzt sich Peter hin und übt. Doch mit der Zeit hat er es satt und legt die Geige hin (= Bild). Nun mußte Peter jeden Tag üben. Und bald wurde er doch ein großer Geigenkünstler, wie es die Mutter gehofft hatte.

Tafel 2   Das Gesangbuch

„Liselotte, wir wollen heute in die Kirche gehen", sagt die Mutter. Da gehen sie alle zusammen in das Gotteshaus, Vater, Mutter, Liselotte und ihr kleiner Bruder Hänschen. Mitten in der Ansprache fängt Hänschen an, Lieselotte eine Geschichte aus der Schule zu erzählen. Da wird die Mutter böse. Doch die beiden hören nichts. „Liselotte, Hänschen", zischt die Mutter, „seid doch endlich einmal still!" Doch da ist der Gottesdienst schon zu Ende. Als die beiden nach Hause kommen, geht der Vater los, um das Feld zu pflügen. Die Mutter blinzelt in die Sonne und Liselotte muß mit ihrem Bruder Hänschen drei Strophen aus dem Kirchengesangbuch lernen, zur Strafe. Traurig sind sie beide, denn sie dürfen nicht zusammen lernen. Hänschen geht im Haus lernen, Lieselotte draußen auf dem Acker. Bekümmert sieht sie auf den Boden (= Bild). Sie hat zwei Strophen gelernt und kann sie in- und auswendig, aber sie darf nicht zu Hänschen und mit ihm spielen. Da erregt eine kleine Eidechse ihr Gemüt. Sie verschwindet unter einem Fels, und Liselotte kriecht ihr nach. Nun kann sie, über einem kleinen Spalt kniend, die Eidechse beobachten. Doch da fällt ihr auf einmal das Buch in den Spalt, der leider einige Meter tief ist. Weg ist es! Traurig sieht sie ihm nach. Mit einem Stock gelingt es ihr schließlich, das Buch herauszufischen. Wieder steht sie zum Schluß ganz bekümmert da und starrt auf den Stein. Der Vater arbeitet, die Mutter sonnt sich, und Lieselotte ist traurig. (= Bild). (Traurig?) weil sie an diesem Tag soviel Pech gehabt hat.

Tafel 3BM   Der Überfall

Herr Kohlrabi ist ein einsamer Mensch. Er lebt mit seiner Frau Magdalena Kohlrabi in einem Haus in der Straße Peter-Street. Trotz, daß er so allein ist, keine Kinder hat, ist er glücklich. Nicht durch seine Frau! Denn sie peinigt ihn ständig: „Wasch dir die Hände! Du mußt noch zum Briefkasten gehen!" usw. Er ist anderenfalls glücklich. Er ist nämlich ein sehr reicher Mensch. Das wissen leider alle Menschen in der Stadt, und daß sie das wissen, soll ihm heute zum Verhängnis werden. Magdalena war aus dem Haus gegangen, „einkaufen" sagt sie (man glaubt es nicht ganz). Herr Kohlrabi, dessen Vorname übrigens Johann-Wilfried war, setzte sich auf eine Bank. Plötzlich knarrte die Türe hinter ihm. Wie der Blitz drehte er sich um, und er sah einen maskierten Mann – einen maskierten Menschen. Auf alle Fälle glaubte er, daß es ein Mann sei, denn sein sicheres Auftreten war männlich. Doch über das alles konnte er nicht mehr nachdenken, denn ein Schlag traf ihn auf den Kopf, „von hinten, wie gemein", dachte er. Und das waren seine letzten Gedanken. Natürlich war er nicht tot, sondern nur bewußtlos. Doch als er am nächsten Morgen aufwachte und die Kriminalpolizei um sich stehen sah, die ein Bauer herbeigerufen hatte, als er einen Wagen davonbrausen sah, konnte er sich nicht mehr erinnern. Doch bald wurde ihm klar, daß der Tresor rücksichtslos aufgebrochen war, das Geld verschwunden und und seine Frau ebenfalls verschwunden war. Das war ein harte Nuß für die Kriminalpolizei. Da der Täter mit Handschuhen gearbeitet hatte, gab es auch da keinen Anhaltspunkt. Nun wurde erstmal nach Frau Magdalena Kohlrabi gesucht. Doch keine Spuren waren von ihr zu finden. Doch endlich fand man sie. Doch wo? Erdrosselt in der Toilette eines Hotels. Nun war es schon mal ausgeschlossen, daß Frau Magdalena der Täter gewesen sein konnte. Schließlich konnte Herr Johann-Wilfried Kohlrabi sich noch daran erinnern, daß der Mann eine auffällig große Hand hatte und kleine Füße hatte. Und plötzlich konnte sich Herr Kohlrabi auch an das Gesicht erinnern, denn der Mann hatte eine zu lose sitzende Maske, die bei einer hastigen Kopfbewegung hochgerutscht war und man das ganze Gesicht, außer den Haaren sehen konnte. Er hatte sie natürlich schnell wieder heruntergezogen, doch in Herrn Kohlrabis Gedächtnis war es doch noch offen geblieben. Nach der Beschreibung und nach stundenlanger Suche in den Karteien der Vorbestraften konnte man noch einen daraus entnehmen: Peter Jolkovski, sechs Mal vorbestraft, doch immer wieder freigelassen. Er war Frau Magdalenas heimlicher Freund und wurde in einer Bar in der Frennessen-Street in London aufgestöbert. Nach langem Zögern gestand er endlich die Tat und bekam dafür lebenslänglich aufgebrummt, weil er ja nicht nur das Geld gestohlen hatte, sondern auch Frau Magdalena Kohlrabi getötet hatte. So wurde durch das plötzliche Eintreffen des Erinnerungsvermögens Kohlrabis eine schwere Nuß von der Kripo geknackt. Herr Kohlrabi bekam sein Geld zurück, und seine Frau wurde ehrenvoll begraben.

Tafel 4 Der Doppelgänger

Die Klingel bimmelte. „Peter", seufzte Johanna, „Peter kommt. Er darf dich hier bei mir nicht sehen."
„Dann muß ich mich eben wieder in den Schrank verkriechen", brummte Karl mißgestimmt und ging
hinein. Da klingelte es noch einmal. „Ich komme ja schon", zischte Johanna böse, öffnete die Tür und
– wen sah sie ? – Karl. „Aber Karl, du bis doch im Schrank." „Natürlich, Liebste", ließ sich Karls Baß-
stimme vernehmen. „Aber Karl", rief Johanna ganz durcheinander, „wer steht denn hier vor der Türe?" „Hier steht Karl", sagte nun Karl 2. „Aber, Karl, komm doch mal aus dem Schrank!" Langsam
kletterte Karl aus dem Schrank. Sie griff den anderen Karl am Arm, stellte sie nebeneinander und versuchte einen Unterschied festzustellen. Da merkte sie schon, der erste Karl 1 hatte einen Leberfleck
auf der linken Backe, Karl 2 aber einen auf der rechten. „Wie heißen sie denn mit Nachnamen ?", fragte sie Karl 2. „Karl Clemens", dröhnte Karl 2. „Und Sie?", fragte sie nun Karl 1. „Karl Clemens", don-
nerte Karls Stimme. „Aber bei allem in der Welt", rief Johanna verzweifelt, „wer ist denn nun Karl
Clemens?." „Ich", riefen beide zugleich. Dabei grinsten sie etwas. „Wie kommen sie denn dazu zu
grinsen?", dachte Johanna bei sich. Auf einmal platzte Karl 1 los: „ Entschuldige Liebling, aber kann
ich dir meinen Zwillingsbruder Karl-Friedrich Clemens vorstellen?." Dann fingen alle drei an zu lachen, Karl, Karl-Friedrich und Johanna.

Tafel 5 „Das geht doch nicht!"

Frau Paula Lorenzen wollte heute ausnahmsweise mal ins Kino/Theater gehen. Sie sagte zu ihrem
Sohn Fritz Lorenzen: „Fritz, du darfst heute etwas länger aufbleiben. Aber nicht länger als bis neun."
„Nicht länger?", maulte Fritz. „Seitdem Vati tot ist, ist ja gar nichts mehr los." „Ich stehe zu meinen
Wort", sagte Paula Lorenzen, nahm ihr kleines Operntäschchen, worin Kleenex-Erfrischungstücher,
Opernglas und eine Tafel Schokolade waren, und zog ab. „Und ich gehe **doch** nicht ins Bett um neun",
dachte Fritzchen und stellte den Fernsehapparat an. Um zehn Uhr saß er immer noch vor der Röhre.
Um elf war der Apparat immer noch an, und um zwölf sah er sich gerade noch „Berichte vom Tage"
an, als draußen einer die Haustüre aufschloß. „Das gibt Ärger", dachte er und flitzte so schnell wie
möglich zum Fernsehapparat. Knips, war er aus. Nun los zur Stehlampe, knacks, auch sie war aus.
Jetzt wie die Feuerwehr zur Tischlampe. Als es gerade knacks machen wollte, ging die Tür auf. Mutter
stand im erleuchteten Raum. „Fritz!", schalt sie, „so was kann ich mir doch nicht leisten! Die ganze
Nacht läuft ja wahrscheinlich schon das Ding! Das geht auf die Elektrizitätsrechnung!" (Expl. imitiert
die Stimme der Mutter, schreit mit schriller Stimme). Ihre Stimme überschlug sich bald, „das mußt du
bezahlen!" Am nächsten Tag mußte er zur Sparkasse laufen und seine jämmerlich zusammengesparten
50 DM abheben und das restliche Geld durch Arbeiten in den ganzen Sommerferien zusammensparen. So geht es, wenn man nicht auf die Mutter hört.

Tafel 6BM „Wo er nur bleibt?"

„Wo er nur bleibt?", fragt Helene, die alte Dame, die Kindermädchen für Klein-Fritz sein sollte. Herr
Petersen stand neben ihr. Er hatte ein sehr schlechtes Gewissen. Er hatte Klein-Fritzchen nämlich aus
Versehen überfahren. Doch verraten tat er nichts (=Bild). Er hatte dann den Jungen, der leider gestorben war, in einem alten Schuttplatz untergebracht. Aber er konnte es einfach nicht verraten, wo
das Kind steckte. Als es Helene langsam zuviel wurde, rief sie die Polizei an und bat sie, ihr „liebes
Hänschen" zu suchen. „Aber natürlich, Frau Helene", sagte der oberste Polizeioffizier. „So etwas ist
doch Ehrensache." Sofort wurden drei Wagen losgeschickt, um Fritz zu suchen. Einer fuhr in die Nähe
des Schuttplatzes, einer in die Gegend des Hauses und einer in den Außenbezirk, wo die Schule von
Klein-Fritzchen lag. Doch kein Kind wurde gefunden. Endlich wollte mal Wagen Nr. 1, der das Viertel
des Schuttplatzes übernommen hatte, sich die Erlaubnis erwerben, auf den Schuttplatz gehen zu dürfen. Dort untersuchte er auch diesen. Plötzlich fand er eine Menschenleiche. Sofort wurden alle anderen Polizeiwagen alarmiert. „Höchste Alarmstufe! Mordkommission gleich einschalten!" Doch das
plagte alles Herrn Petersens Gewissen. Entschlossen fuhr er mit seinem Wagen zu der res-adversas –
locus (Unglücksstelle). Dort gestand er der Polizei alles, um ihr die Fahndung leichter zu machen. Er
wurde eingesperrt wegen Fahrerflucht. Es war aber doch richtig, denn es sprachen sowieso viele Be-
weise gegen ihn.

Tafel 7BM Das große Treffen

Pitt und Frank und Bill Baumann trafen sich eines Nachts in der Scheune. „Unser Bund sackt von Tag
zu Tag ab", sagte der schlanke Gangster Pitt, 35 Jahre alt. „Aber was denkst du, Pitt", sagte Frank,

„wir werden weiter unsere dunkeln Geschäfte machen" (Bild: einer macht ein besorgtes, der andere ein beruhigendes Gesicht). „Aber Pitt hat schon ganz recht", sagt Bill, „wir mit unseren dunkeln Geschäften werden dauernd von der Polizei verfolgt". „Aber warum denn ?", sagte der 50 Jahre alte, grauhaarige Frank zu dem blonden Bill. Bills Gesicht durchzog eine breite Narbe. Diese Narbe war dem ganzen Polizeipräsidium bekannt. „Was wollen wir denn jetzt machen?", fragt Pitt, „Rauschgift schmuggeln? Wir müssen mal eine richtige Bank ausrauben." „ Bist du verrückt?", fuhr Frank auf, „die ganze Stadt kennt uns, die werden uns noch eine ganze Patrouille Polizisten auf den Hals bringen". „Und wenn wir uns maskieren?", fragte Bill, 37 Jahre alt. „Unsinn", fauchte Frank, „wir lassen die Bank in Ruhe". „Na meinetwegen", brummelte Pitt und hob ergeben die Hand. „Aber eins sage ich dir, Frank, wenn wir nicht bald mal was Manierliches machen, so nen richtigen Banküberfall, dann steige ich aus". „Das würde dir schlecht bekommen", meinte Frank rauh, „du weißt, daß wir dich dann in der Hand hätten". „Ich sagte ja auch wenn", meinte Pitt," auf alle Fälle sie schnappen uns nicht!" Damit war die Sitzung geschlossen. Doch die ganze Räuberbrut wurde schließlich bei einem Raub gefaßt.

Tafel 8BM   Die Operation

Franzens Mutter war schwer erkrankt. Doktor Johnson meinte, daß sie ins Krankenhaus müsse. Also wurde sie ins Krankenhaus eingeliefert und man wußte nicht, welcher Operationssaal noch frei wäre. Da wurde einer zu Herrn Dr. Rauchfleisch geschickt, um ihn zu fragen, ob noch ein Operationssaal frei wäre. Doch Herr Dr. Rauchfleisch hatte das Schild „Bitte nicht stören" rausgehängt. „Dann müssen wir Dr. X fragen", sagte der oberste Operationsmeister. Doch auch Dr.X war im Moment nicht zu sprechen. „Dann müssen wir leider in euere Wohnung gehen, Franz, und deine Mutter dort operieren." So wurde Franzens Mutter in das Haus der Familie Caroline Kowalski geschafft. Dort wurde Mutter auf ihr Bett gelegt, und sie wurde betäubt. Dr. Pilznewitz und Prof. Ctiwenclip wollten gerade das Messer ansetzen, als sie sahen, daß sie Frau Caroline Kowalski nicht betäubt hatten. „Dr. Pilznewitz, holen sie bitte das Betäubungsmittel", sagte Prof. Ctiwenclip. Auf seinen krummen Beinen watschelte Herr Pilznewitz davon. Als die Mutter betäubt war, wetzte der Prof. wiederum das Messer (= Bild), setzte an und – der Fritz war ja noch im Raum. Ctiwenclip ließ das Messer fallen und öffnete Fritz die Tür. „Komm in einer Stunde wieder", krächzte er und schloß die Tür hinter Fritz. Jetzt setzte er wieder das Messer an, und was weiter geschieht, das weiß wohl jeder. (!!). Jedenfalls wurde Frau Kowalski nach drei Wochen wieder arbeitsfähig und kochte Fritz so ein saftiges Steak, daß der Saft des Steaks ihm nur so aus dem Mund tropfte.

Tafel 9BM   Im Garten Gethsemane

Die Jünger schlafen, als Jesus betet. Oder die Hirten schlafen, als der Engel kommt und sagt: „Vom Himmel hoch, da komm ich her."

„Paß auf, Wilddieb!"

Förster Lorenzen aus Cuxhaven hatte seit Jahr und Tag Wilddiebe in seinem Revier, die einfach nicht verschwinden wollten und sich auch nicht aufspüren ließen. Da ließ er abermals sein ganzes Revier bewachen. Eines Tages fand der Jäger Pilznowitz eine Horde Männer, schlafend, und sah um sie herum lauter getötetes Wild liegen (= Bild). „Die Wilddiebe", flüsterte er erschrocken. Schnell holte er sein Funkgerät heraus und funkte Förster Lorenzen. Förster Lorenzen kam zusammen mit Oberregierungsrat Rauchfleisch mit einem VW, dem Wagen des Regierungsrates, eine fabelhafte Limousine, angesaust, und der Wagen hielt 100 m vor dem Geschehen-Platz. Förster Lorenzen und Oberregierungsrat Rauchfleisch sprangen aus dem Wagen. Dann pirschten sie sich aber leise an die Stelle heran. Oberregierungsrat Rauchfleisch wies auf eine Stelle im Gras, in der eine alte Kanone lag. Der Förster zeigte dem Oberregierungsrat aber eine Patronenhülse. Also wurde hier geschossen. Leise pirschten sie weiter. Der Oberregierungsrat voran, der Förster hinterher. Da raschelte es hinter ihnen im Gras. „Seid ihrs?", flüsterte eine hohe Stimme. Wie der Blitz fuhr der Oberregierungsrat herum. Seine Kanone in der Seitentasche war schußbereit. Er vermutete, daß die Wilddiebe dem Jäger entflohen waren und sie ihn und den Förster mit ihren Spießgesellen verwechselten. Doch wer war's? Der Jäger. Er zeigte ihnen die Stelle, wo die Wilddiebe immer noch pennten. Sie wurden gefesselt und die Stricke mit sicheren Knoten versehen. Nun wurden sie in den Wagen des Oberregierungsrates geschafft und dann zur nächsten Polizeistation befördert. Beide wurden gut belohnt. Der Oberregierungsrat besonders, denn ihm gehörten ja die guten Stricke. Mit dem Geld hat sich Oberregierungsrat Rauchfleisch, der damals erst achtzehn war, seinen Doktor gemacht und wurde nachher so berühmt, daß er eine eigene große Praxis im Krankenhaus machen konnte.

Tafel 10   Die Beichte

Pastor Jepsen und Frau waren angesehene Leute. Eines Tages kam Frau Juliana Tretzifixas zu ihm, denn er war inzwischen katholischer Pfarrer geworden. Sie kam zu ihm, um sich einen Stein vom Herzen zu werfen. Sie wollte beichten. Sie erzählte, daß sie die lang gesuchte Mutter der Wilddiebe, die gesucht wurden und von den beiden Herren, Herrn Rauchfleisch und Herrn Lorenzen, geschnappt worden waren, sei. Da schloß er sie in die Arme und sagte: „Ich werde alles für sie tun, Frau Tretzifixas" (= Bild). Sie wurde zur Polizei überführt und Pfarrer Jepsen stand ihr bei der Vernehmung bei. Als der ganze Trubel vorüber war, schloß er sie nochmals in die Arme und ging dann (= Bild).

Tafel 11   Die Teufelsschlucht

Peter ist auf Wanderschaft gegangen. Auf seinem Weg in die Ferne gerät er auf einmal in eine Sackgasse. Diese Sackgasse ist von Geröll belegt und und mit Asche steht auf dem Weg geschrieben „Teufelsschlucht". „Oh je" denkt Peter, „jetzt bin ich in der Teufelsschlucht. Aber vielleicht kann ich ja die verwunschene Prinzessin erlösen". Er sucht verzweifelt herum. Als er eine Minute unter Geröll verschwunden ist, kracht und blitzt es (= Bild). Doch es kracht und blitzt nicht nur, weil der böse Teufel kommt, sondern Peter hat einen Geheimgang entdeckt. Vorsichtig schleicht er vorwärts. Endlich kommt er in einen großen Saal. Dort stehen zwei Wachen. Mit einem Schlag bringt er sie ins Unterbewußtsein, schlägt sie bewußtlos, denn er hat den Hammer seines Vaters von zuhause mitgenommen. Wieder kommt er in einen dunklen Gang. Jetzt kommt er in einen Saal mit zwei an die 2 m hohen Männern, die ebenfalls schwer bewaffnet sind. Auch sie werden schnell ins Reich der Träume befördert. Weiter gehts. Durch einen schmalen Gang kommt er jetzt in einen Raum, wo ein Mann mit drei Köpfen, zwölf Beinen und neun Armen steht. Bei dem zieht Peter eine List vor. Peter versucht, die Überzahl zu verwirren, bis sich schließlich die einzelnen Kampfgegenstände verheddern: Er schleicht ein paar Mal um den Mann herum, bis sich seine Arme ineinander verheddern. Dann kann er ihn bewußtlos schlagen. Weiter schleicht er. Vorsichtig krabbelt er in den nächsten Raum. Dort findet er einen unverwundbaren Mann mit normalzähligen Körperteilen. „Was mache ich mit ihm bloß?", denkt Peter. Peter braucht eine Stunde dazu, um eine tiefe Grube in den sandigen Boden zu schaufeln (er hatte ja eine Schaufel mit auf die Wanderschaft genommen). Dann fängt er ganz jämmerlich an zu heulen und um Hilfe zu schreien. Mit großen Schritten kommt das Ungetüm heran. Doch es tritt in die sauber versteckte Grube. Mit einem Aufschrei stürzt es herab. Weiter macht sich Peter auf die Suche. Mit einem Hammerschlag erledigt er dann noch einen Riesen, öffnet die nächste Tür, und wer sitzt dort? – Der Teufel höchst persönlich. Peter aber weicht geschickt aus der Porta (Tür). So rennt der Teufel durch die offene Türe. Hinter ihm wird sie mit lautem Knall zugeschlagen. „Das stärkste Ungetüm wäre beseitigt", denkt Peter. Er reißt einen goldenen Vorhang auf, und wer sitzt dort? – Teufels Großmutter. Doch der alten Frau fangen schon rein beim Anblick des mutigen Peter die Knie an zu schlottern. Er schiebt sie beiseite, tritt in den nächsten Raum, und wer sitzt dort? – Endlich die Prinzessin! Schnell löste er ihre Fesseln und rennt mit ihr an der verängstigten Großmutter, an dem tobenden Teufel, an dem niedergeschlagenen Riesen, an dem unverwundbaren Mann, an dem dreiköpfigen Ungeheuer, an den zwei 2 m großen Männern, an den zwei Wachen vorbei. Nach einiger Zeit kamen sie nach Hause und feierten dann die Hochzeit. (vom Expl. selber geschrieben:) und wenn sie nicht gestorben sind . . . .

Tafel 12M   Der doppelte Einbruch

Heinrich Schmitt hatte einen finsteren Plan: Er wollte in die Hickslibirwold-Bank einbrechen. Er hatte die „Kröten" auch im Tresor gefunden, sie in den eigenen Tresor gelegt und sich dann auf die Couch geworfen und war eingeschlafen. Primaturuskeb hatte aber das gleiche Interesse an den „Piepen", wie es in der Räubersprache heißt. Er schlich sich also in das Haus von Heinrich Schmitt, um die Hickslibirwold-Moneten bei ihm zu kassieren. Erst versuchte er auszuprobieren, ob Heinrich nicht schliefe (das Bild zeigt den liegenden Heinrich). Dann knackte er geräuschlos den Tresor. Mit dem Geld verschwand er dann und kam nie wieder.

Tafel 13B   Ben Cartrights Lebensgeschichte

Ben ist ein fleißiger Junge. Er wollte seiner Mutter in der Cowboy-Stadt Virginia-City ein Haus bauen. Beim Bauen machte sich ein kleiner Fehler bemerkbar: Ben war noch zu klein für so etwas. Bens Haus wurde schön, groß, geräumig, aber Ben stellte sich zu ungeschickt dabei an. Zeuge: Er schlug sich auf den Finger und setzte sich verdrossen hin (Bild). Bald kam seine Mutter, und Ben zeigte ihr seine schöne Wohnung. Sie lebten lange Jahre dort, und Ben wurde bald berühmt, allerdings war er da schon 56. Er wurde nämlich der berühmte Farmer Ben Cartright.

Tafel 13MF   Liebeskummer

„Ich lieb dich einfach nicht", sagte Babette zu ihrem Mann Royal. Er schlug verzweifelt den Arm vor die Augen (Bild). „Wann wirst du es einmal tun?", wimmerte der weichmütige Royal de Fu. „Nie", sagte Babette bestimmt, „niemals werde ich dich lieben!." „So eine Schande, mit so einer Frau verheiratet zu sein", jammerte de Fu. „Du hättest mich ja nicht nehmen müssen", fauchte Babette aus ihrem Bett. „Es ist eine Qual mit dir, Betty" (Royal). Am nächsten Tage ging Royal de Fu zum Gericht. Er wollte seine Scheidung beantragen. Doch er kam erst sehr spät dran. Der Gerichtsdiener ließ ihn ordentlich schmoren. Endlich war es soweit mit ihm. Die Scheidung glückte, Babette und Royal waren geschiedene Leute. Doch als sie geschieden waren und nichts voneinander hörten, begann der Liebeskummer in ihnen zu zehren. Bis an ihr Lebensende.

Tafel 14   Der Schlafwandler

Herr Kritzofix hat eine schlechte Eigenschaft: Er wandelt im Schlaf. „Das wird noch böse enden", meint seine Frau Helene immer. Und so war es auch. Herr Kritzofix stand eines Nachts unbewußt auf, tastete, ganz unbewußt, sich an das Fenster heran, öffnete es, ohne es zu wissen, und stieg aufs Fensterbrett (Bild). Noch ein Schritt und Herr Kritzofix fiel aus dem fünften Stockwerk hinunter. Am nächsten Morgen fand Frau Helene das Bett ihres Mannes leer, und als sie auch das Fenster offen stehen sah, erschreckte sie sich mächtig. Sie sah aus dem Fenster und sah unten ihren Mann liegen. Wie verrückt stürzte sie die Treppen hinunter, hob ihn hoch und legte ihn wieder in sein Bett. Dann rief sie den Arzt an, und als der da war, erzählte sie ihm, was sie erlebt hatte. Herr Kritzofix wurde begraben, denn einen Sturz aus einem Fenster im fünften Stock konnte der 65 Jahre alte Mann nicht überleben. Frau Helene lebte lange in Trauer.

Tafel 15   Zwölf Uhr Mitternachts

Bong, bong, bong . . . 24 Uhr hat es geschlagen. Geisterstunde. Großvater wurde gestern begraben. Jetzt steigt er aus einem Grab, und die dürre Gestalt steht zwischen den vielen Grabsteinen (Bild). Auch die anderen Toten sind aus ihren Gräbern geklettert. Jetzt halten sie alle „Totenrat". Sie beraten, ob Großvater als Vorsitzender des Rates gewählt werden soll. Es wurde entschieden, daß Großvater das Oberhaupt werden soll. Darüber freut sich Großvater mächtig. Doch schon klingt es von neuem „bong". Ein Uhr. Schnell wieder zurück in die Gräber und tun, als wäre nichts geschehen. Großvater wälzt sich vor Freude in seinem Sarg.

Tafel 16   „Ich habe mich verirrt"

„Was würde man tun, wenn man sich verirrt hat?", fragt der Lehrer streng. „Nach Hause laufen", sagt der kleine Fritz. „Oh, te, stultissimum", sagt der Lehrer auf lateinisch „semper dormis". „ Was heißt denn das schon wieder?", flüstert Fritz seinem Nachbarn zu. „Oh du Dummkopf, hat der Lehrer gesagt", antwortet sein Nachbar, „immer schläfst du". Aber Fritz hätte besser zuhören müssen. Denn am Tag darauf ging er spazieren. Plötzlich kamen riesige Nebelfelder auf, Fritz wußte nicht mehr wohin (Bild). Fritz sieht man nicht mehr, nur noch Nebel. Endlich besann er sich, was zu tun war. Denn er hatte etwas noch vom Unterricht mitbekommen. Kompaß raus, und los geht die Suche. Endlich nähert er sich wieder der Stadt, von der er sich entfernt hatte. Als er endlich wieder wohlbehalten im Klassenraum saß, erzählte er die ganze Geschichte. „Siehst du", sagte da der Lehrer, „da hast du doch etwas mitbekommen".

Tafel 17BM   Turnen macht Spaß

Franz-Josef Pappelheimer war ein guter Sportler. Er war der Beste im Klimmzug, der Beste im Gewichtheben und der Beste im Tauklettern. Doch das Tauklettern sollte er erst noch beweisen. „Das schaffst du nie", sagte sein Freund Harald-Konrad Petersen. „Doch", verteidigte nun Dietrich-Ing-wert-Carl Kronstein. Dietrich war ziemlich dick. Darum wurde er auch immer gehänselt. Denn der Anfangsbuchstabe von Dietrich war D, der Anfangsbuchstabe von Ingwert war I, der Anfangsbuch-stabe von Carl war C und der von Kronstein war K. Zusammen bildete das „dick." Also schwang sich Franz-Josef an dem Tau hoch und kam erfolgreich davon (Bild). Da mußte Harald ihm doch recht ge-ben.

Tafel 18BM   „Wo ist denn nur mein Geld?"

Herr Roger Frankson war unbestreitlich ein reicher Mann. Daß andere noch an seinem Geld Interesse hatten, das wußte er nicht. Also ging er, ohne es zu wissen, verfolgt zu werden, mit einer vollen Tasche durch die Straße. Plötzlich packte ihn einer am Rücken. (Bild). Dann wurde er so durchgeschüttelt, daß die Tasche ihm durch die Luft flog (Bild). Dann machte sich der Übeltäter mit dem Geld davon. Viel Polizeiaufgebote suchen immer noch in – ja wo denn ?

Tafel 19   „Wo wohnt der Weihnachtsmann?"

Regie: Peter R.
Ton: Arthur L.
Kostüme: Liselotte S.
Kamera: Franz C.
Trick: Reinhard C.
Sprecher: Hans Beckenbauer (durchgestrichen,) Name des Patienten
   Wo wohnt der Weihnachtsmann? Wißt ihrs? Wir wollen sehen. – Melodie –. Im fernen Lande wohnt der Weihnachtsmann. Da schneit es immer, und dort ist es furchtbar kalt. Er wohnt in einer kleinen Schneehütte, wo er die ganzen Geschenke herstellt (Bild). Eines Tages ging der kleine Engel Kausch-bausch zum Nikolaus. „Weißt du, wo der Weihnachtsmann wohnt?", fragte er ihn. „Nein", sagte St. Nikolaus, „woher soll ich das wissen. Frag doch mal Engelchen Kautschbausch". „Wird gemacht", freut sich das Engelchen, und schon ist es bei seinem Kollegen. Doch auch Kautschbausch weiß es nicht und schickt ihn zum Engelchen Kauschsausch. Doch Kauschsausch weiß es nicht. „Geh doch mal zu Kauschtausch", rät es Kauschbausch. Doch auch Kauschtausch weiß keinen Rat. Endlich geht es in ein schneebedecktes Haus und fragt dort einen bärtigen Mann nach dem Weihnachtsmann. „Der bin ich", sagt der Mann. Da haben Kauschbausch und der Weihnachtsmann immer zusammen gearbeitet.

Tafel 20   Gefahr an der Starkstromleitung

Herr Müller geht an einem regnerischen Tag an die Arbeit. Er geht durch den Wald (Bild). Herr Mül-ler ist Starkstrommonteur. Schnell klettert er auf einen Masten und versucht das zerrissene Kabel wie-der zu reparieren. Auf einmal trifft ihn ein Schlag. Besinnungslos fällt er vom Mast. Unten angekom-men, geht es ihm noch schlechter als vorher. Ihn schmerzt der Kopf, und in seinen Ohren saust es. Doch davon merkt er nichts, denn er ist leider schon tot. Er wird bestattet, und Herr Clausen geht nun ans Werk. Doch auch dieser geübte Mann erleidet das gleiche Schicksal. Da ließ man das Kabel so bau-meln, wie es baumeln wollte.

Die von Martin berichteten Geschichten sind in verschiedener Hinsicht bemer-kenswert: Zum einen fallen die große Phantasie und die für ein 10 ½jähriges Kind außergewöhnliche Verbalisierungsfähigkeit auf. Die Lebendigkeit der Geschichten resultiert nicht zuletzt daraus, daß Martin vielfach Dialoge verwendet. Zum anderen ist man als Leser bereits bei einer ersten Sichtung der Inhalte verblüfft, gerade von ei-nem im aggressiven Bereich so gehemmten Knaben Geschichten zu erhalten, die sich durch eine Fülle von kriminellen Aktivitäten auszeichnen. Ein besonderes Merkmal von Martins TAT-Produktionen ist schließlich, daß sie – trotz zum Teil grauenhafter Inhalte – im Leser ein amüsiertes Gefühl hervorzurufen vermögen, dies schon allein durch die Verwendung der mitunter ganz phantastischen Namen. Auf diese Weise entsteht im Leser der Eindruck, es eigentlich mit ganz harmlosen, im Grunde lustigen Ereignissen zu tun zu haben (am extremsten ist diese Art der Abwehr von Martin in seinen Geschichten zu den Tafeln 3BM, 6BM, 8BM und 15 eingesetzt worden). Bei der Interpretation des TAT wird auf dieses Phänomen noch ausführlicher einzugehen sein.

Die Auswertung der von Martin gelieferten TAT-Produktionen soll wiederum nach den drei Gesichtspunkten „Psychodynamik und ich-strukturelle Aspekte", „Deutung auf der Objekt- und Subjektstufe" und „Interpretation auf der Übertragungsebene" vorgenommen werden.

9.3   Psychodynamik und ich-strukturelle Aspekte

Wie oben (vgl. 7.1) beschrieben, empfiehlt es sich, für jede der TAT-Geschichten einen psychodynamischen Fokus zu formulieren und die in der Geschichte verwendeten Abwehrmechanismen zusammenzustellen sowie auf andere Aspekte der Ich-Struktur einzugehen. Dieses Vorgehen soll im folgenden an Martins TAT-Protokoll demonstiert werden.

Die psychodynamische Aussage der zu **Tafel 1** gelieferten Geschichte kann lauten: „Ich möchte mich gegen die Forderungen der Mutter auflehnen. Aber es gibt für mich keine Möglichkeit, mich dagegen zu wehren. Ich muß sie erfüllen und sie mir sogar zu eigen machen, dann habe ich Erfolg." Auffallend ist in dieser Geschichte, daß es für die Hauptfigur keinerlei Möglichkeit gibt, sich gegen das mütterliche Diktat aufzulehnen. Alle beteiligten Personen handeln letztlich in ihrem Sinne und verunmöglichen es dem aufbegehrenden Kind, sich den eigenen Vorstellungen entsprechend zu verhalten. Bezeichnenderweise wird indes von Martin mit keinem Wort erwähnt, was er denn an Stelle des Geigespielens tun will. D.h. der Versuch, sich der Mutter zu widersetzen, ist offenbar – von ihm selber her – von vornherein zum Scheitern verurteilt. Er vermag „der mütterlichen Welt" kein eigenes Bild entgegenzusetzen.

Im Hinblick auf die verwendeten Abwehrmechanismen fällt vor allem der Einsatz der Isolierung auf: Die vom Inhalt her eigentlich bedrückende Geschichte wird von Martin munter plaudernd berichtet, es findet sich kein einziger Hinweis auf eine gefühlsmäßige Beteiligung. Mit Formulierungen wie „die sauber hineingeschmierte Schrift", der Vater „läuft, so schnell er kann, nach Hause und . . . ruft fröhlich . . ." und „oh . . . dieser Trottel von Fritz!" gelingt es Martin, beim Leser Schmunzeln und geradezu Belustigung zu provozieren und damit – fast muß man sagen: perfekt – darüber hinwegzutäuschen, daß er in dieser Geschichte eigentlich einen Kernkonflikt seiner Existenz darstellt. Außer der Isolierung werden gewisse Spaltungstendenzen sichtbar (der „Peter" der Geschichte ist der – zumindest vordergründig – Brave, „Fritz" wird zum Repräsentanten der aufbegehrenden, aggressiven Seite). Ferner zeigt das Ende der Geschichte, daß Martin eine „Lösung" des Konflikts mit Hilfe des Mechanismus der Identifikation mit dem Aggressor anstrebt (der Held macht sich die mütterlichen Forderungen ganz zu eigen – damit gibt es keinen Konflikt mehr in der Familie, und er erzielt sogar noch narzißtische Gratifikation, indem er ein berühmter Künstler wird).

Es sei bereits an dieser Stelle darauf hingewiesen, daß Martin durch einen reichhaltigen Einsatz der Ich-Funktionen des Denkens, des Wahrnehmens und der Aktion, d.h. vor allem durch **intellektuelle** Fähigkeiten, darüber hinwegzutäuschen vermag, daß er sich auf den ganzen Bereich der Gefühle überhaupt nicht einlassen kann. Lediglich auf indirekte Art, nämlich durch die massive Abwehr, die er gegen jegliche emotionale Betroffenheit einsetzt, läßt er erkennen, daß er die andrängenden Impulse und die damit verbundenen Gefühle durchaus spürt. Er muß sie aber wegen ihrer bedrohlichen Qualität sofort einer strikten Abwehr unterwerfen.

Die Geschichte zu **Tafel 2** zeigt zunächst, daß Martin auf den ödipalen Aufforderungscharakter der Tafel nicht eingegangen ist. Inhaltlich geht es, wie schon bei der ersten Geschichte, um mütterliche Forderungen, die man nicht ungestraft verletzen darf. Der psychodynamische Fokus könnte lauten: „Wenn man die Forderungen der Mutter nicht erfüllt, zieht das sofort Strafen nach sich. Man kann sich dem mütterlichen Diktat nicht entziehen (selbst die weibliche Identifikation und die Methode, das Buch zu ‚verlieren', schützen nicht)." Auch in dieser Darstellung dominiert der Abwehrmechanismus der Isolierung, obwohl am Ende der Geschichte die Heldin immerhin Gefühle der Traurigkeit zulassen kann (das als Grund für die Traurigkeit angegebene „Pech" bleibt allerdings sehr vage formuliert und stellt keinen ursächlichen Zusammenhang zwischen dem mütterlichen Verhalten und dem Befinden des Kindes her). Bezeichnend für Martins psychodynamische Situation ist wohl auch die weibliche Identifikation (seine männliche Seite wird, bildhaft gesprochen, „ins Haus geschickt", zumindest die zweite Hälfte der Geschichte wird beherrscht von der weiblichen Teilidentität).

Mit der Geschichte zu **Tafel 3BM** beginnt eine ganze Serie von Darstellungen krimineller Aktivitäten. Gerade die Produktion zu dieser Tafel läßt auch erkennen, wie es Martin durch den Einsatz brillianter intellektueller Fähigkeiten und konsequenter Isolierung der Gefühle gelingt, selbst grauenhafte Ereignisse, von jeglichem Affekt entkleidet, in geradezu „launiger" Weise darzustellen. Der psychodynamische Gehalt der Geschichte kann mit folgendem Fokus umschrieben werden: „Wenn man etwas besitzt, ist man in Gefahr, beraubt zu werden. Gefahr droht vor allem von der Frau. Wenn sie beseitigt ist, ist die Aggression gebannt." Charakteristisch für Martin ist, daß er hier (wie schon bei Tafel 1) außer der Isolierung auch Projektion bzw. projektive Identifikaton und Spaltung zu Abwehrzwecken einsetzt: Es wird eine Aufspaltung der männlichen Personen in Täter und Opfer vorgenommen, und zwar dergestalt, daß Herr Kohlrabi Opfer der auf Peter Jolkovski projizierten Aggression ist.

Die Rolle, welche die Frau bei diesem Aggressionskonflikt spielt, bleibt letztlich vieldeutig: Eine zeitlang wird von Martin durch seine Gechichte der Eindruck vermittelt, sie sei vielleicht die Täterin. Doch unversehens wird sie zum Opfer der männlichen Aggression. Indes ist psychodynamisch interessant, daß die Amnesie von Herrn Kohlrabi solange besteht, wie die Frau als Täterin in Frage kommt. Erst in dem Moment, als sie durch ihren Tod von jedem Verdacht frei ist, kommt es bei ihrem Mann zum „plötzlichen Eintreffen des Erinnerungsvermögens." Bestehen bleibt allerdings die Tatsache ihrer außerehelichen Beziehung zu Peter Jolkovski und damit ihre indirekte Beteiligung am Überfall. Auf diesen Teil des Konflikts geht Martin indes in seiner Erzählung nicht weiter ein. Aufgrund des Aufbaus der Geschichte darf man vermuten, daß der ursprünglich durch die Tafel 3BM ausgelöste Impuls lautete: „Die Frau ist aggressiv (bereits zu Beginn der Geschichte angedeutet durch „sie peinigt ihn ständig") und gefährlich." Mit seiner Geschichte gelingt es Martin, die Frau einerseits als die Mächtige (die sich offenbar sogar noch des Freundes als „Werkzeug" bedient) und andererseits zugleich auch als die ohnmächtig der Aggression des Mannes Ausgelieferte zu schildern. Das von der Bildvorlage nahegelegte Thema „Depressivität" wird vom Probanden völlig ausgeblendet. Wenn man die Geschichte konsequent zu Ende denkt, ist Herr Kohlrabi eigentlich auf der ganzen Linie der „Gewinner": Er hat sich, ohne die Tat selber ausführen zu müssen, seiner ihn „ peinigenden" Frau entledigt, ihr Freund (d.h.: sein Rivale) ist lebenslänglich inhaftiert, auch dies ohne jegliche direkte Aktion von Herrn Kohlrabi, und er bekommt sein Geld wieder zurück, d.h. er hat keinerlei Nachteil zu beklagen!

Bereits bei der Geschichte zu Tafel 2 habe ich darauf hingewiesen, daß Martin das von der Tafel nahegelegte Thema des ödipalen Konfliktes völlig ausgeblendet hat.

Bei der Geschichte zu Tafel 3BM hat er zwar – diesmal von sich aus – eine ödipale Konstellation beschrieben, ist aber auf die dadurch angedeutete Rivalität zwischen den beiden Männern nicht weiter eingegangen. Daß ihn das Thema der Rivalität sehr beschäftigt, zeigt seine Geschichte zu **Tafel 4.** Wieder schildert er eine Frau zwischen zwei Männern. Martin „entschärft" aber auch hier den Konflikt, indem er ausdrücklich jegliche Rivalität verleugnet: Die beiden Männer sind nur scheinbar Rivalen, tatsächlich sind sie Zwillinge, und damit existiert in Martins Sicht überhaupt kein Konflikt. Als psychodynamischen Fokus kann man formulieren: „Ich vermeide einen Rivalitätskonflikt mit einem anderen Mann durch eine Alter-Ego-Beziehung (d.h. durch eine Regression auf eine narzißtische Beziehungsform)."

Die ungeheure Macht der Mutter und die Unmöglichkeit, sich gegen sie durchzusetzen, stellen das Thema der Geschichte zu **Tafel 5** dar. Der psychodynamische Fokus lautet: „Gegen die Forderungen der Mutter kann man sich nicht auflehnen." Die Tatsache, daß Martin beim Erzählen der Geschichte in den Tonfall der schimpfenden Mutter verfällt, läßt erkennen, daß der Konflikt zwischen Unterwerfung und Auflehnung nicht mehr ein Kampf in der Außenwelt, sondern ein internalisierter Konflikt ist. Der Proband hat die Forderungen des mütterlichen Introjekts offensichtlich schon längst zu seinen eigenen gemacht. Alle Versuche, sich dagegen aufzulehnen, erscheinen ihm angesichts der fehlenden männlichen Unterstützung („ . . . Vati tot ist . . .") zum Scheitern verurteilt und würden nur dazu führen, daß er auch noch den letzten ihm verbleibenden Rest an Expansivität und Freiheit einbüßen müßte („jämmerlich zusammengesparte 50 DM abheben und das restliche Geld durch Arbeiten in den ganzen Sommerferien zusammensparen"!) Obwohl der Inhalt dieser Geschichte ein anschauliches Bild von Martins schwieriger intrapsychischer Situation vermittelt, finden sich trotz aller Dramatik keine Hinweise auf eine emotionale Betroffenheit. Selbst – für den Leser eigentlich erschütternde – Passagen wie „seitdem Vati tot ist, ist ja gar nichts mehr los" sind durch den Mechanismus der Isolierung von jeglichem Affekt entkleidet und wirken durch ihre Diktion fast belustigend. Auch aus der „Moral" am Ende der Geschichte („so geht es, wenn man nicht auf die Mutter hört") klingt nicht eine deutlich spürbare Verzweiflung über die eigene Hilflosigkeit, sondern sie imponiert wie ein altkluges Nachplappern einer oftmals gehörten Ermahnung. Hier werden, zusammen mit der Isolierung, die Mechanismen der Identifikation mit dem Aggressor und der Wendung gegen die eigene Person eingesetzt.

Ein besonders extremes Beispiel für die Wirksamkeit des Abwehrmechanismus der Isolierung bietet Martin in seiner Geschichte zu **Tafel 6BM.** Durch den ganzen Aufbau dieser Erzählung und die Ironisierung in der Art des Berichts („ . . . der leider gestorben war . . .", „ihr ‚liebes Hänschen' . . .", „so was ist doch Ehrensache", „ . . . zu der res-adversas-locus") negiert er ausdrücklich jegliche emotionale Beteiligung – es sei denn, man sähe in dieser Art von Darstellung ein Schwelgen in sadistischen Phantasien (wie es sich auch in der Geschichte zu Tafel 8BM andeutet). Als psychodynamischer Fokus läßt sich formulieren: „Vom Manne droht eine aggressive Gefahr. Durch Wendung gegen die eigene Person kann ich die Mutter treffen."

Es ist bezeichnend für Martin, daß die Aggression auf einen Mann projiziert wird. Das Kind wird zum Opfer dieser aggressiven Impulse (Wendung gegen die eigene Person). Die eigentlich Leidtragende aber, die also offenbar letztlich das Ziel der Aggression war, ist die Frau/Mutter (deren Sorge um ihr „liebes Hänschen" wohl aus diesem Grunde besonders ironisierend dargestellt wird).

Auch die Geschichte zu **Tafel 7BM** thematisiert eine kriminelle Aktivität. Der Fokus lautet: „Ich möchte als Mann aggressiv sein, aber ich habe keine Chance, ungestraft davonzukommen." Wieder spielt vor allem der Abwehrmechanismus der Isolierung eine dominierende Rolle.

Wie bereits erwähnt, stellt die Geschichte zu **Tafel 8BM** ein besonders krasses Beispiel für den Einsatz des Mechanismus der Isolierung dar. Entledigt man die von Martin berichtete Geschichte aller ironisierenden Details und allen phantasievollen „Beiwerks", so bleibt eine im Grunde grauenhafte, höchst aggressive Geschichte übrig: Die Mutter des Helden ist schwer krank und muß dringend operiert werden, aber niemand ist bereit, dies – in angemessener Weise – zu tun. Das einzige, was ihren Sohn interessiert, ist, daß sie wieder „funktionstüchtig" wird! Erst bei einer solchen Reduktion auf die Hauptgedanken der Geschichte wird deutlich, welche Aggressivität sie beinhaltet. Der psychodynamische Fokus kann folgendermaßen formuliert werden: „Ich möchte aggressive Impulse gegen die Mutter richten. Doch ich brauche sie zur Erfüllung oraler Wünsche." Die Erwähnung von meiner Person in dieser Geschichte kann als Hinweis darauf dienen, daß neben dieser psychodynamischen Interpretation eine Deutung auf der Übertragungsebene vorgenommen werden sollte (s. unter 9.5).

Die Produktion zu **Tafel 9BM** stellt insofern eine Besonderheit unter Martins TAT-Geschichten dar, als er **zwei** Versionen liefert. Man darf in einem solchen – relativ selten auftretenden – Falle entweder annehmen, daß in der ersten produzierten Geschichte der durch die Tafel ausgelöste Impuls zu unverhüllt dargestellt worden ist und in der zweiten Version dann eine „Überarbeitung" im Sinne einer Zensurierung erfahren muß (dies ist beispielsweise der Fall in der später noch zu zitierenden Geschichte, die Martin zur Düss-Fabel Nr. 8 geliefert hat). Oder es liegt die psychodynamische Situation vor, daß der durch die TAT-Vorlage angesprochene Impuls in der ersten Version noch nicht genügend zum Ausdruck gekommen ist und weiterhin mit einer solchen Stärke andrängt, daß der Proband zu einer zweiten Geschichte ansetzt, um ihn zu gestalten.

Dieser zweite Fall trifft vermutlich für Martin bei Tafel 9BM zu. Die Darstellung der biblischen Gethsemane-Szene deutet zwar das Thema der Aggression und des Opfers an. Dies geschieht jedoch in einer eher vergeistigten Form, die Martin zur Abfuhr der durch die Tafel ausgelösten Impulse offensichtlich nicht ausreichte. In seiner zweiten Geschichte stellt er denn auch in viel unverhüllterer Form die aggressiven Impulse und die darauf erfolgende Strafe dar. Der psychodynamische Fokus lautet: „Ich möchte aggressive Impulse äußern, hoffe/fürchte aber, daß darauf eine strenge Strafe folgt." Auch in dieser Geschichte bezieht Martin meine Person direkt ein. Die damit sich geradezu aufdrängende Interpretation auf der Übertragungsebene wird später (s. 9.5) noch zu diskutieren sein. Die vom Probanden bei seiner Darstellung verwendeten Abwehrmechanismen sind, wie schon in den anderen Produktionen, vor allem die Isolierung und die Projektion (aggressiver Impulse) auf „böse Männer", die dann aber per Wendung gegen die eigene Person bestraft werden. Bei der Schilderung meiner Person kommt es zu einer Vermischung von Idealisierung und (ironisierender) Entwertung („Oberregierungsrat", „fabelhafte Limousine", „erst achtzehn", „seinen Doktor gemacht und wurde . . . so berühmt, daß er eine eigene große Praxis im Krankenhaus machen konnte").

In der Geschichte zu **Tafel 10** greift Martin zu einer von Probanden nicht häufig verwendeten Technik: Er führt die zur Tafel 9BM erzählte Geschichte fort, und zwar indem er die beiden Versionen von Tafel 9BM nun zu einer Darstellung legiert: Die religiöse Szene und die Geschichte von den Wilddieben fließt in der „Beichte" zusammen. Offensichtlich hat das Thema der Tafel 9BM Martin so stark beschäftigt, daß er es noch in Tafel 10 weiterführen muß. Der psychodynamische Fokus lautet: „Meine Aggression hätte schlimme Folgen für die Mutter (damit könnte ich sie aber auch treffen). Doch sicher findet sie Hilfe, so daß ich ihr letztlich doch nichts anhaben kann." Zweierlei ist bei dieser Geschichte bemerkenswert: Zum einen entwirft Martin hier die (allerdings von jedem Konflikt ausdrücklich entschärfte) Situation eines Mannes zwischen zwei Frauen. Zum anderen entsteht aufgrund seiner Darstellung der Eindruck, als sei eigentlich die Mutter der Wilddiebe die Täterin („die lange gesuchte Mutter . . .", „sie wurde zur Polizei überführt" etc.). Man könnte deshalb aus dieser Geschichte auch den Schluß ziehen, die Frau/Mutter sei nicht nur, wie es im psychodynamischen Fokus formuliert war, Ziel der Aggression, sondern sie sei die ursprüngliche Aggressorin (in diesem Falle wären ihre Söhne aus der Geschichte zu Tafel 9BM nur mehr oder weniger ausführende Organe der mütterlichen Aggression).

Die zu **Tafel 11** gelieferte Geschichte folgt im wesentlichen dem Muster von Märchen. Auf dem Wege des Helden zur Prinzessin stellen sich ihm viele Hindernisse in Form bedrohlicher Gestalten in den Weg. Es ist für Martins Technik der Problemlösung (wie er sie auch im Alltagsleben zeigt) bezeichnend, daß er in der Geschichte vor allem seine intellektuelle Überlegenheit als Kampfmittel einsetzt und durch ein geschicktes Verwirrspiel seine Gegner überlistet. Offenbar vermittelt ihm die väterliche Macht (der vom Vater mitgenommene „Hammer") die Möglichkeit, sich einer solchen Auseinandersetzung mit der „Unterwelt" zu stellen. Psychodynamisch wichtig ist dabei die Tatsache, daß als letzter, d.h. gefährlichster Widersacher „Teufels Großmutter" genannt wird. Auch wenn er sie dadurch zu entmachten versucht, daß er sich selbst in grandios-illusionärer Weise aufbläht („der alten Frau fangen schon rein beim Anblick des mutigen Peter die Knie an zu schlottern"), vermittelt Martin durch die Anlage seiner Geschichte doch, daß die „große Mutter" die am meisten zu fürchtende Instanz ist, die über alle Kräfte der Unterwelt herrscht. Als Fokus der Geschichte kann formuliert werden: „Ich spüre in mir eine ungeheure männliche Kraft, mit der ich alle erledigen kann."

In seiner Geschichte zu **Tafel 12M** entwirft Martin wiederum eine Szene mit kriminellen Aktivitäten. Der psychodynamische Fokus lautet: „Wenn man sich etwas aneignen möchte, ist das illegal. Es herrscht ein Kampf ‚jeder gegen jeden'." Mit dem Ende der Geschichte deutet der Proband an, daß der oral-aggressive Mann letztlich aber einer strafenden Macht unterliegt. Der in der Geschichte eingesetzte Abwehrmechanismus ist, außer der Isolierung, die Wendung gegen die eigene Person (Bestrafung).

Die speziell für Kinder konzipierte **Tafel 13B** regt Martin zur Schilderung einer Mutter-Sohn-Beziehung an. Als psychodynamischer Fokus kann formuliert werden: „Ich werde ein Leben lang der Mutter treu bleiben, dann wird es mir gut gehen." Dabei ist aus der Art der Darstellung durchaus eine Ambivalenz diesem Wunsch gegenüber spürbar, etwa indem Martin betont, der Junge sei noch „zu klein", und er schlage sich auf die Finger. Offensichtlich fühlt sich Martin aber unfähig, sich gegen den mütterlichen (und eigenen?) Wunsch nach lebenslanger Verbundenheit zu wehren, denn der Held der Geschichte lebt auch noch als erwachsener Mann mit der Mutter zusammen.

Martin führt mit seiner Geschichte zu **Tafel 13MF** den bei Tafel 13B entwickelten psychodynamischen Gedanken weiter fort. Der Fokus lautet: „Der ‚weichmütige' Mann (ich) kommt von der Frau (Mutter) nicht los, auch wenn er äußerlich eine Trennung vollzieht." Mit dieser Geschichte bekräftigt er die enge Verbindung zur Mutter in zweifacher Weise: Wenn man die Figur der Babette als Repräsentantin der Mutter ansieht, sagt die Geschichte aus, daß der Mann (d.h. letztlich Martin) nicht von ihr loskommt, die Sehnsucht nach der Mutter und die Reue über die äußerlich vollzogene Trennung werden ihn bis ans Lebensende begleiten. Betrachtet man hingegen Babette als andere Frau, so drückt Martin mit seiner Geschichte – gerade im Anschluß an die Produktion zu Tafel 13B – aus, daß jeglicher Versuch des Mannes (Sohnes), sich einer anderen Frau zuzuwenden, von vornherein zum Scheitern verurteilt ist; allein das Leben im Hause zusammen mit der Mutter (wie es bei 13B geschildert wird) bietet befriedigende Bedingungen.

In der Geschichte zu **Tafel 14** schildert Martin, welche unheilvollen Folgen es zeitigt, wenn man sich von unbewußten Kräften leiten läßt (bezeichnenderweise betont der Proband mehrfach diese Quelle des Handelns: „Schlafwandler", „unbewußt" aufstehen, sich „ganz unbewußt" ans Fenster tasten, es, „ohne es zu wissen", öffnen). Als psychodynamischer Fokus läßt sich formulieren: „Wenn man sich in seinem Handeln nicht bewußt kontrolliert, hat das böse – selbstdestruktive – Folgen, wie es die Frau prophezeit hat." Wie in diesem Fokus angedeutet, ist die Frau wiederum die Allmächtige, Allwissende, die das „böse Ende" vorhersagt. Man kann sich in diesem Zusammenhang auch fragen, ob die ausdrückliche Betonung des „unbewußten" Handelns zur Leugnung von Martins unbewußter Phantasie dient, es sei letztlich die Frau, die den Mann vernichte. Als Abwehrmechanismen treten in dieser Geschichte Verleugnung, Verdrängung und Wendung gegen die eigene Person auf.

Wie stark Martins Abwehr (vor allem mit Hilfe der Isolierung) gegen die Gefühle der Angst – und wohl auch der Depression – und gegen aggressive Impulse ist, läßt seine Geschichte zu **Tafel 15** erkennen. Er geht zwar ganz auf den Aufforderungscharakter der Tafel ein, negiert aber ausdrücklich jegliche emotionale Betroffenheit (diese Abwehr findet ihren extremsten Ausdruck in der Formulierung des letzten Satzes dieser Geschichte: „Großvater wälzt sich vor Freude in seinem Sarg"). Der psychodynamische Fokus lautet: „Der Mann ist zwar mächtig. Aber diese Macht muß das Tageslicht scheuen und im Untergrund bleiben („tun als wäre nichts geschehen")."

Nach der Serie von Geschichten mit offensichtlich aggressiven und kriminellen Aktivitäten liefert Martin zur **Leertafel 16** eine vergleichsweise „harmlose" Geschichte. Sie steht in ihrer psychodynamischen Aussage indes der Produktion zu Tafel 14 nahe und thematisiert ein für Martins Persönlichkeit zentrales Problem. Der Fokus lautet: „Man muß aufpassen, daß man nicht die Orientierung verliert. Das könnte sehr gefährlich werden. Schutz bietet am ehesten die intellektuelle/rationale Sphäre." Wie diese Erzählung zeigt, fühlt sich Martin bei aller Angst vor dem Verlust der Orientierung offensichtlich doch recht sicher, daß ihm die (auch in den TAT-Geschichten vor allem eingesetzten) Mechanismen der Intellektualisierung und der Isolierung einen wirksamen Schutz gegen den triebhaften Bereich bieten. Zugleich weist seine Reaktion auf die Leertafel aber auch darauf hin, daß er, wenn er auf eine ihn emotional irritierende Situation trifft, zu seiner bewährten Strategie, nämlich zum Einsatz intellektueller Fähigkeiten, greift.

Auf die von **Tafel 17BM** nahegelegte Leistungs- und Konkurrenzthematik reagiert Martin mit einer Geschichte, deren psychodynamischen Fokus man folgendermaßen umschreiben kann: „In der Konkurrenzsituation mit anderen Männern muß ich, um meine Insuffizienzgefühle zu kompensieren, unbedingt der Beste sein." Aus der Tatsache, daß der Held in jeder Hinsicht „der Beste" sein muß und daß als Kontrastperson ein völlig insuffizienter Mann dargestellt wird, darf man darauf schließen, daß Martin in dieser Geschichte durch die Errichtung eines grandios-illusionären Bildes von sich die eigene männliche Insuffizienz zu kompensieren versucht (es ist in diesem Zusammenhang daran zu erinnern, daß er selber ein eher zartes, ängstliches Kind war und bei der Charakterisierung von Vater und Schwager ausdrücklich deren „Stärke" hervorhob).

Mit der Geschichte zu **Tafel 18BM** greift Martin noch einmal ein bereits mehrmals abgehandeltes Thema auf, nämlich die Gefahr, in der sich der „Reiche" befindet. Der psychodynamische Fokus lautet: „Es ist gefährlich, etwas zu besitzen. Wenn andere bemerken, daß man etwas hat/kann, nehmen sie es einem weg." Das im Zentrum dieser Geschichte stehende „Geld" muß man wohl in einem sehr weiten Sinne interpretieren als vielfältige Kräfte und Möglichkeiten, die dem Helden der Geschichte geraubt werden. Die Art, in der das Ende der Erzählung formuliert ist, läßt indes beim Leser den Eindruck entstehen, Martin habe sich zwar – vordergründig – mit dem Opfer identifiziert, seine wahren Sympathien lägen aber eigentlich beim Täter, der trotz „viel Polizeiaufgebot" nicht gefunden werden kann – und auch dem Leser der Geschichte werden durch die ironische Frage „ja, wo denn?" ausdrücklich alle weiteren Informationen vorenthalten (s. hierzu auch die Deutung der Geschichte auf der Subjektstufe unter 9.4).

Hinweise auf die in dieser Erzählung behandelte orale Thematik finden sich auch in Martins Reaktionen auf die Wildesche Wunschprobe (*Wilde*, 1949/50). In diesem Verfahren hat der Proband die Aufgabe, 66 ihm vorgelegte Begriffe in 3 Kategorien aufzuteilen: Was er gerne sein möchte, was er auf keinen Fall sein möchte, und was ihm „egal" sei. Unter dem, was Martin auf keinen Fall sein wollte, figurierte u.a. das „Piratenschiff." Martin gab dazu folgende Begründung: „Wenn ein anderes Schiff gekapert ist, bekomme ich viel Geld in den Bauch. Beim nächsten Schiff könnte ich dann nicht schnell genug weg und bekäme eine Kanone in den Bauch."

Die in Form eines Hörspiels konzipierte Geschichte zu **Tafel 19** läßt sich im Hinblick auf ihre psychodynamische Aussage folgendermaßen charakterisieren: „Ich suche nach einem mächtigen, guten Vater. In seiner Nähe möchte ich bleiben." Man kann die Dynamik dieser Geschichte auf zwei Ebenen verstehen: Die eine Ebene besagt, daß Martin den im Fokus erwähnten „guten Vater" als Identifikationsfigur sucht; auf einer anderen Ebene kann man die Geschichte aber auch als Ausdruck der Abwehr gegen die bei Tafel 18BM geäußerten aggressiven Impulse deuten, und zwar im Sinne einer Beschwichtigung, es herrsche kein Kampf zwischen Männern, sondern Koexistenz und liebevolle Anlehnung.

Wendet man diese Deutungsart, welche die Abfolge der Geschichten in die Betrachtung einbezieht, auf Martins Geschichte zu **Tafel 20** an, so weist diese darauf hin, daß alle seine Versuche, die gefährliche Dynamik, die er in sich fühlt, zu eleminieren, letztlich doch vergeblich sind. Der Fokus lautet: „Man muß sich vor der gefährlichen Dynamik hüten, sonst fällt man ihr zum Opfer. Sie ist letztlich stärker als alle." Wie schon in vielen anderen Geschichten kommt es auch hier zu einer engen Verschränkung zwischen Wunsch (das Kabel soll „baumeln", wie es will) und Angst (es ist eine gefährliche, zerstörerische Macht). Nochmals setzt Martin, fast verzeifelt, den Mechanismus der Isolierung ein. Am Ende der Geschichte beschleicht den Leser aber – trotz all dieser Abwehrmaßnahmen – doch das Gefühl einer gewissen Beklommenheit.

Die **psychodynamischen Hauptlinien,** wie sie sich bei einer **Zusammenfassung der Foki** aus Martins TAT-Geschichten ergeben, könnte man folgendermaßen beschreiben: Der Proband leidet unter einem schwerwiegenden Aggressionskonflikt. Er spürt die mit aller Macht andrängenden aggressiven Impulse, erlebt sie jedoch als derart gefährlich, daß er gegen ihr Durchbrechen eine massive Abwehr (vor allem die Mechanismen der Isolierung, der Intellektualisierung, der Projektion bzw. der projektiven Identifikation und der Wendung gegen die eigene Person) einsetzt. Aggression ist für ihn aufs engste mit Männlichkeit verknüpft. Dies führt dazu, daß er nicht nur einen vehementen Kampf gegen den aggressiven Triebbereich in sich führt, sondern auch seine männliche Identität unbedingt verleugnen muß. Mann-Sein ist für ihn gleichbedeutend mit Aggressiv-Sein, was angesichts der archaischen Qualität, die diese Impulse in seinem Erleben besitzen, verhängnisvolle Konsequenzen hätte. Das Ziel von Martins Aggression ist ein Zweifaches: Auf einer ersten Ebene richten sich seine aggressiven Impulse gegen den Mann/Vater und sind als Ausdruck einer ödipalen Rivalität zum Vater zu verstehen. Dieser Konflikt wird jedoch von Martin heftig abgewehrt (u.a. durch die Konstellation eines „negativen Ödipuskomplexes"). Auf einer tieferen, prägenitalen Ebene hingegen erlebt sich Martin als Opfer einer archaischen mütterlichen Aggression, die ihn in seiner männlichen Identität beeinträchtigt und in seinen Autonomiebestrebungen massiv beschneidet. Martin richtet nun seinerseits heftigste aggressive Impulse gegen diese prägenitale Mutterimago. Einen Grund für die negative ödipale Konstellation kann man darin sehen, daß er sich zwar in rivalisierender Weise mit dem Vater auseinandersetzen möchte, aber dessen Verstärkung gegen die als „verschlingend" erlebte Mutter dringend benötigt. Martins Dilemma besteht darin, daß er zugleich nicht auf die ihn oral und narzißtisch nährende Mutter verzichten kann. Er kann deshalb seine aggressiven Impulse weder gegen Vater noch gegen Mutter richten, sondern muß sie mit allen ihm zu Gebote stehenden Techniken zurückdrängen. Für Martins Identitätsentwicklung ergibt sich aus dieser Konstellation die Konsequenz, daß er aufgrund seiner prägenitalen (oral-aggressiven) Konflikte die ödipale Situation nach keiner Seite hin lösen kann, sondern in einem neurotisch-ambivalenten Schwebezustand halten muß.

9.4 Interpretation auf der Objekt- und Subjektstufe

Wie ich am Beispiel des TAT-Protokolls von Herrn A. (s. unter 8.4) bereits gezeigt habe, entspricht die Deutung auf der Objektstufe in der Regel weitgehend den psychodynamischen Foki. Ich möchte deshalb bei Martins Protokoll die Objektstufeninterpretation nicht mehr für die einzelnen Tafeln vornehmen, sondern gleich eine zusammenfassende Darstellung geben.

Aus Martins TAT-Produktionen läßt sich auf höchst konflikthafte Beziehungen sowohl zum Vater als auch zur Mutter schließen. Die größte Macht im Familiensystem scheint – im Erleben des Sohnes – die Mutter zu besitzen. Alle anderen Familienmitglieder sind mehr oder weniger ihre ausführenden Organe, ebenso ihrer Macht unterworfen wie Martin (vgl. vor allem die Geschichten zu den Tafel 1 und 11). Eine Auflehnung ist realistischerweise nicht möglich (vgl. Tafeln 1 und 5). Lediglich durch eine grandios-illlusionäre Aufblähung vermag Martin sich vorzugaukeln, er sei mächtiger als die „große Mutter" (Tafel 11). Die einzige Möglichkeit, sie empfindlich zu treffen, sieht der Sohn in selbstdestruktiven Aktionen (nur durch den Tod des „lieben Hänschens", also auf masochistische Weise, kann er in der Geschichte zu Tafel 6BM die Aggression gegen die Mutter wirkungsvoll äußern). Aufgrund seiner oralen und narzißtischen Bedürftigkeit bleibt er unlösbar an die Mutter gebunden (13B, 13 MF).

Der Vater ist für Martin einerseits eine Kraft, die ihm Hilfe leisten könnte bei der Befreiung aus der mütterlichen Symbiose (3BM, 11). Andererseits empfindet der Sohn aber gerade die väterlich-männliche Macht als so bedrohlich, daß er sie sich nicht zunutze machen kann. Er fürchtet – aus der ödipalen Situation heraus –, daß er selber Opfer der väterlichen (bzw. der auf den Vater projizierten) aggressiven Impulse werden könnte. Martin kann sich deshalb nicht auf einer realistischen, direkten interaktionellen Ebene auf die Austragung der ödipalen Rivalität mit dem Vater einlassen. Ihm bleibt, falls er nicht den ganzen Konflikt verdrängt bzw. in seinen neurotischen Symptomen fixiert, nur die Möglichkeit, sich auf eine grandios-narzißtische Position zurückzuziehen und sich in der Phantasie als der „Beste" (17 BM), als der allen anderen Männern Überlegene, zu fühlen.

Wie hoch ambivalent Martins Gefühle dem Vater gegenüber sind, zeigt anschaulich die Geschichte, die er zur Düss-Fabel 8 lieferte (in diesem Verfahren wird der Proband aufgefordert, angefangene, fabelähnliche Geschichten weiterzuphantasieren). Der Martin vorgegebene Teil der Fabel Nr. 8, die der Untersuchung ödipaler Konflikte dient, lautet:

„Ein Knabe hat mit seiner Mama zusammen einen sehr schönen Spaziergang im Wald gemacht. Sie waren ganz allein, und sie haben es sehr lustig miteinander gehabt. Wie der Knabe nach Hause zurückkommt, findet er, daß der Papa ein anderes Gesicht macht als sonst. Warum?"

Martin setzte diese Geschichte folgendermaßen fort:

Der Vater hatte erfahren, daß Willi, so hieß der Junge, nach einem schönen, bunten Vogel mit der Schleuder geschossen hatte. Doch das war nicht sein einziger Ärger. Auch wurde ihm gesagt, daß sein Gehalt von 800 DM auf 400 DM gesunken war. Daher war seine Laune nicht gut, und dafür sprachen seine Gesichtszüge.

Martin gab sich indes mit dieser Produktion nicht zufrieden, sondern erzählte die folgende zweite Version:

„Eigentlich habe ich eine Geschichte vom Doppelgänger des Vaters gemeint: Der Vater war zu seinem Freund gegangen und blieb da einige Stunden. Indessen war ein Mann, der fast die gleichen Gesichtszüge wie der echte Herr Kronstein hatte, im Haus eingetroffen. Er meinte, wenn er das Gehalt bekäme, das in einer viertel Stunde Herrn Kronstein zugewiesen würde, würde er schnell ein reicher Mann werden. Doch durch die Aufmerksamkeit des Jungen wurde er verhaftet. So hatte er nichts bekommen, weder Geld noch sein freies Leben. Vater Kronstein bekam so sein Gehalt, und er teilte es sich zu 15% mit seinem Sohn."

In den beiden von Martin gelieferten Geschichten wird seine Ambivalenz bezüglich der gegen den Vater gerichteten aggressiven Impulse besonders deutlich: Der zunächst durch die Fabel ausgelöste Impuls aggressiver Art wurde von Martin so unzensuriert geäußert, daß eine weitere Überarbeitung notwendig wurde (man bedenke in diesem Zusammenhang, welche ungeheure Diskrepanz zwischen seinem Realverhalten und dem in der Geschichte geschilderten Verhalten des Jungen besteht!). Auch in der zweiten Version äußert sich die gegen den Vater gerichtete Aggression. Doch Martin setzt dagegen nun die Abwehrmechanismen der Projektion und der Reaktionsbildung ein: Der „böse" Impuls wird auf einen fremden Mann projiziert, und der Sohn in der Geschichte wird zum Retter des Vaters. Zugleich partizipiert er an der väterlichen Kraft, indem dieser den Sohn an seinem Gehalt beteiligt (in diesem Zusammenhang sei an Martins Geschichten zu den TAT-Tafeln 3BM, 7BM, 9BM,12M und 18BM erinnert, in denen ebenfalls „Geld", als Symbol männlicher Kraft, eine zentrale Rolle spielt).

Daß er diese väterlich-männliche Dynamik aber letztlich nicht als positive Kraft erleben und nutzen kann, zeigen seine Geschichten zu 2 weiteren Düss-Fabeln: Die Fabel Nr. 5 vom Sich-fürchten (zur Prüfung von Angstinhalten) lautet:

„Es war einmal ein kleines Kind, das sagte ganz leise: „Oh, ich fürchte mich so!" Wovor fürchtet es sich?"

Martin ergänzte diese Fabel folgendermaßen:

„Das Kind hatte Eltern, die ihm einprägten, daß eines Tages ein Mann kommen würde und das Kind nehmen würde und es tief unter die Erde graben würde. Jeden Tag erwartete das Kind voller Angst und Spannung, daß der Mann kommen würde, es nehmen und tief unter der Erde begraben würde. Deshalb fürchtete es sich."

Eine ganz ähnliche Dynamik zeigt sich ins Martins Produktion zur Düss-Fabel Nr. 10 „Schlechter Traum." Sie lautet:

„Ein Kind wacht morgens auf, es ist noch ganz verschlafen und sagt: „Oh, was habe ich für einen bösen Traum gehabt! Was hat es wohl geträumt?"

Martin setzte die Geschichte folgendermaßen fort:

„Das Kind hatte in der Nacht geträumt, daß es mit Vaters Wagen gefahren war, mit 140 km/Std gegen einen Baum gesaust war, und da war es aufgewacht und rieb sich verschlafen die Augen."

In beiden Fabeln entwirft Martin das Bild einer archaischen, ihm selber bedrohlich werdenden männlichen Kraft. Wie seine Formulierung in Fabel 5, der Junge erwarte jeden Tag „voller Angst und Spannung" diesen Mann, erkennen läßt, erlebt Martin die männliche Kraft als angsterregend und lustvoll zugleich. Dieselbe ambivalente Dynamik zeigt sich im Bild der Fahrt mit „Vaters Wagen" (Fabel 10.)

Gerade die zuletzt zitierten Düss-Fabeln lassen erkennen, daß neben der Objektstufendeutung auch eine Interpretation auf der **Subjektstufe** wichtige psychodynamische Einsichten zu vermitteln vermag: Die im „bösen Mann" und „Vaters Wagen" konkretisierte männliche Dynamik kann durchaus auch als eigene männliche Seite von Martin interpretiert werden. In diesem Falle weisen die Produktionen zu den Düss-Fabeln darauf hin, daß Martin diese Kraft zwar dumpf in sich spürt, sie aber so fürchtet, daß er sie unter allen Umständen zurückdrängen muß.

Martin lebt, wie seine TAT-Geschichten erkennen lassen, im Konflikt zwischen der Entwicklung seiner männlichen Identität und einer weiblichen Identifizierung. Es ringen in ihm progressive und regressive Kräfte miteinander, wobei ihm beide gleichermaßen bedrohlich erscheinen. Hierin liegt Martins Dilemma (und vermutlich auch eine wichtige Quelle seiner archaischen Aggression): Er möchte weder in der symbiotischen Verstrickung mit der Mutter gefangen bleiben und ihr seine männliche Identität opfern, noch möchte er in sich männliche Seiten verwirklichen, weil er dann auf seine oral-narzißtischen Ansprüche der Mutter gegenüber verzichten und sich mit dem Vater auseinandersetzen müßte.

Eindrücklich ist bei der Subjektstufendeutung in diesem Zusammenhang Martins Geschichte zur TAT-Tafel 20: Die gefährliche Dynamik setzt sich letztlich gegenüber allen Versuchen durch, sie zu kanalisieren; wer immer versucht, sie in bestimmte Bahnen zu zwingen, geht an ihr zugrunde. Auch an dieser Geschichte zeigt sich deutlich Martins ambivalente Haltung seiner männlichen Seite gegenüber. Diese Kraft muß aber das Tageslicht scheuen und muß sich so verhalten, „als sei nichts geschehen" (Tafel 15).

Ein weiteres für Martin zentrales Thema, das bei einer Subjektstufeninterpretation sichtbar wird, ist der in ihm tobende Kampf zwischen Es-Impulsen und Über-Ich-Verboten. Immer wieder treten in seinen Geschichten Vertreter dieser Instanzen auf, die sich in einem erbitterten Kampf miteinander befinden. Man sieht aufgrund der TAT-Produktionen, daß die Über-Ich-Seite (vor allem personifiziert durch die Mutter) sich letztlich als die stärkere erweist (vgl. Tafeln 1, 2, 5, 7BM, 9BM). Zugleich lassen aber andere Geschichten (z.B. 3BM, 6BM, 11, 12M, 18BM und 20) erkennen, daß Martin auch – mehr oder weniger offensichtlich – mit den Es-Impulsen, vor allem mit den Aggressoren, sympathisiert und sich über die strafende Instanz lustig macht (z.B. durch die vielen phantastischen von ihm verwendete Namen und ganz direkt in Form der ironischen Frage am Ende der Geschichte zu 18BM: „Viel Polizeiaufgebote suchen immer noch in – ja wo denn?").

9.5 Interpretation auf der Übertragungsebene

Bei der Formulierung der psychodynamischen Foki habe ich bereits darauf hingewiesen, daß die namentliche Nennung meiner Person in den Geschichten zu den Tafeln 8BM und 9BM eine Interpretation speziell dieser Produktionen auf der Übertragungsebene nahelegt. Thema beider Geschichten ist die Aggressivität und die Frage, in welcher Form und mit welchen Konsequenzen sie geäußert werden darf. In der Geschichte, die Martin zu Tafel 8BM liefert, erwähnt er mich zwar, läßt meine Funktion jedoch völlig offen. Dies läßt verschiedene Interpretationen zu: Zum einen ist denkbar, daß Martin ausdrücken möchte, daß ich ausschließlich für ihn da sein solle; selbst wenn die Mutter in großer Not wäre, müßte ich ihr das Schild „Bitte nicht stören" entgegenhalten (bei dieser Deutung ist noch zu erwähnen, daß ich das in der Geschichte erwähnte Schild mit dem Aufdruck „Bitte nicht stören" jeweils an meine Tür gehängt habe, wenn Martin bei mir war).

Eine andere Interpretationsmöglichkeit ist die, daß Martin mit seiner Geschichte ausdrücken wollte, seine archaische Aggressivität solle/könne allenfalls von mir in konstruktive Bahnen geleitet werden; wenn nämlich in der Geschichte ich einen Operationssaal zur Verfügung hätte stellen können, wäre die grausame Szene (Messer wetzen etc.) im Hause der Mutter nicht nötig gewesen. Ferner ließe sich die Geschichte auf der Übertragungsebene auch so deuten, daß ich ebenso wie die anderen Ärzte, an welche die Äußerung der aggressiven Impulse in der Geschichte delegiert wird, jemand sei, der Martin helfen würde, der Mutter gegenüber aggressiv zu sein. Schließlich könnte der Sinn der Geschichte auf der Übertragungsebene auch der sein, mich für die der Mutter zugefügte Aggression letztlich verantwortlich zu machen, und zwar in dem Sinne: Hätte ich die Mutter nicht abgewiesen, wäre es gar nicht zu der grausamen „Operations"-Szene gekommen.

Ich vermute, daß bei Martin nicht nur eine einzelne dieser Motivgruppen wirksam war, sondern daß er in der Geschichte zu Tafel 8BM gleichzeitig mehrere – auch widerstreitende – Übertragungsgefühle thematisiert hat.

Eindeutiger hingegen erscheint die Rolle, welche ich für Martin in der bevorstehenden Therapie einnehmen soll, in seiner Geschichte zu Tafel 9BM. Im Hinblick auf die Übertragung heißt der zentrale Gedanken: Ich solle in der Behandlung die „guten Stricke" liefern, mit denen man die „bösen" Impulse (Wilddiebe) fesseln könne. Das heißt: Martin erwartet von mir (oder fürchtet?), daß ich die Rolle eines externalisierten strafenden, kontrollierenden Über-Ich spielen werde. Es ist in diesem Zusammenhang interessant und für die zu erwartende Übertragungskonstellation von großer Bedeutung, daß Martin bei der Schilderung meiner Person Idealisierung und Entwertung auf sehr geschickte Weise miteinander vermischt: Ich bin **Ober**regierungsrat, besitze eine „fabelhafte Limousine", gehe „voran", liefere „die guten Stricke", mache trotz jugendlichen Alters meinen „Doktor", werde später „berühmt" und eröffne eine „eigene große Praxis im Krankenhaus." Zugleich aber macht sich Martin im Grunde permanent über mich lustig. Die bei oberflächlicher Betrachtung idealisierende Beschreibung erweist sich bei genauerer Untersuchung in allen Punkten als ironisierende Aussage über mich! Man darf aufgrund dieser Konstellation vermuten, daß Martin mich auch in der Therapie – vordergründig – idealisieren und sich mir – scheinbar – unterwerfen wird. Hintergründig aber wird er mich entwerten und wird versuchen, meine Aktivitäten zu boykottieren.

Indes kann man Aussagen über die in der Therapie sich entwickelnde Übertragung nicht nur aus Geschichten ableiten, in denen der Untersucher direkt genannt wird. Auch aus anderen Geschichten sind Rückschlüsse auf die Übertragung möglich. Bei Martin muß der Therapeut vor allem mit zwei Tendenzen rechnen, welche die beiden Pole von Martins Ambivalenz darstellen: Auf der einen Seite wird der Patient den Therapeuten als unerbittlich fordernde, durch nichts zu stürzende Autorität erleben (s. z.B. Tafeln 1, 2, 5); auf der anderen Seite wird er spüren, daß sich in ihm heftige aggressive Impulse gegen den Therapeuten richten, er diese Impulse aber mit allen Mitteln zurückhalten muß (z.B. Tafeln 3BM, 4, 6BM, 10, 11, 12M, 17BM, 18BM).

Die Aggressionsproblematik darf – nach Martins Erleben – in der therapeutischen Beziehung nicht sichtbar werden. Sie darf nur im Verborgenen, gleichsam im „Untergrund" (Tafel 15), existieren. Dort feiert sie allerdings wahre Orgien (vgl. 8BM und 15).

Was Martin sich unter einer Therapie vorstellt und worauf es dabei für ihn ankommen wird, stellt er anschaulich in seinen Geschichten zu den Tafeln 16 und 20 dar: Er muß in der Behandlung auf der Hut sein, er darf die „Orientierung" nicht verlieren. Er ist diesbezüglich allerdings beruhigt, denn seine Abwehrstruktur und seine Kompensationen auf intellektuellem Gebiet erscheinen ihm tragfähig genug (dies ist zumindest die Aussage von Tafel 16). Dennoch glaubt Martin dieser Beruhigung offensichtlich doch nicht ganz, wenn man das gesamte TAT-Protokoll und insbesondere seine Geschichte zu Tafel 20 betrachtet. Trotz aller Abwehrmaßnahmen kommt es immer wieder zum Durchbruch von Es-Impulsen. Die Geschichte 20 stellt wohl auch eine Warnung an den Therapeuten dar: Es ist gefährlich, sich auf die aus Martin hervorbrechenden Kräfte einzulassen. Aber auch dies ist – wie so vieles bei diesem Knaben – eine zwiespältige Botschaft. Einerseits signalisiert Martin damit, der Therapeut solle ihn in Ruhe lassen, es sei aussichtslos, sich mit Martins gefährlicher Dynamik zu beschäftigen. Andererseits kann man aus dem Ende der Geschichte 20 aber auch die hoffnungsvolle Erwartung ablesen, vielleicht verleihe der „**Stark**strom", von dem hier die Rede ist (auch Vater und Schwager wurden als „stark" beschrieben!), Martin schließlich doch die Möglichkeit, zu „baumeln, wie er baumeln wollte" – man erinnere sich bei dieser Formulierung daran, daß für Martin der Inbegriff des ungehörigen Benehmens seiner Klassenkameraden war, daß sie auf einer Mauer saßen und ihre Beine einfach „baumeln" ließen, statt sittsam in der Ecke des Schulhofes zu stehen und still ihr Brot zu verzehren!

10   Herr B. – ein männlicher Transsexueller

10.1   Vorbemerkungen zum Problem des Transsexualismus

Zur Veranschaulichung der diagnostischen Möglichkeiten des TAT möchte ich noch die Befunde von Herrn B. zitieren. Ich habe diesen Patienten aus zweierlei Gründen ausgewählt: Zum einen läßt sich an seinem TAT-Protokoll zeigen, daß die Intelligenz und die verbale Gewandtheit eines Probanden keineswegs wichtige Kriterien für die Anwendbarkeit des TAT darstellen. Herr B. lag intellektuell am unteren Rande der Norm. Er wies außerdem große Lücken in bildungsabhängigen Bereichen auf und verfügte nicht über eine differenzierte sprachliche Äußerungsfähigkeit. Dennoch vermochte er in den TAT-Geschichten seine innerpsychische Situation in eindrucksvoller Weise darzustellen.

Der zweite Grund für die Auswahl dieses Patienten liegt in der Problematik, derentwillen er mich aufsuchte: Es bestand bei ihm ein Transsexualismus, und er wünschte dringend eine operative Angleichung an das weibliche Geschlecht (die Operation wurde später auch durchgeführt). Ich habe das Schicksal dieses Patienten über nunmehr 6 Jahre verfolgen können. Es ist mir deshalb möglich, eine Reihe von Details, die in den TAT-Geschichten von ihm genannt werden, sowohl mit der Anamnese und seiner Psychodynamik als auch mit dem weiteren Verlauf seiner Entwicklung in Beziehung zu setzen.

Der Schilderung der Lebensgeschichte von Herrn B. und der Mitteilung seiner TAT-Geschichten sei ein kurzer Exkurs über das Problem des Transsexualismus vorausgeschickt. Es ist zwar ein relativ selten auftretendes Krankheitsbild, das jedoch – nicht zuletzt durch zum Teil spektakuläre Artikel in der Boulevardpresse – zunehmend in das Bewußtsein der breiteren Öffentlichkeit getreten ist. Außerdem stellen diese Patienten für alle, die mit ihnen zusammentreffen, eine Herausforderung dar: Sie konfrontieren uns zum einen damit, daß die im allgemeinen als verbindlich angesehenen Koordinaten von „Mann“ und „Frau“ (zumindest für sie) nicht gültig sind. Zum anderen stellen sie für uns als Psychotherapeuten insofern eine Provokation dar, als sie in der Regel psychotherapeutische Interventionen ablehnen und einzig auf eine Operation drängen. Wir erleben an diesen Menschen – wie kaum an einer anderen Patientengruppe – unsere Hilflosigkeit einer offensichtlich irreversiblen Persönlichkeitsentwicklung gegenüber.

Der Begriff „Transsexualismus“ wird zur Kennzeichnung von Menschen verwendet, die von der Vorstellung erfüllt sind, dem Gegengeschlecht anzugehören. Im Gegensatz zum Transvestitismus wird nicht nur gegengeschlechtliche Kleidung getragen, sondern eine operative Geschlechtsänderung angestrebt.

Meine eigenen Erfahrungen mit Transsexuellen beruhen auf der Exploration und Begutachtung von insgesamt 60 transsexuellen Patienten (41 Männern und 19 Frauen), von denen ich etliche in Psychotherapien über Jahre hin begleiten konnte (vgl. *Rauchfleisch*, 1986b). Entprechend dem interdisziplinären Ansatz, nach dem in der Psychiatrischen Universitätspoliklinik Basel gearbeitet wird, werden die Patienten von einem Psychiater, einem Psychologen, einem Endokrinologen, einer Humangenetikerin und von einem Chirurgen untersucht. In einem Gremium, das aus diesen Fachvertretern besteht, werden die Befunde diskutiert, und es wird dann das weitere

Procedere besprochen. Unter Berücksichtigung der Erfahrungen von *Money* und Mitarbeitern (1979) am Johns Hopkins Hospital in Baltimore stellen wir die Indikation zu einer geschlechtsangleichenden Operation, wenn die folgenden Kriterien erfüllt sind:

1. Volljährigkeit des Patienten.
2. Ausschluß einer Psychose.
3. Beim Patienten muß über mindestens ein Jahr hin der Wunsch nach einer solchen Operation bestanden haben.
4. Der Patient muß bereit sein, eingehende psychiatrische, psychologische, hormonale, genetische und chirurgische Untersuchungen auf sich zu nehmen.
5. Der Patient sollte vor der Operation im Minimum ein Jahr lang in der gewünschten Geschlechtsrolle gelebt haben.
6. Der Patient muß während mindestens einem Jahr eine psychotherapeutische Begleitung erfahren haben.
7. Als erster Schritt auf dem Wege der Angleichung an das Gegengeschlecht muß der Patient eine Behandlung mit gegengeschlechtlichen Hormonen während mindestens einem Jahr erhalten haben.

Der operative Eingriff besteht bei den männlichen Transsexuellen in Kastration, Resektion der Schwellkörper und Bildung einer Vagina mittels gestieltem Penishautlappen. Bei den weiblichen Transsexuellen wird eine Mastektomie, eine Hysterektomie und (zumindest von einigen Chirurgen) auch eine Ovariektomie vorgenommen. Nur in seltenen Fällen wird eine Penisplastik erstellt.

Wir sind in Basel bis vor wenigen Jahren nach dem oben geschilderten Sieben-Stufen-Programm vorgegangen. Da wir bei den operierten Patienten, die wir über längere Zeit hin verfolgen konten, indes keine guten Resultate haben feststellen können, sind wir mit der Indikationsstellung zu derartigen operativen Eingriffen zur Zeit sehr zurückhaltend geworden. Wir wollen zunächst sorgfältige katamnestische Untersuchungen vornehmen, um anhand dieser Resultate zu überprüfen, ob die operative Angleichung an das Gegengeschlecht tatsächlich eine Methode ist, die den Patienten zu einer emotionalen und sozialen Stabilisierung verhilft.

Es sind zwar bisher verschiedene Hypothesen über die **Ätiologie** des Transsexualismus aufgestellt worden. Dennoch ist bis heute keine der Theorien in der Lage, dieses Phänomen wirklich erschöpfend und stichhaltig zu erklären. Wiederholt ist auf chromosomale Besonderheiten Transsexueller hingewiesen worden, vor allem auf eine Häufung einer XXY-Chromosomenkonstellation. In jüngster Zeit ist auch von der Beobachtung berichtet worden, daß bei einem überraschend hohen Prozentsatz transsexueller Patienten eine **H-Y-Antigen-Diskordanz** vorliege. Untersuchungen an Blutlymphozyten führten zum Resultat, daß bei männlichen Transsexuellen dieser Glykoproteinbestandteil in der Zellmembran häufig fehle, während bei weiblichen Transsexuellen das H-Y-Antigen vermehrt positiv sei. Allerdings haben sich die betreffenden Autoren zum Teil wieder von diesen Hypothesen distanziert, da die Bestimmung des H-Y-Antigen noch mit so vielen technischen Schwierigkeiten verbunden ist, daß die Resultate als nicht gesichert betrachtet werden müssen.

Ein anderer ätiologischer Ansatz leitet aus Tierexperimenten ab, daß eine kritische Periode in der **Gehirnentwicklung** auftrete, in der das Gehirn besonders auf **Keimdrüsenhormone** anspreche und in der dann eine maskuline oder feminine Entwicklung determiniert werde. Wieder andere Autoren sprechen von einer **postnatalen geschlechtsspezifischen Verhaltensprägung** in einer – zeitlich allerdings nicht bekannten – kritischen Periode (etwa in Anlehnung an die von *Lorenz* beschriebenen Prägungsprozesse bei Tieren).

Von **tiefenpsychologischer Seite** schließlich werden für die Genese des Transsexualismus vor allem psychodynamische Faktoren verantwortlich gemacht. Auch wenn die psychoanalytischen Modellvorstellungen letztlich wohl nicht für eine umfassende Erklärung des Phänomens „Transsexualismus" ausreichen, soll im weiteren doch etwas ausführlicher darauf eingegangen werden, da sie uns am ehesten Möglichkeiten zum Verständnis dieser Menschen bieten und in der psychotherapeutischen Begleitung hilfreich sind.

Beim Zusammentreffen mit einem Transsexuellen fällt dem Untersucher als erstes die größtenteils extreme Anpassung dieser Menschen an die Klischees des Gegengeschlechts auf. Ferner zeigt sich, daß Transsexuelle charakteristischerweise „Mann-Sein" einseitig mit „Leistung, Erfolg, Härte" und „Frau-Sein" mit „Passivität, Gefühl, Umsorgt-Werden" assoziieren. Durch den Einsatz von Spaltungsmechanismen wird eine Dissoziation zwischen diesen beiden Erlebnismodi aufrechterhalten, wobei der jeweils abgespaltene (dem biologischen Geschlecht entsprechende), ausschließlich negativ erlebte Teil projektiv in der Außenwelt wahrgenommen und dort unerbittlich bekämpft wird. Diese bei allen Transsexuellen feststellbare extreme Aggressivität dem eigenen Geschlecht gegenüber, die ihren unmittelbarsten Ausdruck in dem Wunsch nach Beseitigung der äußeren Geschlechtsmerkmale findet, muß in einem umfassenderen Sinne als ein fundamentales Identitätsproblem verstanden werden. Im Grunde geht es nicht um die Geschlechtsrolle, sondern um die Integration bzw. Dissoziation gespaltener Selbst- und Objektbilder. Was diese Menschen bewegt, ist eine geradezu verzweifelte Suche nach dem eigenen Selbst.

10.2   Zur Lebensgeschichte von Herrn B.

Mit dem damals 25jährigen Herrn B. traf ich erstmals 1982 zusammen. Er suchte die Psychiatrische Poliklinik Basel auf mit dem Wunsch nach einem psychiatrischen Gutachten für eine operative Angleichung an das weibliche Geschlecht. Bereits 1979 hatte er zunächst in einem Spital einer anderen Stadt und später von verschiedenen freipraktizierenden Ärzten weibliche Hormone erhalten. Außerdem hatte er im Jahre 1980 eine Mammaplastik erstellen lassen, damit er sich in seinem äußeren Erscheinungsbild bereits vor der Operation soweit wie möglich dem weiblichen Geschlecht angleiche. Herr B. trat seit 1981 dauernd in der weiblichen Rolle auf. Wie viele dieser Patienten präsentierte er im Grund das Bild einer Karikatur von „Frau": Er erschien mit leuchtend roten, lockigen Haaren, stark geschminkt und in einer so auffallenden, an einen Nachtclub erinnernden Weise gekleidet, daß er, wie er selber berichtete, auf der Straße oft in anzüglicher Weise von Männern angesprochen, zum Teil aber auch von Leuten beschimpft wurde. Der Patient empfand solche Auftritte zwar einerseits als peinlich. Andererseits aber genoß er sie auch, da sie ihm bestätigten, „daß man mich sieht, daß ich jemand bin"!

Gerade an diesem Verhalten wird deutlich, daß hinter dem, was bei oberflächlicher Betrachtung dieser Patienten als geltungsstrebig oder sexuell enthemmt imponieren könnte, letztlich etwas völlig anderes steht: Nämlich ein narzißtisches Defizit, eine zentrale Verunsicherung im Hinblick auf den eigenen Wert. Permanent muß deshalb die Umwelt diesen Patienten bestätigen, daß sie „Jemand" sind.

Herr B. ist das jüngste von insgesamt fünf Kindern. Wie er selber und die Eltern angaben, sei er eigentlich unerwünscht gewesen. Allenfalls hätten die Eltern noch ein Mädchen haben wollen (das älteste Kind ist ein Mädchen, die darauf folgenden Geschwister sind Brüder). Herr B. sei als Kleinkind durch ein besonders hübsches Aussehen aufgefallen und sei von Leuten, die ihn im Kinderwagen sahen, oft als Mädchen angesprochen worden.

Der **Vater** war schwer alkoholabhängig und vermochte seiner Tätigkeit als Lagerarbeiter nur mit großer Mühe nachzukommen. Er wirkte bei dem Gespräch, das ich mit den Eltern führte, bereits wesensverändert. Nach Angaben des Patienten war die Beziehung zum Vater von jeher schlecht. Der Vater habe ihn oft hart gestraft und sei auch gegen die Geschwister und die Mutter immer wieder aggressiv gewesen. Die Mutter habe jedoch „einfach nicht den Mut gehabt", sich vom Vater zu trennen, wie der Patient es ihr immer wieder nahegelegt habe.

Als Beispiele für das geradezu sadistische Verhalten des Vaters ihm gegenüber berichtete Herr B. zwei Episoden: Der Vater sei im Ort, in dem der Patient aufwuchs, als Totengräber tätig gewesen und habe die Kinder zur Strafe wiederholt in ein Zimmer gesperrt, in dem er Totenköpfe und Teile des Geripppes aufgestellt habe. Der Patient berichtete ferner die folgende Begebenheit, die sich in seinem 13. Lebensjahr zugetragen habe: Er, der Patient, habe sich eine ihm heute nicht mehr erinnerbare kleine Verfehlung zuschulden kommen lassen. Daraufhin habe der Vater, um den Patienten zu strafen, dessen geliebte Angorakatze erschossen und, als der Patient aus der Schule gekommen sei, ihm die tote Katze entgegengehalten. Der Patient berichtete, spätestens seit diesem Moment habe er den Vater zutiefst gehaßt. Er habe im Anschluß an die Tötung der Katze sogar versucht, den Vater durch Rattengift, das er ihm ins Bier geschüttet habe, umzubringen. Es sei allein der Aufmerksamkeit des älteren Bruders zu verdanken gewesen, daß dieser Mordversuch gescheitert sei.

Unabhängig davon, ob die Ereignisse, die der Patient als Beispiele für das Verhalten des Vaters und seine Reaktionen darauf geschildert hat, ganz der Realität entsprechen oder nicht, zeigen sie doch in eindrücklicher Weise, welche große Bedeutung der Aggression in der Beziehung zwischen Vater und Sohn zukommt. Die Darstellung des Patienten gestattet wohl auch Rückschlüsse auf das männliche Selbstbild von Herrn B. Man darf annehmen, daß er in sich eine geradezu mörderische Aggressivität spürt, die er eng mit der männlichen Identität assoziiert.

Die **Mutter** schilderte der Patient als eher unselbständige, ganz vom Vater abhängige Frau. Sie sei zum Patienten stets wie eine „gute Kollegin" gewesen. An Zärtlichkeiten von ihrer Seite konnte er sich indes nicht erinnern. In dem Gespräch, das ich mit den Eltern geführt habe, erschien sie mir als verhärmte Frau, die letztlich wenig Verständnis und kein spürbares emotionales Engagement für den Patienten erkennen ließ. Auch aus ihrem nachdrücklich vorgetragenen Wunsch, man solle den Sohn unbedingt operieren, er sei nun einmal ein „Mädchen" und dem müsse man endlich Rechnung tragen, sprach nicht eigentlich Einfühlung in den Sohn. Die Mutter vertrat diese Ansicht vielmehr in einer Art, die erkennen ließ, daß die „Geschlechtsumwandlung" ihr selber ein dringendes Anliegen war (ein solches mehr oder weniger offen ausgesprochenes Interesse der Mütter an einer Operation ihrer Söhne habe ich bei etlichen Eltern von männnlichen Transsexuellen beobachten können).

Mit den **Geschwistern** verband den Patienten ein ambivalentes Verhältnis. Insbesondere mit der Schwester hätten von jeher Konflikte bestanden. Er beneide sie, weil sie eine Frau sei. Sie sei in der Familie diejenige, die sich am ausdrücklichsten gegen seinen Wunsch nach einer Operation ausspreche. Auch schon in der Kindheit habe sie ihn kritisiert, wenn er als Mädchen aufgetreten sei. Die Mutter hingegen habe ihm eine Schleife ins Haar gebunden und habe ihm auch gelegentlich erlaubt, zuhause Mädchenkleider anzuziehen.

Eine konflikthafte Beziehung besteht auch zu dem um zwei Jahre älteren Bruder, der homosexuell ist. Der Patient deutete immer wieder an, daß er den Bruder beneide, weil dieser gut aussehe und bei den Männern „große Chancen" habe. Anläßlich eines Besuches, den der Patient zusammen mit seinem Freund (den er nach der Operation offiziell heiratete) beim Bruder machte, kam es zu einer intimen Beziehung zwischen dem Bruder und dem Freund, worauf der Patient zunächst kaum spürbar reagierte und, außer einer gewissen Enttäuschung über den Freund, auch jegliche heftigeren Gefühle ausdrücklich negierte. Er berichtete jedoch nach diesem Ereignis von folgendem Traum:

„Ich war mit meinem Freund zusammen in unserer Wohnung. Wir hatten aus irgendeinem Grunde einen Streit. Es ging am Ende wohl darum, daß ich dem Freund sagte, ich würde mich jetzt von ihm trennen, würde weggehen. Ich lag dann auf dem Bauch im Bett, den Kopf in ein Kissen gedrückt. Da hörte ich den Freund das Zimmer verlassen und in die Küche gehen. Er kam wieder zurück, und als ich mich nach ihm umwendete, sah ich, wie er ein langes Küchenmesser in der Hand hielt. Er stach mit diesem Messer mehrmals in meinen Rücken hinein. Dabei lachte er."

Bei der Bearbeitung dieses Traumes, insbesondere bei meiner Deutung auf der Subjektstufe (indem ich die eigene Aggressivität des Patienten hervorhob), wurde plötzlich deutlich, daß die Untreue des Freundes im Patienten heftigste aggressive Impulse archaischer Art ausgelöst hatte. Bei diesem Anlaß erwähnte der Patient auch erstmals die oben bereits berichtete Episode vom Rattengift, mit dem er den Vater umzubringen versucht habe.

Herr B. berichtete, daß er eigentlich von Kindheit an unter dem Eindruck gestanden habe, er sei weiblichen Geschlechts. Vor seinem Penis habe er sich von jeher geekelt. Er habe auch stets vermieden, sich nackt im Spiegel zu betrachten. Als Kind habe er sich vor allem in der Gesellschaft von Mädchen wohlgefühlt, während er vor Buben Angst gehabt habe. In der Pubertät habe er dann bemerkt, daß er sich von Männern sexuell angesprochen fühle. Er sei einzelne, flüchtige Beziehungen eingegangen, habe diese jedoch nicht wirklich befriedigend erleben können. Die Partner seien nicht einfühlsam gewesen. Wie brutal die „Männer" im Grunde seien, sei ihm ganz besonders deutlich geworden, als er im Alter von 16 Jahren von einem ihm nur flüchtig bekannten Manne vergewaltigt worden sei. Dieser habe sich nicht nur auf gewaltsame Weise an ihm vergangen, sondern habe ihn, als er sich zu wehren versucht habe, auch gewürgt (der Patient leidet noch heute unter den Folgen einer davon herrührenden Stimmbandverletzung). Es ist charakteristisch für Herrn B., daß er auch in der Folge stets Beziehungen zu Männern unterhielt, die ihm gegenüber ausgesprochen aggressiv waren. Er wiederholte damit das Muster seiner Beziehung zum Vater und bestätigte sich stets von Neuem, daß „Mann-Sein" = „Aggressiv-Sein" bedeutete (die operative Angleichung an das weibliche Geschlecht war insofern im wahrsten Sinne des Wortes eine Kastration, wobei er offenbar hoffte, mit der Entfernung des Penis auch seine ihm selber bedrohlich erscheinende Aggressivität abstreifen zu können). Als mich der Patient aufsuchte, hatte er kurz zuvor einen um 10 Jahre älteren, gerade geschiedenen Mann kennengelernt, mit dem er nun zusammenlebte. Der Partner sollte offenbar die Rolle eines „guten Vaters" einnehmen. Er brachte tatsächlich großes Verständnis für den Patienten auf und sorgte umfänglich für dessen Lebensunterhalt. Aber auch in dieser Beziehung begann sich schon bald ein sado-masochistisches Muster abzuzeichnen. In diesem Falle übernahm allerdings der Patient die Rolle des den Partner sadistisch Quälenden: Er kommandierte den Freund herum, bestand darauf, daß der Freund ihm jeden Wunsch erfülle (was den Freund mehrmals in große finanzielle Schwierigkeiten brachte) und verlangte von ihm, daß er auf sämtliche seiner Ansprüche eingehe (so bestand der Patient beispielsweise darauf, daß er, zum Teil mehrmals pro Woche, abends in verschiedene Restaurants gehe und sich dort von Männern einladen lasse. Der Freund mußte dann zuhause warten, bis der Patient, oft erst spät in der Nacht, telefonierte und den Freund aufforderte, er solle ihn mit dem Auto abholen). Wie bereits erwähnt, heiratete der Patient nach der Operation und der offiziellen Änderung seines Personenstandes diesen Freund. Indes dauerte die Ehe nur etwas mehr als zwei Jahre, da der Patient die Scheidung einreichte.

Im Hinblick auf seine schulische und berufliche Ausbildung hatte der Patient große Schwierigkeiten. Er absolvierte – wohl auch wegen seiner knappen Intelligenz (HA-WIE-Gesamtintelligenzquotient = 92) – ledgich die obligatorische Schule, und diese auch nur mit großer Mühe. Der Versuch, eine Verkäuferlehre zu absolvieren, scheiterte. In der Folge war der Patient an wechselnden Stellen, jeweils nur für kurze Zeit, als Hilfskraft tätig.

Da er seit dem 22. Lebensjahr in der Öffentlichkeit geschminkt und schließlich auch in weiblicher Kleidung aufzutreten begann, verschärften sich die Probleme im beruflichen Bereich. Der Patient ließ sich zum Teil seinen Lebensunterhalt von Freunden, mit denen er zusammenlebte, zahlen. Zeitweilig arbeitete er auch als „Bardame" und verdiente Geld als Prostituierte, wobei er behauptete, so „geschickt" vorzugehen, daß die betreffenden Männer niemals daran gezweifelt hätten, eine Frau vor sich zu haben (obwohl der Patient zu dieser Zeit noch nicht operiert war). Es ist bemerkenswert, daß auch andere männliche Transsexuelle von gleichen Erfahrungen berichten. Mir scheinen aus solchen Schilderungen vor allem die enorme Realitätsverleugnung und die starken projektiven Tendenzen dieser Patienten zu sprechen: Weil sie selber sich trotz ihres männlichen Körpers als Frauen sehen, sind sie davon überzeugt, daß auch andere Menschen – selbst in einer intimen Situation – der gleichen Realitätsverzerrung unterliegen.

Als Herr B. erstmals unsere Poliklinik im Jahre 1982 aufsuchte, hatte er, bis auf die vorbereitende einjährige Psychotherapie, bereits alle Kriterien erfüllt, die wir zur Voraussetzung für eine Entscheidung über die operative Angleichung an das Gegengeschlecht machen. Im Anschluß an die diagnostischen Abklärungen sah ich den Patienten während eineinhalb Jahren wöchentlich einmal zu einer Therapiesitzung. Das Ziel einer solchen Psychotherapie ist nicht, den Patienten von seiner Überzeugung abzubringen, er gehöre dem anderen Geschlecht an. Es geht in diesen Gesprächen vielmehr darum, den Patienten zu einem besseren Zugang zu ihrer Gefühlswelt zu verhelfen und ihre – oft chaotischen – Beziehungen mit ihnen zu bearbeiten. Außerdem soll ihnen in der Therapie, zum Teil erstmals in ihrem Leben (!), eine konstante Beziehung angeboten werden. Schließlich hat sich die der Operation vorgeschaltete Therapiephase insofern als sinnvoll erwiesen, als in dieser Zeit zwischen Patient und Therapeut eine Beziehung aufgebaut werden kann, die den Patienten über die Operationszeit und anschließend wenigstens über die erste kritische Zeit hinwegzutragen vermag.

Ich habe die Therapie mit Herrn B. auf seinen Wunsch hin nach der Operation noch ein halbes Jahr weitergeführt (um eine Verwirrung des Lesers zu vermeiden, werde ich weiterhin vom Patienten in der männlichen Form sprechen). Er hatte dann eine Arbeitsstelle in einem Restaurant gefunden und heiratete seinen Freund. Ein Jahr später teilte er mit, daß er sich im Spital auf der Abteilung für plastische Chirurgie befinde, da wegen Komplikationen eine neue Operation nötig geworden war. Außerdem habe er eine Korrektur seiner Mamma-Plastik vornehmen lassen. Ich sah den Patienten im Spital und nach seiner Entlassung in einigen Konsultationen. Er vermittelte mir dabei ein zwiespältiges Bild: Einerseits äußerte er, er sei sehr zufrieden mit der Operation und seinem Leben, auch die Ehe „gehe gut." Andererseits berichtet mir Herr B. ausführlich von anderen Transsexuellen, denen es „auch" (!) nicht gut gehe und die seiner Ansicht nach einen deprimierenden sozialen Abstieg durchgemacht hätten.

Wiederum ein Jahr später sah ich den Patienten nach einem Suizidversuch. Er berichtete, daß er sich vor kurzem „unsterblich" in ein Mädchen verliebt habe. Nun spüre er, daß er eigentlich doch keine Frau, sondern ein Mann sei. Er bereue die Operation zutiefst und sei völlig verzweifelt gewesen. Da er wisse, daß es ein Zurück für ihn nicht mehr gebe, werde er weiterhin in der weiblichen Rolle leben, doch entspreche sein Erleben jetzt dem eines Mannes. Der Patient war indes nur an einigen wenigen Therapiesitzungen interessiert, die ihm über die aktuelle Krise hinweghelfen sollten.

Ein Jahr später suchte mich der Patient auf, um mich über sein weiteres Ergehen zu informieren: Er sei inzwischen vom Ehemann geschieden worden. Es sei ihm unerträglich gewesen, in die Freundin verliebt zu sein und zugleich mit einem Manne zusammenzuleben. Die jüngsten Informationen über Herrn B. erhielt ich vor kurzem von einem anderen Transsexuellen, der den Patienten gelegentlich trifft: Herr B. hat die Beziehung zu der damaligen Freundin offenbar abgebrochen und betätigt sich jetzt als Prostituierte.

10.3   Das TAT-Protokoll von Herrn B.

Herr B. ist im Rahmen der diagnostischen Abklärungen u.a. auch mit dem TAT untersucht worden. Angesichts seiner Problematik habe ich ihm – in Abweichung vom sonst üblichen Vorgehen – sowohl die Tafeln für männliche als auch die für weibliche Probanden vorgelegt. Der Patient lieferte folgende Geschichten (hier zitiert in der Reihenfolge, in der die Tafeln dem Probanden vorgelegt worden sind):

Tafel 1
Dem Bub seine Mutter will aus dem Sohn etwas machen. Deshalb muß er immer Geige spielen. Er ist davon nicht begeistert, möchte lieber Fußball spielen. Es stinkt ihm. Das sieht man. Eine zeitlang muß er noch weiter spielen. Dann sieht die Mutter es vielleicht ein, daß es nicht gut ist, daß man nichts von den Kindern erzwingen darf, daß es ihm keine Freude macht. Er muß dann nicht mehr spielen.

Tafel 2
Ich stelle mir vor: das ist die Freundin (vorne links) von dem da – Bauer oder Knecht? Sie hat ihn der anderen (rechts) ausgespannt. Es sieht aus, als ob sie (rechts) ein Kind von ihm bekommt. Sie (links) wird traurig und bringt sich um. Die andere (rechts) macht sich später, ihr ganzes Leben lang, Vorwürfe. Aber es nützt nichts mehr.

Tafel 3BM
Eine Frau, die ganz fest traurig ist. Vielleicht hat sie auch vorher Alkohol gehabt. Auf jeden Fall ist sie traurig. Jetzt hockt sie einfach in einer Ecke und heult, bis es wieder besser wird. Vielleicht denkt sie: es wäre schön, wenn sie einen Kumpel oder einen Freund hätte, der sie tröstete. – Sie lernt vielleicht mal einen Mann kennen, verliebt sich in ihn. Dann ist es gut, dann sind sie eine kleine Familie. Vielleicht noch ein Hund dazu.

Tafel 4
Das ist eine ganz schöne Frau. Weil sie so schön ist, hat sie sich den Mann angeln können. Später hat er gemerkt, daß Schönheit nicht alles ist, daß sie falsch und berechnend ist, daß sie ihn getäuscht hat, als er sie heiratete. Jetzt läßt er sich scheiden. Sie versucht ihn zurückzugewinnen. Aber es geht nicht mehr.

Tafel 5
Das ist eine ältere Frau. Vielleicht ist vor einiger Zeit ihr Mann gestorben. Sie ist immer ganz allein. Im Haus lebt ein Ehepaar, das ein kleines Kind hat. Das war ein Meiteli. Das Meiteli sah, daß die Frau immer so traurig war. Eines Tages holte das Meiteli einen Blumenstrauß und stellte ihn auf den Tisch. Dann kam die Frau herein und hatte ganz große Freude, als wenn sie viel Geld gewonnen hätte. Von da an ging das Meiteli öfter zu der Frau, daß sie nicht mehr allein war.

Tafel 6BM
Das sind Mutter und Sohn. Der Sohn ist enttäuscht von der Mutter, weil sie ihm ins Leben gepfuscht hat, irgend etwas. Seine Mutter wollte vielleicht, daß er Arzt wird. Er hat es gemacht, und heute ist er

nicht mehr zufrieden damit. Er ist gerade bei der Mutter und fragt, warum sie andauernd in sein Leben hineinpfuscht. Die Mutter ist sehr enttäuscht. Sie sagt, sie habe nur das Beste für ihn getan. Dem Sohn gefällt es gar nicht, daß er Arzt ist. Er gibt alles auf und fängt etwas ganz anderes an, was ihm Freude macht – z.B. (?) – vielleicht Gärtner oder so etwas mit der Natur. Die Mutter sieht es später vielleicht ein, was sie falsch gemacht hat.

Tafel 7BM

Das könnten Vater und Sohn sein. Der Sohn will vielleicht viel Geld vom Vater, will vielleicht ein neues Auto, einen Sportwagen kaufen. Der Vater ist nicht einverstanden. Er versucht es ihm freundlich klar zu machen. Der Sohn versteht es aber nicht und ist böse und hässig. Es geht eine Zeit so. Der Sohn fragt den Vater immer wieder nach Geld für einen neuen Sportwagen. Eines Tages denkt der Vater: sonst macht der Sohn noch etwas Verbotenes, also gut. Der Sohn bekommt das Geld und kauft den Sportwagen. Er hat ihn drei Tage und hat dann einen Unfall mit dem Auto. Er kommt ins Spital und ist querschnittsgelähmt fürs ganze Leben. Der Vater macht sich Vorwürfe: hätte ich ihm bloß nicht das Geld für das Auto gegeben.

Tafel 8BM

Das ist ein junger Bursche (rechts). – Vielleicht hat ihm der Vater etwas von des Vaters früherer Jugend erzählt. Vielleicht vom besten Freund des Vaters: er habe diesen Freund früh verloren, er sei gestorben, vielleicht nach einem Unfall (das sieht der Bursche vor sich). Der Vater hat seinen Freund gefunden, am Boden liegend, und hat den Doktor geholt. Vielleicht hat der Freund mit dem Gewehr gespielt oder es geputzt. Es war noch geladen und ging los. Der Doktor versucht den Freund zu operieren und die Kugel herauszunehmen. Aber es ist schon zu spät. Der Freund des Vaters ist schon innerlich verblutet. Der Vater hat das seinem Sohn schon vielmals erzählt, und der Sohn sieht es jetzt vor sich.

Tafel 9BM

Ich stelle mir vor: Es sind welche, die Kühe hüten, Cowboys. Die machen ein Mittagsschläfchen. – Da fällt mir eigentlich nichts mehr ein – – Die zwei (hinten) träumen etwas. Beide träumen wohl nichts Gutes, eher etwas Negatives. Am Gesichtsausdruck sieht man das. Links der beobachtet die vielleicht. – (was träumen die Leute?) – vielleicht wird einer von denen bevorzugt vom Leiter der Ranch, und die beiden sind neidisch. – Der eine von den Leuten auf dem Bild (querliegend) wird bevorzugt, und deshalb machen ihm die anderen das Leben schwer. Vielleicht merkt das der Leiter der Ranch und kündigt den beiden deshalb, und sie müssen gehen.

Tafel 10

Das ist ein Liebespaar. Der Mann (links) sagt ihr gerade, daß er eine zeitlang weggehen muß, daß er später wieder kommt. Sie solle ihm treu bleiben. Sie verspricht ihm das, sie werde ihm treu bleiben und ihn lieben. Dann geht er fort. Anfangs schreibt er jede Woche einen Brief. Nach längerer Zeit kommen immer weniger Briefe, und zuletzt gar keine mehr. Die Frau wartet, ist ihm treu, vielleicht drei Jahre lang. Dann gibt sie die Hoffnung auf, er könne je wieder kommen, er habe sie vergessen. Dann lernt sie einen anderen kennen und heiratet den. Später kommt der Mann wieder zurück und meint, sie habe immer noch auf ihn gewartet. Aber die Frau ist schon verheiratet und hat Kinder. Er sieht sie dann später mal. Und dann geht er fort.

Tafel 11

Das ist eine Landschaft und ein Tier (Mitte) – vielleicht ein Käfer. Der hockt auf einem Stein, und da oben ist irgendetwas anderes, das den Käfer fressen will. Der Käfer weiß das nicht. Das Dings kommt immer näher und gerade im letzten Augenblick sieht es der Käfer und versucht zu fliehen. Aber es ist schon zu spät. Das andere Tier holt ihn ein und frißt ihn.

Tafel 12M

Das sind wieder Vater und sein Sohn. Der Sohn hat etwas Schlechtes, Giftiges gegessen und ist jetzt krank geworden. Der Vater weiß nicht, was er machen soll. Er schaut zunächst mit der Hand, ob sein Sohn Fieber hat. Der Sohn hat ganz fest Fieber. Der Vater läutet ins Spital an und sagt, sie sollen ein Auto schicken. Dann kommt der Sohn ins Spital. Der Magen wird ihm ausgepumpt, damit das Gift weggeht. Er muß vielleicht noch zwei Wochen im Spital bleiben, und dann darf er wieder heimgehen. Von jetzt an ist er vorsichtiger im Leben – oder was er ißt oder nicht.

Tafel 13MF

Es war vorher ein glückliches Paar, war verheiratet gewesen. Eine Zeitlang war alles gut. Sie war ihm treu. Eines Tages hat der Mann einen Telefonanruf bekommen: er solle besser auf seine Frau aufpassen, sie sei jetzt in einem bestimmten Haus. Dann sagte er, er glaube das nicht. Er ist aber doch schauen gegangen. Dann lag seine Frau im Bett, beim Akt. Dann ist er so verrückt geworden und hat sie ermordet. Er blieb eine halbe Stunde bei ihr und dachte dann: was habe ich gemacht? Das hätte ich nicht tun sollen! Dann rief er die Polizei an, und sie kam und verhaftete ihn.

Tafel 14

Das ist schwer – Ein Mann, der schlecht geträumt hat und nicht schlafen konnte. Er hat vielleicht unheimliche Sachen geträumt. Im Zimmer ist es dunkel und schwarz und draußen Vollmond. Er hat die Fenster aufgemacht und sitzt am Fenster. Vielleicht ist er allein. Es fehlt ihm jemand, mit dem er reden könnte. Jetzt sitzt er am Fenster und denkt: warum gibt es so viele glückliche Menschen auf der Welt, und warum ihn niemand versteht. Vielleicht überlegt er sich auch, ob er zum Fenster hinausspringen soll. Aber er überlegt es sich wieder anders und geht wieder ins Bett.

Tafel 15

Das ist ein Friedhof, lauter Grabsteine dort. In einem besonderen Grabstein ist ein Mensch, ein Mann, herausgekommen. Er mußte spuken, weil er ein schlechter Mensch gewesen ist, und hat deshalb jetzt keine Ruhe gefunde. Als er auf der Welt war, hat er Kinder und Tiere geplagt. Er war vielleicht verheiratet und hat seine Frau geschlagen. Als er gestorben war, ist er nicht in den Himmel und nicht in die Hölle gekommen, weil er so schlecht auf der Welt war, daß ihn keiner wollte. Deshalb ist er dazu verdammt worden, zu spuken. So mußte er seine Schuld büßen. Er muß das vielleicht 100 Jahre machen und ist dann erlöst worden.

Tafel 16

Ich stelle mir vor: oben ist eine ganz schöne Frau, eine berühmte Frau, eine Sängerin. Sie sieht ganz, ganz schön aus. Die Männer umschwärmen sie. Unter den Männern gibt es einen Mann, der jede Nacht in die Bar geht, wo die Sängerin auftritt, damit er sie sehen kann. Der Mann ist das ganze Gegenteil von ihr: er ist gar nicht schön, vielleicht sogar wüst. Sie beachtet ihn gar nicht, vielleicht ein- bis zweimal hat sie ihn gesehen, aber sie beachtet ihn gar nicht. Eines Tages hat sie einen Autounfall mit ihrem Sportwagen. Da hat sie das ganze Gesicht zerschnitten. Dann ist es aus mit der Schönheit. Sie kommt ins Spital, wird operiert. Aber sie ist nicht mehr schön, als Sängerin kann sie nicht mehr auftreten, und die schönen Männer in der Bar wollen nichts mehr von ihr wissen. Viel später merkt sie, daß der andere Mann, der nicht schön ist, sie aufrichtig liebt. Die anderen Männer haben nur ihren Körper, ihr schönes Gesicht, gesehen. Später hat sie vielleicht den anderen geheiratet.

Tafel 17BM

Ein Man hat vielleicht einen Diebstahl gemacht. Er wurde vor Gericht verurteilt und kam ins Gefängnis. Etwa ein Jahr war er im Gefängnis, dann hielt er es nicht mehr aus. Er war in einer Einzelzelle und drehte da durch. Nach einem Jahr war er nicht mehr ganz normal. Vielleicht konnte er einen Aufseher bestechen, daß er ihm ein langes Seil in die Zelle gibt. Aber der Aufseher hat ihm das Seil gegeben, dafür aber die Kleider weggenommen, weil er dachte, so kann er nicht ausbrechen. Aber der Mann war schon nicht mehr normal. Er dachte vielleicht, er hätte noch Kleider an. Er ließ sich am Seil runter. Der Aufseher hat ihm durch das Loch in der Zellentür zugeschaut. Als der Mann unten ankam, an der Mauer, stand die Polizei schon da. Er kam in eine Klinik für Unheilbare, in die Psychiatrie. Dort blieb er für den Rest seines Lebens.

Tafel 18BM

Der Mann ist vielleicht Alkoholiker. Er ist von mittags ein Uhr bis nachts 12 Uhr im Restaurant gewesen und hat getrunken und getrunken, er hat soviel getrunken. Er hat dann sein Portemonnaie hervorgeholt und ganz viel Noten darin gehabt und auf den Tisch gelegt. Um zu zeigen, daß er viel Geld hat und noch sehr viel dafür trinken könnte. Einer hat gesehen, daß er soviel Geld bei sich hatte. Er ging zu ihm und fragte, ob er bei ihm sitzen dürfe. Er hat ihm vielleicht noch drei Biere oder Schnäpse bestellt. Dann fragte er ihn, ob er noch etwas mit ihm kommt, es sei ein Stück weit zu laufen. Der andere stimmte zu. Er torkelte, als sie raus kamen. An einer dunkeln Stelle, wo keiner sie sehen konnte, hat der eine ihn gepackt, ihn zusammengeschlagen und ihm das Portemonnaie genommen. Der Mann wachte erst am Morgen auf, war da erst einigermaßen nüchtern. Aber hat nur noch gewußt, daß er zusammengeschlagen worden war. Vom Geld hat er nichs mehr gewußt, er war schon zu fest Alkoholiker.

Tafel 19

Es war einmal ein Maler. Er hat immer kleine Bilder gemalt und sie für ein paar Franken verkauft. So hat er seinen Lebensunterhalt verdient, immer ganz wenig, daß es gerade zum Leben reichte. Eines Tages ist er so traurig gewesen, daß er kein guter Maler ist. Vorher hat er immer Porträts gemalt, so Gesichter. Als er so traurig war, hat er gefunden, jetzt male ich einfach mal etwas, wo man nicht weiß, was es ist, einfach gemalt. Als es fertig war, sah man nicht, was es war, es waren einfach Farben und Figuren. Er stellte es in eine Ecke und vergaß es für eine Zeitlang und malte wieder Gesichter. Eines Tages kam eine Frau in den Laden zu ihm und schaute seine Bilder an. Die gefielen ihr gar nicht. Da sah sie das Bild in der Ecke. Sie fragte, ob sie es einmal anschauen dürfe. Der Maler sagte: nein, das sei gar` nichts. Zuletzt zeigte er es ihr. Da sagte die Frau, das sei gut und phantasievoll. Ob sie es mitnehmen dürfe für eine Ausstellung. Er dachte – ja – aber das kauft ja doch niemand und das schaut sowieso niemand an. In der Ausstellung ist das Bild – es war eine Versteigerung – für ganz viel Geld verkauft worden. Von da an hat der Maler so Bilder in dem Stil gemalt, wo keiner wußte, was das ist. Dafür bekam er viel Geld. Er selber konnte das gar nicht gut begreifen, daß Leute Bilder kaufen, wo sie nicht wissen, was es ist, was nur für das Auge schön aussieht.

Tafel 20

Es war ein Mann, der jeden Tag arbeiten ging mit dem Bus. Jeden Morgen im Bus sah er die gleiche Frau. Es ging ein halbes Jahr so. Eines Tages fragte er sie im Bus, ob er mal etwas mit ihr abmachen dürfe, ob sie mit ihm einmal essen gehe. Sie sagte: „ja." Sie machten eine Zeit ab – vielleicht bei einer Laterne. Der Mann war schon eine halbe Stunde vorher da und wartete, damit er ja nicht zu spät komme. Er wartete und wartete, schaute die Straße auf und ab, aber sie kam nicht. Er wartete drei Stunden über die Zeit. Er war enttäuscht und merkte nachher, daß man nicht allen Menschen trauen kann. Am nächsten Morgen ist er einen Bus früher gefahren, nur deshalb, damit er sie nicht mehr sehen mußte.

Tafel 3GF

Eine Familie vielleicht, Eltern mit ihrer Tochter. Die Tochter ist vielleicht 19 Jahre alt. Sie hat einen Freund, die Mutter hat es ihr verboten: das sei kein Umgang für sie. Die Tochter hat das nicht glauben wollen, sie hat einfach mit ihm abgemacht und ist abgehauen von daheim. Sie dachte, die Eltern schlafen und hören es nicht, wenn ich heimkomme. Später kam sie heim, und der Vater war noch auf. Er hat ihr eine Ohrfeige mitten ins Gesicht gehauen. Sie war traurig. Eine halbe Stunde später läutete es an der Haustüre, und die Polizei war an der Türe. Sie fragten, ob die Tochter mit der Person dort und dort war, dort sei einer überfallen worden. Später kam heraus, daß es ihr Freund war, von dem die Eltern immer gesagt hatten, er sei nicht gut für sie. Da merkte die Tochter, daß die Eltern es gut mit ihr meinten.

Tafel 6GF

Ein Ehepaar – die sind fünf Jahre verheiratet gewesen. Der Mann dachte immer, seine Frau sei ihm treu. Eines Tages sagte die Frau, sie müsse fort in die Stadt, ein paar Sachen kaufen. Sie ging dann fort. Später dachte der Mann, er wolle sie überraschen, sie in der Stadt suchen, damit sie zusammen heimgehen könnten. Er suchte sie, wo er wußte, wo sie ungefähr sein könnte zum Einkaufen. Er fand sie aber nicht und wollte wieder heim. Da kam er an einem Restaurant vorbei und schaute zufällig ins Fenster des Restaurants. Da sah er seine Frau dort sitzen mit einem Mann. Sie hielten einander die Hand. Da ging der Mann ins Restaurant, und die Frau hatte ein schlechtes Gewissen, als sie ihn sah. Da mußte sie nichts mehr sagen, sie war so erschrocken, daß er es gleich sah. Er ließ sich scheiden.

Tafel 7GF

Es handelt von einer Familie. Sie hatten ein kleines Töchterchen. Die Eltern mußten beide schaffen, Mutter und Vater. Das Töchterchen war immer alleine. Eines Tages zog einer oben aus einer Wohnung aus, und eine ältere Frau kam dorthin zum Wohnen. Das Mädchen war immer traurig, weil sie alleine war und keine Freundin und nichts hatte. Eines Tages läutete es an der Tür von dem Mädchen und davor stand die ältere Frau von oben. Sie fragte das Mädchen, ob es ihr helfen könne, etwas hinauf zu tragen, weil sie nicht mehr so Kraft habe. Das Mädchen half ihr. Die Frau fing mit dem Mann (Versprecher!) an zu reden und sagt zu ihm, wenn sie alleine sei und es ihr langweilig sei, dürfe sie immer zu ihr hinauf kommen. Dann war das Mädchen nie mehr alleine und hatte jemanden, zu dem es immer gehen konnte.

Tafel 8GF

Da fällt mir nichts ein - Das ist vielleicht auf einem Bauernhof. Das ist eine Magd. Sie war noch jung. Sie mußte dort ganz, ganz viel schaffen. Wenn sie abends nach dem Schaffen in ihre Kammer ging, war sie traurig und fragte sich, weshalb sie auf der Welt sei, wenn sie von morgens bis abends schaffen müsse und sonst nichts. Sie hatte keine Freunde und keine Kollegen. Es ging eine Zeitlang so, und die Magd wurde immer trauriger, weil sie keinen Sinn mehr im Leben sah und immer nur fest schaffen mußte. Eines Tages stellte der Bauer einen Knecht ein, damit er den Stall machte. Als sie einander zum ersten Mal sahen, verliebten sie sich gerade ineinander. Als der Knecht sah, wie der Bauer die Magd mit dem Schaffen so ausnutzte, sagte er zu ihr, sie solle die Arbeit künden, sie wollten zusammen fortgehen und woanders ihr Glück suchen. Sie gingen zusammen fort, und ein paar Kilometer weiter sahen sie, daß ein Zettel an einer Wand hing, daß ein Knecht und eine Magd gesucht würden. Sie stellten sich vor, es war ein ganz alter, aber lieber Bauer. Er stellte sie ein. Weil die beiden so gut nach dem Hof und dem alten Bauern schauten, vermachte der Bauer bei seinem Tode dem Knecht den Hof. Sie heirateten und hatten endlich ein Daheim.

Tafel 9GF

Es war einmal eine Frau. Die war verlobt mit einem Mann, einem Doktor. Sie war sehr hochmütig und arrogant. Aber der Doktor sah nur ihr Äußeres, nicht das Innere. Eines Tages bekam der Doktor eine neue Patientin, ein ganz junges und hübsches Fräulein. Sie war ziemlich fest krank. Sie mußte ziemlich lange zu ihm in Behandlung gehen. Mit der Zeit haben sie sich ineinander verliebt. Dann kam der Doktor eines Tages zu der Verlobten und sagte: es tut mir leid, ich habe einen Fehler gemacht. Ich habe jetzt jemanden gefunden, den ich sehr lieb habe. Er machte ihr klar, daß er es vorher nicht gemerkt hatte, weil er niemanden anderes hatte. Die Frau war sehr eifersüchtig und faßte den Entschluß: wenn sie den Mann nicht bekommen könne, dann solle ihn die andere auch nicht bekommen. Als das junge Fräulein wieder in Behandlung war und auf dem Heimweg war, schlich die Frau dem Fräulein nach und zog Handschuhe an und hatte ein Tuch in der Hand, vielleicht einen Schal. Als das Fräulein vorbei ging, packte sie sie von hinten und erwürgte sie mit dem Schal. Dann kam sie später ins Gefängnis. Als sie wieder aus dem Gefängnis kam, war sie nicht mehr so hochmütig und arrogant.

Tafel 12F

Das kann ein Märchen sein: Das ist eine Hexe. – Sie hatte eine Tochter. Die Tochter war einfach anders, als eine Hexe sein sollte: sie war nicht frech, und sie zauberte nur schöne Sachen, keine wüsten Sachen. Sie lebte den Menschen nicht zuleide wie die Mutter, sondern half den Menschen, wenn sie Hilfe brauchten. Die Hexe studierte, wie sie aus ihrer Tochter einen anderen Menschen machen könnte, daß sie auch so würde, wie Hexen sein müssen. Die Mutter dachte schon: Das ist nicht normal, die Hexen sind alle häßlich, aber die Tochter war schön. – Das ist ein Märchen – Eines Tages fragte die Tochter die Mutter, ob Hexen auch richtige Menschen werden könnten, d.h. nicht mehr zaubern könnten. Die Hexe sagte: Das könne man schon, aber man muß sich in einen Menschen verlieben, dann kann man auch ein Mensch werden. Die Tochter ging auf die Welt hinunter und ging unter die Menschen. Sie sah, daß die Menschen nicht viel besser sind als ihre Mutter, die Hexe. Sie fand, daß es ungeheuer schwer sei, sich in einen Menschen zu verlieben. Eines Tages lernte sie einen blinden jungen Mann kennen. Sie verliebte sich in den Blinden, in den jungen Mann. Bevor sie sich richtig verliebte, half sie ihm noch, daß er wieder sehen konnte. Sie wurde dann ein richtiger Mensch. Von der Mutter hat sie nie mehr etwas gehört.

Tafel 17GF

Das ist eine Frau. Die hatte einen Unfall mit dem Auto. Durch den Unfall hat sie das Gedächtnis verloren. Sie wußte nicht mehr, wer sie war, wo sie herkam und ob sie Verwandte hatte. Weil sie nicht mehr wußte, wer sie war, ging sie ins Spital, um den Doktor zu fragen, wie man ihr helfen könnte. Der Doktor sagte, es könne vielleicht eine Schockwirkung sein. Nach einer Zeitlang werde sie das Gedächnis vielleicht wieder bekommen. Er könne ihr leider nicht weiterhelfen, sie solle einfach ein neues Leben anfangen. Die Frau mietete sich irgendwo ein Zimmer und ging auf Arbeitssuche. Weil sie aber nicht wußte, wie sie heißt und woher sie kommt, stellte sie niemand ein. Weil sie niemand einstellte, ist sie mit Männern gegangen für Geld, weil ihr nichts anderes übrig blieb. Das machte sie eine Zeitlang und hoffte immer, daß sie das Gedächnis wieder bekäme. Aber es kam nicht wieder. Eines Nachts hielt sie es nicht mehr aus. Sie spazierte durch die Nacht. Plötzlich stand sie auf einer Brücke. Sie dachte: Wenn ich sowieso nicht weiß, wer ich bin und woher ich komme, dann ist es besser, ich mache Schluß. Sie sprang von der Brücke hinab und ertrank.

Tafel 18GF

Es waren zwei Frauen. Sie kannten sich schon von klein auf, als sie Kinder waren. Beide haben geheiratet, und beide haben sich wieder scheiden lassen. Und beide sind von den Männern geschlagen worden. Nach ein paar Jahren sahen sie sich mal wieder. Dann erzählten sie einander von ihrem Leben, wie es ihnen ergangen ist. Und beiden ist es ja gleich ergangen. Da beschlossen sie, zusammen eine Wohnung zu nehmen. Sie lebten zwanzig Jahre zusammen in einer Wohnung. Beide hatten niemanden mehr als sich selber. Eines Tages ist eine Freundin auf der Treppe oben ausgerutscht und die Treppe hinunter gestürzt und hat das Genick gebrochen. Und die Freundin fand sie, als sie heimkam. Sie nahm sie in den Arm, aber sah, daß sie tot ist, und sah, daß sie nun alleine auf der Welt ist, ganz allein. Auf der Beerdigung von der Freundin hat sie ein Doppelgrab bestellt, weil sie genau wußte, daß sie ohne ihre Freundin nicht mehr lange leben könne. Zwei Wochen später starb sie, aus lauter Kummer. Sie hatte in einem Brief geschrieben, man solle sie neben ihre Freundin legen. Dann waren sie wieder zusammen.

Tafel 12BG
Das sind alles so düstere Bilder, da muß man etwas Trauriges sagen. – Es war eine Familie, die hatte einen kleinen Bub. Sie wohnten gerade an einem Fluß. Als der Bub 13 Jahre geworden ist, an seinem Geburtstag, fragte der Vater, was er sich wünsche. Der Bub sagte: Er hätte gerne ein Boot, damit er schiffahren könne. Die Eltern besprachen, ob es nicht zu gefährlich wäre, wenn er mit dem Schiff alleine auf dem Fluß wäre. Aber sie entschlossen sich, ihm doch ein Schiff zu schenken und eine Schwimmweste dazu. Die Mutter sagte zu dem Bub: Du mußt die Schwimmweste immer anziehen, dann kannst Du im Wasser nicht untergehen. Und wenn du mal untergehst, mußt du fest schreien. Dann versprach der Bub es den Eltern, daß er die Schwimmweste immer auf dem Schiff anzöge. Alles ging gut, und die Eltern hatten auch eine Freude. Bis eines Tages der Nachbarbub, der gleich alt war, – er kam eines Tages zu dem Bub und fragte, ob er auch mal in dem Schiff fahren dürfe. Der Bub sage: Ja. Warum nicht. Der Nachbarbub ging aufs Schiff und ruderte hinaus und hatte keine Schwimmweste an. Er stand einmal auf im Schiff und fiel hinaus, ins Wasser, und ging unter. Der andere Bub sprang schnell hinein und rief die Eltern, daß der Nachbarbub untergegangen sei. Der Vater stieg sofort in ein anderes Boot und fuhr hinaus, wo das leere Boot war, und tauchte, den Bub zu suchen. Aber er fand ihn nicht. Drei Tage später haben sie ihn gefunden, als die Polizei den Fluß absuchte. Von dem Tag an hat der Bub, der das Boot geschenkt bekommen hatte, immer einen Bogen um den Fluß gemacht und konnte es nie mehr vergessen. Und von da an hat er später im Leben Angst vor dem Wasser gehabt.

Tafel 13G
Auch ein Bub. Es war einmal ein Bub – Der Vater erzählte eine Geschichte, bevor er schlafen mußte. Der Bub schlief dann ein und hatte einen Traum: Im Traum stand der Bub plötzlich auf einer ganz langen Brücke. Er war neugierig und lief die Brücke immer weiter hinauf. Die Brücke hatte einfach kein Ende. – Als er am Ende ankam – Er ist ganz, ganz lange gelaufen –, war die Brücke plötzlich fertig, und er war fast oben im Himmel, dort sah er einen Engel – in einem ganz, ganz schönen Rock. Als der Bub das Gesicht des Engels anschaute, sah er, daß das seine Mutter war. Der Bub fragte: Was machst du denn da? Die Mutter sagte zu ihm: Ich bin jetzt ein Engel geworden und gehe in den Himmel hinauf. Der Bub fragte, ob er mit der Mutter hinauf in den Himmel gehen dürfe. Die Mutter sagte: Nein, du darfst später kommen, wenn eine Zeit vergangen ist, viel später, dann darfst du mir nachkommen, dann sehen wir uns wieder. Dann war der Engel, seine Mutter, plötzlich verschwunden. Der Bub erwachte. Und drei Tage später starb seine Mutter wirklich. Der Vater weinte, weil seine Frau gestorben ist. Der Vater überlegte, wie er es dem Bub beibringen könne, was jetzt mit der Mami passiert ist. Der Bub sagte dann zum Vater: Du mußt nicht weinen, das Mami ist jetzt ein Engel, sie ist jetzt im Himmel, und ich darf später zu ihr gehen. Dann fragte der Vater, von wem er das wisse, und der Bub sagte: Als ich geschlafen habe, habe ich das gesehen. Der Vater merkte dann, daß manchmal ein Traum mit der Wirklichkeit identisch ist.

Tafel 13B
Es war auch eine Frau. Die bekam ein Kind, einen Bub. Sie hatte Kinder nicht gern. Sie wollte auch kein Kind. Als der Bub älter wurde, so vier Jahre, da hat sie es richtig gezeigt, daß sie ihn nicht gern hat, und hat an dem Kind ihre Wut ausgelassen. Eines Tages dachte sie: Das geht nicht mehr so, ich kann den Bub nicht länger sehen. Sie zog ihm das Mäntelchen an und sagte zu ihm, sie machten jetzt einen Spaziergang. Der Bub freute sich, weil die Mutter sonst nie einen Spaziergang mit ihm gemacht hatte. Die Frau lief mit ihm immer weiter, bis sie in einen Wald kamen. Irgendwo im Wald stand eine Holzhütte. Sie sagt zu ihm: Du mußt jetzt hier bleiben, bis ich wieder komme. Und wenn du mir nachläufst, bekommst du Schläge. Du mußt warten, bis ich wieder komme. Der kleine Bub hatte Angst, daß – und er blieb ganz still in der Hütte sitzen – und wartete. Immer länger wartete er und das Mami kam nicht mehr. Der kleine Bub bekam Hunger und wußte nicht, was man essen kann. Er sah im Wald so rote Beeren. Von denen aß er. Die waren giftig. Er bekam Bauchkrämpfe, und es war kein Mensch

weit und breit. Die Beeren waren so giftig für ein kleines Kind, daß er daran starb. So ist ihm wenigstens erspart geblieben, daß er verhungern mußte. Die Mutter von dem Kleinen, als man ihn fand, – da kam alles heraus. Sie kam in eine Irrenanstalt bis ans Ende ihres Lebens.

Auch dieses Protokoll soll nach den drei Gesichtspunkten „Psychodynamik und Ich-Struktur", „Objekt- und Subjektstufendeutung" und „Interpretation auf der Übertragungsebene" ausgewertet werden.

10.4   Psychodynamik und ich-strukturelle Aspekte

In der Geschichte zu **Tafel 1** zeigt Herr B. eine Reaktionsform, die für ihn charakteristisch ist und sich auch in mehreren anderen Geschichten findet: Er fühlt sich als Opfer der Wünsche anderer Menschen und sieht keine Möglichkeit, sich dagegen zu wehren. Ein Merkmal dieser und auch anderer Geschichten ist die Tatsache, daß er auf jeden Fall einen Bruch mit der Beziehungsperson, der er sich ausgeliefert fühlt, vermeiden möchte. Zugleich deutet sich in dieser Geschichte auch die Erwartung an, der Partner müsse von sich aus spüren, was der Patient wolle, ohne daß dieser es direkt mitteile. Der psychodynamische Fokus lautet: „Die Mutter will mir etwas aufzwingen, was mir nicht entspricht. Ich kann nur hoffen, daß sie es einsieht und es mir erläßt." Der vor allem eingesetzte Abwehrmechanismus ist die Regression.

Bei **Tafel 2** hat der Patient sich mit der jungen weiblichen Figur identifiziert. Er geht direkt auf den ödipalen Konflikt ein, wählt dabei allerdings die weibliche Perspektive. Ihm gelingt zwar ein „Sieg" über die Rivalin, aber dies ist nur in Form eines masochistischen Triumphes möglich, indem er sich umbringt und dadurch der anderen Frau lebenslang Schuldgefühle einflößt. Der psychodynamische Fokus lautet: „Ich kann mich in Rivalitätssituationen nur durch weibliche Identifikation und mit Hilfe des masochistischen Triumphes behaupten." Die Mechanismen, welche der Patient hier gegen Depressivität und Insuffizienzgefühle einsetzt, sind die Wendung (der Aggression) gegen die eigene Person und die Regression.

Auch bei **Tafel 3BM** wählt der Patient eine weibliche Identifikation. Wieder geht es um das Gefühl der Traurigkeit, der Verzweiflung angesichts sozialer Isolation. Die Situation kann vom Patienten nicht durch aktive Bewältigungsstrategien gelöst werden. Er kann lediglich – wie schon bei Tafel 1 – hoffen, daß von außen her, ohne sein Zutun, Hilfe kommt (wobei das hier von ihm gezeichnete Bild einer „kleinen Familie, vielleicht noch ein Hund dazu" kaum realistische Züge erkennen läßt, sondern dem Bereich illusionärer Wunschvorstellungen angehört). Als psychodynamischer Fokus kann formuliert werden: „Ich brauche dringend eine mich emotional (narzißtisch) tragende Person. Selbst kann ich nichts dazu tun. Ich muß einfach warten, ob jemand kommt." Depressivität und Gefühle der Einsamkeit werden mit Hilfe der Regression abgewehrt. Ferner setzt der Patient den Mechanismus einer illusionären Umdeutung der (bedrückenden) Realität ein.

Bei **Tafel 4** identifiziert sich der Patient wiederum mit einer weiblichen Person. Er entwirft hier eine Geschichte, deren Kernproblem (die schöne Frau und die Tatsache, daß sich die Umgebung durch diese Schönheit blenden läßt) er auch bei späteren Tafeln wieder aufgreift (siehe die Geschichten zu den Tafeln 16, 9GF, 17GF; indirekt geht es um diese Thematik auch bei Tafel 19). Der psychodynamische Fokus lautet: „Es ist gefährlich, nur auf äußere Schönheit zu setzen. Damit kann man letztlich doch nicht über das böse Innere hinwegtäuschen." Dieses Thema ist für Herrn B. insofern von zentraler Bedeutung, als sein ausdrücklicher Wunsch ja lautet, daß er eine „ganz schöne Frau" sein bzw. durch die Operation werden möchte. Die Geschichte zu Tafel

4 läßt indes erkennen, daß er diesem Bild von der schönen Frau selbst zwiespältig gegenübersteht. Im Grunde warnt er durch die Geschichte die Umgebung, sich nicht durch Äußerlichkeiten (d.h. wohl durch seinen bewußten, dringend vorgetragenen Wunsch nach einer Operation) täuschen zu lassen; das „böse Innere" könne dadurch letztlich doch nicht verdeckt werden.

Die Geschichte zu **Tafel 5** thematisiert das Problem der Einsamkeit, wiederum dargestellt mit Hilfe weiblicher Figuren. Der psychodynamische Fokus lautet: „Ich suche eine mich emotional tragende (narzißtisch auffüllende) Person und muß warten, daß eine solche Person (wie der ‚große Losgewinn‘) kommt." Hier ist es ein weibliches **Kind,** das der erwachsenen Frau bei der Bewältigung der „Traurigkeit",von der auch in anderen Geschichten bereits die Rede war, hilft (eine ähnliche Funktion, die vom Kind im Grunde eine seinem Alter noch gar nicht entsprechende Reife erfordert, erfüllt ein Kind auch in der Geschichte zu Tafel 13G). Damit, daß ein Kind Hilfe zu leisten vermag, deutet der Patient wohl auch an , daß es eine spontane, nicht auf Grund eigener Interessen erfolgende Zuwendung sein müsse. Diese Wendung der Geschichte ist psychodynamisch besonders interessant angesichts der Thematik der Erzählung zu Tafel 4, in der es ja gerade um die berechnende, auf äußere Wirkung abzielende Haltung der erwachsenen Frau ging. Die Strategie, welche der Frau in der Geschichte zu Tafel 5 letztlich Hilfe bringt, ist die des regressiven (passiven) Wartens.

Für die Mutter-Sohn-Beziehung, welche der Patient bei **Tafel 6BM** schildert,ist zweierlei chrakteristisch: Zum einen greift die Mutter tief in das Leben des Sohnes ein, ohne daß er sich wirksam dagegen wehren kann. Zugleich erwartet er, daß die Mutter „einsieht, was sie falsch gemacht hat" (und daß dadurch ein Bruch zwischen Mutter und Sohn vermieden werden kann). Zum anderen ist für diese Beziehung die Parallelität der Gefühle von Mutter und Sohn kennzeichnend (beide sind voneinander „enttäuscht"). Der psychodynamische Fokus lautet: „Die Mutter versucht, mich zu etwas zu zwingen, was mir nicht entspricht. Wir sind – jeder über den anderen – enttäuscht. Ich hoffe, daß die Mutter ihren Fehler einsieht." Obwohl der Patient in dieser Geschichte den erfolgreichen Versuch unternimmt, einen von den Vorstellungen der Mutter abweichenden Weg zu gehen, läßt das Ende der Erzählung erkennen, daß er im Grund doch weitgehend in einem regressiven Zustand verharrt, indem er sich ein Leben letztlich doch nur in Übereinstimmung mit der Mutter vorstellen kann.

Zur **Tafel 7BM** liefert Herr B. eine Geschichte, in der es darum geht, daß man nicht auf seine Wünsche eingehen solle, da dies für ihn selber verhängnisvolle Konsequenzen hätte. Der Fokus kann folgendermassen formuliert werden: „Man darf meinen Wünschen nach einem tollen Aussehen und Auftreten nicht nachkommen, es sind selbstdestruktive Wünsche. Der Vater spürt das, vermag mir aber keinen wirkungsvollen Schutz zu geben." Es läßt sich insofern eine gewisse Ähnlichkeit zur Geschichte zu Tafel 4 feststellen, als der Patient seine Wünsche, die auf die äußere Wirkung abzielen (hier: Sportwagen), ausdrücklich als selbstdestruktiv darstellt. Wie im Fokus ausgeführt, durchschaut der Vater zwar diese Dynamik. Er erweist sich jedoch als zu schwach, um sich gegen den Patienten durchzusetzen. Der Hauptabwehrmechanismus dieser Geschichte ist die Wendung (der Aggression) gegen die eigene Person.

Um das Thema des Vaters, der letztlich keinen wirkungsvollen Schutz zu bieten vermag, geht es auch in der Geschichte zu **Tafel 8BM.** Der psychodynamische Fokus lautet: „Der Mann/Vater vermag mir keinen Schutz vor meinen selbstdestruktiven Impulsen zu verleihen." Wieder wird der Mechanismus der Wendung (der Aggression) gegen die eigene Person eingesetzt. Man kann sich angesichts der Geschichte zu den Tafeln 2 und 7BM auch fragen, ob ein Ziel des selbstdestruktiven Verhaltens des Sohnes ist, den Vater zu strafen (macht sich doch der Vater bei 7BM ausdrücklich selber Vorwürfe, daß er ursächlich am Unglück des Sohnes beteiligt ist!). Wenn diese

Hypothese zutrifft, liegt auch der Geschichte zu Tafel 8BM die Dynamik eines masochistischen Triumphes zugrunde.

Die Beziehung zu einer Vaterfigur steht ferner im Zentrum der Erzählung zu **Tafel 9BM.** Er soll den Helden vor der unter den „Söhnen" herrschenden Rivalität schützen. Der psychodynamische Fokus lautet: „Wenn man geliebt wird, zieht man sich den Neid anderer zu. Ich kann in einem solchen Falle nur hoffen, daß sich jemand (ein guter Vater) schützend vor mich stellt." Wie hilflos der Patient sich bei Konflikten mit anderen Menschen fühlt, läßt sich wohl daraus entnehmen, daß er den Bericht der Geschichte gerne bereits ganz zu Beginn abgebrochen hätte. Außerdem verweist er, als er den Konflikt unter den Männern erwähnt, die „bösen" Impulse ausdrücklich in das Reich der Träume (bei der Subjektstufendeutung wird noch darauf zurückzukommen sein, daß hierin auch Spaltungstendenzen gegenüber eigenen aggressiven Impulsen zum Ausdruck kommen). Zugleich deutet Herr B. in dieser Geschichte seine Befürchtung an, wenn **er** „böse" sei, müsse er „gehen", d.h. in einer Beziehung hätte etwas „Negatives" (z.B. Neid, von dem in der Geschichte gesprochen wird) keinen Platz.

Daß der Patient seine Beziehungen nicht auf objektaler Ebene führen kann, sondern daß diese vornehmlich einem narzißtischen Muster folgen, ergibt sich aus seiner Geschichte zu **Tafel 10.** Im Zentrum stehen allein die Bedürfnisse des Patienten, die Gefühle des Partners vermag er nicht in seine Überlegungen einzubeziehen. Den psychodynamischen Fokus kann man folgendermaßen formulieren: „Ich erwarte vom Partner, daß er mir – unabhängig davon, wie ich mich verhalte – auf ewig die Treue hält. Tut er das nicht, so muß ich gehen (muß ich das passiv hinnehmen)." Man gewinnt aus dieser Geschichte den Eindruck, als seien die Bezugspersonen letztlich austauschbar. Sie müssen für den Patienten eine bestimmte Funktion erfüllen. Wenn sie dies nicht mehr tun, „geht er fort." Er thematisiert in dieser Geschichte auch die Erwartung an den Partner, dieser solle ihm gegenüber eine unbedingte, durch nichts zu erschütternde „Treue" zeigen – eine Beziehungsstruktur, in welche die Enttäuschung von Anfang an „einprogrammiert" ist.

Wie schon in etlichen anderen Geschichten zeigt Herr B. auch in seiner Produktion zur **Tafel 11,** daß er sich angesichts einer Gefahr völlig hilflos fühlt. Der psychodynamische Fokus lautet: „Wenn ich bedroht werde, kann ich mich nicht wehren." Der Patient ist nicht in der Lage, seine Ich-Funktionen zielgerichtet, zum Schutze seiner Person einzusetzen. Er fühlt sich dem aggressiven Zugriff der Umwelt ausgeliefert.

Auch in der Geschichte zu **Tafel 12M** sieht sich der Held einer (tödlichen) Gefahr gegenüber. Er entkommt ihr zwar, aber nicht durch eigene Anstrengung und eigenes zielgerichtetes Handeln, sondern durch die Hilfe der Umgebung. Der psychodynamische Fokus läßt sich folgendermaßen formulieren: „Wenn ich Glück habe und man mir hilft, entkomme ich der Gefahr. Allenfalls kann ich in Zukunft vorsichtiger sein." Die Vaterfigur, die in dieser Geschichte auftritt, ist zwar um das Wohlergehen des Sohnes besorgt. Doch ist dieser Vater letztlich ähnlich ohnmächtig wie der Held selber (ähnliche Vatergestalten finden sich in den Geschichten zu den Tafeln 7BM und 8BM). Der Sohn verharrt in einer weitgehend regressiven Position. Ich-Funktionen höherer Art vermag er nicht einzusetzen.

In seiner Geschichte zu **Tafel 13MF** behandelt Herr B. (wie schon bei Tafel 10) das Thema der „Treue." Als es dem Manne in der Geschichte nicht mehr gelingt, die Realität des Konflikts auszublenden (er bemerkt ja nicht selber die „Untreue", sondern wird von einem Kollegen darauf aufmerksam gemacht), bricht die abgepaltene Aggression durch und entlädt sich in Mord. Der weitere Verlauf der Erzählung zeigt indes, daß Herr B. sich letztlich doch immer in der Rolle des Opfers, des fremden Mächten hilflos Ausgelieferten erlebt: „Die Polizei . . . kam und verhaftete ihn."

Der psychodynamische Fokus lautet: „Wenn sich ein Partner mir entzieht, räche ich mich an ihm. Letztlich aber bin ich selber der Leidtragende und werde bestraft." Obwohl Herr B. in dieser Geschichte einen Drei-Personen-Konflikt darstellt, fällt auf, daß die Figur des Rivalen mit keinem Wort erwähnt wird. Man darf daraus wohl schließen, daß der Patient in seinen Beziehungen noch weitgehend in der Welt einer Zwei-Personen-Psychologie lebt (d.h. im präödipalen Bereich). Was bei oberflächlicher Betrachtung wie ein ödipaler Konflikt imponieren mag, resultiert in Wirklichkeit aus einer narzißtischen Beziehungsstruktur.

Angesichts der bei Tafel 13MF dargestellten Tatsache, daß die Äußerung aggressiver Impulse letztlich immer selbstdestruktive Konsequenzen zeigt, ist verständlich, daß Herr B. in seiner Geschichte zu **Tafel 14** versucht, die „unheimlichen Sachen" in das Reich der Träume zurückzudrängen. Der psychodynamische Gehalt dieser Geschichte lautet: „Ich fühle mich einsam. Der Neid auf andere, die Partner haben, läßt in mir unheimliche Sachen, schwarz und dunkel, auftauchen. Aber ich ziehe mich wieder in den Zustand der Passivität zurück." Im Schlafengehen am Ende der Geschichte deuten sich die Abwehrmechanismen der Verleugnung und der Regression an. Der Patient vermag zur Lösung seiner Probleme keine zielgerichteten Aktivitäten einzusetzen.

Daß sich die Aggression trotz aller Abwehrmaßnahmen nicht völlig eliminieren läßt, zeigt die Geschichte zu **Tafel 15.** Der psychodynamische Fokus lautet: „Weil ich so böse bin, will mich keiner. Ich muß für dieses Böse in mir büßen. Dann bin ich frei davon." Es ist bezeichnend für den Patienten, daß er zwar auf der einen Seite die Macht des Bösen überdimensional groß schildert: Er muß dafür „100 Jahre" büßen (allerdings in einer Form, nämlich „spuken", die selber wieder ein aggressives Element enthält!); zum anderen ist er dann aber plotzlich „erlost **worden",**d.h. er ist letztlich doch ohne eigenes Zutun – und ohne Integration des „Bösen" – frei von aller „Schlechtigkeit", von der am Anfang der Geschichte die Rede war.

In seiner Geschichte zu **Tafel 16** greift Herr B. ein Thema wieder auf, das er bereits bei Tafel 4 behandelt hat: die Diskrepanz zwischen der äußeren Schönheit und dem wahren Kern (man könnte geradezu von einem „wahren" und einem „falschen" Selbst" im Sinne *Winnicotts,* 1960, sprechen).Interessanterweise teilt der Patient in dieser Geschichte die beiden Qualitäten auf zwei Personen auf: die „ganz, ganz schöne Frau" und den Mann, der „nicht schön, vielleicht sogar wüst" ist. Wie schon bei den Geschichten zu den Tafeln 4 und 7BM warnt der Patient ausdrücklich davor, sich durch die äußere Schönheit der Frau blenden zu lassen. Die „Aufrichtigkeit" liegt für ihn beim Manne, der „nicht schön" ist. Der psychodynamische Fokus lautet: „Ich bewundere die ganz schöne Frau, spüre aber, daß äußere Schönheit letztlich etwas ist, das keinen Bestand hat und Selbsttäuschung ist. Der ‚wüste Mann', den ich zwar nicht akzeptieren kann, ist hingegen ‚aufrichtig'." Die zur Tafel 16 entworfene Geschichte ist nicht nur wegen der Aufspaltung in „schöne Frau" und „wüster Mann" für Herrn B. von zentraler Bedeutung. Angesichts seines Wunsches nach einer operativen Angleichung an das Gegengeschlecht ist wohl auch die in dieser Geschichte (und andeutungsweise auch bei Tafel 7BM) erwähnte „Operation" ein wichtiges Detail. Die Struktur der Erzählung zeigt – im Gegensatz zum bewußten Erleben – die negative Seite dieses Wunsches: In der Geschichte zu Tafel 16 vermag die Operation die Schönheit nicht zu retten. Das „wahre Selbst" wird erst im Moment der Zerstörung des „falschen Selbst" sichtbar. Für die Beziehungsebene ist in dieser Geschichte bemerkenswert, daß der „wüste Mann" trotz aller Abweisung durch die „schöne Frau" bei ihr ausharrt und ihr damit die „Treue" hält, von der in anderen Geschichten (l0, 13MF) bereits die Rede war.

In der Geschichte zu **Tafel 17BM** gestaltet Herr B. eine Situation extremer Hilflosigkeit und Machtlosigkeit. Was immer er auch zu unternehmen versucht, er ist einer ihn kontrollierenden Macht ausgeliefert. Der psychodynamische Fokus lautet: „Was immer ich auch tue, ich bin machtlos." Die psychiatrische Klinik wird für ihn zum Ort der Regression und der totalen Resignation. Zugleich deutet Herr B. in dieser Geschichte aber auch etwas an, was er deutlicher noch in seiner Erzählung zu Tafel 13B darstellt: Die psychiatrische Klinik ist nicht nur Ort der Strafe, sondern auch des Schutzes vor eigenen destruktiven Impulsen, die in den Bereich des „Nicht-mehr-ganz-normal"-Seins verwiesen werden.

Die Unzurechnungsfähigkeit infolge psychischer Erkrankung bildet auch das Thema der zu **Tafel 18BM** entworfenen Geschichte. Hier ist es – wie schon bei Tafel 3BM – der Alkohol, der sich aber letztlich doch insofern als einigermaßen wirksame Abwehrmaßnahme erweist, als er dem Beraubten hilft, den Verlust zu vergessen („vom Geld hat er nichts mehr gewußt, er war schon zu fest Alkoholiker"). Die Art, in welcher der Held der Geschichte die Umwelt auf sein Geld aufmerksam macht, erinnert an die Demonstration von „Schönheit" in den Geschichten zu den Tafeln 4, 7BM und 16. Als psychodynamischer Fokus kann formuliert werden: „Es ist gefährlich, etwas zu besitzen und andere darauf aufmerksam zu machen. Ich muß mich durch Vergessen davor schützen, den Verlust wahrzunehmen." Im Hinblick auf die Beziehungen des Patienten zeigt diese Geschichte noch einmal eindrücklich, daß er zu seiner Umwelt keinerlei Vertrauen aufbringen kann. Er muß befürchten, daß jegliche Zuwendung anderer Menschen zu ihm aus selbstsüchtigen Motiven der Partner resultiert.

Das bereits bei mehreren Tafeln vom Patienten behandelte Thema der Spannung zwischen äußerer Wirksamkeit und wahrem Kern liegt auch der Geschichte zu **Tafel 19** zugrunde. Was früher (bei den Tafeln 4 und 16) an der „schönen", den Partner über ihr wahres Wesen täuschenden Frau dargestellt worden ist, behandelt Herr B. nun am Beispiel von Bildern. Die „kleinen Porträts" (Repräsentanten des „wahren Selbst") werden – zwecks Abwehr der bohrenden Insuffizienzgefühle und der Depressivität („. . . ist er so traurig gewesen, daß er kein guter Maler ist) – ersetzt durch größere Bilder, „von denen man nicht weiß, was es ist . . . und die für ganz viel Geld verkauft worden sind", d.h. durch etwas, das nur dem äußeren Schein dient und von dem der Maler selber spürt, daß es „nur für das Auge schön aussieht." Die psychodynamische Formel der Geschichte kann lauten: „Mit dem, was ich wirklich bin, bin ich unzufrieden (traurig). Ich präsentiere deshalb etwas, was zwar nach außen wirkt, von dem ich aber weiß, daß ich damit an mir selber vorbeigehe (was nur für das Auge schön aussieht)." Herr B. spürt zwar, daß er ein „falsches Selbst" aufgebaut hat. Doch dieses bringt ihm – so hofft er zumindest – Anerkennung („Ausstellung", „ganz viel Geld") und befreit ihn von Insuffizienzgefühlen und Depressivität.

Die von Herrn B. zur **Tafel 20** erzählte Geschichte spiegelt seine Erwartungen an Partner und die in Beziehungen im Grunde von vornherein einprogrammierte Enttäuschung wider. Er geht davon aus, daß seine eigenen Gefühle mit denen seiner Partner identisch sind. Der psychodynamische Fokus kann folgendermaßen formuliert werden: „Meine Partner sind unzuverlässig. Mit der Enttäuschung kann ich nur fertig werden, indem ich ausweiche und nicht wahrnehme." Schutz vor der Enttäuschung bietet ihm – notdürftig – das Ausblenden der kränkenden Realität.

Wie eingangs bereits erwähnt, wurden Herrn B. angesichts seines Transsexualismus auch die TAT-Tafeln für weibliche Probanden vorgelegt. In seiner zur **Tafel 3GF** erzählten Geschichte stellt er eine Konfliktsituation zwischen Eltern und Tochter dar. Das Bemerkenswerte und für den Patienten Charakteristische daran ist die Tatsache, daß die Tochter sich zwar gegen die Eltern auflehnt, diese aber letztlich in ihrer Beurteilung des Freundes doch recht behalten. Das heißt der Patient erweist sich (wie schon bei den Geschichten zu den Tafeln 4, 10, 13MF, 16, 18BM, 20) als unfähig, seine Partner realitätsgerecht einzuschätzen. Der psychodynamische Fokus lautet: „Auf meine Partner ist kein Verlaß. Ich selber kann jedoch nicht beurteilen, was für mich gut ist, meine Eltern entscheiden das." In Übereinstimmung mit der Geschichte zur Tafel 7BM deutet Herr B. mit seiner Produktion zur Tafel 3GF auch an, daß man seinen Wünschen nicht nachgeben solle. Die Umwelt muß für ihn Hilfs-Ich-Funktionen übernehmen. Für die Beziehungsebene besagt diese Geschichte (wie schon etliche andere), daß der Patient sich auf seine Partner letztlich nicht verlassen kann. Bezeichnend ist für ihn wohl auch die Tatsache, daß er die aggressiven Impulse in den männlichen Gestalten seiner Geschichte personifiziert sieht: im Vater und im Freund.

Wie schon in anderen Geschichten geht es auch bei der Erzählung des Patienten zu **Tafel 6GF** um das Problem der „Treue." Wieder wird die Frau als untreue Partnerin geschildert, auf die sich der Mann nicht verlassen kann. Psychodynamischer Fokus: „Meine Partner halten mir die Treue nicht. Ich breche dann unverzüglich die Beziehung ab." Wie im Fokus angedeutet, besteht die Reaktion des Patienten auf die Untreue der Frau im Abbrechen der Beziehung („er ließ sich scheiden"). Er interessiert sich nicht für die Gründe der Untreue, und es findet auch keine Konfliktaustragung statt. An dieser Geschichte zeigt sich nochmals deutlich, daß Herr B. seine Beziehungen vornehmlich auf der narzißtischen Ebene führt: Sobald der Partner die in ihn gesetzten Erwartungen nicht erfüllt, wird die Beziehung abgebrochen. Unter ich-strukturellen Gesichtspunkten fällt vor allem die mangelnde Fähigkeit zur Konfliktverarbeitung auf. Der Patient ist auch nicht fähig, seine Ich-Funktionen (wie Denken und Wahrnehmen) zielgerichtet einzusetzen. Er handelt, anstatt das eigene Verhalten und die Reaktionen der Partner zu hinterfragen.

Die Geschichte zur **Tafel 7GF** ist fast identisch mit der zur Tafel 5 produzierten. Lediglich die Rollen sind vertauscht: Es wird hier nicht, wie bei Tafel 5, einem Erwachsenen Zuneigung von einem Kind entgegengebracht, sondern eine „ältere Frau" wendet sich einem „Mädchen" zu (interessanterweise verspricht sich der Patient einmal und sagt statt „Mädchen" „Mann"!) Der psychodynamische Fokus lautet, analog dem der Geschichte zu Tafel 5: „Ich suche eine mich emotional tragende (narzißtisch auffüllende) Person (gute Mutter) und muß warten, bis eine solche Person kommt." Die beiden Geschichten weisen auch insofern eine Übereinstimmung auf, als in beiden Fällen das **Kind** der erwachsenen Person eine Hilfe bietet: Bei Tafel 5 tröstet das Mädchen die Frau durch einen Blumenstrauß, bei Tafel 7GF hilft es ihr, „etwas hinaufzutragen." Trotz solcher Ansätze zu einer objektalen Beziehung zeigen die beiden Geschichten doch deutlich, daß es in erster Linie ein narzißtisches, weitgehend illusionäres Beziehungsmuster ist: Das Mädchen war dann **„nie mehr** alleine und hatte jemanden, zu dem es **immer** gehen konnte" (vgl.die Geschichte zu Tafel 18GF).

Auch in seiner Geschichte zu **Tafel 8GF** entwirft Herr B. das Bild einer weitgehend an seiner Wunschwelt orientierten Beziehung. Der psychodynamische Fokus lautet: „Ich suche ein ‚Daheim' mit Menschen, die mich emotional tragen. Ich selber kann aber nichts dazu tun. Ich muß warten, bis jemand kommt und mir mein Glück bringt." Bemerkenswert bei dieser dem Muster von Märchen folgenden Geschichte ist die Aufspaltung in eine „böse" und eine „gute" Vaterfigur (wobei die letztere sich noch einmal in der Person des Knechts wiederholt, der die Magd aus ihrer Einsamkeit und Machtlosigkeit befreit). Der Patient gibt mit dieser Erzählung seinem Gefühl Ausdruck, daß er selber eigentlich nichts zur Änderung seiner Situation („traurig", „sinnlos") beitragen könne. Er sieht sich als Spielball anderer Menschen, die sein Geschick zum Guten oder Bösen zu wenden vermögen. Das letzte Ziel für ihn ist: „Endlich ein Daheim", d.h. psychodynamisch: Endlich bei sich selbst sein, eine Identität finden (was sich Herr B. allerdings nur als Geschenk von außen, nicht als etwas aus ihm selber heraus Entstehendes vorstellen kann).

Die bereits in mehreren Geschichten behandelte Diskrepanz zwischen äußerem Schein und wahrem Kern bildet das Thema der Geschichte zu **Tafel 9GF.** Wieder verstecken sich hinter dem schönen Äußeren einer Frau archaische aggressive Impulse. Herr B. nimmt in seiner Geschichte eine Spaltung vor zwischen dieser „bösen" Frau und der von ihr beneideten „guten" Kontrahentin, die Opfer der aggressiv-neidvollen Impulse wird. Der psychodynamische Fokus lautet: „Es ist gefährlich, sich vom schönen Äußeren blenden zu lassen (das hat selbst-und fremddestruktive Folgen)." Mit dem Ende der Geschichte signalisiert der Patient, daß die Macht des aggressiven Kerns nur durch Strafen gebrochen werden kann. Die Erzählung zur Tafel 9GF ist – ebenso wie die zu Tafel 13MF – nur scheinbar Ausdruck eines Konflikts, an dem 3 Personen beteiligt sind. Die genauere Betrachtung der Geschichte läßt indes erkennen, daß der Arzt letztlich nur die Person ist, an der sich der Konflikt zwischen den beiden Frauen entzündet. Es ist deshalb durchaus konsequent, daß er in der Geschichte eher blaß bleibt (beispielsweise auch am Ende von seinen Gefühlen keine Rede ist). Für Herrn B. ist eine Drei-Personen-Konstellation nicht relevant. Er bewegt sich noch weitgehend auf der Ebene der Zweierbeziehung.

Die Geschichte zu **Tafel 12F** wird bereits durch die einleitende Bemerkung „Das kann ein Märchen sein" und durch eine entsprechende Wiederholung in der Mitte der Erzählung ausdrücklich in die Sphäre des Irrealen, des Phantastischen geschoben. Hierin kann sich zweierlei ausdrücken: Zum einen können diese Hinweise der Abwehr dienen, und zwar in dem Sinne, daß der Patient das hier behandelte Thema möglichst weit von sich wegschieben möchte. Zum anderen kann er damit aber auch zum Ausdruck bringen, daß die hier geäußerten Vorstellungen der Wunschwelt angehören und er sich nicht vorstellen kann, daß sie je Realität werden könnten. Herr B. liefert eine komplexe, symbolträchtige Geschichte, in der er auf eine höchst originelle Weise verschiedene in anderen Geschichten bereits auftauchende Elemente verwendet. Wieder treffen wir auf das Gegensatzpaar „schön–wüst", das Thema der „Hilfe" wird aufgegriffen, und in der Gestalt des „blinden" jungen Mannes wird ein Gegenbild geschaffen zur „bösen" verführerischen Welt dessen, was nur „für das Auge schön aussieht" (wie es in der Geschichte zu Tafel 19 hieß), im Kern jedoch böse ist. Die schon in anderen Geschichten verwendete Abwehrmaßnahme der Spaltung wird auch hier eingesetzt: Die Mutter wird zur Trägerin der „bösen" Seite, die Tochter zur Repräsentantin der „guten" Qualitäten. Einen wesentlichen Unterschied zu anderen TAT-Erzählungen von Herrn B. (etwa zu 1, 6BM, 3GF) stellt die Tatsache dar, daß es hier zu einem Bruch zwischen Mutter und Tochter kommt. Der psychodynamische Fokus kann folgendermaßen formuliert werden: „Ich möchte nicht ‚böse' werden. Dazu brauche ich jemanden, der sich nicht durch das Äußere blenden läßt, sondern mich als Person wirklich liebt und den ich lieben kann." Der Patient schildert hier in symbolhafter Weise seinen Grundkonflikt: Er möchte nicht die mütterliche Forderung (eine äußerlich schöne, im Kern aber böse Frau zu werden) erfüllen. Doch er kann sich von der Mutter nur distanzieren, indem er eine Beziehung zu einem anderen Menschen findet, der das „wahre Selbst" des Patienten erkennt (interessanterweise muß dies ein „blinder Mann" sein, d.h. jemand, der sich nicht durch Äußerlichkeiten täuschen läßt).

Eine wiederum symbolträchtige Geschichte, die in erschütternder Weise die Problematik des Patienten offenlegt, ist die zu **Tafel 17GF** von ihm produzierte. Auch hier greift er auf Motive früherer Geschichten zurück, z.B. auf den Autounfall, von dem bereits bei Tafel 7BM die Rede war. Manches in dieser Geschichte, z.B. die Prostitution, entspricht direkt den lebensgeschichtlichen Erfahrungen von Herrn B. Der psychodynamische Fokus lautet: „Ich weiß nicht, wer ich bin. Keiner kann mir helfen, meine Identität zu finden. Deshab bringe ich mich um." Deutlich spricht aus dieser Erzählung die tiefe Hoffnungslosigkeit des Patienten, der verzweifelt nach seiner wahren Identität sucht und unter dem Eindruck steht, diese doch nie erlangen zu können. Der letzte Ausweg aus dieser unerträglichen Situation ist für ihn der Suizid (eine für die weitere Entwicklung des Patienten alarmierende Warnung).

Die vorwiegend narzißtische Dimension seiner Beziehungen und die – ebenfalls letztlich zum Scheitern verurteilte – Suche nach einer ihn tragenden Alter-Ego-Beziehung stellt Herr B. in der Geschichte zu **Tafel 18GF** dar. Als psychodynamischer Fokus kann formuliert werden: „Ich suche eine Alter-Ego-Beziehung. Dabei bin ich völlig vom Partner abhängig. Sein Tod ist auch mein Tod." In dieser Geschichte findet sich, wie schon in anderen seiner Produktionen, eine Aufspaltung in „gut" (hier: die Frauen) und „böse" (die Männer). Neben der Suche nach einer narzißtisch stützenden Alter-Ego-Beziehung kann man in dieser Erzählung indes auch Hinweise auf – allerdings weitgehend latent bleibende – aggressive Impulse sehen. Angesichts des dringenden Wunsches nach einem Menschen, der eine solche „Zwillingsbeziehung" anzubieten bereit ist, könnte man aus der Geschichte zu Tafel 18GF auf einer tieferen Ebene auch die Drohung lesen: Wer zu einer solchen bedingungslosen „Treue" nicht bereit sei, müsse sterben.

Die Todesthematik setzt sich fort in der Geschichte, die Herr B. zu **Tafel 12BG** liefert. Der psychodymanische Fokus lautet: „Man darf auf meine Wünsche nicht eingehen. Sie bringen anderen und mir selbst Verderben." In dieser Geschichte zeigt sich unverhüllter als bei der vorigen Erzählung, daß die tödliche Bedrohung vom Helden der Geschichte ausgeht: **Er** ist es, der dem anderen Knaben (wieder wird durch den Hinweis auf das gleiche Alter eine Art Zwillingsbeziehung dargestellt) das Boot überläßt, ohne ihm zugleich auch die Schwimmweste zu geben. Bei dieser Geschichte läßt sich durchaus auf – wenn auch latente – Todeswünsche den Geschwistern gegenüber schließen (zu denen, wie bei der Anamnese beschrieben, tatsächlich sehr konflikthafte Beziehungen bestehen).

Die Einleitung der Geschichte zu **Tafel 13G** weist auf zweierlei hin: Durch die Formulierung „**Auch** ein Bub" deutet Herr B. an, daß diese Erzählung gleichsam eine Fortsetzung der vorhergehenden Geschichte darstellt. Außerdem schiebt er die ganze Erzählung durch den Beginn „Es war einmal . . ." in den Bereich des Märchenhaften und versucht dadurch offensichtlich, eine gewisse Distanz zum Geschehen herbeizuführen. Der psychoynamische Fokus kann lauten: „Meine Träume können unversehens Wirklichkeit werden (Todeswunsch gegenüber der Mutter?). Davor schützt nicht einmal die Idealisierung der Mutter." Herr B. schildert hier – ähnlich wie bei den Tafeln 5 und 7GF – ein Kind, das dem erwachsenen Partner eine Stütze bietet und das damit einen Grad von Reife zeigen muß, der seinem Alter kaum entspricht (hier tröstet das Kind den Vater und nicht umgekehrt!). Zum anderen liegt ein Charakteristikum dieser Geschichte in der grandiosen Fähigkeit des Kindes, gleichsam seherisch Zukünftiges vorauszuahnen. Hierin deutet sich, wie im Fokus formuliert, auch eine magische Dimension an, die „Allmacht der Gedanken", die dazu führt, daß die Vorstellung der Handlung gleichgesetzt wird („ein Traum mit der Wirklichkeit identisch ist"). Man kann aus dieser Darstellung auf einen – latenten – gegen die Mutter gerichteten Todeswunsch schließen. Für die Beziehung zwischen dem Kind und der Mutter ist, bei aller Idealisierung („Engel . . . in einem ganz, ganz schönen Rock"), charakteristisch, daß die Mutter sich vom Kind in eine diesem unerreichbare Ferne zurückzieht (das Kind darf erst „viel später" zu ihr kommen).

Während Herr B in der Geschichte zu Tafel 13G eine zumindest bei vordergründiger Betrachtung als „gut" imponierende, idealisierte Mutterfigur dargestellt hat, entwirft er in seiner Erzählung zu **Tafel 13B** das Bild der „bösen", das Kind vernichtenden Mutter. Durch die einleitende Formulierung „Es war **auch** eine Frau" stellt der Patient einen direkten Bezug zur letzten Geschichte her und legt damit nahe, die beiden Frauengestalten als Aspekte ein und derselben Mutter zu interpretieren. Der psychodynamische Fokus lautet: „Ich bin wehrlos einer bösen Mutter ausgeliefert. Was sie mir gibt, zerstört mich." Interessanterweise verwendet der Patient in dieser Geschichte ein Detail, das sich bereits in seiner Erzählung zu Tafel 12M findet: Das Kind ißt etwas „Giftiges." Indes wird es in der Nähe des Vaters (12M) gerettet, während dieses Gift im Machtbereich der Mutter tödlich wirkt. Der Hinweis am Ende der Geschichte „sie kam in eine Irrenanstalt bis ans Ende ihres Lebens" verweist darauf, daß die Mutter letztlich für diese Tat nicht voll verantwortlich gemacht wird. Zugleich wird damit aber auch der ganze Konflikt zwischen Mutter und Kind in eine Dimension verlegt, die dem „normalen" Menschen nicht mehr zugänglich ist. Es ist nicht nur etwas Irreales, wie die an ein Märchen erinnernde einleitende Formulierung „Es war einmal . . ." signalisiert, sondern es geht hier um ein letztlich nicht faßbares, grauenhaftes Geschehen. Zugleich unternimmt Herr B. mit der Transformation in den Bereich der psychischen Krankheit wohl einen letzten – verzweifelten – Versuch, wenigstens etwas Positives von der Mutterimago zu retten: Die Mutter ist ja krank. Es ist in diesem Zusammenhang noch auf eine Parallele zur Geschichte zu Tafel 2 hinzuweisen, in der die Heldin durch ihren Tod einen masochistischen Triumph über die Rivalin erringt. Das Ende der Geschichte zu Tafel 13B könnte psychodynamisch in ganz ähnlicher Weise bedeuten: Die Mutter soll sich „bis ans Ende ihres Lebens" Vorwürfe machen, „aber es nützt nichts mehr", wie es bei Tafel 2 heißt.

Überschaut man am Ende des Interpretationsprozesses noch einmal die von Herrn B. gelieferten TAT-Geschichten und ihren psychodynamischen Gehalt, so ist man angesichts seiner knapp durchschnittlichen Intelligenz beeindruckt von dem Reichtum und der Differenziertheit seiner Phantasie. Zweifellos erinnern einige Geschichten in ihrer Diktion und in ihrem Aufbau an Märchen und wirken zum Teil auch klischeehaft. Darin mag man einen Hinweis auf infantile Züge des Patienten sehen. Doch hat die Interpretation gezeigt, daß Herr B. solche märchenhaften Bilder in sehr origineller und ausdrucksstarker Weise zu verwenden vermag. Aus den zu den TAT-Geschichten formulierten Foki lassen sich die folgenden psychodynamischen Überlegungen ableiten: Ein für Herrn B. gravierendes Problem liegt in seiner mangelnden Autonomieentwicklung. Er erlebt sich in Beziehungen als ausgenutzt, ohnmächtig seinen Partnern ausgeliefert und unfähig, seine eigenen Anliegen zielstrebig durchzusetzen. Ein „Sieg" über Menschen, mit denen er in einem Rivalitätsverhältnis steht oder die er beneidet, ist ihm allenfalls mit Hilfe eines masochistischen Triumphes möglich. Die Beziehungen, die der Patient zu seinen Mitmenschen unterhält, folgen weitgehend einem narzißtischen Muster: Er vermag die Partner kaum in ihrer Individualität, mit ihren je eigenen Gefühlen und Bedürfnissen, wahrzunehmen, sondern er erwartet von ihnen, daß sie bestimmte Funktionen für ihn erfüllen. Er sucht bei anderen Menschen insbesondere narzißtische Verstärkung (etwa über Alter-Ego-Beziehungen). Die in mehreren TAT-Geschichten auftauchende Treue-Thematik kann als Wunsch des Patienten verstanden werden, bedingungslose Zuwendung zu erfahren. Erfüllt der Partner diese Forderung nicht, so bricht der Patient die Beziehung ab, und eine andere Person muß an die Stelle des bisherigen Partners treten. In der Struktur seiner Beziehungen lassen sich nur ansatzweise objektale Tendenzen und ödipale Konstellationen erkennen. Im Grunde erfolgt sein Umgang mit anderen Menschen auf der Ebene einer Zwei-Personen-Psychologie mit starken narzißtischen Anteilen. Daß derartige narzißtische Beziehungen (etwa das Sich-Klammern an ein Alter Ego) nicht nur stützende, ihn emotional tragende Funktionen erfüllen, sondern zugleich auch eine autonomieeinschränkende, geradezu „tödliche" Dimension besitzen, zeigt eindrücklich seine Geschichte zu Tafel 18GF, in welcher der Tod der Freundin den eigenen Tod zur Folge hat.

Einen weiteren zentralen Problembereich stellt für Herrn B. die Aggression dar. Interessanterweise entwirft der Patient in den TAT-Geschichten ein Bild, das seinen Mitteilungen über seine Vorstellungen vom „Mann-" und „Frau-Sein" sowie der Beschreibung seiner Eltern widerspricht: Während er die Mutter als „gute Kollegin" charakterisiert und vom Vater sagt, daß er ihn zutiefst hasse, stellt er in seinen TAT-Erzählungen die Mutterfiguren (und häufig überhaupt die Frauen) als höchst aggressive, das Kind ausnutzende, zum Teil sogar vernichtende Gestalten dar. Die Vaterfiguren hingegen erscheinen zwar schwach und wenig profiliert. Emotional sind sie aber wesentlich verläßlicher und meinen es letztlich gut mit dem Kind (vgl. Tafeln 7BM, 9BM, 12M, 8GF, 13G).

Es ist indes bemerkenswert, daß Herr B. es auch bei den so bedrohlich erlebten Mutterfiguren letztlich nicht zu einem Abbruch der Beziehung kommen läßt. In mehreren Geschichten (1, 6BM, 3GF) wird die Distanzierung von der Mutter wieder mehr oder weniger aufgehoben, indem die Mutter am Ende „einsieht", daß sie etwas falsch gemacht hat. Einzig in der Erzählung zu Tafel 12F kommt es zu einer definitiven Trennung zwischen Mutter und Tochter („von der Mutter hat sie nie mehr etwas gehört"). Doch auch in diesem Falle erreicht die Hauptperson der Geschichte am Ende nur bedingt eine Autonomie (sie ersetzt die Beziehung zur Mutter durch die zum Freund, und es ist nicht die Rede von einem selbständigen Leben).

Neben der Polarisierung Mann-Frau zieht sich das Thema „schönes Äußeres – böses Inneres" sowie die Antinomie zwischen äußerer Erscheinung und wahrem Kern wie ein roter Faden durch das TAT-Protokoll von Herrn B. Es drückt sich hierin der Konflikt zwischen einem „wahren" und einem „falschen Selbst" i.S. *Winnicotts*, (1960) aus. Der Patient spürt zwar sehr wohl, daß er mit der Ausbildung des falschen Selbst, repräsentiert durch die „ganz, ganz schöne Frau" (Tafel 16), an sich selbst vorbeigeht. Er kann jedoch auf diese pathologische Selbststruktur aus zweierlei Gründen nicht verzichten: Zum einen dient sie ihm zur Kompensation seines narzißtischen Defizits; zum anderen setzt er sie zur Abwehr seiner archaischen Aggression ein. In beiderlei Hinsicht erweist sich das „falsche Selbst" jedoch als ineffizient: Der Patient vermag damit seine schwere Identitätsstörung nicht wirklich zu kompensieren. Immer wieder ist er, wie sich aus etlichen Geschichten ergibt, mit seinen bohrenden Insuffizienzgefühlen und seiner inneren Leere („Traurigkeit") konfrontiert, die mitunter eine solche Intensität annehmen und eine so große Hoffnungslosigkeit in ihm entstehen lassen, daß er schwerst suizidal wird (vgl. Tafel 17GF). Außerdem erweist sich die pathologische Selbststruktur auch im Hinblick auf ihre Abwehrfunktion gegenüber der archaischen Aggression als insuffizient: Trotz dieser und anderer Abwehrmaßnahmen (z.B. Spaltung, Projektion, Verleugnung) kommt es wiederholt in den TAT-Geschichten zu Durchbrüchen der aggressiven Impulse (dem entsprechen in der Lebensgeschichte des Patienten sein Versuch, den Vater zu vergiften, seine sadomasochistische Beziehung zum Freund und auch die sich im referierten Traum artikulierende Aggression).

Insgesamt weisen die von Herrn B. gelieferten TAT-Geschichten auf eine schwere Persönlichkeitsstörung i.S. des Borderline-Syndroms (*Kernberg*, 1979) mit gravierenden Identitätsproblemen hin. Die Kompensation des narzißtischen Defizits mit Hilfe eines pathologischen Größenselbst und die Abwehr der archaischen Aggression gelingen dem Patienten nur ungenügend. Der TAT verweist auf die Gefahr aggressiver Durchbrüche und auf schwerste Suizidalität.

10.5   Interpretation auf der Objekt- und Subjektstufe

Bei der Diskussion der psychodynamischen Foki bin ich bereits ausführlich auf die Qualität der Beziehungen eingegangen, die Herr B. zu seinen Mitmenschen unterhält. Ich möchte deshalb die Interpretation des TAT-Protokolls auf der **Objektstufe** nur anhand einiger mir besonders charakteristisch erscheinender Geschichten demonstrieren.

Die Erzählung, die der Patient zu **Tafel 1** liefert, besagt auf der Objektstufe, daß er sich als Opfer der Wünsche anderer Menschen erlebt und sich unfähig fühlt, seine eigenen Anliegen offen und zielstrebig durchzusetzen. Er hofft darauf, daß die Partner am Ende „einsehen . . . , daß man nichts (von ihm) . . . erzwingen darf" (eine ähnliche Thematik findet sich auch bei Tafel 6BM). Ein Mittel, sich in derartigen Situationen auf indirekte Weise zu wehren und den Partner geradezu zu quälen, ist für Herrn B. der masochistische Triumph (vgl. die Geschichten zu den Tafeln 2, 6BM, 7BM und 13B).

Eine weitere bei der Objektstufendeutung wichtige Dimension ist die Beziehungsdynamik, die der Patient in seinen Erzählungen zu den **Tafeln 4, 16, 19 und 9GF** darstellt: Er sagt mit diesen Geschichten aus, daß er versucht, durch sein Auftreten als „ganz schöne Frau" seine Umgebung zu terrorisieren und dazu zu zwingen, sich seinen Forderungen zu beugen. Zugleich befürchtet er aber auch, daß plötzlich die hinter der schönen Fassade liegende „falsche", „berechnende" (Tafel 4), „böse" Seite sichtbar wird und er damit die Beziehung wieder zerstört.

Im Hinblick auf die Art, in der Herr B. in Beziehungen mit seinen aggressiven Impulsen umgeht, ergibt sich aus seinem TAT-Protokoll folgendes Muster: Er bemüht sich auf der einen Seite, die (abgespaltene) archaische Aggression seinen Mitmenschen gegenüber zu verstecken und sich lediglich als ohnmächtig und passiv zu präsentieren. Auf der anderen Seite ist aber damit zu rechnen, daß die aggressiven Impulse die Abwehrschranke unvermittelt durchbrechen, und sich in selbst- und fremddestruktiven Aktionen manifestieren (vgl. hierzu die Subjektstufendeutung).

Eine weitere Facette der Beziehungsdynamik, die bei einer Objektstufendeutung der TAT-Geschichten von Herrn B. sichtbar wird, ist schließlich seine Neigung, sich in fusionärer Weise an seine Partner anzulehnen. Dies bedeutet zum einen, daß der Patient alle individuellen Züge seiner Mitmenschen verleugnen und durch Projektion und Realitätsverzerrungen die Partner geradezu gewaltsam zu einem zwillingshaften Alter Ego machen muß. Zum anderen führt eine solche symbiotisch-fusionäre Beziehungsform aber auch zu einem weiteren Autonomieverlust des Patienten, der im Extremfall – wie die Geschichte zu **Tafel 18GF** in eindrücklicher Weise zeigt – dem Partner bis in den Tod folgen muß.

Die Deutung der TAT-Geschichten auf der **Subjektstufe** ergänzt die bisherige Interpretation um einige wichtige Aspekte. Zunächst weist dieser Ansatz darauf hin, daß die Gegensatzpaare „schönes Äußeres – böser Kern" und „schöne Frau – wüster Mann" zwei – durch Spaltungsmechanismen voneinander getrennte – Selbstbilder darstellen. Die entsprechenden Geschichten lassen erkennen, daß dem Patienten eine Integration dieser Selbstaspekte nicht gelingt. Voraussetzung für das Hervortreten des „wahren Selbst" ist die Zerstörung des pathlogischen Größenselbst, wie es Herr B. in eindrücklicher Weise vor allem in seiner Erzählung zu **Tafel 16** (zerschnittenes Gesicht) dargestellt hat (in einem ähnlichen Sinne ist auf der Subjektstufe auch die Wirkung der Gefängnisstrafe bei **Tafel 9GF** zu verstehen).

Bei einer Subjektstufeninterpretation ist in diesem Zusammenhang die Geschichte zu **Tafel 12F** von besonderer Bedeutung. Sie stellt in symbolhaft-anschaulicher Weise den Weg der „Menschwerdung" des Patienten dar und entwirft damit – bei aller scheinbaren Irreversibilität seiner pathologischen Strukturen – ein prospektiv doch hoffnungsvolles Bild seiner Entwicklungsmöglichkeiten. Die Erzählung zu Tafel 12F läßt sich auf der Subjektstufe folgendermaßen interpretieren: Trotz einer mangelhaften Trennung zwischen Selbstrepräsentanzen und den Repräsentanzen „böser" mütterlicher Introjekte spürt Herr B., daß er im Kern seiner Persönlichkeit nicht identisch ist mit diesen mütterlichen Bildern. Es bestehen zwar Ähnlichkeiten (Mutter – Tochter),aber auch gravierende Unterschiede („die Tochter einfach anders . . ."). Um sich aus dem Einflußbereich der zerstörerischen Introjekte zu befreien, bedarf es, so sagt die Geschichte, der Aktivierung männlicher Selbstanteile. Diese müssen jedoch „blind" sein, d.h. sie dürfen nicht der Verführung durch das patholoische Größenselbst (wie es sich als „ganz schöne Frau" in mehreren Geschichten präsentiert) erliegen. Interessanterweise wird vom Patienten als Bedingung für die Menschwerdung, d.h. für eine Individuation i.S. *Mahlers* (1972, 1978), genannt: „man muß sich in einen Menschen verlieben." Dies bedeutet: Herrn B. muß sich aus der symbiotisch-narzißtischen Beziehungsstruktur (Mutter – Tochter) und aus dem Einflußbereich pathologischer Selbststrukturen befreien und objektlibidinöse Strebungen entwickeln. Der Patient sagt wörtlich, daß dies „ungeheuer schwer sei"! Dennoch gelingt dieser Entwicklungsschritt am Ende der Erzählung. Mir erscheint dabei psychodynamisch bedeutsam, daß in dem Moment,in dem eine klare Trennung zwischen Selbst- und Objektrepräsentanzen vorgenommen ist und damit Ansätze zu einer echten Objektbeziehung hergestellt sind, das Selbstbild des „jungen Mannes" „wieder sehen konnte." Man kann dieser Formulierung entnehmen, daß die männliche Selbstidentität in dieser Entwicklungsphase bereits so gestärkt ist, daß sie dem regressiven Sog des mütterlichen Introjekts nicht mehr erliegen würde (die „Tochter" stellt wohl lediglich eine Stufe auf dem Wege der Individuation dar).

Während die Geschichte zu Tafel 12F in prospektiver Hinsicht hoffnungsvoll zu stimmen vermag, zeichnet Herr B. mit seiner letzten Erzählung, zur **Tafel 13B**, ein düsteres Bild seiner inneren Situation. Auf der Subjektstufe weist diese Geschichte darauf hin, daß der Patient sich letztlich nicht aus der Macht des „bösen" mütterlichen Introjekts befreien kann. Er räumt seiner schwachen (kindlichen) männlichen Identität keinerlei Überlebenschance ein. Mit der Formulierung „so ist ihm wenigstens erspart geblieben, daß er verhungern mußte" drückt Herr B. aus, daß er sich lieber den zerstörerischen Kräften in seinem Innern ergibt, als in einem zermürbenden Kampf langsam dahinzusiechen. Eine totale Vernichtung seiner männlichen Identität würde allerdings psychische Desintegration und damit tatsächlich, wie es in der Geschichte heißt, „Irrenanstalt" für ihn bedeuten.

Zugleich drückt der Patient in der Geschichte zu Tafel 13B seine – berechtigte – Befürchtung aus, die in ihm lauernde, nur mühsam zurückgehaltene chaotische Aggressivität könne sich Bahn brechen und eine zerstörerische Wirkung entfalten. Unter diesem Aspekt würde der Aufenthalt „in einer Irrenanstalt bis ans Ende ihres Lebens" einen Schutz vor den archaischen Impulsen bedeuten. Bedenkt man, daß ein Kernproblem des Transsexualismus die ungeheuere Aggression darstellt, die sich unter anderem – etwa in der angestrebten Operation – in destruktiver Weise gegen den eigenen Körper richtet, so wird verständlich, daß sich der Patient vor dem unkontrollierten Durchbrechen dieser Kräfte mit Recht fürchtet. Auch die Geschichte zu Tafel 17GF und der aus der Anamnese des Patienten bekannte Versuch, den Vater zu vergiften, lassen erkennen, welche schrecklichen Konsequenzen diese Aggression haben könnte. Die Umlenkung auf den eigenen Körper kann angesichts dieser Gefahr als – wenn auch selbstdestruktiver und letztlich untauglicher – Abwehrversuch verstanden werden.

Die Interpretation der TAT-Geschichten auf der Subjektstufe erscheint mir aus verschiedenen Gründen gerade bei einem Patienten wie Herrn B. besonders fruchtbar: Er war, zumindest zu Beginn der Therapie, kaum fähig, sich über seine Gefühle und seine inneren und äußeren Konflikte zu äußern. Herr B. erwies sich als weitgehend eingeengt auf seine Forderung nach einer operativen Angleichung an das weibliche Geschlecht. Er vermochte auch kein plastisches Bild von seinen Beziehungen zu den Eltern und von ihrer Bedeutung für seine Entwicklung zu zeichnen. Alles, was er er über sie mitteilte, blieb mehr oder weniger klischeehaft, reduziert auf die Formel Mutter = „gute Kollegin", Vater = „zutiefst gehaßt." Hier vermittelte der TAT ein wesentlich differenzierteres Bild von der innerpsychischen Dynamik und von den zentralen Konflikten dieses Mannes. Daraus ließen sich wiederum wichtige therapeutische Konsequenzen ableiten (beispielsweise bei der Bearbeitung seiner Beziehungen und seines Umgangs mit aggressiven Impulsen).

10.6   Interpretation auf der Übertragungsebene

Gerade bei der Abklärung des therapeutischen Vorgehens vermag der TAT wichtige Informationen zu vermitteln. Wie ich anhand der TAT-Protokolle der anderen Patienten gezeigt habe, ist dabei oft von besonderer Bedeutung, daß der Therapeut sich frühzeitig ein Bild von dem zu erwartenden Übertragungsgeschehen machen kann.

Dies gilt ganz besonders bei einem Patienten wie Herrn B., der in den der Therapie vorgeschalteten Gesprächen weitgehend eingeengt war auf seinen Operationswunsch. Hinzu kommt, daß es bei einem solchen relativ seltenen Krankheitsbild wie dem Transsexualismus (der für den Therapeuten, der wenig Erfahrung mit solchen Patienten besitzt, oft außerordentlich irritierend ist), sehr hilfreich ist, wenn man möglichst weitgehende Einsicht in die Psychodynamik dieser Patienten gewinnt und frühzeitig Hinweise darauf erhält, wie sich diese Dynamik in der Beziehung zwischen Patient und Therapeut artikulieren wird.

Ich möchte das Vorgehen bei der Deutung des TAT-Protokolls auf der Übertragungsebene wiederum an einigen ausgewählten Tafeln demonstrieren. Außerdem werde ich aufzeigen, welches die für Herrn B. wichtigsten Übertragungskonstellationen sind, auf die man sich als Therapeut einstellen muß.

Untersucht man die Geschichte zu **Tafel 1** daraufhin, welche Informationen sie im Hinblick auf die Übertragung liefert, so besagt diese Erzählung folgendes: Herr B. wird erwarten, daß der Therapeut aus dem Patienten „etwas machen", d.h. ihn nach seiner eigenen Vorstellung in einer bestimmten Richtung beeinflussen wolle. Der Patient wird sich eine Zeitlang fügen, wird dann jedoch (indirekten) Widerstand leisten, in der Hoffnung, der Therapeut werde schließlich „einsehen", daß er vom Patienten „nichts erzwingen darf." Diese Geschichte liefert dem Therapeuten insofern einen wichtigen Hinweis, als sich bei transsexuellen Patienten tatsächlich sehr leicht – nicht zuletzt auch auf Grund der Gegenübertragung des Behandelnden – die Konstellation ergibt, daß der männliche Patient darauf beharrt, daß er dem weiblichen Geschlecht angehöre und operiert werden müsse, während der Therapeut sich verzweifelt bemüht, den Patienten davon zu überzeugen, daß er doch ein Mann sei und daß eine Operation keine sinnvolle Maßnahme sei. Nach meiner Erfahrung mit Transsexuellen ist dies eine zwar leicht entstehende, aber verhängnisvolle Übertragungs-Gegenübertragungskonstellation, welche innerhalb kürzester Zeit die therapeutische Beziehung zerstören kann. Dies ist von Seiten des Patienten sicher auch ein – unbewußt angestrebtes – Ziel. Oftmals liegt ein Abbruch der therapeutischen Beziehung aber vielleicht auch im (unbewußten) Interesse des Therapeuten, der sich auf diese Weise einer ihn sehr irritierenden, provokativ auf ihn wirkenden Situation entziehen kann (vgl. meine einleitenden Ausführungen unter 10.1.)

Angesichts dieser Übertragungs-Gegenübertragungs-Gefahren ist der Hinweis, den der Patient dem Therapeuten mit seiner Geschichte zu Tafel 1 gibt, außerordentlich wichtig. Der Therapeut wird gut daran tun, die in dieser Erzählung enthaltene Warnung zu beherzigen: Er darf sich – trotz geschicktester Manöver des Patienten – nicht dazu verführen lassen, in die Rolle der etwas erzwingenden Mutter zu geraten bzw. muß, wenn der Patient projektiv solche Tendenzen beim Therapeuten zu sehen meint, diese sofort deuten. Nach meiner Erfahrung aus Therapien in der Zeit vor der Operation und auch bei Patienten, die keine Operation bei uns anstrebten, ist es eine der wichtigsten Voraussetzungen, daß der Therapeut von Anfang an dem transsexuellen Patienten klar macht, daß die Frage der Operationsindikation kein Thema der Therapie ist. Wenn er sich zugleich durch eine besonders kritische Reflexion seiner Gegenübertragung davor hütet, sich in einen Machtkampf über die Frage des Mann- und Frau-Seins ziehen zu lassen, so kann – entgegen aller häufig geäußerten Skepsis – eine intensive, tragfähige therapeutische Beziehung zustande kommen.

Eine weitere für Herrn B. (und auch für viele andere männliche Transsexuelle) charakteristische Übertragunskonstellation ist die, welche er mit seinen Geschichten zu den **Tafeln 2** und **7BM** darstellt. Der Therapeut muß damit rechnen, daß Herr B. auch in der Behandlung versuchen wird, einen masochistischen Triumph über den Therapeuten zu erringen. In Anbetracht der Suizidalität des Patienten muß man gewärtig sein, daß er sogar so weit gehen könnte, sich das Leben zu nehmen, um damit den Therapeuten zu treffen (so wie es am Ende von Geschichte 2 heißt: „Die andere macht sich später, ihr ganzes Leben lang, Vorwürfe").

In diesem Zusammenhang ist noch auf eine besondere Schwierigkeit hinzuweisen, die sich aus der Geschichte zu Tafel 7BM ergibt: Ich habe oben ausgeführt, daß der Therapeut sich hüten müsse, sich vom Patienten in die Rolle einer vom Patienten etwas erzwingenden Mutter bringen zu lassen (wie es sich aus der Geschichte zu Tafel 1 ergibt). Nun läßt sich jedoch aus der Erzählung, die Herr B. zu Tafel 7BM liefert, schließen, daß er den Therapeuten in ein Dilemma bringen wird: Auf der einen Seite wird er versuchen, vom Therapeuten etwas zu ertrotzen (bei 7GF ist der Vater schließlich bereit, gegen besseres Wissen dem Sohn das verlangte Geld zu geben). Auf der anderen Seite wird der Patient dann aber zu erkennen geben, daß der Therapeut besser daran getan hätte, dem Wunsche des Patienten nicht nachzukommen. Eine solche hoch ambivalente Situation könnte sich in der Therapie beispielsweise im Hinblick auf die Frage ergeben, ob eine Operation indiziert sei oder nicht. Berücksichtigt man die Übertragungsdynamik, die sich aus der Geschichte zu Tafel 7BM ablesen läßt, so ergibt sich daraus ein weiterer Hinweis darauf, daß der Therapeut die Frage der Operationsindikation unbedingt aus der Therapie ausklammern muß. Anderenfalls wird der Patient ihn sehr bald in ein unlösbares Dilemma führen.

Herr B. selber gibt dem Therapeuten mit der Geschichte zu **Tafel 12F** einen Hinweis, wie diese schwierige Aufgabe gelöst werden könnte: Der Therapeut muß ein „Blinder" sein, d.h. er darf sich durch keine Abwehrmanöver des Patienten beeinflussen lassen, sondern muß unbeirrt seinen therapeutischen Weg gehen und an der „Menschwerdung" des Patienten arbeiten. Dann wird es ihm am Ende vergönnt sein, das „wahre Selbst" des Patienten zu sehen.

Eine weitere Übertragungskonstellation, mit welcher der Therapeut bei Herrn B. rechnen muß, ist die Ausbildung einer symbiotischen Beziehung, wie der Patient sie in seinen Geschichten zu den **Tafeln 3BM, 5, 7GF, 8GF und 18GF** dargestellt hat. Herr B. wird vom Therapeuten eine unerschöpfliche, bedingungslose Zuwendung erwarten, wobei für ihn die „Alter-Ego"-Beziehungsstruktur von besonderer Bedeutung sein wird. Wie sich aus der Geschichte zu Tafel 18GF ergibt, erlebt der Patient in einer solchen Beziehung aber nicht nur eine narzißtische Stärkung, sondern er erfährt durch ihren fusionären Charakter zugleich auch eine weitere Schwächung seiner ohnehin schon beeinträchtigten Autonomie. Der Therapeut sollte deshalb der Ausbildung einer solchen Übertragung seine besondere Aufmerksamkeit schenken. Er muß nämlich in diesem Falle, wie die Geschichten zu den **Tafeln 10, 13MF, 20, 6GF und 9GF** zeigen, damit rechnen, daß der Patient – zwangsläufig – vom Therapeuten enttäuscht sein wird und daraufhin die Behandlung vielleicht abrupt abbricht oder mit aggressiven Durchbrüchen reagiert. Der Therapeut darf sich, trotz der betont unaggressiven Haltung des Patienten, keinen Moment darüber täuschen, daß eine archaische Aggressivität im Patienten schlummert, die beim geringsten Anlaß hervorbrechen kann. Die Geschichten zu den Tafeln 13MF und 9GF vermitteln ein anschauliches Bild von der Intensität dieser Aggression, die sich in der Übertragung auch gegen den Therapeuten richten wird und dann durchgearbeitet werden muß.

Ich hoffe, mit meinen Anmerkungen zur Deutung der TAT-Geschichten auf der Übertragungsebene gezeigt zu haben, daß diese Interpretationsart dem Therapeuten relevante Informationen für die geplante Behandlung liefern kann. Mit seinen TAT-Geschichten hat Herr B. ein differenziertes und anschauliches Bild der wichtigsten Übertragungskonstellationen entworfen, die tatsächlich in seiner Behandlung auftauchten. Zugleich enthalten die Erzählungen bei einer Deutung auf der Übertragungsebene auch eine Reihe von Hinweisen darauf, wie der Therapeut sich in besonders kritischen Behandlungsphasen verhalten soll. Insofern stellt diese Interpretationsmethode eine fruchtbare Ergänzung zur Herausarbeitung der Psychodynamik sowie zur Deutung auf der Objekt- und Subjektstufe dar.

11 Frau L. – eine Frau mit einer Borderline-Störung narzißtischer Prägung

11.1 Zur Lebensgeschichte von Frau L.

Mit Frau L. traf ich im Rahmen einer strafrechtlichen Begutachtung zusammen. Sie hatte sich eine große Zahl von Delikten (darunter neben Diebstählen auch Körperverletzungen und sogar mehrere Mordversuche) zuschulden kommen lassen. Von ausschlaggebender Bedeutung war dabei, daß die damals 22jährige Patientin in einer fusionären Beziehung zu einem um 25 Jahre älteren Manne lebte. Sie hatte ihn im 16. Lebensjahr kennengelernt und war 1 Jahr später zu ihm gezogen.

Die Beziehung, die Frau L. zu ihrem Freund unterhielt, wies ein narzißtisches Muster auf: Sie idealisierte ihn in einem extremen Maße (so sprach sie beispielsweise von ihm als ihrem „Gott", der für sie „Vater und Mutter zugleich" sei). Diese Idealisierungen vermochte sie selbst nach der Aufdeckung der Straftaten und der Inhaftierung nicht in Frage zu stellen. Frau L. hatte sich ihm gegenüber in eine Abhängigkeit begeben, die sie schließlich zu einem „willenlosen Werkzeug" in seinen Händen machte. Der Freund war es denn auch, der die Patientin nachweislich zu den kriminellen Aktivitäten aufgefordert hatte. Sie selber begründete ihr Verhalten damit, daß sie sich seinen Forderungen nicht habe widersetzen können, sie sei ihm völlig „hörig" gewesen. Zugleich aber war Frau L. auch sehr bemüht, den Freund von jeglichem Vorwurf freizuhalten und ihre Idealisierungen zu retten. Sie ging dabei sogar so weit, zu sagen, er habe „eigentlich nur das Beste" für sie gewollt, nach wie vor sei er für sie „rein und erhaben", er habe sicher seine „berechtigten Gründe" gehabt, sie für „solche Aktionen einzusetzen" („Aktionen", bei denen der Tod anderer Menschen bedenkenlos in Kauf genommen wurde, z.T. war Mord sogar das Ziel der Handlung!).

Über die Kindheit der Patientin erfuhren wir, daß sie ein stilles, (wie die Mutter formulierte:) „engelhaft liebes" Kind gewesen sei.

Die elterliche Ehe sei von Anfang an voller Konflikte gewesen. Nach Darstellung der Patientin habe die Mutter „dauernd die Kranke gespielt", um damit den Vater an sich binden zu können.

Die **Mutter** sei ihr gegenüber stets kühl, fordernd, sehr auf gute Leistungen bedacht gewesen. Sie könne sich nicht darin erinnern, von ihr je Herzlichkeit erfahren zu haben. Der sexuelle Bereich sei im Elternhaus völlig „tabu" gewesen. Dennoch habe die Mutter im 13. Lebensjahr der Patientin diese plötzlich zu ihrer „Vertrauten" gemacht, indem sie ihr immer wieder von ihren sexuellen Problemen mit dem Vater erzählt habe. Die Mutter habe insbesondere davon berichtet, daß sie beim Sexualverkehr nie einen Orgasmus erlebt habe.

Ihren **Vater** schilderte Frau L. als einen „philosophischen Typ". In der Kindheit sei sie sehr gut mit ihm ausgekommen. Sie habe damals „grenzenloses Vertrauen" in ihn gehabt. Ca. im 10. Lebensjahr sei dieses Vertrauen jedoch mehr und mehr geschwunden. Sie habe sich ihm nicht mehr so nahe gefühlt und habe es beispielsweise als sehr unangenehm erlebt, wenn er sie als 14/15Jährige habe umarmen wollen. Sie habe dann immer unter dem Eindruck gestanden, er sehe sie weniger als Kind denn als Frau an.

Die Atmosphäre im Elternhaus sei geprägt gewesen von den Zwistigkeiten zwischen Vater und Mutter. Frau L. berichtete, sie habe deshalb nie ein Gefühl der Geborgenheit erlebt. Beim Vergleich mit anderen Kindern habe sie gesehen, daß diese „es anders hatten, ich suchte immer ein Daheim . . . Was ich immer gesucht habe, war echte Liebe".

Zu dem um zwei Jahre älteren **Bruder** habe sie stets eine gute Beziehung gehabt. Er habe die Eltern ähnlich erlebt wie sie. Mit allen seinen Problemen sei er zu ihr gekommen und habe sich bei ihr Rat geholt, obwohl sie doch die Jüngere sei (aus dem letzteren Hinweis klang ein gewisser Stolz darauf, daß sie sich der Wertschätzung des Bruders erfreut hat). Über die Beziehung zur um 8 Jahre jüngeren **Schwester** wußte Frau L. wenig zu berichten. Sie war nicht einmal sicher in bezug auf das Geburtsdatum der Schwester. Die Patientin äußerte sich lediglich dahingehend, daß sie „gut" miteinander auskämen.

Ein besonders einschneidendes Ereignis ihrer Kindheit sei die folgende Begebenheit gewesen: Sie sei im Alter von 7 Jahren in einen religiösen Kindergarten gekommen, der von einer Nonne geleitet worden sei. Diese Frau habe sich von Anfang an der Patientin gegenüber ablehnend gezeigt, „sie haßte mich". Bei einer kleinen Verfehlung, deren sie sich heute nicht mehr erinnern könne, habe die Klosterfrau zu ihr gesagt, sie habe eine „schwarze Seele". Dieser Ausspruch habe bei ihr einen „schrecklichen Schock" ausgelöst und sei ihr, obwohl sie von den Eltern unverzüglich in einen anderen Kindergarten gegeben worden sei, noch jahrelang nachgegangen. Auch die Mutter von Frau L. berichtete anläßlich eines Gesprächs, das wir mit den Eltern führten, daß die Patientin in späteren Jahren immer wieder auf den Ausspruch der Nonne zurückgekommen sei und gefragt habe, ob es wirklich wahr sei, daß es „schwarze Seelen" gebe und ob sie eine „schwarze Seele" habe.

Die Schulen bis zur Matur haben Frau L. offensichtlich keine Schwiergkeiten bereitet. Sie erzielte stets gute bis sehr gute Leistungen. In ihren sozialen Beziehungen zu den Mitschülern habe es jedoch von jeher große Probleme gegeben: Sie habe zwischen sich und den anderen ein ausgeprägtes Gefühl von „Kühle und Fremde" erlebt – ähnlich wie im Verhältnis zur Mutter. Frau L. berichtete, daß sie sich mehr und mehr von allen Gleichaltrigen zurückgezogen habe. Sie habe sich während der Gymnasialzeit in Philosophie, Religion, klassische Musik und Literatur geradezu geflüchtet. Oft habe sie sich in Tagträumen vorgestellt, „daß ich zur Zeit Platons gelebt hätte, um mit ihm zusammenzusitzen und philosophieren zu können". Überall habe sie sich als Außenseiterin empfunden, bei der alles „ganz anders" gewesen sei als bei anderen. Als sie im 16. Lebensjahr ihren um 25 Jahre älteren Freund kennengelernt habe, sei es für sie wie eine „Erleuchtung" gewesen. Sie habe ihn „wahnsinnig geliebt . . . er war für mich wie Gott . . . wie Vater und Mutter zugleich". In ihrer sozialen Isolation und ihrer Unsicherheit sei er für sie „wie ein Rückgrat" gewesen. Selbst als der Freund die Patientin in aggressiver, sie demütigender Weise behandelte (sie schlug, sich mit sadistischen Praktiken sexuell an ihr verging, andere Freundinnen neben ihr hatte und sie damit quälte und schließlich als „Werkzeug" für seine kriminellen Aktionen „einsetzte"), vermochte sie sich weder innerlich noch äußerlich von ihm zu distanzieren. Es habe ein Blick von ihm, eine flüchtige Berührung oder ein Wort ausgereicht, um jeden Widerstand in ihr zum Erliegen zu bringen. Noch zur Zeit der Exploration bei uns „vergötterte" sie diesen Mann und war im Grunde zu keinerlei Kritik an ihm fähig.

Betrachtet man die Lebensgeschichte von Frau L. unter psychodynamischen Gesichtspunkten, so fällt auf, daß sich die Antinomie zwischen „schwarzer Seele" und „engelhaft lieb" wie ein roter Faden durch das Leben dieser Frau zieht. Auch in unseren Gesprächen mit der 22jährigen Patientin tauchte diese Konstellation wieder auf, indem sie, die höchst aggressive Delikte verübt hatte, sich dem Untersucher als betont sanfte, hilfsbedürftige, stets freundlich lächelnde Frau von kindlich-vertrauensselig wirkender Art präsentierte. Die Delikte einerseits und die Person von Frau L. andererseits schienen im Grunde unvereinbar, d.h. es bestand elne scharfe Spaltung zwischen „bösen" und „guten" Selbstrepräsentanzen. Es erscheint mir psychodynamisch auch bemerkenswert, daß im Hinblick auf die Beziehungspersonen von der Patientin eine zweifache Spaltung vorgenommen wurde: „engelhaft lieb" ist eine Charakterisierung der Mutter, „schwarze Seele" ein Ausspruch der Nonne; zugleich aber erlebte die Patientin innerhalb der Familie zumindest primär die Mutter als die „Böse", den Vater hingegen als den „Guten". Unter der zunehmenden Sexualisierung ihrer Beziehung zum Vater (wobei es sich hier entweder um eine Projektion eigener sexueller Impulse der Patientin handelt oder auch tatsächlich eine Erotisierung der Beziehung von Seiten des Vaters erfolgt ist) sah sich Frau L. gezwungen, die Idealisierung vom Vater nach und nach zurückzuziehen. Da sie jedoch zur Erhaltung ihrer inneren Stabilität eines idealisierten Selbst-Objektes dringend bedurfte, heftete sie die narzißtischen Wünsche und Phantasien an den Freund, der sich ihr durch den großen Altersunterschied als „Vaterfigur" besonders anbot.

Er wurde für sie zum narzißtischen „Rückgrat", ohne den sie sich ein Leben nicht mehr vorstellen konnte. Was bei oberflächlicher Betrachtung als sexuelle „Hörigkeit" verstanden werden könnte (und die Patientin selber sprach davon), war in Wahrheit eine totale narzißtische Abhängigkeit. Auch die ödipale Komponente, die sich in der Lebensgeschichte zeigt und die man in der Beziehung zu einer „Vaterfigur" sehen könnte, stellt im Grunde nur eine Ebene dar, auf der sich die narzißtische Problematik artikulierte und durch die sie eine triebmäßige Verstärkung erhielt. Letztlich geht es, wie die Patientin selber formulierte, darum, daß sie „echte Liebe" suchte, eine Person, die „Gott . . . Vater und Mutter zugleich" für sie wäre. Sie war bereit, für eine solche narzißtische Verstärkung den Preis des totalen Verlusts von Autonomie und Individualität zu zahlen. Zugleich bot ihr die Beziehung zum Freund aber auch die Möglichkeit, ihre aggressiven Impulse auszuleben. Dabei spielte zweifellos die Tatsache eine wichtige Rolle, daß durch die fusionäre Beziehung zum Freund ihr eigenes Über-Ich, das allenfalls Einspruch hätte erheben können, außer Kraft gesetzt worden war und sie ihre aggressiven Impulse dabei sogar noch idealisieren konnte (ihre kriminellen Aktivitäten dienten ja einem „guten Zweck", weil der vergötterte Freund sie forderte).

11.2 TAT-Geschichten von Frau L.

Die folgenden 20 TAT-Geschichten sind von Frau L. in schriftlicher Form geliefert worden. Diese Protokollierungsmethode wurde zum einen aus organisatorischen Gründen gewählt. Zum anderen war Frau L. sehr schreibgewandt und erklärte sich sofort bereit, die Geschichten selber zu protokollieren. Ihre schnelle Arbeitsweise ließ erkennen, daß sie spontan reagiert und keine weitgehenden Überarbeitungen ihrer ursprünglichen Phantasien vorgenommen hat (vgl. mein Ausführungen in Kapitel 4.6, S.17).

Tafel 1 Benjamin
Als Kind armer Bauersleute geboren, erlebte Benjamin früh die Härte des Lebens. Neben der Schule arbeitete er auf dem Hofe mit. Mit den Knechten arbeitete er im Stall und auf dem Feld. Seine Eltern waren so herb in ihrem Wesen, wie das kleine Ackerfeld karg war. Derbe Nahrung, derbe Worte, derbe Umgebung – das war es, was er tagtäglich sah und erlebte. Und er gewöhnte sich daran. Sein Körperbau war kräftig, seine Hände breit und schwielig von der täglichen Arbeit. Nur sein Geist blieb be-

hende. Dieser flog weit über Ackerschollen, Feld und Wald hinweg in ein Land des Traumes. Keiner vermochte in ihn hineinzusehen. Man nahm nur von Zeit zu Zeit einen leise sinnenden Ausdruck auf seinem Gesichte wahr. Und dann jeweilen ruhten seine Hände. Erst ein Fluchen von Seiten des durch die Arbeit gebückten und gezeichneten Vaters vermochten ihn dann seiner Welt zu entreißen. Auf Fragen nach seinem Sinnen gab er keine Auskunft. Viel zu reden war eh nicht Brauch auf dem Gretenhof. Das hatte Benjamin schon früh gelernt. Arbeit – das war Sprache. Arbeit – das bedeutete Ehrlichkeit. Arbeit – das hieß Rechtschaffenheit. Wie konnte er da über seine in seinen Augen verwegenen Träume reden? Über etwas sprechen, dessen Wirklichkeit der Vater den Tunichtguten zusprechen würde? Doch was verbirgt der Schleier seiner Gedanken? Das Geigenspiel. Nicht jenes der Volksfeste – das feine, zarte, einmal jubelnde, dann wieder weinende Spiel jenes Künstlers, dessen Klängen er einst hatte horchen können, als es ihm gelang, sich zwischen zwei Konzertbesuchern am Aufseher vorbei in den großen Saal zu schleichen, von dem er schon so viel hatte sprechen hören. Dort saß und lauschte er. Dort hatten die Musen ihn in ihren Bannkreis gezogen, dem er nicht mehr zu entfliehen vermochte, noch wollte. Und darüber sann er nach, wenn seine Hände arbeiteten. Von Zeit zu Zeit betrachtete er diese auch: ob sie wohl auch solches vermöchten? Denn das war sein so verwegener Traum: selbst eine Geige zu besitzen, selbst so himmlische Klänge hervorzuzaubern zu können.

Und das Glück schien ihm hold: als ein weiteres Mal im Dorf angekündigt wurde, im nahe gelegenen Städtchen fände ein Violinkonzert statt, gelang es ihm, den Künstler zu sprechen. Nicht vieler Worte gewohnt, brachte er seinen Traum mehr schlecht als recht vor. Doch eines verband sie: die Liebe zur Musik. Auch der Künstler war im Lichte seiner Tätigkeit ein in sich gekehrter Mensch, der nicht viel Worte machte. So verstand einer den anderen.

Benjamin durfte mit in das vorübergehende Logis des Künstlers. Und dort sah er das Wunderding zum ersten Mal von nahe. Der Künstler ließ ihm Zeit, ja, er zog sich etwas zurück, als er den Jungen zum Tisch hintreten sah, auf welchem die Violine lag. Beide Hände aufgestützt, blickte er lange sinnend auf das Instrument. In seinem Geiste sah er sich spielend: im Lichtstrahl des Konzertsaals einem überirdischen Wesen gleich; überirdische Klänge hervorbringend.

Der Künstler lächelte, als er die Entrücktheit des Knaben wahrnahm. Auch er hatte einst so träumend dagesessen. Und nach harter jahrelanger Arbeit, diszipliniertem Übens war er zum jetzigen Ziel gekommen, das er seinerseits erst als Stufe betrachtete.

Es dämmerte schon der Morgen, als sich die beiden verabschiedeten. Der Künstler, um in einer anderen Stadt, einem neuen Konzert entgegengehen zu können. Der Bauernjunge zurück, um auf dem Feld die Arbeit aufzunehmen.

Tafel 2

Alles hatte damit angefangen, daß sie eine höhere Schule besuchen wollte. Sowas gab es aber einfach nicht. Wozu sollte eine Frau eine höhere Bildung besitzen? Das war's, was man ihr als Argument entgegenhielt. Doch sie nahm es nicht an, denn es war kein Argument, sondern ein Vorurteil. Sie wollte voran. Allen Schwierigkeiten zum Trotz. So arm waren ihre Eltern ja nicht, daß sie es sich nicht hätten leisten können. Was sie sich aber nicht leisten wollten, das war, im Dorf ins Gerede zu kommen.

Und das kamen sie denn auch, als Martha ihren Willen durchzusetzen vermochte. Und nun war sie es, die dafür zu zahlen hatte: Spott auf der einen, Haß und Neid auf der anderen Seite. Ihre um drei Jahre ältere Schwester, überaus durchschnittlich, ließ sie am meisten die Verachtung spüren, die sie mit hämischen Bemerkungen und über sie hinweg gleitenden Blicken kundtat, mit welchen sie Marthas Existenz möglichst auffällig zu ignorieren suchte. Und ungewollt wurde sie so zum Mittelpunkt des Gesprächs im kleinen Dorf, der Frage nach der Möglichkeit – dem Können und Dürfen – der Ausbildung der Frau.

Die Tradition indes war stärker: Sie mußte in die Stadt, um dem Hader im Dorf zu entgehen. Dort erst konnte sie ihrer Berufung folgen.

Tafel 3GF

„Wenn ich nur sterben könnte." Das Leben – was hat es denn für einen Sinn? Leben – wozu?

Hineingestellt in eine Welt, die sinnlos ist – so sinnlos, wie das Leben selbst. Leben – wie ein Hohn steht es vor mir. Eine hämische Herausforderung und gleichzeitig rauhe Gleichgültigkeit. Ein wenig Leben für ein wenig Vergnügen? Etwas Macht? Ein bißchen Wissen – Wissen, das doch keines ist. Da wäre der Tod doch zu bevorzugen. Alles wäre vorbei. Dann ist es unsinnig, nach einem Sinn zu fragen. Aber warum kann ich das Fragen nicht lassen? Nicht einsinken in das Spiel der Vergeßlichkeit wie alle um mich her?

Mich selber täuschen? Nein – ich möchte, ich muß wissen. Es muß doch einen Sinn geben, wenn soviel Leid und Ungerechtigkeit vorkommen. Es kann doch nicht alles für „Nichts" sein. Leben, leben – es ist nichts wie ein schmerzender Dorn. Man spricht immer vom Stachel des Todes – aber es ist der Stachel des Lebens, der sticht. Das Leben selbst schmerzt. Und diese Schmerzen suchten die Philosophen mit Logik und Utopien, der einfache Mensch in einfachen Vergnügen zu stillen. Und wo stehe ich? Hat nicht beides letzlich keinen Sinn? Läuft nicht alles wieder letztlich auf eines hinaus?

Tafel 4
Um ihretwillen hatte er alles aufgegeben: Karriere und Beruf. Sie ihrerseits hatte sich von ihrem Ehemann getrennt und damit in eine Situation gebracht, die sie zu einer der Gesellschaft Außenstehenden machte. Innige Liebe – und diese „Einsamkeit" verband sie.
Mit der Zeit klammerte sie sich immer heftiger an ihn, überwachte ihn eifersüchtig. Er seinerseits suchte Freiheit – obwohl er sie liebt, will er seine Unabhängigkeit wahren. Dieser Zwiespalt treibt sie in den Tod, indem sie sich unter den Zug wirft. (Erinnerung an das Buch „Anna Karenina" von Tostoj).

Tafel 5
Die Schwiegermutter haßte das Mädchen. Nichts an ihr war recht. Und sie bereitete dem jungen Paar denn auch nichts anderes als Reibereien.
Es war die Machtzeit Hitlers. Der Sohn wurde aufgeboten. Zwei, die sich haßten, blieben zurück.
Die Alte überwachte das Mächen und fand recht bald etwas, um dieses anzuzeigen: es war Sympathisantin der Weißen Rose. Es wurde verhaftet und hingerichtet.

Tafel 6GF
Er hatte geheiratet, weil er wußte, daß sie reich war. Er selbst war vermögend, gewöhnt zu befehlen.
Da er sadistisch veranlagt war, quälte er sie bei jeder Gelegenheit. Sie hatte ein empfindendes Gemüt und nahm es daher doppelt schwer – dennoch suchte sie ihn stets vor sich selbst zu rechtfertigen, denn Sitte und Erziehung geboten ihr die Unterordnung. Sie hatte ihm alles gegeben, was sie hatte. Sie war älter geworden, auch ihre Schönheit war verbraucht.
Nun stieß er sie unter demütigenden Gründen von sich, um eine jüngere zu heiraten.

Tafel 7GF
Das Kind hatte kein echtes zu Hause gehabt. Von Pflegeeltern wechselte es in Heime und wieder zurück. Überall Ermahnungen und Belehrungen – nur keine wärmende Liebe.
Auch zur neuen Pflegemutter konnte das Kind so nur das empfinden, was man ihm stets selbst gegeben hatte: Abweisung.
Die Pflegemutter mißverstand dies und reagierte unbeherrscht. Nachdem auch Schläge nichts fruchteten, diese vielmehr zu noch größerer Distanz zwischen beiden führten, wurde das Kind wieder in ein Heim zurückgebracht.
Dort wird es plötzlich rebellisch. Es wirkt wie völlig umgekehrt. Es lehnt sich gegen alles auf und kann sich und die andern nicht mehr verstehen.

Tafel 8GF
Sie sinnt über ihre Gottheit nach. Ein Ja zu ihr bedeutet ein Nein zur Welt. Sie, die holde, unvergleichliche, allmächtige Gottheit – eigentlich wäre das Ganze ja gar keine Frage. Es gäbe nur eines: Sich ihr hingeben, für sie zu leben.
Oh süße Stunden dieser Einsamkeit, in der jeder Atemzug Berührung mit der einen, allmächtigen, bedeutet. Das Mysterium der Liebe – wie ließe es sich erklären?
Einfach da zu sein für sie, in ihr allein: in ihr leben, in ihr arbeiten, in ihr atmen. Da braucht es keine Worte, nicht einmal Gestik, es ist das selige Lächeln des unsterblichen Seins, das da über allem ruht, alles umspielt, alles in sich einschließt.
Aber sie ist kompromißlos: Entweder Ja – und dann ganz. Oder Nein – und dann eben nicht. Ja oder Nein?

Tafel 9GF
Es stellt die Flucht aus einem brennenden Haus dar. Die Schulden hatten sich gehäuft. Es schien kein Ausweg mehr dazusein. Der Vater zündet das Haus an. Dann das Entsetzen darüber: Der Brand läßt sich nicht mehr eindämmen.
Jeder rafft das ihm Kostbarste zusammen und flieht danach.
Ein Mädchen denkt nur an sich und rennt. Das Andere – sein Kostbarstes, seine Hefte mit seinen Gedichten und ein geweihtes Tüchlein in der Hand haltend – hält inne: Der kleine Bruder: Wo ist er?

Sie geht zurück. Findet ihn schlafend im Bettchen. Sie nimmt ihn in ihre Arme und flieht. Sie dankt Gott für das geschenkte Leben ihres Bruders.

Tafel 10

Er küßt sie innig.

Sie hatte nichts als Schweres in ihrem Leben erlebt. Er weiß dies, und er gibt ihr die Wärme, die sie so lange vergeblich gesucht hatte.

Sie gibt sich diesem Moment völlig hin – nur ein Bewußtsein steht dennoch wie eine trennende Wand dazwischen: Alles ist vergänglich, alles ist nur Schritt in einer einzigen, unerklärlichen Zeitabfolge. Sie möchte vergessen – aber sie kann nicht. Nicht daß sie hadern würde – aber sie weiß um ihre und aller Vergänglichkeit. Dieses Bewußtsein möchte sie gerne vergessen. –

Sie hält es letztlich nicht mehr aus und nimmt sich das Leben: Ein Versuch dem Sklaventum der Zeit zu entrinnen.

Tafel 11

Die Gralsburg: das hohe, hehre Ziel. Doch unendliche Schwierigkeiten liegen dazwischen – zwischen Mensch, Bestimmung und Erfüllung:

Der Raum, den es zu überwinden gilt. Große Felsblöcke liegen dazwischen.

Die Zeit, die sich wie ein Drache auf einen stürzt, und die Kausalität, die einen ständig narrt, auf jede Ursache folgt eine Wirkung, die ihrerseits wieder Ursache einer Wirkung ist und die sich wie eine Kette um den Menschen legt und den Zutritt zur Gralsburg verunmöglicht.

Es ist das Drama dieser Welt, das so zur Tragödie wird.

Tafel 12F

Sie eine Hexe. Ihr ganzes Leben hat sie zugebracht, Kräuter zu mixen, Kriechtiere und Federvieh zu töten, um so nach Wunsch ihrer Kunden auf magische Weise da und dort Einfluß zu nehmen.

Ihr Leben lang hat sie den Bösen angerufen und zeitweise auch Luzifers Hilfe in Anspruch zu nehmen gesucht. Die Bibel brauchte sie nur für Beschwörungen – das Kostbarste aber war ihr das sechste und siebte Buch Mose und andere geheime Rezepte, die sie bei ihrer Einweihung in Empfang genommen hatte.

Das magische Gesetz verlangt, daß sie vor ihrem Tode eine junge Hexe einweihen muß, um nicht danach dem Bösen zu verfallen, den sie zu so vielen Diensten herangezogen hatte.

Sie lächelt böse hinter dem Rücken der Jungen, denn sie weiß um die Gefährlichkeit und den Fluch des Hexentums, den sie nun weitergibt.

Tafel 13MF

Nacht um Nacht hatte er an ihrem Bette gewacht. Alle Ärzte hatte er um Rat ersucht, jedes Mittel erprobt, um sie zu retten. Doch nun war sie tot. Es war, als ob ein Stück von ihm selbst gestorben wäre, ja, als ob das Licht des Lebens mit ihr überhaupt erloschen sei.

Er kann es nicht fassen. Nein, er will es nicht glauben. Es kann, es darf nicht wahr sein.

Es ist, als ob ihr toter Körper noch von einem Hauch des eben erst noch anwesenden Lebens überzogen wäre. Er möchte sie nochmals küssen. Doch er wendet sich ab.

Zwei Tage später erschießt er sich im nahe gelegenen Wald. Das Leben war ihm sinnlos geworden.

Tafel 14

Freiheit. Freiheit. Ein Wort mit unendlicher Bedeutung. So reich und so arm wie das Leben selbst. So paradox wie der Sinn des Lebens.

Er möchte den Sprung von einer Freiheit in eine andere tun. Doch er hält inne, sinnt wiederum.

Die persönliche Freiheit: Was ist sie? Dem Gefangenen das Draußen.

Dem draußen die Unabhängigkeit, das So-sein-können, wie man sein will.

So einfach gesagt. Und doch gibt es sie nirgends, diese Freiheit. Man ergeht sich in unendlichen Definitionen. Ist nicht jede Staatsform ein Versuch dieser Freiheit: Hier einiger weniger, dort einiger mehr. Ist nicht jede Lebensform ein Erproben dieser Freiheit: Hier im Mitwirken am Geschehen der Welt, dort im völligen Losgelöstsein von allem Irdischen, dem Mönchtum. Ist es Freiheit zu leben, oder ist es Freiheit zu sterben?

Er findet das Letztere und stürzt sich aus dem Fenster.

Tafel 15

Das Gesamte ist ein Traum. Der Träumer ist ein Mann, der in seinem Alltag viele Menschen unterdrückte und quälte. Mehr als einen hat er so schon unter den Boden gebracht.

Im Traum sieht er alles vervielfacht, er findet sich selbst in einem Friedhof, umgeben von Gräbern jener, die er gequält hat. Entsetzen packt ihn. Er friert, es schnürt ihm die Kehle zu. Er identifiziert sich selbst so mit dem schrecklichen Monstertum Tod. Er möchte die Hände falten und beten, nein, um Verzeihung bitten. Zutiefst leidet er mit, was er anderen angetan. Nochmals packt ihn das Entsetzen. Schüttelt ihn.
Dann erwacht er.
Von diesem Tag an änderte er seine gesamte Lebenshaltung: Nie wieder wurde jemand von ihm unterdrückt.

Tafel 16
Ich sehe das Bild der Gottheit, die ich zutiefst verehre.
An sie denkend, überzieht sich wie mit einem zarten, unbeschreiblich schönen Lichtschimmer. Alles schmilzt in sie ein. Sie ist ohne Anfang, ohne Ende, gestaltlos, formlos, – und dennoch jedem so erscheinend, wie er sie verehrt.
Sie ist unbeschreiblich schön. Allmächtig, allwissend, allgegenwärtig bestimmt sie das Geschick des Menschen. In vielen Formen – selbst der schrecklichen der Kali – ist ihre Gegenwart hold und unvergleichlich.
Für den, der sie liebt, gibt es keine Alternative. Sie will den sie Verehrenden ganz und kompromißlos bis in den Tod.

Tafel 17GF
Das Problem liegt darin, daß der Mensch in seltensten Momenten „sich selbst" ist. Ja man möchte sogar fragen, ob dies nur Augenblicke überhaupt sind.
Martha steht auf der Brücke. Alleine. In Gedanken jedoch weilt sie in einer fernen Stadt, wo sie auf den Boulevards die schönen Schaufenster bewundert. Sie ist Mitglied eines Vereins. Sie ist sich selbst nicht bewußt, daß diese Zugehörigkeit einen wesentlichen Bestandteil ihrer selbst darstellt. Sie ist eine Persönlichkeit aufgrund der gegebenen Umstände – nicht aus sich selbst heraus. Deshalb ist sie auch – unbewußt – unfrei. Sie ist Teilstück eines Ganzen. Eines Ganzen, das ihr inneren Halt und Selbstsicherheit gibt. Alleine käme sie sich verloren vor, nutzlos. Alleine hätte sie Angst. Aber die ihr gegebene Gewißheit, Teilstück eines Gesamten zu sein, läßt sie selbstsicher auf den Fluß blicken. – In umgekehrter Situation dächte sie daran, ins Wasser zu springen.

Tafel 18GF
Sie hat noch nicht zugedrückt – man sieht es ihrem Gesichtsausdruck an. Aber sie ist im Begriff, es zu tun.
Das Opfer ist starr vor Schreck. Es ist willenlos und wehrt sich nicht. Die Arme hängen schlaff herab. Die Schultern sind im Schmerze zusammengezogen.
Es ist schrecklich. Es liegt ja kein Grund zum Würgen vor. Ist das vielleicht der Grund, warum sie sich nicht wehrt? Den Mund öffnen, nur den Mund öffnen zu können! Aber es geht nicht. Nur den Mund öffnen, öffnen. Aber der Würgegriff ist zu hart. Alles beginnt sich zu drehen.
Jetzt würgt die andere noch härter, und unter ihren Händen erlischt das Leben.
Den Leichnam wirft sie in eine Jauchegrube.

Tafel 19
Ein Spiel mit Licht und Schatten. Ein Ausdruck künstlerischer Freiheit und Individualität.
Für mich nichtssagend, disharmonisch – ein Ausdruck müder Übersättigung. Vielleicht auch ein mißglückter Versuch von Originalität. Dumm, mit einem Hauch von Snobismus und einer Prise Allerweltsweisheit. Aber wie gesagt: Eine individuelle künstlerische Freiheit.

Tafel 20
Einsames Warten. Doch im Inneren ist's warm trotz beißender Winterkälte: Ein Warten auf die Geliebte.
Er fühlt schon ihre Gegenwart, sieht ihre lachenden Augen, ihren verschmitzten Mund. Alles erscheint ihm freundlich, selbst die Reklamebeleuchtung scheint ihm wohlwollend zuzuzwinkern. Alle Lichter sind ihre Augen, ihr hübsches Gesicht.
Er wartet. Sie sollte schon hier sein. Gedankenverloren blickt er vor sich auf den Boden. Er durchlebt die gestrigen Stunden mit ihr nochmals.
Er erinnert sich an jedes Detail, jedes Wort, jede ihrer Bewegungen. Er sieht sie lächelnd und lächelt nun selbst vor sich hin.
Dann kommt sie. Sie küssen sich innig. Und die Nacht verschluckt die Langsamgehenden.

Dieses TAT-Protokoll ist aus verschiedenen Gründen bemerkenswert: Zum einen verfügt Frau L. über eine sehr differenzierte sprachliche Äußerungsfähigkeit und vermag seelische Regungen, vor allem solche narzißtischer Art, anschaulich darzustellen. Zum anderen liefert ihre zur Tafel 1 erzählte Geschichte meines Erachtens ein gutes Beispiel dafür, daß es durchaus sinnvoll ist, es den Probanden zu überlassen, den Umfang ihrer Geschichten selbst zu bestimmen, und sie nicht (wie *Revers*, 1973, es vorschlägt) aufzufordern, sich kürzer zu fassen. Gerade dadurch, daß die Geschichte zu Tafel 1 breit ausgeführt ist, vermittelt sie ein anschauliches Bild von der Erlebniswelt dieser Patientin.

Schließlich ist man als Leser dieses TAT-Protokolls davon beeindruckt, wie unverhüllt und heftig die verschiedensten Impulse und Phantasien in den Geschichten geäußert werden. Viele primärprozeßhafte Inhalte drängen sich – fast unzensuriert – dem Bewußtsein der Patientin auf. Am deutlichsten geschieht dies vielleicht in der Geschichte zu Tafel 18GF, bei der Frau L. in der Erzählung selbst darauf hinweist, daß es eine „grundlose", d.h. eine ihrem bewußten Erleben nicht erklärliche Aggression ist, die sie in sich spürt.

Im folgenden sollen zunächst wieder die psychodynamischen Foki formuliert und ich-strukturelle Aspekte herausgearbeitet werden. Sodann wird eine Deutung auf der Objekt- und Subjektstufe vorgenommen. Den letzten Auswertungsschritt stellt schließlich die Interpretation auf der Übertragungsebene dar.

11.3   Formulierung der Psychodynamik und Überlegungen zur Ich-Struktur

Wie bereits erwähnt, nimmt die Geschichte zu **Tafel 1** durch ihre Ausführlichkeit eine Sonderstellung ein. Bei der Frage nach den Gründen kann man verschiedene Hypothesen entwickeln: Zum einen ist es die erste Tafel gewesen, und es ist möglich, daß sich die Probandin fasziniert in diese ihre Phantasie ansprechende Aufgabe „stürzte" und dem Untersucher demonstrieren wollte, wozu sie fähig war. Zum anderen ist zu berücksichtigen, daß die Bildvorlage von ihrem Aufforderungscharakter her gerade das Kernproblem der Patientin, ihre Grandiositätsvorstellungen, ansprach und deshalb eine wahre Flut von Einfällen provozierte. Schließlich ist in diesem Zusammenhang zu bedenken, daß Frau L., auf ihren Kernkonflikt angesprochen, offenbar kaum mehr fähig war, zensurierende, strukturierende Mechanismen einzusetzen. Die thematische Valenz von Tafel 1 führte dazu, daß die Patientin in narzißtischen Phantasien geradezu zu schwelgen begann und sich fast in ihnen verlor. Es fällt auf, daß demgegenüber vor allem die Geschichten, in denen sich aggressive Impulse artikulieren, wesentlich knapper sind. In ihnen wird mit nur wenigen Strichen das Bild einer eisigen, der Patientin selber letztlich unfaßbaren und sie erschreckenden Aggressivität gezeichnet. Es erscheint beinahe so, als ob sie sich selbst entsetzt von der Realität dieser zerstörerischen Macht abwendet, indem sie diese so knapp wie eben möglich in einem Bild festhält und zur Bearbeitung der nächsten Tafel weitereilt – ganz im Gegensatz zum geradezu genüßlichen Verweilen bei Tafel 1.

Der psychodynamische Fokus lautet: „Ich sehne mich nach einer fusionären Beziehung zu einem idealisierten Selbst-Objekt. Dadurch hoffe ich mich über die bedrükkende Realität hinwegsetzen zu können." Frau L. stellt in dieser Geschichte das Kernproblem ihrer Persönlichkeit dar: die Situation des Kindes, das sich nach emotionaler Zuwendung und Anerkennung seiner Individualität sehnt, stattdessen aber nur mit harten, kalten Leistungsforderungen konfrontiert wird. Anschaulich wird in dieser Geschichte auch dargestellt, daß dieses narzißtische Defizit zur Ausbildung eines pathologischen Größenselbst geführt hat, das sich in der fusionären Verbindung mit einem allmächtigen Selbst-Objekt gleichsam mit Grandiosität auftankt, nach der Trennung von diesem Selbst-Objekt aber wieder in sich zusammensinkt. Damit deutet Frau L. an, von welcher fundamentalen Bedeutung für ihr Selbstwertgefühl die dauernde Präsenz von Personen ist, welche die Funktion eines Selbst-Objekts übernehmen. In ihrer Gegenwart kann sich das Größenselbst narzißtisch aufblähen und sich einem „überirdischen Wesen gleich" über die trostlose Realität erheben. Die Kehrseite dieser Dynamik ist jedoch, daß die Patientin ohne das Selbst-Objekt einsam, in einer harten, kalten Welt leben muß.

Die Geschichte zu Tafel 1 läßt noch einen weiteren charakteristischen Aspekt der narzißtischen Störung erkennen: Frau L. schildert zwischen dem Künstler und dem Kind eine Beziehung, in der einer den anderen „ohne viel Worte . . . verstand". Aus dieser Beschreibung spricht einerseits die **Hoffnung** auf eine Wiederbelebung der Dual-Union von Mutter und Kind, einer Beziehungsstruktur aus der präverbalen Zeit der kindlichen Entwicklung, in der die Mutter empathisch ganz auf das Kind ausgerichtet ist und jedes seiner Bedürfnisse erspürt und unverzüglich erfüllt. Andererseits klingt aus der Schilderung einer solchen symbiotischen Beziehung aber auch die **Forderung,** die Beziehungspersonen müßten sich heute so verhalten wie die Mutter der frühen Kindheit (wobei die reale Mutter von Frau L. bezeichnenderweise gerade nicht in der Lage war, die Bedürfnisse des Kindes in angemessener Weise zu befriedigen). Die in Geschichte 1 zum Ausdruck kommende Erwartung, die Mitmenschen müßten der Patientin ihre Wünsche gleichsam von den Augen ablesen, es bedürfe dabei keiner Worte, signalisiert zugleich auch die Unerbittlichkeit dieser Forderung, wie sie in ihrer ganzen Kompromißlosigkeit in den Geschichten zu den Tafeln 8GF und 16 dargestellt ist („ . . . bis in den Tod"). Daß eine Nichterfüllung der Bedürfnisse erhebliche Haßimpulse auszulösen vermag, zeigt eindrücklich die Geschichte zu Tafel 7GF.

In ich-struktureller Hinsicht zeichnet sich die Geschichte, die Frau L. zu Tafel 1 liefert, dadurch aus, daß zur Abwehr der bedrückenden Realität mit ihren harten Forderungen vor allem die Mechanismen der Idealisierung (des Künstlers) und der Entwertung (der Eltern) eingesetzt werden. In dieser Aufteilung von „bösen" und „guten" Beziehungspersonen deuten sich auch Spaltungsprozesse an. Wie bereits dargestellt, erfüllt ferner die Aktivierung des Größenselbst die Funktion, die quälenden Insuffizienzgefühle der Patientin zu kompensieren. Eine Konfrontation mit der Realität wird auf diese Weise vermieden.

Auch in der Geschichte zu **Tafel 2** geht es um einen narzißtischen Rückzug sowie um Idealisierung und Entwertung. Der psychodynamische Fokus lautet: „Ich möchte mich über die Begrenzungen meiner Umgebung (durch Leistungen) hinwegsetzen. Damit kann ich mich auch über die anderen Frauen, denen ich mich sonst unterlegen fühle, erheben." Wie im Fokus angedeutet, geht Frau L. durchaus auf die von der Tafel nahegelegte ödipale Thematik ein. Bei genauerer Betrachtung erkennt man jedoch, daß es hier letztlich um einen prägenitalen Konflikt (Neid) und um eine narzißtische Dimension („höhere" Schule, „höhere" Bildung, „voranwollen", zum „Mittelpunkt" werden) geht. Deutlicher als bei Tafel 1 wird in dieser Geschichte auch die Aggressivität thematisiert (Verachtung, hämische Bemerkungen, Hader), als deren Opfer die Patientin sich erlebt. Sie fühlt sich unfähig, sich der Auseinandersetzung zu stellen und zieht sich auf eine narzißtische Position zurück („ . . . konnte sie ihrer Berufung folgen"). Im Hinblick auf die Ich-Struktur der Patientin ist charakteristisch, daß sie sich eine konstruktive Auseinandersetzung mit der Umgebung nicht zutraut, sondern (mit Hilfe von Verleugnung, Idealisierung und Entwertung) die sie kränkende Realität auszublenden versucht.

Was Frau L. bei Tafel 2 mit der Formulierung „Die Tradition war stärker" bereits angedeutet hat, macht sie in ihrer Geschichte zu **Tafel 3GF** explizit zum Thema: ihre Gefühle der Ohnmacht und ihre Angst vor der Sinnlosigkeit. Die von der Patientin gelieferte Erzählung stellt bezeichnenderweise keine Geschichte im üblichen Sinne, sondern eine Reflexion über Sinnlosigkeit, Leid und Enttäuschung dar. Offensichtlich hat die thematische Valenz dieser Tafel (die Depressivität) Frau L. so stark erschüttert, daß sie nicht mehr – wie bei den Tafeln 1 und 2 – in der Lage war, ihre narzißtische Abwehr so aufzubauen, daß sie eine Geschichte mit einer Handlung entwerfen konnte.

Der psychodynamische Fokus von Tafel 3GF kann folgendermaßen formuliert werden: „Ich versuche mich verzweifelt gegen das Gefühl der Sinnlosigkeit zu wehren." Die Patientin vermag der Auseinandersetzung mit den Aufgaben des Lebens, die sie als „Hohn", „hämische Herausforderung" und „rauhe Gleichgültigkeit" erlebt, nicht standzuhalten. Wiederum ist es indes die narzißtische Dimension, die sie vor dem regressiven Sog in die Selbstvernichtung bewahrt: Sie kann sich nicht mit „ein **wenig** Leben", „ein **wenig** Vergnügen", „**etwas** Macht" und „ein **bißchen** Wissen" abfinden. Das heißt zugleich aber auch: In ihr besteht ein unerbittlicher grandioser Anspruch darauf, alles haben zu wollen, über das Ganze und nicht nur über Teile verfügen zu können („ein bißchen Wissen . . , das doch keines ist"). Einerseits bewahrt dieses „ich **muß** wissen" sie vor der totalen Resignation (und damit: vor dem Zusammenbruch, vielleicht auch vor dem Suizid), andererseits verstellt ihr gerade der grandiose Anspruch aber auch den Weg zu einer konstruktiven Auseinandersetzung mit der Realität des Lebens. Sie befindet sich damit in einem für sie verhängnisvollen circulus vitiosus.

Anschaulich schildert Frau L. in ihrer Geschichte zu **Tafel 4** die Kompromißlosigkeit, mit der sie ihre Beziehungen führt: Entweder es besteht „innige Liebe" und engste Verbundenheit, die aber auch „ „sich-anklammern" und „eifersüchtige Überwachung", d.h. totale Kontrolle des Liebesobjektes beinhaltet. Oder es bleibt ihr als Alternative nur der Tod. Der psychodynamische Fokus lautet: „Ich suche Zuwendung in einer fusionären Beziehung, in der ich den Partner fest an mich binden will. Gelingt dies nicht, bringe ich mich um."

Die Patientin spürt zwar, wie die Geschichte erkennen läßt, daß sie es letztlich selber ist, die durch ihr Verhalten den Partner geradezu in die Flucht treibt. Aber sie kann auf Grund ihrer fusionären Bedürfnisse keine Distanz ertragen. Ohne den Partner erlischt auch ihre Existenz. Doch selbst in einem solchen Moment der extremen Bedrohung fühlt sich die Patientin noch gedrängt, eine grandiose Überhöhung vorzunehmen, indem sie auf eine Parallele zwischen ihrer Geschichte und der Weltliteratur (Tolstoj) verweist. Die in der Geschichte verwendeten Abwehrmaßnahmen stammen wiederum aus dem narzißtischen Bereich: Idealisierung, Entwertung, omnipotente Kontrolle des Objekts. Ferner finden sich die Mechanismen der Wendung (der Aggression) gegen die eigene Person sowie Regression (Rückzug durch Tod).

Während Frau L. in den bisherigen Geschichten vor allem ihre fusionären Wünsche sowie ihre Angst vor Enttäuschung und vor einem Zusammenbrechen ihrer narzißtischen Kompensationen thematisiert hat, treten mit der Geschichte zu **Tafel 5** erstmals die aggressiven Impulse offen in ihrer ganzen Intensität hervor. Als psychodynamischer Fokus läßt sich formulieren: „Ich fürchte mich vor der Aggression der ‚bösen' Mutter, die mich zerstört." Die Patientin schildert sich hier als Opfer einer zerstörerischen Macht, einer Aggression, die sich gegen den in die Symbiose Eindringenden wendet und ihn vernichtet. Obwohl die Geschichte von ihrer Anlage her den Eindruck vermitteln könnte, es gehe um eine ödipale Konstellation, zeigt die genauere Betrachtung doch, daß im Zentrum eine Zweierbeziehung steht. In Fortsetzung der zu Tafel 4 gelieferten Geschichte wird hier dargestellt, was passiert, wenn die symbiotische Beziehung gestört wird. Bei der Subjektstufendeutung wird gerade auf diese Geschichte noch zurückzukommen sein.

Auffallend ist bei dieser und auch bei einer Reihe weiterer Geschichten, daß die aggressiven Impulse völlig unverhüllt hervorbrechen und keinerlei Zensurierung oder anderweitiger Verarbeitung unterworfen worden sind. Dieser Befund weist auf eine wenig differenzierte Abwehrformation der Patientin hin. Sie kann sich ihrer Impulse offenbar lediglich durch Aktion und Projektion (ihrer eigenen Aggressivität auf die Stiefmutter) beziehungsweise projektive Identifikation (indem sie sich als Opfer dieser eigenen Aggressivität erlebt) entledigen.

Auch in der Geschichte zu **Tafel 6GF** geht es um eine fusionäre Beziehung und ihre Zerstörung. Frau L. hebt am Beginn der Erzählung ausdrücklich die bei den Partnern bestehende Parallelität hervor (sie war reich, er vermögend). Wie schon in den vorhergehenden Geschichten schildert die Patientin auch hier, daß eine solche Beziehungsstruktur den Partner, der sich selber darin aufgibt („sie hatte ihm alles gegeben"), letztlich zerstört. Die Frau ist das Opfer, der Mann der willkürlich Handelnde, Aggresssive. Der pychodynamische Fokus lautet: „Ich spüre, daß es mir, selbst wenn ich ‚alles' gebe, nicht gelingt, einen Partner fest an mich zu binden. Der Partner wird mich am Ende verstoßen."

Die Tatsache, daß die weibliche Hauptperson der Erzählung den sie quälenden Mann „stets vor sich selbst zu rechtfertigen" sucht, hat auf der einen Seite eine lebensgeschichtliche Wurzel: Auch Frau L. hat sich ja – selbst noch nach Aufdeckung ihrer Straftaten und während ihrer Haft – geradezu verzweifelt bemüht, das Unrecht ihrer Handlungen total zu verleugnen und insbesondere den Freund von jeglichem Vorwurf freizuhalten. Auf der anderen Seite war es für sie angesichts der narzißtischen Struktur ihrer Beziehung zu einem solchen Selbst-Objekt existentiell notwendig, sich das Bild eines „reinen", makellos dastehenden Partners – gegen alle Erfahrungen in der Realität – zu bewahren. Die Aufgabe dieses illusionären Bildes hätte nämlich den Zusammenbruch ihrer mühsam aufrechterhaltenen narzißtischen Homöostase und damit ihren eigenen Untergang bedeutet. Wie schon in den anderen Geschichten finden sich in der Erzählung zu Tafel 6GF archaische Abwehrmaßnahmen wie manipulative Tendenzen, eine omnipotente Kontrolle des Objekts und Projektion bzw. projektive Identifikation.

In ihrer Geschichte zu **Tafel 7GF** stellt die Patientin in anschaulicher Weise dar, wie sich mangelnde narzißtische Befriedigung und Aggression gegenseitig bedingen. Der psychodynamische Fokus lautet: „Kein Mensch versteht, daß ich wärmende Liebe (narzißtische Befriedigung) brauche. Ich fühle mich von allen abgelehnt ud reagiere darauf mit Haß."

Auch wenn Frau L. mit der Darstellung dieses verhängnisvollen Interaktionszyklus zweifellos auf einen wichtigen Aspekt ihrer Psychodynamik hinweist, muß man sich doch fragen, ob für sie dabei nicht auch Rechtfertigungswünsche eine wesentliche Rolle spielen. Das Kind wird als Opfer dargestellt, das lediglich auf die verständnislose Umgebung reagiert. Möglicherweise trifft die Patientin ihre tatsächliche innere Befindlichkeit viel genauer mit dem letzten Satz ihrer Geschichte: Das Kind „kann sich und die anderen nicht mehr verstehen". Die Erzählung zu Tafel 7GF stellt unter diesem Aspekt den Versuch der Patientin dar, ein ihr selber unfaßbares Geschehen in eine logische (und damit in eine sie weniger ängstigende) Form zu bringen.

Die Geschichte zu **Tafel 8GF** thematisiert eine narzißtisch-fusionäre Beziehung, die jedoch nicht zu einem Mitmenschen aufgenommen wird, sondern in metaphysische Dimensionen projiziert ist. Der psychodynamische Gehalt ist der folgende: „Ich möchte in einer narzißtisch-fusionären Beziehung zu einem allmächtigen Selbst-Objekt aufgehen. Aber das hieße völlige Selbstaufgabe." Wie in diesem Fokus angedeutet, spürt Frau L. deutlich, daß sie den Gewinn eines narzißtisch aufgeblähten Selbstwertgefühls und des Teilhabens am „Mysterium der Liebe" mit dem Verlust von Autonomie und Individualität bezahlt. Sie ist sich darüber klar, daß es in einer solchen narzißtischen Beziehung keinen Kompromiß, sondern nur ein Entweder-Oder gibt.

Die Geschichte, welche Frau L. zu **Tafel 9GF** erzählt, behandelt die Beziehung zwischen „Tochter" und Vater bzw. Schwester und Bruder. Man kann den psychodynamischen Fokus, relativ weit formuliert, folgendermaßen umschreiben: „Es ist gefährlich, den eigenen (oralen) Impulsen zu folgen. Ich will meine grandiosen Phantasien und den kleinen Bruder retten." In diesem Falle geht es um den Konflikt zwischen oraler Gier (die Handlung des Vaters zielt ja auf einen Versicherungsbetrug hin) und Angst vor den Folgen des Durchbrechens solcher Impulse. Das „Kostbarste" für die Patientin ist in dieser Situation allerdings, wie sie es im Bilde der „Hefte mit Gedichten" und des „geweihten Tüchleins" ausdrückt, die Rettung ihrer narzißtischen Grandiosität. Dies wird durch die heroische Rettung des „kleinen" Bruders (der in Realität älter ist als sie) noch einmal unterstrichen.

Indes läßt sich der psychodynamische Gehalt dieser Geschichte auch noch in einer anderen Art deuten. Man könnte als Fokus formulieren: „Ich empfinde die (sexualisierte) Nähe des Vaters als sehr gefährlich (der ‚Brand läßt sich nicht mehr eindämmen'). Ich ziehe mich deshalb auf eine narzißtische Position (Hefte, Tüchlein) und auf die kindlich-geschwisterliche Beziehungsebene zum Mann zurück, auf der ich mich zudem noch als Retterin fühlen kann." Was die Rettung des Bruders betrifft, muß man sich auch fragen, ob die Geschichte auf – allerdings abgewehrte – Todeswünsche dem Bruder gegenüber hinweist (immerhin denkt ja eines der beiden Mädchen „nur an sich" und kümmert sich nicht um das Schicksal des Bruders!).

Bei einer solchen Deutung der Geschichte würden folgende Abwehrmaßnahmen eingesetzt: Spaltung (zwischen einem aggressiven und einem rettenden Teil), Reaktionsbildung (gegen die aggressiven Impulse) und Rückzug auf ein Größenselbst (Heft, Tüchlein).

Mit ihrer Geschichte zu **Tafel 10** zeigt Frau L. auf, daß selbst die liebende Zuwendung eines Menschen ihr nicht das zu geben vermag, was sie letztlich erwartet. Angesichts ihrer unmäßigen Ansprüche wird sie – zwangsläufig – immer enttäuscht sein. Sie möchte nicht nur „Wärme", sondern sie möchte frei sein von allen Grenzen, die ihr die äußere Realität setzt, und spürt zugleich voller Wut und Verzweiflung, daß sich dieser Anspruch nie erfüllen wird. Psychodynamischer Fokus: „Ich kann es nicht ertragen, dem Sklaventum der Zeit unterworfen zu sein. Ich bringe mich lieber um, als die Grenzen der Realität anzuerkennen." Die Hauptabwehrmechanismen sind die Wendung (der Aggression) gegen die eigene Person und die (sich nur indirekt andeutende) Entwertung (des Partners, der ihr nicht das bieten kann, was sie haben möchte) sowie der (vergebliche) Versuch einer omnipotenten Kontrolle des Objekts (hier: der äußeren Realität).

Ein ganz ähnliches Thema behandelt Frau L. in ihrer Geschichte zu **Tafel 11.** Während sich ihre Machtansprüche und Enttäuschungen in der Geschichte zu Tafel 9GF in den zwischenmenschlichen Beziehungen artikulierten, transponiert sie den Konflikt bei Tafel 11 nun in einen metaphysischen Bereich. Es geht, wie es gleich einleitend heißt, um „das hohe, hehre Ziel", nämlich sich in grandioser Weise über die Begrenzungen der Realität hinwegzusetzen. Der psychodynamische Fokus lautet: „Ich will in einem grandiosen Schritt die Realitäten von Raum, Zeit und Kausalität überwinden. Ich empfinde es als Tragödie, daß ich dies letztlich nicht kann."

Mit ihrer Geschichte zu **Tafel 12F** unternimmt Frau L. den Versuch, die Herkunft ihrer archaischen aggressiven Impulse zu klären. Während sie in der Geschichte zu

Tafel 7GF Aggression als Reaktion auf Ablehnung interpretiert hat, stellt sie nun eine ganz andere Dimension dar: Das „Böse" (im Bild des Hexentums) wird, wie ein Gift, unmerklich, von der Mutter in die Tochter infiltriert. Der psychodynamische Fokus lautet: „Ich fürchte mich vor dem Bösen, das – unbemerkt – von Mutter zu Tochter weitergegeben wird."

Wie schon in anderen Erzählungen wird auch hier das Geschehen vor einer grandiosen Kulisse inszeniert (okkulte Rituale, magische, d.h. auch: allmächtige Einflußnahme, der Böse wird beschworen, es geht um „Gefährlichkeit" und „Fluch"). Doch zugleich wird – zumindest hintergründig – auch die ganze Ohnmacht spürbar, die sich mit Hilfe der grandiosen Kompensationen nur notdürftig kaschieren läßt: Die Hexe ist abhängig von der Hilfe des Bösen, durch ein magisches Gesetz ist die Mutter zur Einweihung einer jungen Hexe gezwungen, und diese wiederum ahnt nichts von der „Gefährlichkeit und dem Fluch des Hexentums", d.h. sie ist diesem bösen Einfluß hilflos ausgeliefert.

Der schmerzliche Zusammenstoß mit der Realität und die im wahrsten Sinne des Wortes tödliche Verzweiflung beim Verlust des Selbst-Objektes stellen das Thema der Geschichte dar, die Frau L. zu **Tafel 13MF** entwirft. Der psychodynamische Fokus lautet: „Ohne den symbiotischen Partner kann ich nicht leben." Die Patientin versucht zwar gegen die Realität des Todes den Mechanismus der Verleugnung einzusetzen („es kann, es darf nicht wahr sein"), doch erweist sich diese Strategie letztlich als ebenso erfolglos wie das Bemühen, auf grandiose Weise den toten Körper wieder mit „einem Hauch . . . des Lebens" zu überziehen und damit den Tod ungeschehen zu machen. Die Realität läßt sich nicht beiseiteschieben. Doch dies heißt für die Patientin: Auslöschung der eigenen Existenz.

Die enge Verquickung zwischen dem grandiosen Wunsch, die Begrenzungen der Realität zu übersteigen, der Einsicht, daß dies eine illusionäre Hoffnung ist, und dem Tod als letzten, verzweifelten Versuch, sich die vermeintliche „Freiheit" doch noch zu ertrotzen, bilden das Thema der Geschichte zu **Tafel 14.** Wie schon bei Tafel 3GF erzählt die Patientin hier nicht eine konkrete Geschichte im üblichen Sinne, sondern stellt eine Reflexion über das Problem der „Freiheit" an. Der psychodynamische Fokus lautet: „Ich suche die letzte – grandiose – Freiheit im Tod."

Im Zentrum der Geschichte, die Frau L. zu **Tafel 15** liefert, steht die Aggression. Durch den Hinweis, es sei „ein Traum", rückt die Patientin einen Teil des Geschehens in den Bereich der Irrealität. Dabei ist bemerkenswert, daß das aggressive Verhalten der Hauptfigur und ihre „Umkehr" der Realität zugeordnet werden und lediglich die Bestrafung der aggressiven Impulse im Traum stattfindet. Auf diese Weise gelingt es der Patientin, die Situation so darzustellen, als ob die „Änderung der gesamten Lebenshaltung" letztlich nicht auf Grund äußeren Drucks, sondern aus freiem Willen erfolge. Damit ist wenigstens ein Stück ihrer grandiosen Position gerettet. Der psychodynamische Fokus lautet: „Mich packt Entsetzen beim Anblick des in mir lebendigen Bösen." Als Abwehrmechanismen werden vor allem projektive Identifikation und Verleugnung eingesetzt.

Die Geschichte zu **Tafel 16** weist viele Gemeinsamkeiten, zum Teil bis hin in einzelne Formulierungen, mit der Erzählung auf, die Frau L. zu Tafel 8GF geliefert hat. Der psychodynamische Fokus lautet: „Ich möchte in der Beziehung zu einem allmächtigen Selbst-Objekt aufgehen. Doch dies bedeutet: Tod aller Individualität." Die Patientin schildert in eindrücklicher Weise, was eine symbiotische Beziehung für den Menschen bedeutet, der sich ihr hingibt: Auf der einen Seite bietet sie – vermeintlich – die Erfüllung aller narzißtischen Sehnsüchte (in der Fusion mit ihr ist man selber „allmächtig", „allwissend", „allgegenwärtig"), auf der anderen Seite fordert eine sol-

che Beziehung als Preis die Aufgabe der eigenen Autonomie, d.h. letztlich die Auslöschung der Individualität.

Trotz aller Idealisierung, die Frau L. bei der Beschreibung der „zutiefst verehrten
Gottheit" vornimmt, wird doch spürbar, daß in der scheinbar so idealen Beziehung
eine furchtbare, zerstörerische Aggressivität wirksam ist. Während in der Geschichte
zu Tafel 8GF die Erzählerin aber offenbar noch eine gewisse Freiheit besaß, sich für
oder gegen diese Beziehung zu entscheiden („ja oder nein?"), gibt es in der Geschichte zu Tafel 16 „keine Alternative" mehr: „Sie will den sie Verehrenden ganz und kompromißlos bis in den Tod."

Mit der Geschichte zu **Tafel 17GF** unternimmt die Patientin noch einmal den Versuch, ein narzißtisches Gleichgewicht aufzubauen und damit einen psychischen Zusammenbruch (dessen Konsequenz für sie der Suizid wäre) zu verhindern. Die Erzählung mutet wie eine Selbstbeschwörung an, wie ein verzweifeltes Bemühen, sich zu
suggerieren, sie sei doch „Teilstück eines Ganzen", das sie trage. Der pchodynami-
sche Fokus lautet: „Wenn ich nicht Halt in einer narzißtisch-fusionären Beziehung
finde, bringe ich mich um."

Bereits in den Sequenzen der Geschichten zu den Tafel 4 und 5 sowie 14 und 15 hat
sich ein Phänomen gezeigt, das sich nun wiederholt: Nach dem verzweifelten Versuch
der Patientin, ihre narzißtische Homöostase zu retten (Tafel 16), folgt auch hier eine
Geschichte voller Aggressivität (Tafel 18GF). Das Besondere der Erzählung zu **Tafel
18GF** liegt darin, daß die Quellen dieser chaotischen Aggression im Dunkeln liegen
und die Täterin (ebenso wie die Erzählerin) selber im Grunde fassungslos dem Geschehen gegenübersteht („Es liegt ja kein Grund zum Würgen vor"). Der psychodynamische Fokus lautet: „Ich spüre in mir eine kalte, zerstörerische Aggression."

Auch mit dieser Geschichte verleiht die Patientin ihrer Überzeugung Ausdruck,
daß eine Beziehung für sie niemals einen befriedigenden Verlauf nehmen kann. Das
Besondere der Erzählung zu Tafel 18GF liegt jedoch darin, daß sie zum ersten Male
in so unverhüllter Form erkennen läßt, daß es eine archaische, tief aus dem Kern der
Persönlichkeit aufsteigende (und ihr selber unfaßbare) und nicht lediglich eine reaktive (wie bei 7GF) Aggression ist, die sich zerstörerisch auf alle ihre Beziehungen aus-
wirkt.

Die zu **Tafel 19** von Frau L. gelieferte Geschichte steht ganz im Gegensatz zur Dramatik der vorhergehenden Erzählung. Die Patientin distanziert sich vor allem mit
Hilfe der Intellektualisierung völlig von dieser Tafel (es ist auch die kürzeste von ihren
Produktionen). Der Grund dafür, daß sich Frau L. überhaupt nicht auf die Bildvorlage einläßt, mag zum einen darin liegen, daß die Erschütterung über die zerstörerischen Kräfte, die bei Tafel 18GF in ihr aufgebrochen sind, so groß war, daß sie nun
unbedingt eine Distanzierung dem Primärprozeß gegenüber vornehmen muß. Zum
anderen kann man das wenige, was die Patientin zu Tafel 19 sagt, aber auch als Ausdruck der Einsicht verstehen, daß die von ihr immer wieder beschworene grandiose
„Freiheit" letztlich eine Illusion ist. In diesem Sinne könnte der psychodynamische
Fokus lauten: „Ich spüre, daß die von mir gesuchte ‚Freiheit' eine Illusion ist." Intellektualisierung und ironische Distanzierung stellen verzweifelte Versuche dar, die tiefe Enttäuschung wenigstens einigermaßen zu kaschieren.

Mit ihrer Geschichte zu **Tafel 20** unternimmt Frau L. noch einmal den Versuch, sich
damit zu trösten, daß in der „beißenden Winterkälte" ihres Lebens eine fusionäre Beziehung doch Wärme vermitteln könnte. Der psychodynamische Fokus lautet:
„Durch die Beziehung zu einem Partner, mit dem ich narzißtisch-fusionär verbunden
bin, kann ich die ‚beißende Kälte' überwinden. Der Preis dafür ist aber die Opferung
meiner Individualität."

Wie schon in anderen Geschichten zeigt die Patientin hier, welche große Bedeutung eine solche Beziehungsperson für sie hätte: Durch ihre Präsenz verändert sich das gesamte Leben, sie besitzt die Macht, die bedrückende Realität völlig beiseite zu schieben. Die Konsequenz des Eintauchens in eine solche Symbiose ist allerdings der Verlust von Autonomie und Individualität („Die Nacht verschluckt die Langsamgehenden").

Überblickt man noch einmal die psychodynamischen Foki der Geschichten, so lassen sich vier Hauptthemen identifizieren, die in verschiedenen Versionen immer wieder behandet werden. Es sind:

1. **Die Sehnsucht nach einer narzißtischen Beziehung zu einen Selbst-Objekt:** Hier fallen insbesondere die zum Teil extremen Idealisierungen der Selbst-Objekte auf und das Bemühen der Patientin, auch nicht den geringsten Schatten auf sie fallen zu lassen. Alles, was sie tun, wird gerechtfertigt. Die Selbst-Objekte sind „unbeschreiblich schön, allmächtig, allwissend, allgegenwärtig", wie es in der Geschichte zu Tafel 16 heißt. Der Preis, den Frau L. für das Eintauchen in eine solche Symbiose zahlt, ist der des Verlusts von Autonomie und Individualität.

2. **Die Aktivierung eines pathologischen Größenselbst:** Mit Hilfe dieser Strategie versucht die Patientin ihre bohrenden Insuffizienz- und Ohnmachtsgefühle abzuwehren und sich über die kalte, bedrückende Realität hinwegzusetzen. Auf der einen Seite bietet ihr das Größenselbst tatsächlich einen gewissen Schutz. Auf der anderen Seite fühlt sie aber, daß ihr ein wirklich tragender innerer Grund fehlt und daß sie lediglich ein höchst labiles narzißtisches Gleichgewicht erreicht hat.

3. **Das Ahnen darum, daß alle Kompensations- und Abwehrversuche letztlich ineffizient sind:** Die Patientin stellt in ihren Geschichten mehrfach dar, daß sie die Fragwürdigkeit ihrer Kompensationen und die Brüchigkeit ihrer Abwehr sehr wohl spürt. Immer wieder drängt sich ihr das Gefühl der Sinnlosigkeit, der Ohnmacht, des Ausgeliefertseins auf. Die von ihr eingesetzten Abwehrmaßnahmen vermögen diese Gefühle nur notdürftig zu kaschieren.

4. **Der Bereich der Aggression:** In etlichen TAT-Geschichten von Frau L. wird eine zerstörerische Aggression archaischer Art sichtbar. Dabei lassen sich verschiedene Quellen identifizieren: Zum einen ist es eine reaktive Aggression (infolge der Verständnislosigkeit der Umgebung; vgl. 7GF). Zum anderen wird Aggression beschrieben, die der Tochter von einer „bösen" Mutter gleichsam infiltriert wird (vgl. 12F). Als dritte Quelle der Aggression wird die symbiotische Beziehung genannt, in welcher die Entwicklung von Autonomie unmöglich ist und Neidimpulse aktiviert werden (vgl. 4, 5, 10). Eine vierte Form ist eine chaotische, tief aus dem Kern der Persönlichkeit aufsteigende zerstörerische Aggression, der die Erzählerin fassungslos gegenübersteht (s. 18GF).

Es ist charakteristisch für Frau L., daß die aggressiven Impulse – wie auch ihre narzißtischen Phantasien und Wünsche – weitgehend unzensuriert hervorbrechen. Dies weist, zusammen mit den vor allem eingesetzten Abwehrmaßnahmen (Spaltung, Projektion bzw. projektive Identifikation, Idealisierung, Entwertung, omnipotente Kontrolle des Objekts), auf eine wenig tragfähige Ich-Struktur hin. In **diagnostischer Hinsicht** muß man ein Borderline-Syndrom mit erheblichen narzißtischen Störungsanteilen vermuten.

11.4   Interpretation auf der Objekt- und Subjektstufe

Die Objektstufeninterpretation weist darauf hin, daß Frau L. sich im Hinblick auf ihre Beziehungen in einem Dilemma befindet: Auf der einen Seite sucht sie nach hochidealisierten „allmächtigen" Selbst-Objekten und klammert sich geradezu verzweifelt an sie. Auf der anderen Seite fühlt sie sich in solchen narzißtisch-fusionären Beziehungen dem Partner hilflos ausgeliefert und in ihrer Autonomie empfindlich beschnitten. Es kommt zu einem verhängnisvollen circulus vitiosus zwischen den Aggressionen des sie einengenden, demütigenden und schließlich verlassenden Partners und ihrer eigenen (zumeist gegen sich selbst, mitunter auch gegen andere Menschen gerichteten) Aggression. In den Beziehungen, die sie aufnimmt, gibt es keinen Kompromiß. Der jeweilige Partner und sie sind unlösbar aneinander gekettet. Sie beanspruchen einander „ganz und kompromißlos bis in den Tod" (Tafel 16).

Frau L. sieht sich einer kalten, nur von harten Leistungsforderungen bestimmten Welt gegenüber. Mit Hilfe von Grandiositätsvorstellungen versucht sie, die bohrenden Insuffizienzgefühle zu kompensieren und sich – zumindest in der Phantasie (im „Land des Traumes", Tafel 1) – über die sie so narzißtisch kränkende Welt zu erheben. Doch immer wieder drängt sich die mühsam ausgeblendete Realität ihrem Bewußtsein auf und droht sie in den Sog von Sinnlosigkeit, Leere und Aggression zu ziehen.

Bei einer Interpretation der TAT-Geschichten auf der **Subjektstufe** lassen sich die drei folgenden Themenbereiche unterscheiden, die allerdings in enger Verbindung miteinander stehen:

a) Die Beziehung zwischen Ich und Größenselbst:

Wie bei der Diskussion der psychodynamischen Foki bereits erwähnt, hat Frau L. ein Größenselbst extremer Art ausgebildet. Etliche ihrer TAT-Geschichten thematisieren die Beziehung zwischen ihrem Ich und dieser pathologischen Selbststruktur (vgl. 1, 2, 8GF, 9GF, 11, 14, 16). Das Ich der Patientin erweist sich als unfähig, sich mit der äußeren Realität auseinanderzusetzen. Es erliegt dem Sog des Größenselbst, welches das schwache Ich völlig in seinen Bann zieht und dem es damit auf Gedeih und Verderben ausgeliefert ist („bis in den Tod", d.h. bis zur Auslöschung der Individualität).

b) Die selbstdestruktiven Kräfte in der Patientin:

In Frau L. finden sich starke selbstdestruktive Kräfte, die sich in Form von suizidalen Tendenzen manifestieren (vgl. 3GF, 4, l0, 13MF, 14, 17GF). Die Patientin vermag diesen Impulsen keinen wirksamen Widerstand entgegenzusetzen. Nur in der Geschichte zu Tafel 17GF gelingt es ihr, mit Hilfe von Grandiositätsvorstellungen einen – allerdings nicht wirklich tragfähigen – Schutz vor der Selbstdestruktivität aufzubauen.

c) Der Umgang der Patientin mit ihrer archaischen Aggression:

Die Subjektstufeninterpretation der TAT-Geschichten läßt erkennen, daß die Patientin von aggressiven Phantasien und Impulsen geradezu überschwemmt wird (s. die Geschichten zu den Tafeln 4, 5, 6GF, 7GF, 9GF, 12F, 15, 18GF). Ihr Ich steht diesen, ebenso wie dem Einfluß des Größenselbst und den selbstdestruktiven Impulsen, hilflos gegenüber. Die aggressiven Vorstellungsinhalte treten weitgehend unzensuriert und unverarbeitet ins Bewußtsein der Patientin und entladen sich in entsprechenden Aktionen.

Im Hinblick auf die aggressiven Impulse sind die „bösen" mütterlichen Introjekte von besonderer Bedeutung (vgl. 5, 7GF, 12F, 18GF). Sie stellen für die Patientin eine tödliche Bedrohung dar, deren sie sich verzweifelt durch Projektion und projektive Identifikation zu erwehren versucht. Auch der Aufbau extrem idealisierter „guter" Mutterimagines („hold", „unvergleichlich", „allmächtig", „unbeschreiblich schön", „allwissend", „allgegenwärtig") und die Spaltung zwischen solchen „guten" und „bösen" Teilidentitäten vermögen ihr letztlich keinen wirksamen Schutz vor der archaischen Aggression der „bösen" Introjekte zu bieten. Diese üben ihren zerstörerischen Einfluß mit hartem Würgegriff (18GF) auf die „guten" inneren Objekte aus und infiltrieren in diese gleichsam unmerklich den „Fluch des Hexentums" (12F). Das Ich der Patientin steht diesem Geschehen fassungslos gegenüber, es „kann sich und die andern nicht mehr verstehen" (7GF) und ist starr vor Entsetzen („Es liegt ja kein Grund zum Würgen vor. Ist das vielleicht der Grund, warum sie sich nicht wehrt?", 18GF).

Die Interpretation auf der Subjektstufe vermittelt ein anschauliches Bild vom Kampf, der in Frau L. tobt. Das lediglich zu primitiven Abwehrmaßnahmen (wie Spaltung, Projektion und projektive Identifikation, Idealisierung, Entwertung) fähige Ich erweist sich als Spielball archaischer Triebimpulse und eines pathologischen Größenselbst. Gerade die Subjektstufendeutung läßt erkennen, warum die Patientin sich in die symbiotische Beziehung zu ihrem Freund einließ und sich von ihm für äußerst aggressive Delikte „einsetzen" ließ: Der Freund bot ihr die Möglichkeit, sich seiner als Selbst-Objekt zu bedienen, er unterstützte die Inflation ihres Größenselbst, und er ermöglichte es ihr, ihre aggressiven Impulse auszuleben, und zwar nicht zuletzt dadurch, daß er diese Aktionen legitimierte, wodurch das Über-Ich der Patientin vollends ausgeschaltet wurde.

11.5   Interpretation auf der Übertragungsebene

Wie eingangs erwähnt, traf ich mit Frau L. anläßlich ihrer strafrechtlichen Begutachtung zusammen. Die Frage einer Psychotherapie stellte sich nicht direkt (allenfalls war sie bei den vorzuschlagenden Maßnahmen zu diskutieren), und die Patientin selber war auch in keiner Weise an einem therapeutischen Angebot interessiert. Dennoch erscheint es mir interessant, anhand ihrer TAT-Geschichten Hypothesen darüber zu entwickeln, mit welchen Übertragungskonstellationen man in einer Behandlung zu rechnen hätte.

Falls sich die Patientin auf eine Psychotherapie einließe, könnten sich vor allem die folgenden vier Übertragungsformen entwickeln (wobei zu berücksichtigen ist, daß diese aufeinanderfolgend und/oder alternierend auftreten können):

a)   Der Therapeut wird als unempathisch, hart und fordernd erlebt:

Frau L. hat in mehreren TAT-Geschichten das Bild solcher Beziehungspersonen entworfen (vgl. z.B. 1, 7GF). Sobald sie eine derartige Übertragung ausgebildet hat, muß der Therapeut damit rechnen, daß die Patientin sich von ihm distanzieren wird. Die von ihr bevorzugten Strategien werden die der Entwertung des Therapeuten (vgl. die Schilderung der Eltern in der Geschichte zu Tafel 1) und des Therapieabbruchs sein (vgl. Geschichte 2, in der die Hauptperson das Dorf verläßt, um in der Stadt ihrer „Berufung" zu folgen). Beide Distanzierungstechniken basieren darauf, daß Frau L. sich auf eine grandiose narzißtische Position zurückziehen und damit den Therapeuten in eine unerreichbare Ferne von sich schieben wird.

b) Der Therapeut wird für die Patientin zu einem hochidealisierten Selbst-Objekt:

Falls sich Frau L. überhaupt auf eine Behandlung einlassen sollte, dürfte es wohl in erster Linie zu einer derartigen Übertragung kommen. Der Therapeut träte in die Position des „Künstlers" (Tafel 1), des „Gottes" (Tafel 16), der, wie der Freund, „Vater und Mutter zugleich" repräsentierte und den die Patientin in ihrem Erleben mit den Attributen „allmächtig, allwissend, allgegenwärtig" (Tafel 16) ausstatten würde. Sie könnte aus einer solchen idealisierenden Übertragung den Gewinn ziehen, durch die fusionäre Beziehung zu diesem Selbst-Objekt an der Großartigkeit des Therapeuten zu partizipieren und damit ihr Größenselbst weiter aufzublähen.

Bei einer solchen Konstellation muß der Therapeut mit den folgenden **vier Konsequenzen** rechnen:

Erste Konsequenz: Wie bereits angedeutet, wird die idealisierende Übertragung dazu führen, daß die Patientin ihr Größenselbst weiter aufbläht. In der symbiotischen Dual-Union mit dem idealisierten Therapeuten wird sie sich allen anderen Menschen gegenüber unendlich erhaben fühlen. Sie wird zweifellos auch im Therapeuten grandiose Vorstellungen aktivieren (etwa die, daß er der einzige und beste Therapeut sei, der diese Patientin „retten" müsse, daß die zwischen ihnen bestehende Beziehung besonders exklusiv sei etc.). Falls der Behandelnde eine derartige Gegenübertragung nicht kritisch reflektiert, könnte sich eine verhängnisvolle Übertragungs-Gegenübertragungs-Konstellation ergeben, in der Patientin und Therapeut in einer scheinbar „nur guten" Dyade leben und die ganze übrige Welt „nur böse" ist (vgl. Aufspaltung Künstler/Eltern bei Tafel 1) – wobei der gesamte Bereich der Aggression aus der Behandlung ausgeklammert bliebe.

Eine **zweite Konsequenz** der idealisierenden Übertragung könnte darin liegen, daß die Patientin im Vergleich mit der „Gottheit" des Therapeuten ihre Insuffizienzgefühle um so bohrender erlebte. So sehr sie sich auch bemühte, durch die Fusion an seiner Großartigkeit teilzuhaben: Sie würde doch immer wieder schmerzlich spüren, daß sie im Grunde ein Nichts ist im Vergleich mit der hochidealisierten Gestalt des Therapeuten (wie sie es vor allem in ihren Geschichten zu den Tafeln 8GF und 16 ausdrückt). Der Verlust von Autonomie, den sie in einer solchen Selbst-Objekt-Beziehung erführe, könnte sogar zum Suizid führen, von dem sie sich eine letzte grandiose „Freiheit" erhoffte (wie sie es bei Tafel 14 darstellt).

Damit hängt eng eine **dritte Konsequenz** zusammen: Frau L. wird bei einer idealisierenden Übertragung unter dem Eindruck stehen, der Therapeut fordere von ihr totale Unterwerfung. Sie wird sich gezwungen fühlen, sich ihm, unter Verzicht auf jegliche Autonomie und Individualität, zu überlassen, „ganz und kompromißlos bis in den Tod". Eine solche Übertragungsform würde zu einer weiteren Verringerung der ohnehin bereits geschwächten Autonomie der Patientin führen.

Vierte Konsequenz: Frau L. wird bei einer idealisierenden Übertragung aber nicht nur sich zur totalen Hingabe an den Therapeuten verpflichtet fühlen, sondern wird erwarten und unerbittlich fordern, daß auch **er** ausschließlich für sie da ist. Er muß „um ihretwillen alles aufgeben" (Tafel 4), ja, ihr sogar in den Tod folgen (Tafel 13MF). Spätestens an dieser Stelle wird in der Behandlung offenkundig (und dem Therapeuten deutlich spürbar) werden, daß in die narzißtische Störung dieser Patientin enorme Aggressionsprobleme verwoben sind, die unter keinen Umständen aus der Behandlung ausgelassen werden dürfen.

c) Der Therapeut wird zum Repräsentanten der „bösen" Mutter:

Ausdrücklich stellt Frau L. in ihren Geschichten zu den Tafeln 5 und 12F die Gestalt einer „bösen" Mutter dar, die wir bei der Subjektstufendeutung als Introjekte der

„bösen" Mutter, als Kristallisationskerne eigener aggressiver, gegen die Mutter gerichteter Phantasien der Patientin identifizieren konnten.

Es liegt auf der Hand, daß diese Persönlichkeitsanteile in der Behandlung aktiviert und auf den Therapeuten projiziert werden. Er wird dann zum Repräsentanten der „bösen" Mutter. Angesichts der projektiven Identifikation, welche Frau L. einsetzt, entledigt sie sich aber nicht nur dieser Selbstanteile, sondern fühlt sich zugleich auch gezwungen, die „böse Mutter" in der Außenwelt zu kontrollieren, um sich auf diese Weise vor ihrem zerstörerischen Zugriff zu schützen. Der Therapeut muß damit rechnen, daß die Patientin ihn als „böse", ihr gefährlich werdende Mutter erleben und sich gegen ihn zur Wehr setzen wird, sobald in der Behandlung in ihr aggressive Impulse aktiviert werden, deren sie sich durch projektive Identifikation zu entledigen versuchen wird.

d) Der Therapeut wird zum Vertreter gehaßter, schwacher Selbst- und Objektrepräsentanzen und damit zum Ziel aggressiver Impulse:

Wie bereits mehrfach erwähnt, besteht in der Patientin eine chaotische Aggression, die aus verschiedenen Quellen gespeist wird (vgl. S. 120). In der Übertragung wird der Therapeut über kurz oder lang in die Rolle dessen kommen, gegen den sich der aufgestaute und von der Patientin nur mühsam zurückgehaltene Haß entladen wird. Befand sich Frau L. bei der Ausbildung einer idealisierenden Übertragung in der Rolle eines ohnmächtigen, ganz auf den Therapeuten ausgerichteten, total von ihm abhängigen Wesens, so wird sich bei der Aktivierung der aggressiven Impulse die Situation umkehren: Nun wird der Therapeut in die Position des Ohnmächtigen verwiesen, gegen den die Patientin rücksichtslos vorgehen und den sie unerbittlich in die Symbiose mit sich zu zwingen versuchen wird („grundlos würgen", wie es anschaulich in der Geschichte zu Tafel 18GF heißt). Nun wird sie selber die „böse Mutter" sein, die denunziert und hinrichten läßt (s. Tafel 5), die den „Fluch des Hexentums" weitergibt (12F) und „unter deren Händen das Leben erlischt" (wie es bei Tafel 18GF ausgedrückt wird).

Daß dies nicht nur metaphorische Umschreibung einer archaischen Aggressivität sind, hat Frau L. durch ihre Delikte bewiesen. Ein Therapeut, der die Behandlung dieser Frau übernehmen will, tut meines Erachtens gut daran, die Intensität dieser Impulse nicht zu verharmlosen, sondern in ihrer ganzen Tiefe wahrzunehmen. Dies heißt sicher nicht, daß man einen Therapieversuch bei der schwergestörten Patientin unterlassen sollte. Doch dürfte es verhängnisvoll sein, wenn der Therapeut seinen Blick nur auf die narzißtische Komponente richtete und die archaische Aggression der Patientin verharmloste oder gar völlig übersähe.

Auch im Falle von Frau L. scheint mir die Interpretation der TAT-Geschichten auf der Übertragungsebene Informationen zu liefern, die bei Übernahme einer Behandlung für den Therapeuten von großer Bedeutung sind. Gewiß hat sich ihre Aggressivität bereits in den von ihr verübten Delikten kundgetan. Angesichts der Tatsache, daß sie zu diesen Taten von ihrem Freund angestiftet worden ist und sie in seinen Händen ein „willenloses Werkzeug" war, könnte man jedoch ihre eigene Aggressivität unterschätzen. Es wäre sehr wohl möglich, im Sinne des *Kohut*schen Narzißmuskonzepts (1973) den Kern ihrer Störung in ihrer narzißtischen Mangelerfahrung während der Kindheit und in ihrer heute daraus resultierenden Abhängigkeit vom Freund zu sehen. Ihre Delikte wären bei einem solchen Interpretationsansatz Ausdruck ihrer Fusion mit dem Freund, dem sie – nur um narzißtische Gratifikation von ihm zu erhalten – völlig „hörig" war.

Die TAT-Geschichten von Frau L. weisen demgegenüber in eindrücklicher Weise nach, daß neben diesen narzißtischen Störungsanteilen (und, im Sinne der *Kernberg-schen* Theorie, 1979, eng damit verquickt) eine zentrale Aggressionsproblematik bei der Patientin besteht. Die Interpretation auf der Übertragungsebene warnt den Therapeuten davor, sich über das Ausmaß dieser Aggressivität zu täuschen. Frau L. ist nicht nur hilfloses Opfer in den Händen eines sie skrupellos manipulierenden Mannes. Sie ist ebenso selber eine narzißtisch gestörte Persönlichkeit, die ihre Mitmenschen rücksichtslos ausbeutet, sie zur Aufblähung ihres pathologischen Größenselbst mißbraucht und vernichtet, wenn sie die in sie gesetzten Erwartungen nicht mehr erfüllen.

Eine solche Dynamik geht meines Erachtens weit über die von *Kohut* geschilderte reaktive, durch mangelnde Empathie der Umgebung provozierte Aggression hinaus und verweist auf eine Borderline-Persönlichkeit von starker narzißtischer Prägung mit der sprechenden archaischen primären Aggression im Sinne *Kernbergs*. Wie ich zu zeigen versucht habe, liefert der TAT von Frau L. wichtige Informationen gerade für solche differentialdiagnostischen Überlegungen und für die daraus ableitbaren therapeutischen Konsequenzen.

12 TAT-Produktionen von Patienten mit verschiedenen Neuroseformen

Im vorliegenden Kapitel möchte ich anhand einiger prägnanter Beispiele demonstrieren, wie sich verschiedene neurotische Persönlichkeiten im TAT darstellen. Ich werde hier nicht so ausführlich wie in den Kapiteln 8 bis 11 auf die Lebensgeschichten der Patienten eingehen und werde auch die TAT-Interpretationen auf die für die jeweilige Persönlichkeit charakteristischen Merkmale beschränken. Wichtig ist mir lediglich aufzuzeigen, daß Menschen mit depressiven, hysterischen und zwangsneurotischen Erkrankungen in ganz spezifischer Weise auf die TAT-Tafeln reagieren.

12.1 Die depressive Persönlichkeit im TAT

Im folgenden möchte ich das TAT-Protokoll einer 18jährigen Patientin diskutieren, die unter einer depressiven Neurose litt. An diesem Testbefund soll insbesondere gezeigt werden, daß der TAT nicht nur hilfreich bei der Diagnosenstellung ist. Er vermittelt dem Untersucher daneben auch Informationen über die spezifische Psychodynamik des betreffenden Patienten und ermöglicht damit einen Einstieg in die Therapie.

Die 18jährige Frau D. erschien in der psychotherapeutischen Sprechstunde, da sich ihre Eltern „Sorgen" um sie machten. Sie selber wolle eigentlich keine Therapie, sie wisse gar nicht, was ihr eine solche bringen solle.

Im Gespräch stellte sich heraus, daß sich ihre schulischen Leistungen (sie besuchte die letzte Klasse des Gymnasiums) in den letzten Monaten erheblich verschlechtert hatten. Die Patientin berichtete von depressiven Verstimmungen. Sie sei oft völlig resigniert, sehe keinen Sinn in der Zukunft, wisse auch nicht, was sie nach der Matur beruflich machen wolle. Allenfalls denke sie daran, Lehrerin zu werden. Oft esse sie „einfach aus Langeweile", obwohl sie eigentlich gar keinen Hunger habe.

Die **anamnestischen Angaben,** welche Frau D. zu geben vermochte, waren außerordentlich spärlich. Zum einen lag dies sicher darin begründet, daß sie, wie sie bereits eingangs erwähnt hatte, von den Eltern „geschickt" worden war. Sie erfüllte diese „Pflicht" nun ohne jegliche eigene Motivation. Zum anderen wirkte sich in den Gesprächen aber auch ihre depressive Verstimmung aus. Sie erschien resigniert-lustlos und reduzierte ihre Lebensgeschichte auf die knappe Formel „Bei uns ist alles in Ordnung. Ich weiß nicht, was mit mir los ist."

Im Hinblick auf die Familiensituation war von ihr zu erfahren, daß sie die jüngere von zwei Töchtern (die Schwester war 2 Jahre älter) eines Bankbeamten und einer halbtags als Sekretärin arbeitenden Frau war. Der **Vater** sei sehr korrekt. Er sei bei den Töchtern stets auf gute Leistungen bedacht gewesen. Zu ihm habe sie eine „ganz gute" Beziehung. Mit der **Mutter** hingegen komme sie „weniger gut" aus (Konflikte mit ihr negierte die Patientin allerdings). Die Mutter sei leicht kränkbar, oftmals depressiv und „vernachlässige" dann den Haushalt. Sie könne sich nicht erinnern, von der Mutter je Herzlichkeit erfahren zu haben. Die Patientin betonte dabei jedoch ausdrücklich, daß sie der Mutter daraus keinen Vorwurf machen wolle; diese habe sich stets „korrekt" verhalten. Auch mit der **Schwester** komme sie „gut aus". Sie sei eine „glücklichere Natur". Dadurch habe sie es immer leichter gehabt. Die Schwester sei in der Schule erfolgreicher gewesen, finde leichter Kontakt zu anderen Menschen und sei mit ihrem Leben zufrieden.

Zu ihrer **eigenen Kindheit** wußte die Patientin lediglich zu berichten, daß alles „in Ordnung" gewesen sei. Sie habe sich schon von Kindheit an von den Kameraden eher zurückgezogen, sei in sich gekehrt gewesen und habe viel gelesen. Die Schulleistungen seien ihr stets wichtig gewesen. Bis zum Eintritt in die letzte Maturklasse habe sie gute Zensuren gehabt. Nun jedoch seien die Leistungen aus ihr unerklärlichen Gründen plötzlich „abgesackt".

Frau D. lieferte die folgenden TAT-Geschichten:

Tafel 1
Dieser Schüler nimmt seit 5 Jahren Geigenunterricht, und er ist entmutigt darüber, was er gelernt hat. Er könne wenig für diese Zeit. Er will jetzt aufhören zu spielen. Der Lehrer meint, er solle die kleinen Dinge anschauen, nicht unbedingt die Technik. So fängt der Junge wieder an zu spielen, versucht es wieder.

Tafel 2
Dieses Mädchen aus der Stadt kommt in eine Bauerngegend, kam schon von jung auf dahin. Wird von den Eltern möglichst entfernt gehalten von den Bauern. Wird dann ausgesondert vom Dorf, obwohl sie mit den anderen Kontakt aufnehmen möchte. So macht sie die Schule nur ungern, nur als Müssen. Sie ist so geprägt von den Eltern.

Tafel 3GF
Eine junge Frau, die ein Pflegekind aufgenommen hat und nun weggeben muß, nachdem sie es 3 Jahre aufgezogen hat. Sie kann nichts dagegen tun. Sie ist alleine, kann mit niemandem darüber sprechen. Jetzt will sie auf keinen Fall mehr Kinder aufnehmen.

Tafel 4
Jemand hat dem Mann etwas Beleidigendes gesagt. Jetzt will er auf den losgehen, losschlagen. Die Frau will ihn zurückhalten, besänftigen. Doch er stößt sie zurück, geht auf den anderen los. (?) Er würde nicht arbeiten, sei faul.

Tafel 5
Es ist Nacht und die Tür hat einen kleinen Spalt. Die Mutter bemerkte Licht im Zimmer. Sie ging hin und bemerkte, daß ihr Kind hinausgeklettert war mit den nötigsten Sachen. Doch sie versteht es nicht, da sie das Kind immer gut bemuttert hat. Sie ist enttäuscht über das Kind, geht nicht zur Polizei. (?) 2-3 Tage ist sie sehr enttäuscht, macht sich selbst Vorwürfe, daß sie es nicht recht verstanden hätte, erfährt dann durch Zufall, daß es bei Freunden lebe. Keine Gewalt beim Zurückholen, nur wenn es wolle, könne es wieder zurückkommen.

Tafel 6GF
Diese Leute sind jung verheiratet. Als sie alleine war, schaute sie das Bild ihres Cousins an. Sie wurde dabei vom Mann überrascht, der meint, es sei ein Geliebter. Er wurde böse, wolle es ihr heimzahlen. Glaubt nicht, daß es ihr Cousin ist. Er kennt die weitere Familie noch nicht. Sie schlägt ihm vor, diesen Cousin am Sonntag zu besuchen um zu sehen, daß es wahr sei. Doch er will nicht, weil er im Grunde schon glaubte, was sie sagte, es aber nicht zugeben wollte. Da ließ sie den Cousin herkommen, und er mußte es glauben.

Tafel 7GF
Das Kind hat ein jüngeres Schwesterchen bekommen, doch sie liebt es nicht, ist eifersüchtig. Die Mutter liest aus der Bibel, daß man den Nächsten lieben soll, doch das interessiert das Kind überhaupt nicht. Sie wendet sich ganz ab von der Mutter, weil die Mutter es nicht versteht. (?) Die Mutter wird sich dem Kleinen zuwenden und gar nicht bemerken, daß das Größere keine Freude mehr hat.

Tafel 8GF
Diese ist in die Stadt gezogen, an einen anderen Ort als den, wo sie wohnte. Sie lebte sich gut in die Gesellschaft ein. Nun erfuhr sie, daß ihre Mutter erkrankt war, und sollte zurück. Sie will aber nicht den ganzen Bekanntenkreis verlassen. Jetzt weiß sie nicht, was tun. Sie wird aus Pflicht hingehen.

Tafel 9GF
Diese Frau (die jüngere) rennt ihrem Kind nach, der Fluß ist reißend. Die Mutter hat Angst, das Kind könnte ins Wasser fallen. Vorher hatte sie mit einer anderen Frau geplaudert und nicht auf das Kind achtgegeben. Sie kann es einfangen und schimpft dann mit ihm.

Tafel 10
Zwei raffinierte Diebe, die sich in einem Haus befinden, in einem Zimmer, wo niemand ist, besprechen sich, wie sie die Leute überfallen sollen. Sie kommen überein, daß es gescheiter sei, wieder zu gehen, da es zu gewagt wäre, wenn alle Personen wach im Haus seien, sie zu überfallen.

Tafel 11
Ein Weg führt durch eine Schlucht. In der Schlucht sind Diebe, Banditen, versteckt. Jemand sollte durch die Schlucht gehen, ahnt aber etwas, hat Angst. Weiter vorne ist ein Wald. Verbringt die Nacht im Wald versteckt. (?). Die Banditen wissen nichts von ihm, er hält sich versteckt bis zum Morgen, wagte es dann. Die Banditen waren schon fort, wollten erst in der Nacht wiederkommen.

Tafel 12F
Die alte Frau trägt etwas Schweres auf der Straße. Die junge bietet ihr an, es mit nach Hause zu tragen. Die Alte lädt die Junge zu sich nach Hause ein, doch sie läßt sie dann nicht mehr gehen. Abends kommen Männer in das Haus und entführen sie tief in den Wald. Sie kommt nach langem Suchen in ein fremdes Dorf und kehrt erst nach langem Suchen viel später zurück.

Tafel 13G
Diese Frau hat sich verirrt und kommt in eine unwirtliche Welt. Sie kommt zu einem großen Gebäude, weil es so protzig ist. Sie steigt hinauf, meint, da sei ein Mensch. Doch wie sie oben ankommt, sieht sie, daß es nur ein großer Stein war, daß sie sich getäuscht hat. Sie geht wieder hinunter und versucht zurückzufinden, doch es gelingt ihr nicht.

Tafel 13MF
Der Mann war fort und hatte etwas Glückliches erlebt. Als er nach Hause kam, sah er, daß seine Frau tot war. (?) Er macht sich Vorwürfe, weil er wußte, daß sie krank war. Er dachte, es sei nicht so schlimm und ging deshalb auch fort.

Tafel 14
Ein Mensch der Selbstmord macht, weil es zu düster war um ihn. Er sah die Welt einfach düster.

Tafel 15
In einer Stadt herrschte eine Seuche, und er war einer der wenigen, die überlebten. Es treibt ihn oft auf den Friedhof wegen seiner Bekannten, aber er fühlt sich unheimlich dort. Es ist, als ob er sich schämen müßte, daß er noch lebt und daß so viele daran gestorben sind.

Tafel 16
Es ist ein Mensch mit einem Hund in einer Landschaft, der geht – wie in einer Wüste – und er sieht immer nur Wüste vor sich. Er versucht, so schnell wie möglich zu gehen, aber er sieht keine Möglichkeit, aus ihr herauszukommen.

Tafel 17GF
Es ist Nacht und diese Frau geht noch spät in der Nacht spazieren. Da merkt sie, daß in der Nacht Feinde auf dem Schiff angekommen sind. Sie versucht möglichst rasch, heimlich und versteckt, zurückzukehren und das Dorf zu alarmieren.

Tafel 18GF
Diese Frau ist die Treppe hinuntergefallen. Die andere Frau eilte herbei, und als sie sie aufhob, merkte sie, daß sie tot war.

Tafel 19
Hier ist ein Haus, das ist völlig zugeschneit, so daß die Leute nicht hinauskönnen. Ein Ungeheuer geht ständig um das Haus herum und lacht ständig über die Leute drinnen.

Tafel 20
Dieser Mann ist nachts im Wald. Es hat Schnee, und die Wölfe sind hinter ihm her. Er will sich ein Feuer machen, damit er etwas geschützt ist, aber das Holz ist naß. So klettert er auf einen Baum, bis es Morgen ist, doch die Wölfe bleiben in der Nähe. Er will warten, bis jemand vorbeikommt. Doch das ist eher hoffnungslos.

Ein hervorstechendes Merkmal dieser Geschichten ist die Hoffnungslosigkeit, die sie ausstrahlen. Frau D. entwirft eine „düstere" (Geschichte 14), „unwirtliche" (Geschichte 13G) Welt, in der sie „alleine" ist und „mit niemandem sprechen kann" (3GF). Die Hauptfiguren befinden sich oft in einer unlösbaren Situation, sie sehen „keine Möglichkeit, aus ihr herauszukommen" (16), und alle ihre Versuche, etwas an ihrer Lage zu ändern, sind „hoffnungslos" (20).

Abgesehen von diesem **depressiv-resignativen** Grundton, der sich durch alle Erzählungen hindurchzieht, lassen sich drei **thematische Schwerpunke** unterscheiden (bei der folgenden Interpretation werde ich der Einfachheit halber die psychodynamische Schilderung sowie die Deutung auf der Objekt- und der Subjektstufe sofort zusammenfassen):

1. Bei einer Reihe von Geschichten steht die **Pflichterfüllung** ganz im Zentrum (1, 2, 4, 8GF, 9GF, 13MF). Es ist kennzeichnend für die Patientin, daß sie, wie Geschichte 1 anschaulich zeigt, an sich große Leistungsforderungen stellt und enttäuscht ist, wenn sie diese nicht umfänglich zu erfüllen vermag. Die Beschäftigung mit den verschiedensten Gebieten entspringt nicht einem eigenen Interesse, sondern stellt ein von den Eltern aufoktroyiertes „Müssen" dar (Geschichte 2: „Sie ist so geprägt von den Eltern"). Die Kritik, mit der man sie am tiefsten treffen kann, ist der Vorwurf, sie sei „faul" (Geschichte 4).

    Das Thema der Pflichterfüllung beschränkt sich bei Frau D. indes nicht auf den Leistungsbereich, sondern stellt offensichtlich eine Grunddimension ihres ganzen Lebens dar: Der Abbruch von Beziehungen und eine Rückkehr ins Elternhaus (8GF) erfolgen ebenso „aus Pflicht" wie die Sorge um das anvertraute Kind (9GF). Sich auch nur die geringste Freiheit zu nehmen, Freude am Leben zu haben, ja selbst die eigene Existenz (5, 13MF, 15), stellen Gründe für quälende Selbstvorwürfe dar.

    Deutlich spürt man in allen diesen Geschichten, daß die Patientin einem grausamen Über-Ich ausgeliefert ist, dessen harte Forderungen niemals erfüllt werden können. Die Patientin bleibt immer etwas schuldig. Die Erzählung, welche Frau D. zu Tafel 19 liefert, entwirft diesbezüglich ein anschauliches Bild: Das Über-Ich geht wie ein „Ungeheuer" um das Ich der sozial völlig isolierten Patientin („zugeschneit") herum und weidet sich an ihrer Hilflosigkeit („lacht ständig über die Leute drinnen"). Ein Entrinnen gibt es für das Ich nicht, es wird vom Über-Ich wie von „Wölfen" gleichsam zu Tode gehetzt, das Warten auf Hilfe von Außen ist „eher hoffnungslos" (20).

2. Man würde jedoch die psychodynamische Situation der Patientin nicht voll erfassen, wenn man nur ihre Über-Ich-Problematik und ihre daraus resultierende Depressivität sähe. Drei Geschichten (nämlich die zu den Tafeln 3GF, 7GF und 9GF) weisen – mehr oder weniger explizit – auf einen Konfliktbereich hin, der möglicherweise von ausschlaggebender Bedeutung für die Entwicklung und die Symptombildung der Patientin ist: eine **massive Geschwisterrivalität.**

    Am deutlichsten wird dieser Konflikt in der Geschichte zu Tafel 7GF geschildert. Gerade diese Erzählung läßt auch erkennen, daß die Versuche des Ich, mit Hilfe der Reaktionsbildung („ . . . daß man den Nächsten lieben soll") die Gefühle von Eifersucht und oralem Neid in Schach zu halten, letztlich erfolglos sind. Angesichts des bei Tafel 7GF geschilderten Rivalitätskonflikts (der dadurch, daß Frau D, von der „jüngeren" Schwester spricht, indirekt legitimiert wird) darf man die Geschichten zu 3GF und 9GF wohl als Ausdruck von Todeswünschen der (in Realität allerdings älteren) Schwester gegenüber interpretieren.

Man kann die schwierige innere Situation, in der sich Frau D. befindet, am besten ermessen, wenn man ihre zu den Tafeln 7GF und 13G gelieferten Geschichten einander gegenüberstellt: auf der einen Seite ein Geschwister, dem sich die Mutter „zuwendet" und dabei „gar nicht merkt, daß das Größere keine Freude mehr hat" (7GF), auf der anderen Seite die Patientin, die in einer „unwirtlichen Welt" hofft, auf einen „Menschen" zu stoßen, stattdessen aber nur einen „großen Stein" vorfindet, und der am Ende sogar nicht einmal mehr der Rückweg aus ihrer Verirrung gelingt (13G). In welcher ausweglosen Situation sie sich befindet, deutet Frau D. mit ihrer Geschichte zu Tafel 15 an: Sogar wenn ihre Todeswünsche in Erfüllung gingen, könnte sie sich ihres Überlebens nicht erfreuen, sondern müßte „sich schämen." Sie sieht für sich keinen Ausweg aus der „Wüste" ihres Lebens (16).

3. Mit der zuletzt geschilderten Geschwisterrivalität hängt eng ein drittes Thema zusammen, auf das die TAT-Geschichten der Patientin schließen lassen: Es ist der **Bereich der Aggression.** Frau D. schildert in etlichen Erzählungen, wie Menschen dem aggressiven Zugriff anderer Menschen oder eines „Ungeheuers" (19) ausgesetzt sind. Bei einer Deutung des TAT auf der Subjektstufe dürfen wir diese Personen als Repräsentanten der aggressiven Impulse interpretieren, welche in der Patientin selber bestehen und von ihr mit Hilfe von Reaktionsbildung, Pflichterfüllung und anderen Abwehrmaßnahmen (nicht zuletzt auch mittels der Blockierung durch ihre Depressivität) nur mühsam zurückgehalten werden können. Untersucht man ihre Geschichten genauer daraufhin, so kann man feststellen, daß Frau D. zumeist Wesen schildert, die mit oral-sadistischen Zügen ausgestattet sind: Diebe und Entführer (10, 11, 12F, 17GF), Wölfe (20) und ein lachendes Ungeheuer (19).

Die Patientin spürt deutlich, daß sie nicht nur Opfer solcher Zugriffe ist, sondern daß sie selber, wenn sie diese Impulse hervorbrechen ließe, zu einem „Ungeheuer" werden könnte, das die Bezugspersonen nicht mehr gehen lassen würde (12F), sich rücksichtslos etwas auf Kosten anderer aneignete (10, 11) und eifersüchtig (7GF) darüber wachte, daß nur sie die so lange entbehrte Zuwendung erhielte. In den Gestalten von Dieben, Entführern, Wölfen und Ungeheuern artikulieren sich ihre sonst unterdrückten unersättlichen oralen Wünsche. Der TAT vermittelt in dieser Hinsicht ein anschauliches Bild und läßt bei der Patientin eine psychodynamische Facette aufscheinen, die – angesichts ihrer Depressivität und Resignation – sonst leicht übersehen werden könnte.

Besonders interessant erscheint mir in dieser Hinsicht die Geschichte, die Frau D. zur Leertafel 16 liefert. Ich habe bereits darauf verwiesen, daß sie mit dieser Erzählung in eindrücklicher Weise ihr depressives Lebensgefühl schildert: in einer Wüste zu laufen und keine Möglichkeit zu sehen, je wieder aus ihr herauszufinden. Mit dem Bild der „Wüste" wird auch angedeutet, welche Entbehrungen sie erleidet und welche ungeheuren oralen Wünsche in ihr bestehen. Die Tatsache, daß die Hauptfigur dieser Geschichte von einem Hund begleitet wird, kann verschieden gedeutet werden: Zum einen weist diese Wendung der Erzählung darauf hin, daß sie doch nicht total isoliert ist in einer „unwirtlichen" Welt, in der sie statt auf Menschen nur auf Steine trifft (13G). Die Patientin wird auf ihrem schweren Wege immerhin von einem anderen lebendigen Wesen, einem Hund, begleitet. Zum anderen kann man den „Hund" der Geschichte zu Tafel 16 auch als eine harmlosere Variante der „Wölfe" verstehen, von denen bei Tafel 20 die Rede ist. Bei einem solchen Interpretationsansatz würde die Erzählung zu Tafel 16 darauf hinweisen, daß Frau D. sich bemüht, ihre oral-sadistischen Impulse zu „entschärfen", indem sie aus reißenden Wölfen einen zahmen Hund macht, den

sie, bildhaft gesprochen, an die Leine nehmen kann. Zugleich sagt diese Geschichte aber auch, daß sich die Patientin in die Einsamkeit einer „Wüste" zurückziehen müßte, um sich und ihre Mitmenschen vor ihren gefährlichen oralen
Impulsen zu schützen. Dem entspricht das tatsächliche Verhalten der Patientin,
die sich, sichtlich enttäuscht von ihrer Umgebung, von Kontakten weitgehend distanziert hat und der nur der Ausweg bleibt, ihre orale Bedürftigkeit und innere
Leere notdürftig mit Essen zu kompensieren. Doch auch diese Strategie erweist
sich letztlich als ineffizient, wie ihre Depressivität zeigt, und die orale Gier droht
jederzeit durchzubrechen, wie die letzte Geschichte (zu Tafel 20) anschaulich
darstellt.

12.2   Eine hysterische Neurose

Der 30jährige Herr K. suchte psychotherapeutische Hilfe, da er unter ausgeprägten
Leistungsstörungen litt. Er hatte zwar schon während der Schul- und Studienzeit mitunter Probleme dieser Art, vor allem heftige Prüfungsängste, erlebt. Doch hatten
sich seine Schwierigkeiten nun, nach Abschluß des Studiums, erheblich verschärft.
Der Patient berichtete, daß er neben seiner Berufstätigkeit (in einem geisteswissen-
schaftlichen Beruf) gerne noch an einer Dissertation arbeiten würde. Er könne sich
aber einfach nicht „aufraffen". Er habe zwar viele Ideen, es fehle ihm aber an der nötigen „Entschlußfähigkeit", seine Pläne dann auch zu realisieren. Ihm falle immer
wieder etwas Neues ein, was ihn noch mehr fasziniere als das bisher Geplante.

Zur Lebensgeschichte von Herrn K. war folgendes zu erfahren: Der **Vater** sei Uni-
versitätsdozent, die **Mutter** habe, da sie früh geheiratet habe, keine Berufsausbildung
absolviert. Sie sei stets als Hausfrau tätig gewesen. Während der Vater hohe Leistungsforderungen an ihn gestellt habe (dies allerdings nicht auf „offene Art, sondern
indirekt"), sei die Mutter ausgesprochen verwöhnend gewesen. Er habe zu ihr eine
sehr enge Beziehung unterhalten, mitunter sei er ihr „einziger Vertrauter" gewesen,
mit dem sie alle ihre Probleme besprochen habe. Der Vater habe sich – abgesehen von
Schulleistungen – eigentlich nicht um ihn gekümmert. Herr K. berichtete, er habe
sich vom Vater stets „irgendwie im Stich gelassen gefühlt". Auch die Tatsache, daß er
nach der Matur eine Ausbildung im gleichen Beruf wie der Vater absolviert habe, habe sie einander nicht näher gebracht. Er habe bei sich sogar beobachtet, daß er in der
Beziehung zum Vater in eine zunehmende Spannung geraten sei.

Herr K. hat noch einen um 3 Jahre jüngeren **Bruder.** Dieser sei von jeher der
„Liebling" des Vaters gewesen. Er habe gute Leistungen in der Schule und im Studium erbracht und sei jetzt auch im Beruf erfolgreich. Die Beziehung zwischen den
Brüdern sei „nie besonders gut" gewesen. Sie hätten als Kinder viel gestritten und
gingen sich heute weitgehend „aus dem Wege". Der Bruder habe ihn um die gute Beziehung zur Mutter beneidet. Er hingegen habe voller Neid gesehen, daß der Bruder
vom Vater voll akzeptiert werde, während er wenig Anerkennung vom Vater erfahren habe.

Im Alter von 21 Jahren heiratete Herr K. eine um 8 Jahre ältere Frau. Der Ehe ent-
stammte ein zur Zeit der Anamneseerhebung achtjähriger Sohn. Herr K. berichtete, daß er sich zu Beginn der Ehe bei seiner Gattin „sehr geborgen" gefühlt habe. Sie
sei für ihn wie „eine gute Mami" gewesen. Doch schon nach relativ kurzer Zeit hätten
sich zunehmende Spannungen in der Ehe entwickelt. Die Frau habe sich weitgehend
dem Kind zugewendet und ihn dadurch „vernachlässigt". Daraufhin habe er sich
mehr und mehr von der Gattin distanziert. Er habe verschiedentlich auch Beziehun-

gen zu anderen Frauen unterhalten. Die Ehepartner hätten sich daraufhin vor 2 Jahren getrennt.

Zur Zeit der Konsultation lebte Herr K. mit einer Freundin, einer geschiedenen Frau mit einem vierjährigen Sohn, zusammen. Sein Sohn hielt sich während der Woche bei der Ehefrau, an Wochenenden häufig beim Patienten auf. Herr K. hob ausdrücklich hervor, daß er an eine Scheidung nicht denke. Er wolle eigentlich wieder zur Ehefrau zurück. Da er die Freundin aber ebenfalls gern habe, falle ihm eine Entscheidung für die eine oder die andere Frau sehr schwer.

Psychodynamisch ergab sich das Bild einer vorwiegend ödipalen Konfliktsituation mit einer intensiven Bindung des Patienten an die Mutter (in deren Fußstapfen – in seinem Erleben – die Ehefrau getreten war) und einer ausgeprägten ödipalen Rivalität zum Vater (und zum Bruder). Es fragt sich auch, ob die seit der Geburt des eigenen Sohnes aufgetretenen ehelichen Spannungen u.a. bedingt waren durch Rivalitätsgefühle dem Sohn gegenüber, da sich die Gattin des Patienten vermehrt dem Kind zugewendet hatte, wodurch sich Herr K. „vernachlässigt" fühlte.

Herr K. lieferte die folgenden 20 TAT-Geschichten:

Tafel 1
Musik – da sind viele Geschichten möglich. Ein Junge träumt, tags oder nachts, von dem, was er gerne machen würde. Sehr traurig, nicht zu entscheiden, ob er die Geige hat oder nicht. Es ist für ihn Musik, er würde gerne musizieren. Hat er das Instrument überhaupt oder nicht? Hat er es haben und hat es nicht. Er weiß, daß er es nie haben wird – erwacht aus der Träumerei und die Geige ist weg – leerer Tisch. Es ist eine seiner Grundstimmungen, daß er das, was er möchte, nicht hat. Die Umwelt ermöglicht ihm das nicht, oder er weiß nicht, was das Spielen ihm bedeuten soll. Es ist seine schönste Möglichkeit, sinnt darüber nach, ob das einmal möglich sein wird.

Tafel 2
Ein kluges, vielseitiges, hübsches junges Mädchen, schon gereift im Prozeß der Persönlichkeitsentwicklung, noch Schülerin, in jeder Beziehung mögliche Zukunft. Schwangere Frau, über 30erin, es ist nicht ganz ersichtlich, ob sie glücklich ist in ihrer Welt, als Frau. Dann der tätige Mann, der seinen Acker bestellt, kräftig, konventionell. Sie sieht das, was kommen wird – der Mann spielt keine große Rolle – sie denkt nur über ihre Geschichte nach. Sieht nicht sehr glücklich aus – Frau am Baum – ob das das Lebensglück, -ziel darstellt. Eigentlich nur eine vorgestellte Geschichte, das Mädchen und ihre Zukunftssituation, dort Lebenssituation. Hat Mann, ganz normal, der weiß, was seine Pflichten sind. Erfolgreicher Mann, der seinen Acker bestellen kann. Sie ist aber nicht so froh über diese Vorstellung, daß es so sein sollte. Es befriedigt sie nicht. Welt, in der ein Teil ihrer Interessen nicht zum Zuge kommt, als Bäuerin.

Tafel 3BM
Junge oder Mädchen? Das ist ein Mädchen, jünger als das vorherige, in einer der typischen Depressionen zwischen 14 und 15, wo man sich nirgends mehr zurechtfindet, zu Hause nicht und in der Gemeinschaft der Schülerinnen nicht. Einsamkeit – Geborgenheit, bricht auseinander. Wehrlosigkeit und Hilflosigkeit, keine Erfahrungen. Es ist keine Tragödie, aber ein Tief, das aufgefangen werden kann, das weiterführt zum Selbständigwerden. Ganz normale Situation. Steht dann auf, wäscht sich das Gesicht und ist abends wieder fröhlich.

Tafel 4
Nur Banales: Nur schon die beiden Typen – Hollywood. 2 schöne Stars, sehr an der Oberfläche liegend. Beides Prototypen: die zierliche Frau und der eckige, harte Mann. Die Geschichte: Alltagssituation, sehr theatralisch, nicht echt, sehe keine Problematik. Sie ist zärtlich, er will weggehen in bestimmter Richtung, z.B. Berufsziel, Schauspieler nächste Besprechung, Filmstars. Sie ist wach, möchte ihn zu sich holen: „Sei doch präsent." Er wird zurückkommen: „Pardon, ich denke an heute abend." Sie: „Ja, das wird schon gut gehen."

Tafel 5
Nichts Weltbewegendes. Bürgerlich, heimelig, vom Mobilar her. Ordentliches, schönes Haus, 1. Stock, betonte Geborgenheit, spießig, negativ. Alltagssituation. Sie macht die Tür auf oder zu. Sie

sieht abends Licht, sieht nichts Schreckliches, Arbeitszimmer ihres Sohnes oder Gatten, der dort sitzt und arbeitet.
Situation mit dem Mann: Es liegt eine Besorgtheit darin: Er sitzt abends immer noch und arbeitet. Es könnte diese Besorgtheit auch dem Sohn gegenüber sein, aber nicht einem Mädchen gegenüber, wegen der Arbeit. Beim Sohn: Schafft er's wohl nicht – er arbeitet zuviel. Sie ist nicht böse über die Situation, geht nicht böse zu Bett. Sie treffen sich noch und gehen friedlich nach einem Abendtrunk ins Bett. Die Frau geht sehr auf sie ein, hat etwas Mütterliches.

Tafel 6BM
Hier fehlt mir die Identifikationsmöglichkeit, ist ganz billig, die Welt der Typen. Ein guter Junge, Sohn dieser Frau, hat etwas Ungünstiges geleistet. Etwas unterentwickelter Sohn, Dutzendgeschichte. Hat es noch nicht herausgebracht – was kann das sein? Er hat unterschlagen, wird seine gute Stelle verlieren. Er ist Bankangestellter. Die Mutter ist hochgradig entsetzt, sie ist an sich eine Frau, die mit dem Leben fertiggeworden ist, ruhig, trotz dem Schrecken gefaßt. Seltsam, das Verhältnis, daß er zur Mutter geht, in dem Alter. Die Mutter ist die Instanz, zu der er berichten geht, sie hat ihn sehr stark getragen, auch später noch. Unentwickeltes Mutter-Sohn-Verhältnis. Keine Kämpfe.
Oder: Die Frau, die sie ihm zugedacht hat, will er nicht, er hat die Mutter betrogen, es ihr nicht klar gesagt. Schuldsituation, als ob er lange so getan hätte, daß es nicht so wäre, wie es eigentlich ist. Immer ordentlich, jetzt etwas Unordentliches.

Tafel 7BM
Vater – Sohn: Gehobene Schicht, haben Möglichkeiten von den Typen her: Arzt, etwas Nobles, Arrivierter, Unternehmer, hat seine Sache gut geleistet. Der Sohn ist schwächer als der Vater hier, fast degeneriert im Verhältnis zum Vater. Arzt und Jurist: Beim Vater klarer, eindeutiger. Sohn: Der Intellekt ist stärker, aber sonst weniger Kraft. Ist vielleicht dem Vater überlegen an Schnelligkeit und Wissen, aber der Vater steht darüber, blickt auf ihn hinunter. Große Opposition leistet dieser Sohn nicht, braucht es auch nicht zu tun, das Problem ist, daß es ein guter Vater ist. Ich sehe keinen Konflikt drin, er holt Rat beim Vater wegen eines juristischen Falles, und bekommt von ihm die Lösung. Der Vater hat Vertrauen in die Leistung des Sohnes. Der Vater mit seinem Metier und seiner Ruhe strahlt Bonhomie aus. Der Sohn ist weniger sinnlich, auch in der Richtung schmäler. Sehr klassisch, problemlos. Wäre es umgekehrt, dann würde es sofort Probleme geben, Konflikte.

Tafel 8BM
Bubi träumt schreckliche Sachen – kann mich gar nicht identifizieren, bin deshalb auch aggressiv. Alle so flott, von den Kostümen her. Eindeutig Traumsituation: Grundsätzlich: Angsttraum oder Wunschtraum. Es ist eine Folterung, Tortur, es ist nicht ganz klar, ob der umgebracht werden soll oder gequält wird, ich möchte mich noch nicht entscheiden. Er ist nicht der, der da mit dem Messer fummelt, sondern der, der reinblickt oder der da liegt.

Version 2:
Banal. Der junge Mann wird eingezogen, sehr jung, hat es schön, hat seine Lehre eben fertig. Könnte alles mitmachen. Eine Koreasituation, das könnte ihm blühen, er muß kämpfen. Er ist dann der Soldat, den es getroffen hat, im Lazarett, geht rauh zu. Er hat eine Kugel in den Unterleib erwischt. Oberarzt und im Hintergrund ein Assistenzarzt.

Version 3:
Bedrohung. Es ist doch der Junge, der auf dem Bett liegt. Traum, der seine Ängste spiegelt, was der Lebenskampf bedeuten würde. Ich möchte ihn aber nicht zum Sadisten umfunktionieren.

Version 4:
Er wird eingezogen. Er wird gehen. Er ist kein Muttersöhnchen. Das Militär bringt Belastung. Vielleicht passiert es ihm oder nicht.

Tafel 9BM
Sehr alltäglich, nicht aus meinem Lebensbereich. Männer unter sich, kein Militär. Es sind Landarbeiter. Sie haben gearbeitet und haben nun eine Pause, liegen im Gras, sind entspannt, mögen sich gut. Ein etwas brutalerer Typ, es wird vielleicht zu Konflikten kommen, vielleicht Neger.

Version 2
Ein gemütlicher Typ, der feinere legt sich auf ihn, erzählt etwas. Geschichtslose Situation. Der hört ihm doch zu, der da vorne erzählt etwas, nichts Aufregendes, sie sind ganz entspannt, er erzählt etwas Nettes. Nicht intimer Rapport, etwas Nettes. Spielt es für sich durch, etwas Amüsantes. Statisch.

Tafel 10
Ich transponiere – könnte billig sein, Courts-Mahler, die Typen. Ich besetze es mit mir selbst. Es könnte die Situation ausdrücken mit 48/50, Frau 43, in einem Moment gegenseitigen Vertrauens, sich Bekanntmachens, der ganzen Lebenssituation, Wunschsituation, die haben 20 Jahre miteinander gelebt. Er ist nicht der Typ eines Haudegens – Freunde von mir, die mit ihren Poblemen fertiggeworden sind, sind gezeichnet von dem, was sie gemeinsam erlebt haben, was sie sich angetan haben. Haben eine gewisse Abgeklärtheit, Reife, Leute, die sich nicht die Türe zuschlagen werden. Sicher ist nichts, sie finden es auch schön, es lohnte sich, wir gaben uns so und so viel. Keine dramatische Situation. Es kommt so alles zusammen, alles präsent.

Tafel 11
Eine vorzeitliche Geschichte von einem Drachentier. Eine Brücke, die Teufelsbrücke. Drei Tiere, Vögel, die über die Brücke fliehen wollen. Aus der Tierwelt – der Mensch spielt keine Rolle. Völlige Tierwelt, unwirtliche Gegend. Die Tiere kommen aus einer schönen, paradiesischen Gegend und wollen in ein noch schöneres Land. Es ist ein gefahrvoller Weg, um das gelobte Land zu erreichen. Wenn man klug ist und entsprechende Vorkehrungen trifft, kann nichts passieren, der Drache bleibt ruhig. Das Tier schläft. Eigentliche Prüfungen sind nicht da, man muß es nur klug anstellen. Die Vögel sind nicht klug, sie schnattern, und der Drache erwacht. Sie sind wie ertappt, töricht, wirken ausgesprochen unklug. Sie rennen los, und das böse Vieh da wird sie erwischen. Dramatisch. Vielleicht läßt er sie aber und wartet auf bessere interessantere Beute. Die Bedrohung durch den Drachen ist echt, es kann deshalb ein böses Ende nehmen.

Tafel 12M
Wie ernst soll ich das nehmen . . . Zwei Richtungen: Sehr ernster Vorgang, von Heilung bis zu einer Art Erweckung, beschwörend. Es kann aber auch im Bereich der Kurpfuscherei sein, nicht ernst, kein Arzt, sondern ein Naturarzt, Kräfte im Spiel. Der Junge hat eine Krankheit, die nicht faßbar ist. Die Eltern brachten ihn hierher, sagten, er sei ein besserer Diagnostiker als die Schulärzte. Hypnose, er versucht ihn ganz zu entspannen. Er wird es nicht herausfinden, es ist ein psychisches Leiden, kommt der Sache nicht auf die Spur. Vater-Sohn-Beziehung. Der Junge ist sehr passiv, hat sich in sein Schicksal gefügt und verspricht sich nicht viel vom Ganzen, macht aber mit. Keine Abschiedsgeschichte.

Tafel 13MF
Zwei Leute, die haben sich furchtbar gern. Ich sehe keine Auseinandersetzung, keine dramatische Zuspitzung bei einem Streit oder so. Die beiden mögen sich sehr gut, kommen gut aus miteinander, haben aber den Eindruck, daß sie diese Beziehung nicht ausleben dürfen, weil zuviele Umstände, die Umwelt dagegen ist. Bettsituation vor oder nach der Begegnung. Die Haltung der Frau ist mir wichtig, die mit offeneren Augen die Wirklichkeit angeht als der Mann, der die Augen zudeckt, d.h. die Wirklichkeit nicht sehen will, obwohl er eigentlich genau sieht, daß von außen her so und so viel die Beziehung in Frage stellt. Es ist doch unsicher, ob er das so sicher weiß, hier: In-sich-hinein-hören-wollen, um zu einem Entschluß zu kommen. Angst vor dem Ausgang: Die beiden lassen einander nicht, kommen aber gegen die komplizierte Umwelt wahrscheinlich nicht an, und ich befürchte, daß es schlecht ausgeht. Die Umwelt wird stärker sein (Eltern, Romeo und Julia).

Tafel 14
Der Ausgang: Entschlußgeschichte, Tunnelgeschichte, dunkel, gibt Sicherheit. Verzicht. Man kommt in Freiheit, Licht. Freiheit nach einem ganz gravierenden Entschluß. Fenster. Gefühl, man käme heraus, im Grund ist aber alles viel ambivalenter. Utopische Vorstellung, man möchte aus dem Dunkel ans Licht, aber das gibt es nicht.

Tafel 15
(Seufzt) Habe keine Beziehung zum Tod. Beziehung zu einer furchtbaren Enge, von dort her Fortsetzung der Ausgestaltung des Dunkels. Man sieht nur noch 1000 Hindernisse. Grabsteine = relative Schwierigkeiten, Kreuze, die einen bedrängen. Liegt nicht in der eben geschilderten Situation die Aufforderung, auf das Schönste, Liebste zu verzichten, was da bedrängt? Wirkliche Bedrohung, Bedrängung. Ist der, Mann da – was ist die Rolle diesen Kindern gegenüber, meine eigene Vater-Kind Beziehung zu meinem Sohn. Ich trete den anderen Kindern gegenüber als Freund auf, Kameraderie. Hilfe und Stütze der Autorität da nur noch auf der Frau.

Tafel 16
Hodlerlandschaft – eine Erinnerung. Ein Frühlingsbild im Jugendstil. Heitere Landschaft. 2–3 Frauen darauf, die mir sehr sympathisch sind. Eine sitzt, eine geht, die dritte liegt. Sie sind verschieden und

doch gleich – es könnte eine Person sein. Es herrscht Ruhe, Frieden. Ich möchte drin sein, stehe als Betrachter draußen. Wäre nicht aktiv beteiligt, in keiner Form, Gespräch oder körperliche Begegnung. Möchte teilnehmen an dieser Atmosphäre und Stimmung. Statisch, ein Zustandsbild.

Tafel 17BM
Ein Mann, der sein Handwerk beherrscht, seinen Körper im Griff hat, das Seil da hochzukommen. Eine Hobbyleistung am Abend im Männerturnen, oder ein Akrobat, dem kann nichts passieren, der ist auf dem Weg nach oben. Keine Gefahr.

Tafel 18 BM
Brr . . . Der Typ ist unsympathisch, weich, zerfließend, eine Menge Leute kommen mir in den Sinn. Könnte Alkoholiker sein. Paßte zur ganzen Verschwommenheit. Eindrücklich sind die beiden Hände. Widerspruch zwischen Gewicht und Körperhaltung. Normal, träumend, sich sammelnd, die gräßliche Körperhaltung nicht gelöst, heruntergekommen. Die Hände sind bedrohlich, nicht helfend – der träumt das – Angstvorstellung, was im Körper sich ausdrückt, Bedrohung, Zerfall. Da wird ihm nicht geholfen, sondern man nimmt ihm – der Mantel wird weggezogen. Der hat sich selbst auf den Hund gebracht. Vom Kopf her könnte er anders dastehen, als er dasteht. Kopf hat er. Weichheit, selbstverschuldet. Angst steigt in ihm auf, Hände von Unbekannten. Unentschieden – er könnte sich auch wieder auffangen, es könnte aber auch abwärts gehen, läßt sich gehen.

Tafel 19
Brr. . . . (stellt das Bild weiter weg). Von sprachlichen Mitteln, das Bild her, wäre es eine übersetzte Landschaft, Mittel- und Nachimpressionsmus. Nicht arg bedrohliche Landschaft. Zackige Formen. Die Hütte hält stand, ist fest zugemauert, das Ganze. Es ist Licht drin, Wärme. In diesem blöden Bunker könnte Geborgenheit drin sein. Wirkt entrückt. Nichts besonderes drin, im Norden, am Meer, Fischer.

Tafel 20
(Stellt Bild wieder weiter weg). Ein Mann, der allein draußen steht. Übergang, am Rand eines Quartiers. Hat aber nicht das Ekelhafte von Stadträndern. Der Mann ist einfach so allein, nichts Außergewöhnliches. Auf dem Heimweg, ist sich seines Alleinseins bewußt. Macht die Grunderfahrung, daß man allein ist und allein sein muß. Keine Auflehnung dagegen, sondern hat sich damit abgefunden. Nicht fröhlich. Leidet daran doch, nicht nur angenehme Erfahrung und Situation. Ist aber doch wichtig für einen selbst. Noch jüngerer Typ, hat die Erfahrung schon gemacht. Macht nicht alles dunkel, es bleibt, wie es ist.

Ich möchte bei der folgenden Interpretation die verschiedenen Deutungsmethoden wieder sofort zusammenfassen und insbesondere auf die Aspekte eingehen, die mir charakteristisch für die hysterische Störung des Patienten zu sein scheinen.

Überblickt man die 20 TAT-Erzählungen, so fallen zunächst die Unentschlossenheit, das Sich-nicht-festlegen auf eine bestimmte Geschichte und der häufige Einsatz der Abwehrmechanismen der Verneinung und der Verdrängung auf: Schon bei Tafel 1 verweist Herr K. darauf, da seien „viele Geschichten möglich". Wenig später meint er in der gleichen Geschichte, es sei auch „nicht zu entscheiden, ob er die Geige hat oder nicht". Diese Neigung des Patienten, alles im Unbestimmten zu lassen, bereits gegebene Charakterisierungen unmittelbar darauf zu widerrufen und sich auf diese Weise möglichst nicht festzulegen, finden sich in allen seinen Geschichten. Dieses Phänomen ist nach meiner Erfahrung charakteristisch für Patienten mit ödipalen Konflikten und resultiert aus der von *Riemann* (1961) beschriebenen Angst des Hysterikers, sich in einer bestimmten Richtung festzulegen.

So spricht Herr K. in der Geschichte zu Tafel 2 beispielsweise davon, das junge Mädchen sei „schon gereift", zugleich ist es aber auch „noch Schülerin." Auch die wiederholten Hinweise darauf, es sei „keine Tragödie", sondern eine „ganz normale Situation" (3BM), „nur banal" (4), „nichts Weltbewegendes" (5), „nichts Schreckliches" (5), „ich sehe keinen Konflikt darin" (7BM), „sehr alltäglich" (9BM), „keine Auseinandersetzung, keine dramatische Zuspitzung" (13MF), „keine Gefahr" (17BM), „nichts Außergewöhnliches" (20) sowie das Abrücken von der Bildvorlage (der Patient legt die Tafeln 19 und 20 weit von sich weg), dienen alle seiner Neigung, sich emotional von den in ihm auftauchenden Phantasien zu distanzieren. Sobald sich Herr K. durch den Aufforderungscharakter der Tafeln besonders stark angesprochen fühlt, verstärkt dies verständlicherweise seine Ambivalenz und führt dazu, daß er nicht nur eine Geschichte, sondern mehrere Versionen erzählt (am extremsten bei Tafel 8BM, zu welcher der Patient vier Versionen liefert!).

Bei einer inhaltlichen Analyse der TAT-Geschichten (hinsichtlich der Psychodynamik, der ich-struktuellen Hinweise sowie der Objekt- und Subjektstufendeutung) kristallisieren sich vor allem die folgenden drei Hauptthemen heraus: 1. die Beziehung Mutter-Sohn, 2. die Vater-Sohn-Beziehung und 3. der Umgang des Patienten mit Situationen (innerer und äußerer) Gefahren.

1. Die Beziehung Mutter-Sohn:
Die Beziehung zwischen Mutter und Sohn wird vor allem in den Geschichten zu den Tafeln 4, 5, 6BM, 10, 13MF und 16 thematisiert. Dabei fällt auf, daß Herr K. zwar von einem „unentwickelten Mutter-Sohn-Verhältnis" (6BM) spricht, jedoch zugleich – mit einem gewissen Befremden – bemerkt: „Seltsam, das Verhältnis, daß er zur Mutter geht, in dem Alter." In allen Geschichten, in denen der Patient die Beziehung zwischen Mutter und Sohn behandelt, entwirft er vom Sohn das Bild eines eher schwachen („unterentwickelten", 6BM) Menschen, der „die Wirklichkeit nicht sehen will", während die Frau/Mutter als „wach" (4), „mit offeneren Augen" (13MF) und „besorgt" (5) geschildert wird, als eine „Instanz, zu der er beichten geht, sie hat ihn sehr stark getragen" (6BM). Zugleich ist die Mutter aber auch die Person, der gegenüber er Schuldgefühle erlebt, da er sie „betrogen" habe (6BM). Es ist charakteristisch für Herrn K., daß er die ödipale Dimension (es ist in der Geschichte zu Tafel 6BM ausdrücklich die Rede von einer anderen Frau) zwar andeutet, aber auch wieder verwischt, indem er betont, die andere Frau sei dem Sohn von der Mutter zugedacht worden. Er hat sich indes diesem mütterlichen Plan nicht entsprechend verhalten – und ist damit der Mutter letztlich doch „treu" geblieben!

Die Beziehungen zwischen Mann und Frau, wie Herr K. sie im TAT schildert, gestalten sich nach dem Muster einer Mutter-Sohn-Beziehung. Die Partnerinnen mögen zwar verschieden sein, letztlich sind sie alle aber „doch gleich – es könnte eine Person sein" (16) – man darf hier interpretierend ergänzen: Letztlich sieht der Patient in allen Frauen die Mutter. Aufgrund der daraus resultierenden ödipalen Ambivalenz ist es verständlich, daß Herr K. zwar eine von dieser Muttergestalt ausgehende Faszination spürt („Hodlerlandschaft", „Frühlingsbild im Jugendstil", „ . . . sehr sympathisch"), zugleich aber auch seine Distanz zu der ödipalen Versuchung, fast beschwörend, betont: „stehe als Betrachter **draußen**. Wäre **nicht aktiv** beteiligt, in **keiner** Form", und die Szene am Ende geradezu einfriert: „statisch, ein Zutandsbild."

2. Die Vater-Sohn-Beziehung:
Schon bei der Schilderung der Mutter-Sohn-Beziehung hatte sich Herr K. sichtlich bemüht, jegliche Konflikthaftigkeit auszublenden (z.B. bei 6BM „keine Kämpfe" oder bei 13MF „keine Auseinandersetzung, keine dramatische Zuspitzung"). Das gleiche Verhalten zeigt sich auch in den Geschichten, in denen er das Verhältnis Vater-Sohn thematisiert (vgl. vor allem die Erzählungen zu den Tafeln 7BM, 8BM, 9BM, 12M, 15, 17BM). In allen diesen Geschichten wird der Sohn als „schwach, . . . fast degeneriert" (7BM) und „sehr passiv" (12M) geschildert. Demgegenüber wird der Vater charakterisiert als dem Sohn weit überlegener Mann, der „darüber steht, auf ihn hinunterblickt" und ein „guter Vater" (7BM) ist.

Die Beziehung zwischen Vater und Sohn wird am direktesten in der Erzählung zu Tafel 7BM dargestellt: Einerseits betont der Patient die Ebenbürtigkeit von Vater und Sohn (beide gehören einer „gehobenen Schicht" an, beide sind „Arzt" oder „Jurist"), andererseits aber wird ausdrücklich die Unterlegenheit des Sohnes hervorgehoben („schwach", „fast degeneriert"). Aber auch diese Schilderung ist nicht eindeutig, denn Herr K. erwähnt, der Sohn sei im Hinblick auf den „Intellekt . . . stärker" und sei „dem Vater überlegen an Schnelligkeit und Wissen". Der psychodynamische Kern der Geschichte liegt im Hinweis, der Sohn leiste keine „große Opposition", das Problem liege darin, „daß es ein guter Vater ist". Der Patient unterwirft sich dem Vater und vermeidet auf diese Weise die ödipale Rivalität (die er hintergründig jedoch stark spürt und die in der Anlage der Geschichte auch deutlich zum Ausdruck kommt). Bezeichnenderweise heißt es am Ende der Erzählung: „Wäre es umgekehrt (d.h. wäre der Sohn „sinnlicher", konfrontationsbereit), dann würde es sofort Probleme geben, Konflikte"!

Für die Interpretation der Psychodynamik von Herrn K. ist es aufschlußreich, die Geschichten zu den Tafel 7BM, 8BM und 9BM in ihrer Abfolge genauer zu untersuchen. Der Patient zeigt in dieser Sequenz deutlich das für eine hysterische Störung typische Schwanken zwischen Rivalität und Unterwerfung in der ödipalen Auseinandersetzung mit der Vaterfigur. Dieser Konflikt ist, wie ausgeführt, in der Erzählung zu Tafel 7BM bereits angelegt. Die im Patienten bestehende Ambivalenz hinsichtlich seiner (gegen den Vater gerichteten) aggressiven Impulse stellt er in eindrücklicher Weise in den vier zu Tafel 8BM gelieferten Versionen dar: Alle Versuche, den schwelenden Konflikt durch Verharmlosung („Bubi"), Distanzierung („Traum") und Verneinung („er ist nicht der, der da mit dem Messer fummelt", „möchte ihn nicht zum Sadisten umfunktionieren") herunterzuspielen, erweisen sich letztlich als ineffizient. Die aggressiven Impulse drängen sich dem Bewußtsein immer wieder auf und werden von Herrn K. als gefährlich, zugleich aber auch als lustvoll erlebt („Angsttraum oder Wunschtraum").

Der Kernkonflikt liegt für den Patienten in der Frage, ob er sich der ödipalen Rivalität stellen oder in der regressiv-unterwürfigen Position verharren will. Wie er am Ende der Geschichte zu Tafel 7BM andeutet, würde die Aufgabe der kindlichen Rolle für ihn die Gefahr von „Problemen, Konflikten" mit sich bringen. Die Sequenz der zu den Tafeln 7BM, 8BM und 9BM gelieferten Erzählungen weist darauf hin, daß Herr K. diesbezüglich hoch ambivalent ist und daß er, zumindest zur Zeit der TAT-Aufnahme, zur Unterwerfung unter die mächtige Vaterfigur und zu einer negativen Lösung des ödipalen Konflikts tendiert.

Dies wird auch besonders deutlich in den beiden Versionen, die der Patient zu Tafel 9BM berichtet: Obgleich er durch die Negation „kein Militär" verhindern möchte, daß man eine Verbindung zu den Geschichten der Tafel 8BM herstellen könnte, und sich durch den Hinweis „nicht aus meinem Lebensbereich" ausdrücklich distanziert, drängt sich ihm doch wiederum der Konflikt zwischen dem „brutalen Typ", bei dem es „zu Konflikten" kommt, und dem „gemütlichen Typ" (der sich unterwirft) auf. In der zweiten Version der Geschichte zu Tafel 9BM deutet sich – trotz aller Abwehrmaßnahmen, die Herr K. einsetzt – eine homoerotische Beziehung an, die als Ausdruck eines „negativen Ödipuskomplexes" (zur Abwehr rivalisierender Tendenzen) gedeutet werden kann.

Die einzige Geschichte, in welcher der Patient sich auf eine ödipale Rivalitätssituation (zumindest ansatzweise) einläßt, ist die Erzählung zu Tafel 17BM. Aber auch in diesem Falle weist er – geradezu beschwörend – darauf hin, daß „nichts passieren kann" und daß der Hauptperson „keine Gefahr . . . auf dem Weg nach oben" drohe. Die Möglichkeit eines Konfliktes wird zudem dadurch entschärft, daß es eine „Hobbyleistung" ist.

3. Der Umgang des Patienten mit Situationen innerer und äußerer Gefahren:
Wie bereits angedeutet, setzt Herr K. eine Reihe von Abwehrstrategien ein, die für
Persönlichkeiten mit hysterischen Neurosen charakteristisch sind. Der Gefahr des
Auftauchens ödipaler Strebungen und der Aktivierung entsprechender Konflikte in
der Außenwelt begegnet der Patient vor allem mit den folgenden Mechanismen: Er
neigt zu einem ausgeprägten **Bagatellisieren,** bis hin zur **Verleugnung** jeglicher Kon-
flikte. Es ist die vom Patienten bevorzugte, in allen TAT-Geschichten feststellbare
Strategie. Ich habe bereits auf die vielfach auftretenden Negationen, auf das ambivalente In-der-Schwebe-halten und auf die Tendenz des Patienten hingewiesen, „die
Wirklichkeit nicht sehen" zu wollen (13MF).

Diese Abwehr wird noch verstärkt durch die Mechanismen der **Verdrängung** (der
ursprünglich an die Vorstellungen gebundene Affekte) und der **Rationalisierung** (vgl.
etwa die Geschichte zu Tafel 7BM, in der davon die Rede ist, daß der **„Intellekt"** des
Sohnes stärker sei, er dem Vater an „Wissen" überlegen sei. Auch bei Tafel 11 heißt
es ausdrücklich, daß man „es nur **klug** anstellen" müsse, um einer Gefahr zu entgehen. Ebenso wird in der Geschichte zu Tafel 18BM auf die Bedeutung des „Kopfes"
verwiesen).

Ferner sucht sich Herr K. inneren und äußeren Konflikten dadurch zu entziehen,
daß er sich auf **„keine Auflehnung"** (20) einläßt, sondern sich väterlichen Autoritäten
unterwirft. Die Tatsache, daß der Patient zu einzelnen, für ihn besonders kritischen
Tafeln mehrere Versionen von Geschichten liefert, läßt erkennen, daß die eingesetzte
Abwehr nur bedingt Schutz zu bieten vermag. Es kommt deshalb zur neurotischen
Symptombildung, mit deren Hilfe der Patient sein innerpsychisches Gleichgewicht
zumindest notdürftig aufrechterhalten kann.

12.3 Die zwangsneurotische Störung im TAT

Der zur Zeit der Untersuchung 45jährige Herr S. erschien zur psychotherapeutischen
Sprechstunde, da sich seine – im Grunde seit der Jugendzeit bestehenden – Arbeitsstörungen in den vergangenen Jahren erheblich verstärkt hatten. Der Patient war als
Nationalökonom in höherer Position in einer Bank tätig und fühlte sich seinen Pflichten in keiner Weise mehr gewachsen. Er könne trotz bester Vorsätze nicht zügig arbeiten, da er alles perfektionistisch erledigen wolle und größte Mühe habe, eine Arbeit
als abgeschlossen aus der Hand zu geben. Er fühle sich „geradezu gezwungen", die
von ihm bearbeiteten Akten immer und immer wieder zu kontrollieren, stets sei er
von Angst erfüllt, er habe etwas „falsch" gemacht und „schädige" dadurch die Kunden. Überhaupt sei er sehr „skrupulös" und denke beispielsweise oft, daß er eigentlich gar kein Recht dazu habe, Untergebenen Anweisungen zu erteilen und sich „zum
Richter über andere Menschen aufzuspielen" (Es gehörte zu den Aufgaben von
Herrn S., gewisse Kontrollfunktionen auszuüben).

Der Patient wies ferner darauf hin. daß er große Ansprüche an sich stelle. Er könne
sich nicht damit zufrieden geben, lediglich die ihm obliegenden Pflichten zu erfüllen.
Vielmehr bearbeite er auch Dinge, die überhaupt nicht zu seinem Aufgabenbereich
gehörten. Dadurch gerate er „vom Hundertsten ins Tausendste", fühle sich oft hoffnungslos überfordert und resigniere schließlich völlig.

Der körperlich asthenische, hypersensibel wirkende Patient erschien in Kleidung
und Auftreten betont korrekt. Affektiv blieb er in den mit ihm geführten Gesprächen
sehr verhalten und distanziert und war sichtlich bemüht, möglichst präzise Angaben
zu liefern. Seine Schilderungen wirkten aber gerade dadurch umständlich. Die Fülle

von Detailinformationen führte mitunter dazu, daß er „den Wald vor lauter Bäumen" nicht mehr sah und auch im Untersucher ein Gefühl der Verwirrung auslöste.

Zur **Lebensgeschichte** von Herrn S. war folgendes zu erfahren: Der **Vater** sei kaufmännischer Angestellter gewesen und vor 2 Jahren verstorben. Der Patient berichtete, er habe den Vater einerseits als sehr „autoritär", „unerbittlich Pflichterfüllung und gute Leistungen fordernd", andererseits aber auch als „schwach" erlebt. So habe etwa die **Mutter** den Vater „vollkommen dominiert", er sei „nur ihr ausführendes Organ" gewesen. Die jetzt hochbetagte Mutter sei stets emotional „kühl" gewesen. Der Patient konnte sich nicht daran erinnern, von ihr je Herzlichkeit erfahren zu haben.

Herr S. besitzt noch einen um 3 Jahre älteren **Bruder,** zu dem ein offenbar gespanntes Verhältnis besteht. (Dies war allerdings nur indirekt aus den Ausführungen des Patienten erschließbar. Er selber vermied konsequent jegliche emotionale Stellungnahme.) Er habe von Kindheit an „im Schatten" des Bruders gestanden. Dieser sei ihm von den Eltern stets als „großes Vorbild" vor Augen gestellt worden. Der Bruder sei wesentlich durchsetzungsfähiger als er, „er hat seinen Aggressionen, auch mir gegenüber, immer freien Lauf gelassen". Herr S. hingegen sei stets auf „Frieden" bedacht gewesen. Er sei in der Schule und später im Beruf allen Auseinandersetzungen ausgewichen und habe immer gefunden, seine eigenen Anliegen seien „unwichtig".

Nach dem Studium der Nationalökonomie trat Herr S. zunächst in ein großes Wirtschaftsunternehmen ein und wechselte im Alter von 30 Jahren in die Bank, in der er zur Zeit der Untersuchung noch tätig war. Im gleichen Jahre heiratete er eine um 6 Jahre jüngere **Frau.** Der Ehe entstammten zwei **Töchter** im Alter von 15 und 13 Jahren. Es fiel auf, daß der Patient insbesondere von seiner Frau und seinen Kindern kein plastisches Bild zu vermitteln vermochte. Die einzige – ihm allerdings sehr wichtige – Charakterisierung seiner Familie bestand im Hinweis: „Wir haben ein gutes, aggressionsloses Familienklima." Wiederholt betonte Herr S., er habe mit der Frau „überhaupt keine Schwierigkeiten", die Kinder erziehe er „weder aggressiv noch autoritär", „in unserer Familie kann man über alles in Ruhe reden".

Aus den Schilderungen des Patienten ließ sich entnehmen, daß außer den von ihm selber beklagten Arbeitsstörungen und dem skrupulösen Verhalten wohl auch Zwangshandlungen bestanden (Kontrollzwänge und Reinlichkeitsrituale), die jedoch nicht als isolierte Zwänge im engeren Sinne vom Patienten geschildert und erlebt wurden, sondern in eine zwangshafte Persönlichkeitsstruktur ich-synton eingebaut waren.

Die Exazerbation der Arbeitsstörungen des Patienten fällt zeitlich mit dem Tod des Vaters zusammen. Dies läßt den Schluß zu, daß sich die Zwangssymptomatik deshalb verstärkte, weil durch dieses Ereignis die gegen den Vater gerichteten, bisher weitgehend latent gebliebenen aggressiven Impulse aktiviert worden sind (im Sinne unbewußter Todeswünsche, die nun „in Erfüllung" gegangen waren). Außerdem hatte sich durch den Tod des Vaters die Nähe des Patienten zur Mutter verstärkt (wie er überhaupt nun ohne „männlichen Schutz" einer größeren Zahl weiblicher Beziehungspersonen gegenüberstand: Mutter, Ehefrau, Töchter). Diese psychodynamische Situation erforderte offensichtlich eine Verstärkung der zwangshaften Abwehr. Zugleich konnte der Patient dadurch, daß er sich bis fast zur Arbeitsunfähigkeit trieb, auch Selbstbestrafungstendenzen befriedigen.

Schließlich ist unter psychodynamischem Aspekt zu berücksichtigen, daß die Töchter von Herrn S. zu der Zeit, als sich seine Symptomatik verstärkte, 12 und 10 Jahre alt waren, d.h. in einem Alter, in dem sie zunehmend Kritik dem Vater gegenüber anzumelden begannen und damit sein auf „Frieden" ausgerichtetes Erziehungs- und Lebenskonzept ernsthaft in Frage stellten (dies war wiederum eher indirekt den Äußerungen des Patienten zu entnehmen).

In den beiden mit Herrn S. geführten Gesprächen zeigte sich, daß er wegen seiner Arbeitsstörungen zwar beunruhigt war und sich vom Therapeuten einen „Rat" erhoffte, wie er es „besser machen" könne. Den Vorschlag einer Psychotherapie wies er jedoch weit von sich – bezeichnenderweise mit dem nochmaligen ausdrücklichen Hinweis darauf, daß er ein „gutes, aggressionsloses Familienleben" führe und dies „nicht aufs Spiel setzen" wolle. Die Angst vor den Belastungen, die eine Behandlung für ihn mit sich bringen würde, überwog offensichtlich seinen Wunsch nach Veränderung. Möglicherweise war es Herrn S. auch wichtig, den Therapeuten einerseits als mächtig darzustellen (dieser sollte mit einem einzigen „Rat" die gravierenden Lebensprobleme des Patienten lösen), ihn andererseits aber auch seine Schwäche fühlen zu lassen (da er sich doch offensichtlich als unfähig erwies, dem Patienten eine wirkungsvolle Hilfe zu leisten). Man könnte in einer solchen Konstellation eine Neuinszenierung seiner tiefen Ambivalenz dem Vater gegenüber sehen.

Herr S. lieferte die folgenden 20 TAT-Geschichten:

Tafel 1
Die Eltern des Kindes sind am frühen Nachmittag beide weggegangen. Es kann ein schulfreier Nachmittag oder gar ein Sonntag sein. Jedenfalls ist schönes Wetter, und das Kind würde lieber draußen spielen, als den Auftrag einzuhalten, mindestens eine halbe bis ganze Stunde Geige zu üben. Das Kind hat sich noch nicht aufraffen können. Der Blick wird von jetzt nachdenklich immer ärgerlicher. Schließlich ergreift es Geige und Bogen und kratzt mit kräftigem Druck sein Programm herunter, aber tönen wird es schauerlich. Die erste Frage der Mutter am Abend wird lauten: „Hast Du schön geübt?" Das Kind reagiert darauf ärgerlich und provoziert eine Diskussion, daß es nicht Geige üben will, nur weil die Eltern das wollen.

Tafel 2
Das Mädchen links war mit dem Mann früher befreundet. Nachbarschaftlich aufgewachsen. Später ist es aus seiner Umgebung weg auf die höhere Schule geschickt worden. Jetzt ist es zurückgekommen für die Ferien und hat erfahren müßen. daß ihr vermeintlicher Verlobter sich mit einer anderen Frau verbunden hat, die bereits von ihm schwanger ist, aber besser im ländlichen Leben verwurzelt blieb als das Mädchen, das städtisches Leben kennengelernt hat. Die Situation ist entschieden, und das Mädchen stellt sich mit Mühe darauf ein, sein Leben gänzlich in eine neue Richtung lenken zu müssen. Ob ihm das gelingt. wird die Fortsetzung anhand verschiedener Problemsituationen diskutieren.

Tafel 3BM
Die Frau hat vorher eine familiäre Situation erlebt, die sie sehr enttäuscht hat. Es kann auch eine schlechte Nachricht gewesen sein. Sie ist jetzt verzweifelt und weint. Im weiteren wird sich zeigen, ob und wie sie die Verzweiflung überwindet, oder ob sie ihr erliegt. Der Ausgang ist völlig offen.

Tafel 4
Der Mann hat soeben ein Erlebnis gehabt, das ihn sehr erregt. Es muß mindestens noch eine Person in unmittelbarer Nähe sein, die vorher im Bild war. Es geht nicht um einen Rivalen, der ihm die Frau „ausspannen" will, vielmehr um einen persönlichen Streit zwischen zwei Männern aus anderem Grund. Im Moment versucht die Frau, ihren Partner davon abzuhalten, daß er Körpergewalt gegen seinen Gegner anwendet. Dieser könnte ihn soeben beleidigt haben, eventuell nicht ihn, sondern die Frau. Vermutlich gelingt es der Frau, den Mann zu beruhigen. Sein Ausdruck wirkt nicht wie „zu allem entschlossen." Der weitere Verlauf handelt vom Problem, das zwischen den Männern besteht, und davon, ob sie es lösen können.

Tafel 5
Man sah vorher im Zimmer die Tochter der Familie, die auf dem Bett liegt und nichts tut. Wenn das Bild moderner wäre, würde sie mit Kopfhörern Musik hören. Die Mutter wirft einen mißbilligenden Kontrollblick ins Zimmer. Dafür ist die Tochter aber eigentlich zu alt. Sie weiß – jedenfalls ihrer Meinung nach – selber gut genug, was sie zu tun hat. Aus Verärgerung tut sie nichts. Der Film handelt von den Problemen zwischen Mutter und heranwachsender Tochter, wobei die Mutter Mühe hat, der Tochter ausreichend/angepaßt Selbständigkeit zuzubilligen. Sie betrachtet sie immer noch so, als wäre die Tochter um Jahre jünger. In der konkreten Situation tut die Tochter absichtlich nichts, damit sich

die Mutter ärgert. Die Tochter weiß genau, daß die Mutter sich nicht würde enthalten können, zur Kontrolle hereinzuschauen.

Tafel 6BM

Mutter und Sohn/Schwiegersohn besprechen ein Problem. Sie reden nicht gegeneinander. Der Sohn ist sichtlich bereit zuzuhören. Vorher wurde wohl dargestellt, um welche Fragen es sich handelt. Der Sohn lebt selbständig und ist zur Mutter gekommen. Es kann sich um gesundheitliche Schwierigkeiten bei der Frau des Sohnes oder Enkelkindern handeln. In der Folge – davon handelt das Gespräch – soll der Sohn etwas tun. Die Mutter versucht sich zu erinnern, was sie seinerzeit in ähnlicher Lage getan hat/hätte.

Tafel 7BM

Ich sehe den Seniorchef z.B. eines Anwaltbüros im Gespräch mit seinem Juniorpartner. Der Junior hat sich in einem bestimmten Mandat der Firma verrannt, z.B. ist er zu weit oder in eine falsche Richtung gegangen. Der Senior zweifelt nicht grundsätzlich an der Fähigkeit des Juniors zum Anwaltsberuf. Er kritisiert nur fallbezogen. Doch der Junior ist noch skeptisch und befürchtet, seine Leistungen würden grundsätzlich in Frage gestellt. Das weitere Gespräch verläuft so, daß der Senior ihn von dieser Befürchtung dadurch befreit, daß er ihn fallbezogen berät, wie die momentan etwas verfahrene Situation gelöst werden kann.

Tafel 8BM

Das Bild sieht nach Traum aus. Der junge Mann sieht sich selber im Traum, wie wenn er eine Drittperson wäre. Der junge Mann hat ein Medizinstudium begonnen und seine ersten Praxisstunden im Anatomischen Institut hinter sich. Was er dort erlebt hatte, macht ihm Mühe (Tod, Verletzungen, Sezieren). Er erlebt das im Traum als „lustvolles Morden"/„Schnetzelei", jedenfalls bei anderen und den Professoren. Später geht es darum, ob der Student seine ersten Empfindungen überwindet oder nicht, d.h. Aufgabe des Studiums oder nicht.

Tafel 9BM

Landarbeiter bei der Mittagspause. Vorher wurden ihre Arbeitsbedingungen im Farmbetrieb (ich denke an USA) aufgezeigt. Zwischen den liegenden Männern und dem Sitzenden muß wohl eine Meinungsdifferenz bestanden haben, nicht aktuell, sondern langfristig und grundsätzlich. Die Zukunft wird die individuellen und die sozialpolitischen Fragen ausdiskutieren.

Tafel 10

Ein älteres Ehepaar hat sich nach wenig gravierender Auseinandersetzung wieder gefunden. Vielleicht waren sie auch nur vorübergehend getrennt. Jedenfalls nichts Ernstes. Der Film wird vom weiteren, beschaulichen Leben des Ehepaares handeln. Konkrete Probleme/Themen sehe ich nicht.

Tafel 11

Eine Gruppe Menschen hastet in einem engen Tal auf eine Brücke zu, auf der Flucht vor einem links herabstoßenden Fabeltier. Die Szene ist von lauten Geräuschen, Wind und Stimmen, begleitet. Mein Eindruck schwankt: Ist es ein Film, der eine Sage schildert, oder zeigt die Szene den Angsttraum eines Menschen? Das Bild in seinen Einzelheiten läßt mich an die Urner Teufelssage (Teufelsbrücke) denken, die hier in anderer, ähnlicher Art dargestellt wird. Der Film hatte vorher gezeigt, wie die Menschen den Bau der Brücke mit Hilfe des Teufels bewältigt haben. Sie versuchen eben, ihr Versprechen dadurch nicht einlösen zu müssen, daß sie vor seinem Zugriff die Brücke überschreiten. Ob und wie es ihnen gelingt, ist offen und wird sich nachfolgend zeigen.

Tafel 12M

Ein älterer Mann versucht die auf dem Bett liegende jüngere Frau irgendwie zu „beschwören". Seine Stellung (Knie auf dem Bett) schließt aus, daß der Mann Arzt ist. Es sind Vater und Tochter. Die Tochter ist krank. Der Film handelt vom Leben einer Familie in einem abgelegenen Berggebiet. Der Vater versucht, seiner kranken Tochter mit Mitteln zu helfen, die im weitesten Sinn als Volksmedizin zu bezeichnen sind.

Tafel 13MF

Der Mann ist der Partner (Freund, Verlobter) der jungen Frau. Er hat soeben die Hoffnung verloren, ihr noch helfen zu können. Sie ist tot. Da sie nicht bekleidet ist, ist sie auf unnatürliche Art gestorben, und zwar nicht durch Selbstmord. Sie scheint Opfer eines Verbrechens geworden zu sein. Noch ist unklar, ob es sich um einen Raub oder ein Sexualdelikt gehandelt hat. Der Mann selber ist im Zweifel, ob er sich damit abfinden muß, seine Freundin sei ihm untreu gewesen.

Tafel 14
Der Mann unternimmt eine mehrtägige Bergtour. Er hat in der Tenne einer Scheune übernachtet. Soeben ist er erwacht, am frühen Morgen, und ist vom Sonnenaufgang hinter den hohen Bergen der gegenüberliegenden Talseite überwältigt. Um das Schauspiel zu genießen, hat er sich auf den Fenstersims gesetzt.

Tafel 15
Ein fanatischer Sektenpfarrer spricht an einem Grab ein Gebet. Aufmachung und Haltung, in der er gezeigt wird, sollen seine innere Verkrampfung und die einseitige Art zeigen, in der er die Botschaft seiner Religion auslegt. Schon vorher ist er in seiner eigenartigen Persönlichkeit gezeigt worden. Er scheint seine Anhänger zu tyrannisieren. Ich hoffe, daß sich seine Gemeinde im weiteren Verlauf gegen die Lehren dieses Menschen auflehnt und durchsetzt.

Tafel 16
Mir fällt ganz konkret eine Szene aus dem Film „Amadeus" ein: Der junge Mozart ist vom Kaiser Österreich-Ungarns in kleinem Kreis zur Vorstellung empfangen worden. Vom Besuch hängt ab, ob er kaiserliche Unterstützung erhält. Er sitzt am Klavier und verändert die vom wenig begabten Hofkapellmeister geschriebene Melodie durch ein paar Verzierungen so, daß sie nicht mehr hölzern klingt, sondern Schwung und Klang erhält. Die Szene hat mich nicht nur von der schauspielerischen Leistung der beiden Darsteller beeindruckt. Die Demonstration, was die Musik Mozarts als so typisch auszeichnet, war in ihrer Kürze und Prägnanz einmalig.

Tafel 17BM
Turnstunde in einer Schule. Der kletternde junge Mann blickt stolz und etwas überheblich auf seine Kameraden herab. Er beweist ihnen, daß er ohne Gebrauch seiner Beine am Seil klettern kann. Der Film handelt von einer Klassengemeinschaft, in der sich Exponenten körperlicher und geistiger Begabung gegenüber stehen.

Tafel 18BM
Der Mann wehrt sich dagegen, daß man ihn am Weggehen (Mantel) hindert. Ich sehe ihn als leidenden Menschen, z.B. alkoholkrank. Er ist verägert im Sinne von „laßt mich doch!" Doch wird er gleich nachgeben und nicht weggehen, wohl deswegen, weil er durch seine Krankheit im Augenblick dazu gar nicht mehr die Kraft hat.

Tafel 19
Ein gezeichneter Trickfilm (ich habe das Bild quergestellt: Zahl oben). Ein Haus mit zwei erleuchteten Fenstern steht auf winterlicher Wiese. Der Himmel ist im Abendlicht bunt. Ein scharfer Wind weht. Ich denke an ein Märchen, aber einen Handlungsinhalt kann ich nicht erkennen.

Tafel 20
Ein Mann lehnt nachts am Pfahl einer Straßenlaterne. Von seiner Kleidung her ist er Arbeiter in einer Fabrik oder im Baugewerbe. Er ist ratlos. Der Film handelt von der Inflationszeit nach dem ersten Weltkrieg. Der Mann hat seine Stellung verloren und weiß nicht weiter. Die Szene stellt seine völlige Auswegslosigkeit – wie er es sieht – dar. In der Folge muß sich zeigen, daß es doch weitergeht.

Bei der folgenden **Interpretation** des TAT-Protokolls sollen vor allem die Aspekte hervorgehoben werden, die nach meiner Erfahrung charakteristisch für Patienten mit zwangsneurotischen Störungen sind. Ich werde die verschiedenen Deutungsmöglichkeiten (Psychodynamik, ich-strukturelle Überlegungen, Objekt- und Subjektstufendeutung, Interpretation auf der Übertragungsebene) wiederum nicht getrennt diskutieren, sondern die Befunde sofort zusammenfassen.

Schon ein erster, grober Überblick über das von Herrn S. gelieferte TAT-Protokoll läßt eine für zwangsneurotische Persönlichkeiten typische Besonderheit deutlich hervortreten: Es ist die Tatsache, daß in nahezu allen Geschichten **der Ausgang völlig offen bleibt.** Die folgenden Beispiele mögen dies veranschaulichen: „Ob es ihm gelingt, wird die Fortsetzung anhand verschiedener Problemsituationen diskutieren" (2; hier ist zudem die umständliche Formulierung zu beachten, die vermutlich durch das Streben des Patienten nach Anonymität und emotionaler Neutralität bedingt ist); „Der Ausgang ist völlig offen" (3BM); „Der weitere Verlauf handelt . . . davon, ob sie es lösen können" (4); „In der Folge soll der Sohn etwas tun" (6BM); „Später geht es darum, ob . . . oder nicht" (8BM); „Die Zukunft wird . . . ausdiskutieren" (9BM; wiederum eine geradezu „entpersönlichte" Formulierung); „Ob und wie es ihnen gelingt, ist offen . . ." (11); „Der Mann . . . ist im Zweifel, ob . . ." (13MF); „Ich hoffe, daß sich . . . im weiteren Verlauf . . ." (15); „Einen Handlungsinhalt kann ich nicht erkennen" (19); „In der Folge muß sich zeigen . . ." (20).

In diesem Bestreben des Patienten, sich möglichst nicht festzulegen, drückt sich in anschaulicher Weise seine **hochgradige Ambivalenz** aus. In engem Zusammenhang damit steht die Tendenz von Herrn S., in seinen Geschichten **Affekte** entweder **völlig auszublenden** (Mechanismen der Verdrängung und Isolierung) oder auch **in emotionaler Hinsicht alles vage** zu halten und sich gefühlsmäßig weit zu **distanzieren** (vgl. vor allem die Geschichten zu den Tafeln 3BM, 8BM, 9BM, 10, 11, 12M, 13MF, 16, 17BM, 19, 20). Dabei fällt auf, daß der Patient in der zweiten Testsequenz (Tafeln 11–20) in 6 Geschichten den Hinweis anbringt, es handle sich um einen „Film" (während er bei den ersten 10 Tafeln dieses Stilmittel nur in wei Fällen verwendet). Offensichtlich haben ihn die insgesamt dramatischeren, weniger an der Alltagsrealität orientierten Inhalte dieser Tafeln so beunruhigt, daß er sich emotional weiter als bei den Tafeln 1–10 vom Geschehen distanzieren mußte (z.B. mit Hilfe der Intellektualisierung „Film").

Diese Art der **Abwehr** scheint sich insbesondere gegen **aggressive Impulse** zu richten. Es ist charakteristisch für einen Patienten wie Herrn S., der unter einer zwangsneurotischen Störung leidet, daß er darauf bedacht ist, jegliche interpersonellen Konflikte nach Möglichkeit auszublenden oder zu neutralisieren. Der Patient läßt in seinen TAT-Geschichten vor allem zwei Abwehrstrategien erkennen, mit denen er dieses Ziel zu erreichen sucht:

1. Er deutet einen Konflikt lediglich vage an und geht dann nicht weiter auf ihn ein. So läßt sich beispielsweise bei Tafel 2 von der Anlage der Geschichte her ein Rivalitätskonflikt zwischen den beiden Frauen vermuten. Herr S. geht auf diesen aber mit keinem Wort ein. Wie stark die Abwehr gegen die aggressiven Impulse ist, läßt sich unter anderem daran ablesen, daß er sich am Ende der Erzählung geradezu krampfhaft darum bemüht, emotionale „Neutralität" zu wahren – woraus eine umständliche und letztlich auch unsinnige Formulierung resultiert („Ob ihm das gelingt, wird die Fortsetzung anhand verschiedener Problemsituationen diskutieren").
   Eine ganz ähnliche Dynamik zeigt sich in der Geschichte zur Leertafel 16: Der Patient deutet zwar an, daß sich zwei Kontrahenten gegenüberstehen (der „junge Mozart" und der „wenig begabte Hofkapellmeister"). In der Erzählung wird dann aber mit keinem Wort erwähnt, daß ein Konflikt zwischen ihnen besteht. Es fehlt auch jeder Hinweis auf eine emotionale Beteiligung (aggressiv-rivalisierende Gefühle).

2. Eine andere vom Patienten eingesetzte Abwehrstrategie besteht darin, daß er einen Konflikt mit den dadurch ausgelösten aggressiven Impulsen zwar thematisiert, ihn dann jedoch sofort durch Bagatellisieren sowie mit Hilfe der Abwehrmechanismen der Intellektualisierung und der Verleugnung wieder zu „entschärfen" sucht.
   Ein solches Vorgehen findet sich beispielsweise bei den Geschichten zu den Tafeln 4, 8BM, 9BM, l0 und 13MF: Der Mann auf Tafel 4 „wirkt nicht, wie zu allem entschlossen"; das „lustvolle Morden/Schnetzeln", von dem bei 8BM die Rede ist, spielt sich im „Traum" ab, es wird in die universitäre Atmosphäre eines „anatomischen Instituts" verlegt, und Herr S. entledigt sich der aggressiven Impulse

schließlich noch per Projektion („bei anderen und den Professoren"); die „Meinungsdifferenz" in der Geschichte zu Tafel 9BM ist „nicht aktuell, sondern langfristig und grundsätzlich", es geht um „sozialpolitische" Fragen; auch die Auseinandersetzung zwischen den Ehe partnern der Geschichte 10 sind „wenig gravierend . . . nichts Ernstes . . . konkrete Probleme, Themen sehe ich nicht."

Aus der Intensität der Abwehr läßt sich ablesen, wie groß die Angst des Patienten vor einem Durchbrechen seiner aggressiven Impulse ist. Nur in einer der 20 Geschichten äußern sich diese Impulse relativ unverhüllt, nämlich bei Tafel 15. Aber auch hier distanziert sich Herr S. letztlich wieder weitgehend, indem er das Verhalten des „fanatischen Sektenpfarrers" in den Bereich der Psychopathologie rückt („innere Verkrampfung . . . einseitige Art . . . eigenartige Persönlichkeit") und am Ende der Geschichte in der Ich-Form dezidiert gegen die Aggressivität dieses Mannes Stellung nimmt („Ich hoffe, daß sich die Gemeinde im weiteren Verlauf gegen die Lehre dieses Menschen auflehnt und durchsetzt").

Ein weiteres für die Psychodynamik von Herrn S. wichtiges Thema stellt der **Leistungsbereich** dar. Aus den TAT-Geschichten (vor allem zu den Tafeln 1, 2, 5 und 7BM) wird ersichtlich, daß er unter dem Diktat eines unerbittlich fordernden, kontrollierenden Über-Ich steht. Seine Verweigerungshaltung („ . . . Tochter, die auf dem Bett liegt und nichts tut . . . absichtlich nichts tut, damit sich die Mutter ärgert", Tafel 5) erscheint als relativ hilfloser und letztlich ineffizienter Versuch, sich gegen diese erdrückenden Forderungen aufzulehnen. Wie ohnmächtig er sich im Grunde fühlt, bringt Herr S. in seiner Geschichte zu Tafel 18BM zum Ausdruck: „leidender Mensch, z.B. alkoholkrank . . . wird gleich nachgeben und nicht weggehen . . . weil er durch seine Krankheit . . . dazu gar nicht mehr die Kraft hat."

In diesen Formulierungen bricht etwas von der hintergründigen (im Gespräch bland erscheinenden) **Depressivität** des Patienten hervor, wie er sie auch in seinen Geschichten zu den Tafeln 3BM und 20 thematisiert hat. Herr S. sieht sich voller „Enttäuschung" und „Verzweiflung" (3BM) in einer Situation „völliger Auswegslosigkeit" (20), in die er sich durch sein starres Zwangssystem gebracht hat. Dennoch war, wie erwähnt, die Angst des Patienten vor einer Auflockerung dieser Abwehrstrukturen größer als der sich hier andeutende Leidensdruck. Er war deshalb nicht für eine Behandlung zu motivieren, Noch (!) vermochte Herr S. seine Abwehr so effizient einzusetzen („in der Folge muß sich zeigen, daß es doch weitergeht", 20), daß ihm ein Weiterleben im bisherigen Stil weniger belastend erschien als eine psychotherapeutische Aufarbeitung seiner Konflikte.

13. TAT-Protokolle von schizophrenen Patienten

13.1 Vorbemerkungen

In diesem Kapitel möchte ich anhand der Protokolle von zwei Patienten die Frage diskutieren, inwieweit sich aus den TAT-Produktionen auf das Vorliegen einer schizophrenen Psychose schließen läßt. Der Darstellung der Lebensgeschichten und den TAT-Protokollen seien indes noch einige grundsätzliche Überlegungen vorausgeschickt.

Ich bin der Ansicht, daß eine Reihe von psychodiagnostischen Verfahren durchaus wichtige Beiträge zur Diagnostik von psychotischen Erkrankungen zu liefern vermag. Dies gilt insbesondere für die projektiven Tests (wie das Rorschachsche Formdeuteverfahren, den TAT, den Sceno-Test und manche zeichnerischen Gestaltungsverfahren). Die aus den Testbefunden sich ergebenden Hinweise auf derartige Störungen dürfen meines Erachtens jedoch nur als **Indikatoren** gewertet werden, die den Untersucher darauf aufmerksam machen sollen, daß **möglicherweise** eine Psychose vorliegt und er noch einmal eine sorgfältige differentialdiagnostische Abklärung vornehmen muß (zumeist wird es um eine Abgrenzung zwischen Neurose, Borderline-Syndrom und Schizophrenie gehen). In dieser Hinsicht vermag auch der TAT wichtige Informationen zu liefern.

Hingegen erscheint es mir unzulässig, eine Schizophrenie ausschließlich auf Grund von Testbefunden zu diagnostizieren. Diese Diagnose sollte nur dann gestellt werden, wenn sich auch klinisch die schizophrenen Grundsymptome i.S. *Bleulers* (1979) nachweisen lassen (formale Denkstörungen wie Zerfahrenheit und Sperrungen, Störungen der Affektivität, vor allem Verlust der affektiven Modulationsfähigkeit und qualitative Veränderungen wie Parathymie, Störungen des subjektiven Erlebens der eigenen Person wie Depersonalisation, Appersonierung und Transitivismus, Störungen im Willen und Handeln, Ambivalenz bis zur Ambitendenz und Autismus). Ein solches diagnostisches Vorgehen erscheint mir gerade bei einer Erkrankung wie der Schizophrenie wichtig, die leider oftmals noch mit einer infausten Prognose assoziiert wird, obwohl dies, wie u.a. *Ciompi* und *Müller* (1976) in ihren umfangreichen katamnestischen Studien gezeigt haben, längst nicht der Realität entspricht. Es ist in diesem Zusammenhang auch an die bekannte klinische Beobachtung zu erinnern, daß viele verfestigte charakterneurotische Entwicklungen eine wesentlich schlechtere Prognose aufweisen als eine schizophrene Erkrankung. Eine sorgfältige diagnostische Abklärung ist aber – abgesehen von den sozialen Etikettierungen und Konsequenzen – auch aus behandlungstechnischen Gründen von großer Bedeutung: Der schizophrene Patient erfordert sowohl in pharmako- als auch in psychotherapeutischer Hinsicht ein besonderes, von der Neurosenbehandlung abweichendes Vorgehen.

Unter Berücksichtigung dieser prinzipiellen Überlegungen darf man sagen, daß gerade der TAT beim diagnostischen Prozeß wichtiges Material zu liefern vermag. Ich möchte im folgenden zwei völlig gegensätzliche Protokolle zitieren und interpretieren, um mit ihrer Hilfe zwei für schizophrene Patienten charakteristische Reaktionsweisen zu veranschaulichen.

13.2 Herr T.

Der Patient suchte die Psychiatrische Universitätspoliklinik Basel erstmals im Alter von 19 Jahren auf, da eine gutachterliche Stellungnahme bezüglich seiner militärischen Diensttauglichkeit erbeten worden war. Er war bereits bei der Aushebung durch sein „weltfremdes", einerseits aggressiv-provokatives, andererseits aber auch ängstlich-mißtrauisches Verhalten aufgefallen. Nun hatte er dem Befehl, in die Rekrutenschule einzurücken, nicht Folge geleistet und hatte in einem dem Kreiskommando merkwürdig erscheinenden Brief mitgeteilt, daß er nicht bereit sei, Militärdienst zu leisten. In seinem Brief schrieb Herr T. u.a.:

„Im Verlaufe dieses Herbstes erhielt ich den Marschbefehl, den ich kurz, nachdem ich ihn dem Briefkasten entnahm, sofort zerriß. Ich kann dem Marschbefehl . . . keine Folge leisten. Ich gehorche nur mir, meine einzige Kirche ist mein Herz. Ich bin mein eigener Herr!
. . . Ich finde es eine Anmaßung, daß einem erwachsenen, freien Menschen etwas, was immer es auch sei, in einem freien Land gegen seinen Willen aufgezwungen werden kann. . . . Ich bin ein Einzelmensch, ich gehöre weder zur Nation noch zum Staat, ich gehöre allein mir selbst und der Freiheit an, der Phantasie und der Poesie . . . meine Waffe ist der Bleistift und meine Gewalt die sanfteste der Gewalten nach der Liebe: die Poesie . . . Poeten hat man schon immer und überall in die Kerker geschmissen, weil sie aus den sadistischen, sadomaso-perversen Kinderkrankheiten einer kranken Nuklearkultur rausgewachsen sind und ihre Sensibilität, ihre Weichheit, ihre Phantasie, ihre Menschlichkeit wiederentdeckt haben, und einfach zu genießerisch sind, solche Suhlereien im Dreck wie im Stahlbad des Krieges oder der Manöver zu brauchen. Ich verweigere auch die Gefängnishaft. Ich werde mich öffentlich umbringen, wenn es soweit ist. Meine Freunde sind nur die Engelmenschen."

In den Gesprächen, die wir mit dem Patienten führten, berichtete er von ihm selber unerklärlichen Ängsten, die, „wie aus dem bodenlosen Nichts auftauchend", ihn überfluteten. Als Mittel gegen diese Ängste verwendete Herr T. immer wieder Alkohol, den er in solchen Situationen exzessiv konsumierte. Ferner stellte sich heraus, daß der Patient sich im vergangenen Jahr zunehmend von allen sozialen Kontakten zurückgezogen hatte. Er äußerte, er habe seine „eigene Realität" und wolle keine Rücksicht auf die „äußeren Gegebenheiten" nehmen. Seine Welt sei die der Bücher. Von jeher habe er gerne gelesen. Er habe sich seine eigene Phantasiewelt geschaffen, in der er sich intensiv mit den Gestalten seiner Lektüre beschäftige. Diese „Kontakte" im eigenen Innenraum hätten ihm nach und nach die Beziehungen zu Personen seiner realen Umwelt ersetzt.

Im Hinblick auf seine Militärdiensttauglichkeit betonte Herr T., daß er sich völlig unfähig fühle, einen solchen Dienst zu leisten. Schon in der Schule habe er es kaum ertragen, wenn er Anordnungen habe Folge leisten müssen. Sowie ein Lehrer autoritär aufgetreten sei, sei er „in Panik geraten". Er habe eine „furchtbare aggressive Spannung" gespürt und habe sich dann nur noch durch einen totalen Rückzug zu helfen gewußt. Würde man ihn nun zum Militärdienst zwingen, so werde er sich umbringen.

Im Gespräch wirkte der Patient sehr gespannt und war sichtlich bemüht, einen Blickkontakt mit dem Untersucher zu vermeiden. Oft schaute er nach oben, wie um sich zu besinnen, was in ihm vor sich gehe. Mitunter entstand sogar der Eindruck, er sei durch Halluzinationen absorbiert. Er schrak plötzlich zusammen, wenn er gewahr wurde, daß er die letzten Äußerungen des Untersuchers offenbar gar nicht mehr registriert hatte. Indes ließen sich Halluzinationen oder auch Wahnideen nicht verläßlich nachweisen. Auf derartige Phänomene angesprochen, hüllte sich Herr T. in Schweigen und schaute den Gesprächspartner lediglich bedeutungsvoll an.

Zur Lebensgeschichte erfuhren wir folgendes: Herr T. stammte aus einer mütterlicherseits mit Psychosen belasteten Familie (der Großvater war mehrfach psychiatrisch hospitalisiert, andere Verwandte mütterlicherseits wurden von den Eltern, die wir später kennenlernten, als „irgendwie absonderlich" beschrieben). Soweit der Patient überhaupt über **Vater** und **Mutter** Auskunft zu geben vermochte, schilderte er sie als eher introvertiert. Er habe eigentlich zu keinem von beiden eine echte Beziehung. Sie seien ihm im Grunde „fremd", wie auch er vermutlich für sie „ein Fremder" sei.

Während der Pubertät habe es mitunter heftige Auseinandersetzungen mit dem Vater gegeben. Er habe es nicht vertragen, wenn ihm der Vater irgendwelche Vorschriften gemacht habe. Die Mutter sei überfürsorglich, dauernd in Sorge, ob es ihm gut gehe und ob er alles habe, was er brauche. Auch gegen diese „Einengung" habe er sich vehement zur Wehr gesetzt – vor allem indem er sich, wie oben beschrieben, völlig in sich zurückgezogen habe. Mit dem 8 Jahre älteren **Bruder** könne er „gar nichts anfangen." Sie hätten nie eine engere Beziehung gehabt. Der Bruder sei beruflich sehr erfolgreich und sei nur auf „Leistung" und „Prestige" aus. Dies sei eine Welt, die ihm, dem Patienen, völlig fremd sei. Er meide solche Menschen und suche in den Restaurants, in denen er verkehre, gerade „Leute, die am Rande der Gesellschaft" lebten. Wenn er überhaupt soziale Kontakte eingehe, so fühle er sich nur wohl unter „Außenseitern", wie er selber einer sei.

In der Schulzeit habe er, wie oben bereits geschildert, erhebliche Probleme mit den Lehrern gehabt. Er habe sich vor allem im Gymnasium überhaupt nicht wohlgefühlt und habe deshalb zwei Jahre vor der Matur die Schule verlassen (obwohl seine Leistungen gut gewesen seien). Seinen Lebensunterhalt habe er sich dann durch Gelegenheitsarbeiten verdient. Aber auch bei diesen Tätigkeiten habe er sich niemals wohlgefühlt. Überall sei er ein Außenseiter gewesen. Seit zwei Monaten gehe er überhaupt keiner Arbeit mehr nach. Er liege stundenlang auf dem Bett, grüble vor sich hin, lese viel und schreibe selber Gedichte und Kurzgeschichten. Das sei seine Welt. Alles andere langweile ihn und mache ihm Angst. Im Rahmen der diagnostischen Abklärungen wurden mit Herrn T. verschiedene Testverfahren durchgeführt. Neben Leistungstests gehörten zur Testbatterie u.a. auch das Rorschachsche Formdeuteverfahren und der TAT. Abgesehen von formalen Auffälligkeiten, die sich im Rorschach-Protokoll zeigten, fiel in inhaltlicher Hinsicht insbesondere die folgende Deutung auf, welcher der Patient zur Rorschach-Tafel IV gab: „Das ist ein Mensch mit einem wahnsinnig reduzierten Hirn, das so klein ist, daß es den Körper gar nicht beherrscht, es gibt kein Steuergerät mehr."

Während sich bei der ersten Konsultation zwar der Verdacht auf eine schizophrene Psychose erhob, eine solche Erkrankung aber nicht mit Sicherheit nachgewiesen werden konnte, bestätigte sich diese Vermutung ein halbes Jahr später: Herr T. erschien in manifest psychotischem Zustand. Er äußerte eine Fülle von Beziehungs- und Beeinträchtigungsideen, berichtete von Derealisations- und Depersonalisationserlebnissen und wies Sperrungen und Inkohärenz im Denken auf. Wenige Tage später wurde er von den Eltern gebracht, da er mit der Begründung, er sei ein Panther, auf allen Vieren auf der Straße laufe. Der Patient berichtete von Körperhalluzinationen und äußerte die Vorstellung, er werde „zerfleischt", das Messer eines „Mörders" dringe in ihn ein, er fühle sich wie ein „geprügelter Hund, der an der Kette liegt." Ferner beklagte er, er sei beim Schreiben von Kurzgeschichten „ausgeblutet", alles reduziere sich für ihn „auf das Wort, Wort und Totschlag". Er halte es nicht mehr aus. Er „zerschreibe" sein eigenes Leben, er habe sich mit Briefen (die er aber nie abgeschickt hatte) sogar schon „die Pulsadern aufgeschrieben".

Da es aus zeitlichen Gründen nicht möglich war, Herrn T. zu allen 20 TAT-Tafeln Geschichten erzählen zu lassen, wurde ihm eine Auswahl, nämlich die Tafeln 1, 3BM, 6BM, 7BM, 12M, 13MF, 14, 15 und 16 vorgelegt. Der Patient lieferte die folgenden Geschichten:

Tafel 1

Stille frißt sich in Martins Hirn. Geigespielen lernen! Sie mit Saiten bespannen, sich aus speziellen Hölzern bauen, das würde ihn reizen. Ihm gefällt das rotlackierte Holz, die Wolken dunklen Brauns darauf, die Foren und die F-Löcher, die wie die Zeichen für englische Pfund aussehen. Seine Eltern beginnen zu wanken. Er stellt sie in Frage. Beginnt sie insgeheim für ihren Entschluß, ihn „musikalisch zu machen", zu hassen. Er liebt die Geige, wie er alles, die ganze Welt liebt, durchs Auge. Er mag die Ohren nicht, hinter denen dunkel und übergroß eine deformierte Vernunft vor dem Gefühl hockt und alles Gehörte mit Kritik verätzt, bis jede Möglichkeit zu genießen in sich selbst zusammenfällt. Nur wer schaut, sieht das Ganze. Martin wird die Geige übermalen. Und sein Bild wird bezaubern können wie van Goghs Bild vom Stuhl, auf dem mal Gauguin gesessen hatte. Martin weiß, daß er ein Versager ist. Weiß, daß er nie wird tun können, was die anderen von ihm verlangen. Und wenn ihm etwas gelingt, so nie Dinge, die in dieser Welt was zählen. Seine Noten sind ebenso schlecht wie seine Manieren. Er hat keinen Ehrgeiz. Kein Durchhaltevermögen. Aber er hat klare, ungetrübte Augen und lebendige Gefühle. Seine Fenster der Wahrnehmung wird er nie mit Drogen reinigen müssen. Es liegt in seinen Augen und spürt den Geist, das Leben in allen Dingen. Er wird in schlechten Kneipen enden, in Puffs leben und verkatert in anderer Leute Wohnung erwachen. Irgendwann wird man ihn verscharren. Er machte nie Zugeständnisse. Kompromisse waren ihm fremd. Er betrog sich nie selbst, verleugnete sich nie. Er war weich und ehrlich. Beides Eigenschaften, die man bei männlichen Kindern nicht gerne sieht. Er war nicht für Konkurrenz geschaffen, sondern dazu, wie ein indischer Gott genießend und schauend durch die Welt zu gehen, ohne sie zu vergewaltigen oder sie sich „christlich untertan zu machen." Wäre ich alt genug, seriös genug, weniger trunksüchtig und weltflüchtig, würde ich Martin adoptieren wollen. Ich würde ihm den Weg zu den Büchern zeigen. Er hat – wie viele Kinder – etwas von Oscar Wildes Dorian Gray, bevor er in eine Welt ging, die ihm nicht angehörte. Er hat etwas von Rimbaud. Auf Martins Gesicht könnten auch Zynismus und leiser Spott zuhause sein.

Tafel 3BM

Sie weinte, aber ihre Schultern zuckten nicht. In ihr breitete sich eine Leere aus – jene Leere, die man manchmal nach durchgezechten Nächten Sonntagmorgens über der Stadt hängen sieht, wenn alles so lächerlich, modellhaft, in menschlicher Hilflosigkeit, Einigkeit und Vergänglichkeit gegenüber, so „dahingestellt" wirkt – wie Spielzeug. Sie fühlte nichts mehr und wußte, daß die Gefühle sie getötet hatten, weil sie zu tief waren für diese Zeit, in der nur alles, was man besitzen kann, etwas galt. Liebe hatte sich als reine Besitzgier entpuppt. Die Ziele der Hoffnungen ihres Freundes waren berührbar, kaufbar, verkaufbar. Sie wollte mehr als die materielle Welt. Die Ideale, die Gefühle, die ihr Leben gegeben hatten, mehr als das Blut, das durch ihre Adern schoß, waren tot. Sie betrachtete die Pistole, die sie zwischen Bettrand und ihrem Leib hielt, drückte sich den Lauf gegen die Stirn. Das war die erste vernünftige Handlung ihres Lebens. Sie war unvernünftig, menschlich unter lauter Köpfen. Sie war ganz Körper und Gefühl unter Tausenden, die ihrem Körper nur verschafften, was er brauchte, um seinen Mund zu stopfen, um seine Weisheit nicht zu hören. Sie hatte viele Fehler. Zum Beispiel jenen, selbstlos zu lieben. Auch sich selbst. Narzißmus ist in unserer Welt ein Tabu. Aber Selbstsucht ist das erste Gebot des Erfolgs, das sie nie befolgte. Sie trank wie ein Loch. Die noch besoffeneren Männer sagten in den Kneipen: Die läßt sich fallen! Während sie sich besaufend eine rituelle Handlung ihres Geschlechts absolvierten. Bohémiens träumten nächtelang von ihr. Sie war der Traum jener Männer, die noch weinen können. Sie lebte wie eine Piaf. War einfach zu natürlich, zu unschuldig, zu lebendig, um in einer Welt des Verwesungsgeruchs, der Nekrophilie zu bestehen. Ich kenne sie sehr gut. Ich weiß, was sie fühlte, träumte, dachte. Sie gleicht mir. Aber sie ist, und so schrecklicher Konsequenz, wie ich, daß sie nicht mehr weiter kann, die Nabelschnur zwischen sich und der Welt zerreißen muß. Als sie abdrückte, dehnte sich zäh die Sekunde, in der der Schädelknochen splitterte. Sie dachte an einen Satz aus Alice in Wonderland, als sie an die Menschen dachte: Ich kann nichts dafür, ich wachse.

Tafel 6BM

Der Brieföffner in seiner Hand schien zu leben. Wie eine Schlange. Alles in ihm gefror, als er kalt spürte, daß seine Mutter im Raum stand und theatralisch sentimental Vater nachschaute, der seiner Arbeit im Zuchthaus nachging. Abends, wenn er nach Hause kam, roch man die Zyankalikugeln und elektrisch verbranntes Fleisch. Er wußte, daß er den Baum, von dem er stammte, zerstören mußte. Er wußte, daß er den Alten ohne ein einziges Gefühl abstechen würde. Und Vater würde ihn umbringen müssen. Er fürchtete sich vor der Gewalt in sich. Gewalt gegen andere ist immer Selbstzerstörung.

Tafel 7BM

Man begann schon zu reden über die beiden. Die Männer aus Neid, weil sie nur Kumpanei und Schulterklopfen und Prost und Suff und Kartenspiel und geistvolles Gespräch kannten, die sie in schönster

Selbstlüge Freundschaft nannten. Die beiden waren Freunde. Liebevolle Männerfreundschaft ist das Fundament einer echten Demokratie, hat mal Walt Whitman gesagt. Kumpanei ist kaschierte Konkurrenz. „Gruppengefühl" ein gefährlicher Ersatz für echte Freundschaft, ein aufgeblasenes, deformiertes Ersatzgefühl für ein echtes, geschlagenes. H.J. ‚Pfadfinder, Gemeinsinn. Ich sehe lieber in der Katakombe Männer, die sich umarmen, als jene, die ihre „Freundschaft" mit Anstoßen und Prost unterstreichen und von ihren Frauen sprechen, als ob sie Motorräder wären. Männer sind allesamt weiche Geschöpfe. Menschen überhaupt. Irgend jemand hat uns gelehrt, die echten Gefühle zu geißeln, zu töten, auszuhungern. Das macht uns zu Berserkern. Man kann die schönsten Drogen schlucken, sich wochenlang besaufen, sich stille Tage in Clichy machen und allen Genüssen der Welt nacheilen und unbefriedigt erwachen. Was die Welt braucht, sind alle Gefühle, vor denen sie sich fürchtet.

Tafel 12M
Er hat ihr die Lider geschlossen. Hilflos hängt noch seine Hand. Doch wie ein Schleier aus Licht beginnt um ihn und in ihm, was sie immer war, real zu werden. Er trauert nicht. Er lächelt. Dieses Leben ist getan. Es fließt tauend Samen, viele Keime in der Ackerfurche von kaum 30 Jahren. Was man wirklich liebt, stirbt nie.

Tafel 13MF
Bleich wie eine Gliederpuppe schimmerte ihr Leib im Dunkel. Eher tot als lebendig. Er war aufgestanden, um eine noch offene Kneipe zu suchen. Er fühlte, daß er plötzlich schrecklich allein war, mit der Frau, die er vor wenigen Wochen geheiratet hatte.

Tafel 14
Die Hölle der Schule lauert dunkel hinter mir. Doch vor mir ist nichts als Licht. Manchmal komme ich aus mir heraus aus den Höhlen, in denen Narzißus lebt, um ans Licht zu treten, nach draußen zu gehen, wo ich hingehöre. Vorbei die Schule, Angst und Kälte. Vorbei die Zeit, so nah am Tod, dem einzigen, was ich noch liebte. Davorn ist Licht. Ich kanns erreichen, wenn ihr mich leben, sein läßt, so wie ich bin. Ich muß das leben, was in mir liegt. Nicht nach dem Willen Eurer Macht. Weil ich sterben würde. Aus mir flösse wie Blut jegliches Gefühl. Ich muß ans Licht. Ich kann der Menschheit Gedichte geben, farbiger als dieses, voller Bilderwut. Ich muß ans Licht. Für mich und für Euch. Ich bin ein Sonderling, aber ich liebe nichts mehr als Menschen. Ich muß ans Licht, ich brach schon meine Panzer. Vielleicht sperrt ihr mich in den Kerker. Ich komme aus dem Gefangensein. In Schule und Norm. Darum ging ich in Schutzhaft in mir selbst, die ich jetzt wiederholt verlasse. Ich will noch nicht sterben. Ich brauche Luft, wo ihr mit Grüften auf mich wartet.

Tafel 15
Die Männer sind tot. In der Offiziersbaracke scheppert ein Grammophon. Die Dietrich singt „Where have all the flowers gone". Ganz nah rücke ich draußen an die Bretterwand. Ich fühle, wie ich weine. Drin sitzen sie. Die Gesichter aussichtslos zufrieden. Leer. Sie sprechen über die Beine der Dietrich. Irgendwo eine Detonation. Kindersärge und tote Söhne. Die Eltern bersten vor Stolz auf die jungen Männer, die fürs amoklaufende Vaterland gestorben sind. Meine Hände sind blutig. Ich habe mitgemacht, habe Blumen die Blüte abgeschlagen. Ich sehe nur Dunkelheit. Endlose Friedhöfe, Dunkelheit. Ausgezehrte Menschen vor Gräbern. Eine Welt, über die soviele Schlachten hinwegzogen sind, kann nicht mehr gut werden. Wie ich meine Hände hasse. Jeden Muskel meines Körpers verabscheue ich, weil ich ihn gebraucht habe, um zu töten. Und der Befehl zu töten, hat mich umgebracht. Ich liebe mich selbst nicht mehr. Und wenn man sich selbst nicht mehr liebt, nicht mehr zu sich selber stehen kann, dann ist man tot. Die Eigenliebe, ja der tausendmal verpönte Narzißmus allein ist fähig, uns davor zu bewahren, Schlechtes zu tun. Ein echtes, schlechtes Gewissen ist der Schmerz verletzter Eigenliebe. Mit Gewissen meine ich nicht jenen aufgepfropften Ballast von Tabus, die wir verinnerlicht haben. Dieses Bild ist realistisch. Ich habe mich manchmal so gefühlt. Als kümmerliches Leben unter lauter Toten. Während der Schulzeit.

Tafel 16
Ein leeres Blatt ist das überquellendste Bild, das man sich vorstellen kann. Ich sehe O. Sie sitzt in einem Garten, einem altertümlichen Atrium und liest in einem meiner Briefe. Die Träume lasten schwer auf der Luft, sind so sommerlich geworden und wollen wirklich werden. Aus meinem Briefumschlag strömt eine seltsame Dämmerung. Etwas Mystisches, Unwirkliches. Sie hat jenes Hochzeitskleid an, das ich ihr empfohlen habe. – Es ist aus Moos, Flechten, Blättern, aus Borken, Rinden aller Art, aus schillernden Käferflügeldecken und leuchtenden Federn. Sie schreibt Gedankenfetzen auf ein Blatt. Hinter diesem Bild steht die Welt still. Es verschwimmt. Jetzt sehe ich einen Freund, der mir vor zwei Jahren gut zuredete, als ich mich sinnlos besoff. Er zerbrach die Rasierklinge, mit der ich mich umzu-

bringen versuchte. Das Bild birgt alle Bilder in sich. Männliche Embryos in Mutterleibern schon wie im Tod verkrümmt, weil man sie nicht wird leben lassen, was sie sind und wollen. Ich sehe G., der mit langem, zum Zopf zusammengebundenem Haar, das bis zum Gürtel reicht, in der Frühlingssonne des Spalenbergs steht, natürlich lächelt und seine silbrig-blitzende Querflöte spielt. Er hat nichts Besseres zu tun, als auszusehen wie der Frühling in einem Jugendstilgedicht, und alle grauschläfigen Ehegatten, die geschäftig vorbeigehen und ein Leben lang verzweifelt an ihre Normalität glaubten, zu verwirren. Ich sehe Stiefel, marschierend. Kalt, hohl. Im Takt des Metronoms, indem sich metallene Blechbänder um ein lebendiges, schlagendes Herz immer mehr zusammenschnüren.
Ich sehe einen Maskenball. Alle kommen in grau. Das einzig Fleischfarbene wird mit Dreschflegeln totgeschlagen.
Ich sehe mich, als Kind, jeden Stein drehend, der Asseln und Würmer verbarg. Ich sehe mich, eine Schnecke kriecht mit schönem Gehäuse über meine Hand.
Ich sehe mich später, in der Schule. Zu schwach und zu weich, um gegen Fußbälle und Schienbeine zu treten, zu friedlich hocke ich am Rand des Spielfelds und denke nach oder träume.
Später. Graue Schulhausmauern. Die Kiefer verkrampft. Die Augen stumpf. Pause. Versabberte Zigaretten. Clochardmäßiges Aussehen. Mürrisch. Kaputt an der Tatsache, daß kein Gefühl da ist. Außer einer Handvoll gefrorener Nägel im Magen. Ich kann etwas, kann mehr als viele. Warum läßt man mich nicht machen? Am linken Handgelenk geronnenes Blut. Das Gesicht von einem versoffenen Abend gedunsen. – Ich sehe eine Kugel, die sich so lange an Würfeln stieß, die so lange von Würfeln gestoßen wird, bis sie auch ein Würfel wird oder zerstört wird. Das ist der Mechanismus der Erziehung.
Ich sehe mich heute. Ich kann wieder lächeln. Wieder flennen, wenn ich will. Ich lebe: Man siehts mir an (wenn ich nicht wie heute verkatert bin). 90% Gefühl, 10% Intellekt.
Tausend Wege sind offen. Die Herde rennt auf den Nationalstraßen, auf die ich mich nicht mehr zwingen lasse. Weil die Herde mich einsam macht. Man sieht mich querfeldeinwachsen, querfeldeingehen. Ich bin nie wieder allein. Man sieht, wie ich einen harten Panzer aus geronnenem Blut abwasche (psychische Prügel der Schule), meine Fühler ausstrecke und sanft um meine Weichheit zu kämpfen beginne, weil man ohne Sensibilität das Gift im Kuchen nicht schmeckt.
Ich sehe das Leben. Es ist zu schön, um beschrieben zu werden. Eine Sonne aus Zellplasma. Ich habe Ehrfurcht davor, schaue zu dieser Sonne empor und spüre sie in mir.
Ein Mensch liegt mit grotesk verdrehtem Kopf im aufgewühlten Dreck. Panzerspuren. Rot folgt in einer weißen Bauchdecke ein blutiger Riß dem Bajonett. Blutige Hände, Mörder- oder Soldatenhände, die streicheln, sind wie die Finger Adolf Hitlers in einem Rosenkranz aus weißen Holzperlen.

Dieses TAT-Protokoll zeichnet sich insbesondere dadurch aus, daß Herr T. über eine außergewöhnliche sprachliche Ausdrucksfähigkeit verfügt. Auf Grund seiner literarischen Begabung (die sich ja auch im Schreiben von Gedichten und Kurzgeschichten manifestiert hatte) war es dem Patienten möglich, in den TAT-Geschichten ein eindrückliches Bild seiner innerpsychischen Situation zu zeichnen. Indes scheint mir die Ausdrucksstärke der von ihm verwendeten Bilder nicht nur durch seine großen verbalen Fähigkeiten bedingt zu sein. Die zum Teil erschütternden, zum Teil bedrängenden Inhalte und die Art der Darstellung dürften vielmehr in erster Linie aus der Psychosenähe dieses Patienten resultieren, die ihm einen so direkten Zugang zum primärprozeßhaften Geschehen eröffnete. Infolge seiner literarischen Begabung vermochte er diesen Inhalten allerdings in besonders eindrücklicher Weise Ausdruck zu verleihen.
Ein besonderes Kennzeichen der von Herrn T. gelieferten Geschichten ist die – nach meiner Erfahrung für schizophrene Patienten charakteristische – **Kontamination von einerseits detaillierten Schilderungen der äußeren Realität mit ihren vielen Nuancen und andererseits archaischen Bildern, in denen die verschiedensten Triebimpulse weitgehend unzensuriert zum Ausdruck kommen.** In dieser Art der Gestaltung drückt sich die Gebrochenheit des schizophrenen Patienten gegenüber der äußeren Realität aus. Gerade in einem Zustand der drohenden psychotischen Dekompensation, wie Herr T. ihn zur Zeit der Aufnahme des TAT-Protokolls erlebte, besteht auf der einen Seite der verzweifelte Versuch, sich an der äußeren Realität festzuhal-

ten. Das mitunter geradezu zwangshafte Sich-klammern an winzige Details stellt eine Gegenbewegung gegen den drohenden Realitätsverlust dar. Auf der anderen Seite drängen sich dem Patienten primärprozeßhafte Bilder auf, die ihn geradezu überwältigen und ihm – je nach Ausmaß der Dekompensation – kaum mehr eine Möglichkeit zur Verarbeitung und zur Assimilation an sein bewußtes Erleben lassen.

Es war für die Krankheitsphase, in der sich Herr T. bei der Aufnahme des TAT befand, charakteristisch, daß er sich diesbezüglich auf einer Grenze bewegte, auf einem schmalen Grat zwischen der äußeren Realität und der Welt archaischer innerer Bilder und Impulse.

Diese Kontaminationstendenz findet sich bei fast allen Geschichten. Besonders deutlich ist sie beispielsweise bei Tafel 1: Zum einen schildert Herr T. bis in feinste Details die Geige („. . . rotlackiertes Holz, die Wolken dunklen Brauns darauf, die Foren und F-Löcher, die wie die Zeichen für englische Pfund aussehen"). Unvermittelt und unintegriert drängen sich ihm dann aber urtümliche Bilder auf, in denen sich seine innere Befindlichkeit kundtut („Er mag die Ohren nicht, hinter denen dunkel und übergroß eine deformierte Vernunft vor dem Gefühl hockt und alles Gehörte mit Kritik verätzt, bis jede Möglichkeit zu genießen in sich selbst zusammenfällt"). Ein ganz ähnlicher Mechanismus zeigt sich dort, wo Herr T. einerseits ein detailliertes, realistisches Bild seiner desolaten sozialen Situation entwirft („in schlechten Kneipen enden, in Puffs leben und verkatert in anderer Leute Wohnung erwachen . . . irgendwann wird man ihn verscharren") und sich andererseits in grandioser Weise aufschwingt zu Schilderungen der von ihm übermalten Geige, die er mit van Gogh und Gauguin verbindet, und zu Vergleichen mit Oscar Wilde und Rimbaud.

Bei einer Subjektstufeninterpretation könnte man in dieser Passage seiner Geschichte zu Tafel 1 den Hinweis darauf sehen, daß die grandiosen Vorstellungen, die schließlich im Bild des „indischen Gottes" gipfeln, einen verzweifelten Versuch darstellen, sich über die kränkende und bedrückende Realität hinwegzusetzen. Anschaulich stellt der Patient im Bild vom „Übermalen" der Geige dar, in welcher radikalen Weise er die Realitätsabwehr vornimmt. Die Grandiositätsvorstellungen sind für ihn nicht mehr, wie bei narzißtischen Persönlichkeiten, Kompensationstrategien, sondern sie **ersetzen** ihm die Realität. Die gleiche Art der Abwehr findet sich auch in der Geschichte zu Tafel 12M: einerseits der Tod der geliebten Frau, andererseits die Aussage, nun beginne das, „was sie immer war, real zu werden", und der fast beschwörende Hinweis „was man wirklich liebt, stirbt nie."

Die Kontamination von genauesten Schilderungen der äußeren Realität und unvermittelt auftauchenden primärprozeßhaften Bildern voller triebhafter (vor allem aggressiver) Inhalte zeigt sich in besonders eindrücklicher Weise auch in der Geschichte zur Leertafel 16. Mit Recht betont der Patient zu Beginn, ein leeres Blatt sei „das überquellendste Bild", das man sich vorstellen könne. Es bietet tatsächlich den breitesten projektiven Spielraum und stellt deshalb für einen Menschen wie Herrn T., an der Grenze der psychotischen Dekompensation, eine Gefahr dar. Sein Schwanken zwischen dem Versuch, sich an der äußeren Realität festzuhalten, und dem Überwältigtwerden von inneren Bildern findet seinen Ausdruck in einem permanenten Wechsel zwischen exakten Schilderungen realer Ereignisse und eingesprengten archaischen Bildern. Der Verlauf der Geschichte läßt erkennen, daß die Abwehrfunktionen des Patienten letztlich dem Druck des Primärprozesses nicht gewachsen sind. Am Ende brechen die Triebimpulse völlig unzensuriert hervor, wobei bezeichnenderweise libidinöse und aggressive Anteile unvermittelt nebeneinander stehen. Das heißt: Herrn T. gelingt die Legierung der verschiedenen Triebderivate nicht mehr: „Blutige Hände, Mörder- oder Soldatenhände, die streicheln, sind wie die Finger Adolf Hitlers in einem Rosenkranz aus weißen Holzperlen."

In einigen Geschichten schildert Herr T. seinen Konflikt zwischen der Orientie-rung an der äußeren Realität und dem Versinken im Primärprozeß im Bild eines Kampfes zwischen „Vernunft" und „Gefühl" (1, 3BM, 16). Diesen Darstellungen ist zu entnehmen, daß er die „Vernunft"-Seite als beengend und das Leben geradezu er-stickend empfindet („deformiert" und „alles mit Kritik verätzend", 1). Das „Gefühl" hingegen erscheint ihm „lebendig" (1), es eröffnet ihm „tausend Wege" (16). Den-noch deutet sich neben dieser Faszination, die für Herrn T. vom Primärprozeß ausge-ht, auch ein Ahnen darum an, daß es eine gefährliche, letztlich für ihn zerstörerische Welt ist, auf die er sich bei der Abwendung von der äußeren Realität einläßt: „Er wird in schlechten Kneipen enden, in Puffs leben und verkatert in anderer Leute Wohnung erwachen. Irgendwann wird man ihn verscharren" (1). Das Abreißen der „Nabel-schnur zwischen sich und der Welt" führt letztlich zur Zerstörung seiner selbst und an-derer (3BM und 6BM).

Ich habe bereits darauf hingewiesen, daß das **Schwanken zwischen Ohnmachts-und schwersten Insuffizienzgefühlen bis hin zur Selbstzerstörung** einerseits und **gran-diosen Phantasien** andererseits ein charakteristisches Merkmal der Geschichten von Herrn T. darstellt. Dabei ist bemerkenswert – und für schizophrene Patienten typisch –, daß es sich hierbei nicht eigentlich um einen Kompensationsmechanismus handelt, wie wir ihn bei narzißtischen Persönlichkeiten finden. Vielmehr kommt es zu einem abrupten Umschlag von Ohnmacht zu Allmacht. Die grandiose Phanasie stellt nicht nur eine Kompensation der Insuffizienzgefühle dar, sondern erreicht eine solche In-tensität, daß sie die Realität ersetzt. Dieser Mechanismus findet sich bei Herrn T. in seinen Geschichten zu den Tafeln 1, 3BM, 7BM, 12M, 15 und 16. Einerseits ist der Pa-tient ein „Versager", „nicht für Konkurrenz geschaffen" (1), der „sich sinnlos besoff" (3BM) und „zu schwach und zu weich ist, um gegen Fußbälle und Schienbeine zu tre-ten" (16), und er beschreibt sich als „clochardmäßig", „mürrisch . . . das Gesicht von einem versoffenen Abend gedunsen" (16), mit „blutigen Händen", die er haßt so wie er „jeden Muskel" seines Körpers „verabscheut, weil ich ihn gebraucht habe, um zu töten", und der sich deshalb nicht mehr lieben kann (15). Andererseits errichtet er da-gegen grandiose Gegenbilder von van Gogh, Gauguin, Oscar Wilde, Rimbaud und einem „indischen Gott" (1), sieht sich als „ganz Körper und Gefühl unter Tausenden, die ihrem Körper nur verschafften, was er brauchte, um seinen Mund zu stopfen, um seine Weisheit nicht zu hören", fühlt sich „zu natürlich, zu unschuldig, zu lebendig, um in einer Welt des Verwesungsgeruchs, der Nekrophilie zu bestehen" (3BM), „als kümmerliches Leben unter lauter Toten" (15), als „einzig Fleischfarbenes" unter We-sen, die alle „in Grau kommen", als den, dem „tausend Wege offen sind", während „die Herde auf den Nationalstraßen rennt, auf die ich mich nicht mehr zwingen las-se", und als „Sonne aus Zellplasma", zu der er voller Ehrfurcht emporschaut und die er zugleich in sich spürt (16).

Diese grandiosen Bilder dienen dem Patienten indes nicht nur zum Schutz vor er-drückenden Insuffizienzgefühlen. Er setzt sie offensichtlich auch als Abwehr gegen die chaotischen aggressiven Impulse ein, die er in sich spürt und die er weder zu steu-ern noch in irgendeiner Weise zu integrieren vermag. Während in der Geschichte zu Tafel 1 nur vereinzelt, sprengstückartig, Haßimpulse einschießen („ . . . beginnt sie insgeheim . . . zu hassen", „auf Martins Gesicht könnte auch Zynismus und leiser Spott zuhause sein"), brechen die aggressiven Impulse unverhüllt, ihn selber mit Ent-setzen erfüllend, in seinen Geschichten zu den Tafel 6BM und 16 hervor.

Die Erzählung zu Tafel 6BM läßt erkennen, daß für Herrn T. (wie für andere schi-zophrene Patienten) das Problem insbesondere darin liegt, daß die Aggressivität, wenn sie hervorbricht, ihn völlig überschwemmt und daß sich die Grenzen zwischen Selbst- und Objektimagines verwischen: Die aggressiven Impulse sind sowohl im Patienten selbst als auch in der Außenwelt und bedrohen ihn von daher (Abwehrmechanismus: projektive Identifikation).

Eindrücklich zeigt auch seine Geschichte zu Tafel 16, daß ihm eine Legierung der libidinösen und aggressiven Triebderivate nicht mehr gelingt:

„Ein Mensch liegt mit grotesk verdrehtem Kopf im aufgewühlten Dreck. Panzerspuren. Rot folgt in einer weißen Bauchdecke ein blutiger Riß dem Bajonett. Blutige Hände, Mörder- oder Soldatenhände, die streicheln, sind wie die Finger Adolf Hitlers in einem Rosenkranz aus weißen Holzperlen" (16).

Man kann diesem Phänomen entnehmen, daß die Integrationsfähigkeit seines Ich erheblich beeinträchtigt ist. Die Auflösung seiner Ich-Grenzen und die Wiederverschmelzung zwischen Selbst- und Objektimagines deuten sich ebenfalls in der Geschichte zu Tafel 15 an: Auch hier ist die Aggression sowohl in als auch außerhalb von Herrn T. Die Differenzierung zwischen Ich und Nicht-Ich gelingt ihm nur ungenügend. Dieses Phänomen stellt eines der charakteristischsten Merkmale der psychotischen Persönlichkeit dar (und dient, laut *Kernberg*, 1979, zur diagnostischen Abgrenzung der Borderline-Persönlichkeit vom schizophrenen Patienten).

Faßt man die Befunde der TAT-Interpretation zusammen, so weist das Protokoll von Herrn T. charakteristische Merkmale einer schizophrenen Psychose auf: Primär- und Sekundärvorgang stehen in einem sehr labilen Gleichgewicht, zum Teil überlagern die primärprozeßhaften Inhalte die Wahrnehmung der äußeren Realität: damit geht eine massive Realitätsverleugnung einher; die Ich-Grenzen sind verwischt; es findet sich eine Wiederverschmelzung von Selbst- und Objektimagines; als Abwehrmechanismen werden neben der Verleugnung vor allem projektive Identifikation und Spaltung eingesetzt; neben tiefsten Insuffizienzgefühlen stehen grandiose Vorstellungen, die jedoch weniger als Kompensationsmaßnahmen angesehen werden können, sondern eine solche Intensität erreichen, daß sie zumindest zeitweilig die äußere Realität ersetzen; im Ablauf der Geschichten lassen sich Hinweise auf dissoziative Denkprozeße erkennen.

13.3   Herr R.

Der bei der Aufnahme des TAT 41jährige Patient war in seinem Leben bereits mehrmals in psychiatrischer Behandlung gewesen. Erstmals suchte er im Alter von 16 Jahren einen Jugendpsychiater auf, da er nach Abschluß der obligatorischen Schule in keinem Beruf Fuß fassen konnte. Bei verschiedenen Versuchen, ihn in einem Beruf zu integrieren, versagte er immer wieder aus unerklärlichen Gründen. Er hatte in dieser Zeit auch ein Kraftfahrzeug zu eigenem Gebrauch entwendet und fiel der Umgebung durch sein „läppisches", affektiv flaches Verhalten auf. Der Jugendpsychiater äußerte den Verdacht auf eine „latente Psychose." Da Herr R. in der Folge keiner geregelten Arbeit nachging und viel umherreiste (zum Teil unternahm er weite Reisen, etwa nach Paris, wo er als „Kammerdiener" gearbeitet haben will), wurde er im Auftrag des Jugendamtes nochmals einem Psychiater zugewiesen. Dieser fand zwar nicht genügend eindeutige Hinweise, um von einer schizophrenen Psychose zu sprechen, wies aber auf das „heboide Wesen mit läppisch-hebothymen Persönlichkeitszügen" des Patienten hin.

Ein weiterer Kontakt mit einem Psychiater fand im 20. Lebensjahr des Patienten statt: Er war in der Rekrutenschule auffällig geworden, da er größte Mühe hatte, sich dort sozial einzuordnen. Herr R. imponierte in der Rekrutenschule als „verschroben" und unfähig, sich den äußeren Gegebenheiten entsprechend zu verhalten. Er selber hingegen stand unter dem Eindruck, dort gehe „alles sehr gut", er verstehe gar nicht, was die Ausbilder zu bemängeln hätten. Herr R. war auch der Ansicht, er könne sehr wohl Militärdienst leisten. Er fühlte sich sogar zu einer „ganz besonderen Laufbahn" berufen und war deshalb sehr enttäuscht darüber, daß der Psychiater ihn für dienstuntauglich erklärte. Wieder sprach man in diagnostischer Hinsicht von seinem „heboid-euphorisch-läppischen Wesen" und vermutete eine „schleichende Psychose des schizophrenen Formenkreises".

Als wir mit Herrn R. zusammentrafen, befand er sich in einer sehr kritischen Lebenssituation: Er war arbeitsunfähig und erwies sich im Gespräch als sprunghaft bis dissoziiert, weitschweifig, er erschien enthemmt, angetrieben, zeigte eine läppisch-euphorische Grundstimmung und neigte zu maßlosen, in keiner Weise mehr an der Realität kontrollierten Überschätzungen seiner Person. Mitunter vermochte man seinen Darlegungen kaum mehr zu folgen, da sein Denken Züge von Zerfahrenheit aufwies und er völlig verschiedene Gedanken unvermittelt nebeneinandsetzte.

Zur Lebensgeschichte von Herr R. erfuhren wir folgendes: Der Patient war das jüngste von drei Kindern eines Facharbeiters und einer Hilfsarbeiterin. Der **Vater** wurde als sehr auffällige Persönlichkeit geschildert. Er hatte einen schweren Alkoholabusus betrieben und war 60jährig an den Folgen der Alkoholkrankheit verstorben. Die **Mutter** wurde in den uns vorliegenden Akten als unterintelligent beschrieben. Sie habe stets große Mühe gehabt, die Familie zu versorgen und ihrer Tätigkeit in einer Fabrik nachzugehen. Sie war einige Monate, bevor der Patient uns aufsuchte, verstorben. Herr R. gab an, er habe sehr an der Mutter gehangen. Im Gegensatz zum Vater, der jähzornig und unberechenbar gewesen sei, habe sie sich viel um ihn gekümmert, selbst noch als er erwachsen gewesen sei. Ihr Tod sei deshalb ein „harter Schlag" für ihn gewesen und habe ihn „aus dem seelischen Gleichgewicht" gebracht.

Über die um fünf Jahre ältere **Schwester** berichtete der Patient, sie sei stets depressiv gewesen und habe sich im Zusammenhang mit einer Liebesenttäuschung im Alter von 27 Jahren das Leben genommen. Die beiden ältesten Geschwister sind **Brüder** (9 und 11 Jahre älter als der Patient). Zu ihnen habe er wenig Kontakt. Da die elterliche Ehe bereits geschieden worden sei, als er 3 Jahre alt war, und die Kinder daraufhin in verschiedene Heime gegeben worden seien, habe nie eine engere Beziehung zwischen ihnen bestanden.

Herr R. absolvierte die obligatorischen Schulen mit durchschnittlichen Leistungen. Der Einstieg ins Berufsleben gelang ihm dann aber, wie bereits berichtet, nicht. Während etlicher Jahre reiste der Patient umher, schlug sich mit Gelegenheitsarbeiten durch und absolvierte schließlich (im Alter von 20 bzw. 21 Jahren) in England und Frankreich Sprachschulen. Diese Ausbildungen schloß er jeweils mit einem Diplom ab, das ihn berechtigte, in Englisch und Französisch zu unterrichten. Herr R. übte jedoch keine Lehrtätigkeit aus, sondern versuchte sich in verschiedenen anderen Berufen, die er allerdings jeweils bereits nach kurzer Zeit wieder aufgab. Seine Begründung für diese häufigen Wechsel lautete: Es sei ihm schnell „langweilig" geworden.

Im Alter von 28 Jahren kehrte Herr R. in die Schweiz zurück und fand, obwohl er keine entsprechende Ausbildung absolviert hatte, schon bald eine leitende Position in einem Industriebetrieb (dies wohl auch wegen seiner Fähigkeit, seine – tatsächlichen und angeblichen – Leistungen in großartiger Weise darzustellen). In den folgenden Jahren kam es immer wieder zu Konflikten mit Vorgesetzten und Kollegen. Das Verhalten von Herrn R. wurde, wie wir aus den Personalakten erfuhren, von der Umgebung als „äußerst sonderbar" empfunden. Die Menschen, die mit dem Patienten zu tun hatten, waren stets im Zweifel darüber, ob er sich „dumm" stelle und sich über sie lustig mache, oder ob er tatsächlich so weltfremd und verschroben sei, wie er oft erschien. Eine Zusammenarbeit war offenbar nie mit ihm möglich. Herr R. verrichtete seine Arbeit in eigenbrötlerischer Weise, verschloß während seiner Abwesenheit sein Zimmer, obwohl seine Kollegen Zugang zu den von ihm bearbeiteten Unterlagen haben mußten, und begann nach einiger Zeit über sich selbst und Mitarbeiter anonyme Briefe zu schreiben. Als seine Vorgesetzten auf seine Bitte nach einer Versetzung in eine andere Abteilung nicht eingingen, schrieb Herr R. dem Personalchef eine Kondolenzkarte, auf der er sich über die schwierige Lage lustig machte, in die er seine „bedauernswerten Vorgesetzten" durch diese Bitte gebracht habe. Zugleich wies er in grandioser Verkennung der Realität darauf hin, daß ihm bei seinen „überragenden Fähigkeiten" eigentlich der Posten eines Abteilungsleiters zustehe.

Da sich die Situation am Arbeitsplatz immer mehr zuspitzte, drängten die Vorgesetzten Herrn R., einen Psychiater aufzusuchen. Er wendete sich daraufhin an uns. Wir stellten die Diagnose einer schizophrenen Erkrankung mit maniformem Einschlag. Eine Behandlung mit Neuroleptika führte zum Verschwinden der Denk- und Affektstörungen, und der Realitätsbezug des Patienten verbesserte sich merklich.

Im Rahmen einer umfangreichen Testbatterie wurde, außer dem TAT, auch das Rorschachsche Formdeuteverfahren durchgeführt. Dieses Protokoll wies sowohl in formaler als auch in inhaltlicher Hinsicht eine Fülle von Auffälligkeiten auf und bestätigte die klinische Diagnose der schizophrenen Erkrankung. Beispielhaft für die sehr stark gelockerte Assoziationsabfolge und den dissoziierten Gedankengang ist etwa die folgende Deutung, die der Patient zur Rorschach-Tafel VIII gab: „Bär oder Seelöwe, ziemlich harmonisch, das übrige gehört alles zusammen. Die Farben sind ziemlich gut abgestimmt. Es fällt niemand sehr auf in dieser Geschichte. Nur keines gehört richtig zusammen, alles ist ziemlich fremd. Die beiden roten Flecken in der Mitte haben so wie Naturgestein, Felsen, deshalb passen sie mit den Bären zusammen. Das andere ist sehr fremd. Einzig dies ganz kleine in der Mitte könnte man als Laborant gebrauchen: Wasserkühler, wo Wasser durchläuft. Durch ganz kleine Röhren, Glas im Glas drin. Das paßt mit den Bären zusammen, weil es doch ein Tier in der Kälte ist. Das hier (kleine Ausläufer an der Seite): Im Eismeer liegendes Eis, Eiskristalle, womit sich das Wasser schließt. Das Tier, mit dem Kolben und dem Wasser gehören alles zusammen."

Herr R. lieferte das folgende TAT-Protokoll:

Tafel 1
Ein Kind – es soll musizieren. Hat vielleicht – oder sicher – vom Vorgesetzten, Mutter oder Vater, Schimpfis, einen Rüffel bekommen und denkt nach, was es machen könnte. Es schaut nicht auf die Noten, sondern total blank. Er denkt: wie kann ich es wieder gut machen? Ich muß die Geige wieder nehmen – etwas destroyed – für einen Musiker wäre diese Lage nicht lobenswert, wäre eine verletzende Situation, die man wieder gutmachen muß. Der Knabe ist nicht schlimm, ist anpaßbar, man kann ihn wieder reaktivieren. Er ist ein intelligenter Knabe. Wenn ich selber zwölfjährig wäre, würde ich Freundschaft mit ihm schließen. Es ist ein intelligenter Knabe. Er könnte mir z.B. beim Rechnen helfen. Man könnte den Knaben durchaus retten. Aber im Moment ist er verstört und weiß nicht ein noch aus.

Tafel 2
Das ist biblisch. – Darin ist Lebensfreude. Man sieht sofort, es ist ein Bild der Besinnung – ein biblisches Motiv, von der Fruchtbarkeit: Ein Mann, der sät, das Mädchen vorne ist die Lebensfreude. Die Mutter schaut dem ganzen zu: Sehr gesinnungsvoll, tief. Die Tochter des Mannes ist auch sehr empfindungsvoll, zukunftsträchtig, daß alles gut geht, daß es dem Mann gut geht, daß es den Tieren gut geht. Das Wetter weiß man nicht, ob es regnen wird. Im Mittelpunkt steht die Arbeit. Das Buch, das die Frau trägt, will aussagen: biblische Gesetze. Der Mann führt das aus. Die beiden Frauen wachen auf seine Arbeit. Der Mann ist im Mittelpunkt mit seinem Pferd. Vorne ist das Haus, und die Mutter ist neben dem Haus, symbolisch gesehen. Sie lehnt sich an den Felsen. Links neben der jungen Frau scheint schon ein Gewitter zu kommen. – (wie geht die Geschichte wohl weiter?) – Der Mann wird zum

Hof hinübergehen, die Furche erst noch fertig machen, vielleicht sind es Kartoffeln. Es ist Herbst oder Frühling. Der Mann führt seine Arbeit fort. Die Frauen verlassen sich 100%ig auf diesen Mann. Sie schauen ihn gar nicht an und wissen: Der macht das richtig.

Tafel 3BM

Das handelt sich um eine Frau oder Mädchen. Dieses Mädchen ist – vollständig – von einem Geschehnis zerstört oder enttäuscht. Und hat einige Mühe mit dieser Situation fertig zu werden. Nachdem dieses Mädchen oder Frau vorher etwas geleistet hat – Aufgaben oder Arbeit – die Füllfeder liegt neben ihr. Sie ist etwas hoffnungslos und scheint sich nicht nur auszuruhen, sondern auszuweinen. Man sieht es an der verkrampften Haltung, der Beinstellung. Sie lebt in einem Zwang und kann sich nicht aussprechen, weshalb sie sich so verkrampft. Denn normalerweise würde sie ja aufs Bett liegen. Sie sucht nach einem vertrauensvollen Menschen, den sie nicht findet. So trägt sie ihre Hoffnungslosigkeit in die Zukunft. Wenn ein Erwachsener oder Onkel oder Verwandter sie anhalten oder streicheln würde, würde sie das refüsieren. Sie würde es zurückstellen oder mit einem Schlag unterdrücken. Insofern ist ihre Zukunft nicht sehr aussichtsvoll. So einer Frau würde man in eine Behandlung verschreiben. – Wenn das natürlich ein Kinderspiel wäre, könnte es ein Versteckspiel sein. Doch mit dem Füllfederhalter neben der Frau geht so eine Geschichte schon nicht.

Tafel 4

Das scheint das Input von einer schönen Szene eines schönen Filmes, eines Liebesfilms, wo der Mann ein natürliches Selbstvertrauen hat und die Frau den mit ihrer Liebe unterstützt. Keiner von beiden ist initiativ oder der Liebende, beide sind einfach da und fühlen einander – und die Liebe wird ergänzt, indem jeder sich sein läßt oder den anderen sein läßt. Der Mann fühlt, daß er geliebt wird und die Frau ist – die – sogenannt die Passiv-Liebende – sie streichelt ihn z.B. nicht an den Haaren, sondern ist einfach da. Jeder von beiden fühlt einen Strom der Liebe. Die Zukunft dieses Paares scheint sehr frohlokkend und sehr verheißungsvoll zu sein; da keiner dem anderen etwas vormachen will. Die Liebe hier ist im Raum. Sie ist hier. Man kann sie nicht wegdenken. Somit ist die Harmonie da, gegeben.

Tafel 5

Hier scheint es um – eine Witwe zu sein, eine Witwe, welche ein schönes Leben hinter sich gebracht hatte, mit ihrem Mann zusammen. Ihr Mann – war – entweder ein Musiker oder eine kunstorientierte Person, – der eine gute Frau gehabt hatte. Die Witwe scheint sich noch nicht ganz getrennt oder gelöst zu haben vom Ereignis des Todes ihres Gatten, was sich in ihren Augen widerspiegelt. Die Witwe scheint sehr häuslich zu sein und nach der Ordnung trachtend; sie ist gepflegt und wünscht sich wieder schönere Zeiten herbei. – So schaut sie – die Zukunft ist für die Witwe sehr zielstrebig – jedoch wird sie einsam sein, weil sie zu sehr an ihrer Ordnung festhält. Ihr scheint die Ordnung höher zu sein als die Menschen.

Tafel 6BM

Das ist ein Sohn mit ihrer Mutter – mit seiner Mutter. Der Sohn macht sich Gedanken – über seine Zeit – als er noch jung war. Er macht sich große Gewissensbisse, was er der Mutter alles hätte geben können oder nicht. Die Mutter steht hier ratlos und kann ihm nicht helfen. Sie hört zwar geduldig seinem Sohn zu, jedoch der Sohn kann auch nicht genau erzählen, woran er gewissermaßen leidet. Körperlich fehlt ihm nichts – , jedoch hat er gewisse Probleme, sich zu äußern. Sie sehen sich überhaupt nicht mehr an, weil die Mutter – den Dialog – mit diesem verloren hat. Der Sohn jedoch möchte den Dialog suchen – das nähmt man an den Lippen – aber es ist eine Interruptio – es ist ein gewisser – ist sehr hart, einander lieblich, mit voller Geborgenheit zu begegnen. Diese Geborgenheit scheint nicht mehr gegeben zu sein, sonst würde die Mutter ihn an der Hand streicheln. Er ist da mit dem Hut wie ein Al Capone, „hier bin ich". Der Sohn hat voll Reue in seinem Gesicht. Die Mutter scheint hoffnungsvoll in die Zukunft zu schauen, was der Sohn nicht merkt. Weil die Mutter hat einen aufrechten Blick mit vollen Augen, was merken läßt, daß sie den Sohn noch nicht abgeschrieben hat. Der Sohn sollte jetzt eigentlich die Mutter an den Händen nehmen und sagen: „Wir wollen jetzt miteinander sprechen und über unsere Situation reden." Dies gelingt weder der Mutter noch dem Sohn. Es beharren beide auf ihrer Ideologie. Der Sohn wird in eine schwierige Zukunft treten müssen, weil er sich nicht öffnen kann.

Tafel 7BM

Studentisch, akademisch. Ein Professor – Professor Jung – und – schon ein Doktorand. Der alteingesessene Herr ist von seiner Arbeit überzeugt, mit welcher er seine Studenten überzeugen wollte. Und jetzt kommt ein Student, ein höheres Semester, ein Assistent, zu ihm und fragt um eine Unterredung. Diese Unterredung kann gewährt werden, weshalb er ihm ankündigt, daß er in sein Zimmer kommen könnte, – weil er ja keine Zeit – ist ja im Gang oder Hörsaal, und der Professor hat keine Zeit, mehr zu sagen. Der Student empfindet das nicht unbedingt als eine Würde, und hatte geglaubt, daß der Professor ihn gerade im Gang über seine Arbeit informieren würde. Da stutzt er. Das Stutzen ist hier. Er hätte lieber das Kompliment oder die Aussage gerade vor dem Auditorium, weil er gerne vor den anderen sein Resultat gezeigt hätte. Deshalb zeigt der Student etwas seinen Unmut, ist nicht so zufrieden. Auf der anderen Seite ist der Professor alles andere als schlecht, ihm reicht aber die Zeit nicht; er will schon das Problem klären, aber er will ihm das in einer Konsultation allein sagen, das Resultat seiner Arbeiten. Die Zukunft des Studenten sieht, im Gegensatz zum Professor, schlecht aus, weil er nicht bereit ist, Entscheide hinzunehmen und sich den Entscheidungen vertrauenswürdig anzupassen. Er wird es immer schwer haben, sich anzupassen, weil er schnell gekränkt ist. Es fehlt ihm ein Format. – Intelligent ist er schon. Aber er ist nicht ausdauernd, weil er schnell gekränkt ist. Er möchte immer alles schnell haben und kann nicht warten. Sonst hätte er im Gang zum Professor gesagt: „Ich verstehe Sie gut und komme gerne zu Ihnen." So etwas hätte der Professor gerne, wenn man das sagt.

Tafel 8BM

Das ist sehr schwierig. – Da sind zwei oder drei Themen, schwierig, das zusammenzubringen. – Man möchte ja auch keinem Unrecht tun, keine falschen Verdächtigungen aussprechen. – Da sind zwei Männer (hinten), die es ganz sicher ehrlich meinen. – Es gab eine Schießerei – von einem sogenannten besseren Knaben, besseren Mann (vorne rechts). Die zwei – einer der beiden Männer bemühen sich, einen Verletzten zu pflegen, seine Patrone aus dem Bauch zu nehmen. Es sind wahrscheinlich keine Ärzte, sondern gewöhnliche Leute, die das machen. Der sogenannte Verbrecher mit Krawatte ist schon lange entkommen. – Der Verletzte wird in der nächsten Zeit wegtransportiert, mit einer Bahre, ins Spital. Der Mann im Vordergrund scheint von allem nichts zu wissen. – Man könnte den nennen: „Wirschaftskrimineller", – der weiß, was passiert ist, jedoch nach außen den Eisernen spielt. – Seine Zukunft wird – sich – im Rahmen – der Geld-Oligarchie – weiterentwickeln, da er ja nur Kommandos erteilt hatte und selbst nicht ins Spiel – gekommen ist. Er ist dem Ausdruck nach steinhart – mit sarkastischen Zügen, welcher vor nichts abschreckt – sich abschrecken läßt.

Tafel 9BM

Im amerikanischen Scouts – Pfadfinder oder Jungwacht, junge Burschen, die in einer organisierten Jugendgruppe angehören, welche nach einer kleinen Arbeit – eventuell beim Bauern im Bündnerland oder Thurgau, ausgeholfen hatten und jetzt ungefähr um drei Uhr nachmittags ihre kleine Ruhepause gemeinsam abhalten. Es ist eine große Brüderlichkeit und Homogenität zu beobachten, welche der ganzen Menschheit zu gönnen wäre. Die vier Burschen mögen sich sehr und haben ein ganz gutes Verhältnis zu einander. Die vier Jugendlichen, die vier organisierten Jugendlichen, strömen eine Gelassenheit und Friedfertigkeit aus. Sie lassen einander in Ruhe und schützen sich nur durch einen Hut vor der Sonne. Diese Jugendlichen werden – glückliche – Bürger – ihrer Gemeinschaft werden.

Tafel 10

Dieses Bild zeigt – ein Szenenbild einer Bühne, die dadurch gekennzeichnet ist, – daß sich ein etwa 45- bis 50jähriges Ehepaar oder Paar umarmen oder innigst zärtlich umarmen. Dieses Paar zeigt, wie man in jedem Alter zufrieden sein kann. Die geschlossenen Augen geben Einblick in eine ruhige Seele. Sie sind durch nichts zerstreut und könnten so, in dieser Dunkelheit, noch lange weilen. Die Zukunft dieser zwei Menschen kann als sehr – ausgeglichen – und freudig erlebt werden. Es sind gepflegte Menschen.

Tafel 11

Es handelt sich um ein ganz steiles Gelände in Bergen, wie die Teufelsbrücke im Bündnerland, viele Steine, chaotisch, sehr enges Tal, wo man sehr beengt ist, eine Schlucht. Da ist eine Person und – er – liegt – oder ist an einem Objekt angestellt, aufgestellt. Man sieht oben einen Drachen oder Fisch, etwas ganz Komisches. Diese Person hat irgendwie Angst und kann sich nirgends verstecken. Die Situation wird immer schärfer: Es wird Regen kommen, es wird dunkel werden. Ich sehe keinen Ausweg. Es sieht aus, als ob der Weg ins Nichts führt, der Weg ist wie gesperrt. Die Person wartet auf Hilfe – denkt sie werde Hilfe bekommen. Die Zukunft für diese Person wird schwierig werden, weil sie keine Zukunft sieht. – Weil sie Angst hat, den Weg nicht zu finden. Oder sie träumt, daß das wirklich ein Tier ist, ein Vampir oder Krokodil, und sie hat furchtbare Angst und versteckt sich mit dem Kopf in ein Gefäß.

Tafel 12M

Der Vater mit seinem Sohn. Der Sohn ist überlastet und sieht nicht richtig in die Zukunft, worauf ihm der Vater zuredet, und der Sohn scheint zuzuhören, mit den geschlossenen Augen. Der Sohn scheint zuzuhören, aufmerksam zuzuhören –. Es ist nicht ganz richtig ersichtlich, weshalb der Vater die Hand vor den Kopf stellt. Der Sohn hat scheinbar Vertrauen und läßt sich ruhig führen. – Dieser Knabe oder Mann scheint Vertrauen gefaßt zu haben – und hat keine eigene Aussage mehr zu machen.

Tafel 13MF
(Patient lacht: „Ganz schön"). Als allererstes sieht man zwei Verliebte, oder ein Ehepaar. Die Frau weiß, was sie will, während ihr Liebhaber – er scheint Schuldgefühle zu haben und ist ziellos. Sie haben sich gestritten, und die Frau scheint keine Reue zu haben. Sie beharrt auf ihren Wünschen und will deshalb auch nicht nachgeben. Sie hat einen ganz geraden Blick und bemüht sich nicht einmal ihren Liebhaber zurückzugewinnen. Die Zukunft der beiden wird eine Trennung auslösen oder zu einer Trennung führen. – Die Frau wird keine Anstände machen, um diesen wieder zurückzugewinnen. – Am Bett sieht man, daß es eine Junggesellenwohnung ist, nur eine Person dort wohnt, weshalb sich die Frau auch egozentrisch für sich selbst verantwortlich fühlt. Denn: Sie könnte ja den Mann bitten, sich aufs Bett zu setzen und über das Mißbehagen zu diskutieren. Die Zukunft heißt – wird sich nicht in eine Versöhnung – münden – es wird – keine Versöhnung mehr geben.

Tafel 14
Schön. Das kann beides sein: Ich will es positiv machen. Kann ein Handwerker sein, der in der Nacht gerufen wird, um eine Leitung zu reparieren. Deshalb muß er ins Fenster klettern, weil die Leitung im Korridor zu finden ist. Er macht das zielbewußt mit große Aufgabe – oder mit großem – er sieht seine Aufgabenstellung, er hat einen geraden Blick. Man sieht, daß er ans Werk gehen möchte und sich nicht von anderen Leuten irritieren läßt. Seine Zukunft wird sich immer zielstrebig und zielgerade – ausarten – oder gestalten. Kein Gauner diesmal.

Tafel 15
Ein Rorschachtest. Hände. – Ein Mann auf einem Friedhof, symbolisch auf einem Friedhof, der ernsthaft für seine Verstorbenen betet oder wenigstens nachsinnt. Er hat zwar keine gefalteten Hände, ist jedoch mit seinen Sinnen bei den Toten dabei. Ihm scheinen die Toten sehr zu beschäftigen, weshalb er nicht an eine einzige Person denkt, aber an viele. Der Mann ist vergrämt und in einer aussichtslosen Lage. Durch seine schwache Konstitution verfallen. – Es scheint, daß er nur noch an die Toten denkt und nicht mehr an die Lebenden und deshalb auch selbst zugrunde geht. Denn sonst würde er ja auch Blumen oder freudige Sachen ans Grab mitnehmen, um seinen Schmerz besser zu vergessen. Aber es scheint, daß er das Märtyrertum liebt – oder dem Märtyrertum verfallen oder freiwillig verfallen ist.

Tafel 16
Das kann ja auch negativ sein, nicht wahr? – Ich – stelle einen Mann an – der ich sehe da einen Mann, der von mir den Auftrag bekommt, einem Mädchen Nachhilfestunden im Rechnen zu erteilen. Der Mann geht zu den Eltern nach Hause, am abgemachten Zeitpunkt, und – zuhause – am abgemachten Zeitpunkt – und die Eltern empfangen diesen Mann sehr freundlich – mit einem Glas Schnaps. Der Mann weist höflich – den Schnaps höflich ab und sagt, er sei nicht Alkoholiker – nicht Alkoholtrinker, worauf das Mädchen laut lacht. Jetzt – nun fängt dieser Mann mit dem Unterricht an und kümmert sich zuerst mal, ob der Tisch groß genug ist für seinen Unterricht. Worauf das Mädchen sagt: „Herr Lehrer das geht schon gut." Kaum haben die beiden angefangen zu rechnen, flimmert das Fernsehen – flimmert der Fernseher. Auf einmal fragt sich der Lehrer: „Weshalb flimmert jetzt der Fernseher?" Dann sagt die Mutter: „Das muß doch an einem Grund liegen – muß doch einen Grund haben, weshalb das Mädchen jetzt nicht mehr rechnen will." Nach einer halben Stunde sagt das Mädchen, sie hätte keine Lust mehr, mit diesem Mann zu rechnen. Worauf die Mutter dann diesen Lehrer, diesen Bekannten, diesen Aushilfslehrer, ausbezahlt und sagt: „Sie müssen nicht mehr kommen." Der – die Moral dieser Geschichte ist, daß, wenn eine Person – seine Arbeit nicht ernst nimmt, gefällt dieses Verhalten dem Schüler oder dem Mädchen oder dem Nachhilfesuchenden nicht an – da jeder, der jemanden sucht zum Helfen, vom Helfenden etwas erwartet, das in sein Bild oder sein Konzept paßt. Wenn dieses nicht erfüllt wird, sucht der – das Kind eben die Ablenkung durch das Fernsehen. Jetzt wenn der Fernseher plötzlich angeht oder angestellt wird von der Familie, von Vater, Mutter oder Kind, muß der Nachhilfelehrer einsehen, daß er etwas falsch gemacht hat. Und so das Kind sich mit Allüren, wie Fernsehenanstellen, sich aus dem Staub macht oder sich entzieht. Das Kind sucht eben eine Person, welche seine Bedürfnisse oder seine Ängste ernst nimmt. Ansonsten es eben zu anderen – Allüren – oder Methoden – greift. In diesem Fall: Fernseher.

Tafel 17BM
Dieser Mann ist sehr – dieser Turner ist sehr fleißig, sehr athletisch gebaut, muskulös, kann aber seinen Fleiß, seine Statur und seine Kraft nicht richtig einsetzen. Er hat keinen klaren Blick, keine klare Zielsetzung und läßt sich eben hängen. Von seinem Körper her könnte er Gewaltiges leisten, aber er scheint keinen Gebrauch von seiner Energie und von seiner Körperästhetik zu gebrauchen. Er läßt sich – sprichwörtlich hängen. Seine Zukunft wird sich im Anpassen und im Sichdurchschlagen zeigen.

Tafel l8BM
Dieser Mann ist ein Phlegmatiker, der von seinen Eltern eigentlich gar nie zu einer Selbstleistung erzogen wurde. Er ist zwar gut gekleidet, – braucht aber ständig Hilfe. Seine – sein Liebesdrang wird von keiner Person erfüllt. Sie sind nur Träume. Seine Zukunft wird ohne Hilfe sehr schwierig verlaufen.

Tafel 19
Etwas Rudolf-Steinerisches. – Rudolf-Steiner-Märchenerzählung phantastisch gemacht. Man sieht ein Meer – mit altem – mit einer ganz kleinen Insel mit einem Iglu-Haus, mit zwei Fenstern. Man sieht niemanden. Es wohnt jemand dort, Licht ist auch da. Es ist eine phantastische Atmosphäre, so Winter, so viele Wolken und viel Wasser. Hinten könnte es noch Schiffe haben, so etwas mit Kontiki, so Wikingerzeit. – schwarze und weiße Wolken. – (Der Expl. dreht die Tafel wie eine Rorschach-Tafel) Das sind wie Rabenflügel, von den Tieren (Expl. weist auf schwarze Schattierungen im oberen Teil der Tafel). Das kann entweder eine Insel oder ein Kontiki-Schiff sein (Pat. weist auf „Haus"). Das sind so Teile von Flügeln von Schwänen oder Tieren (Pat. weist auf Schattierungen neben den Fenstern). Das über dem „Haus" könnte noch ein Kamin sein. Das ist alles, was mir dazu ein fällt.

Tafel 20
Es ist ein Beamter in einem Wald, vor einer Telefonstange oder Eisenbahnstange, der eine Aufsicht macht. Es ist ganz schlechtes Wetter, es ist nachts. Es ist eine ganz kleine Lampe, die brennt, und er versieht seinen Dienst sehr ernst und gewissenhaft. – Er scheint zu wissen, was er macht – was er tut – und scheint an seinem Posten zu bleiben, bis er abgelöst wird. – Er hat – bis er abgelöst wird. Seine Zukunft sieht er pflichtbewußt – als Dienstmann entsprechend – er ist mit der Uniform pflichtbewußt, ist stolz – mit diesem Mann ist leicht auskommen, weil er nachts bei schwierigem Wetter standhaft ist und seinen Dienst, nach Vorschrift, standhaft versieht. Er hat zwar – man sieht nicht – die Aufgabe ist nicht zu sehen, aber scheint niemanden zu stören. Und was positiv ist: Er steht an einem Ort, wo Licht ist, wo man ihn leicht erkennt, und er sich in Sicherheit fühlt. Wenn er nicht ehrlich wäre, hätte er sich ja im Schatten oder in dunkler Ecke verpflanzt und dort vielleicht geschlafen.

Bei einer genaueren Betrachtung dieser Geschichten zeigen sich insbesondere **formale Auffälligkeiten.** Vielfach findet sich eine sehr lockere Assoziationsabfolge. Häufig wird die von Herrn R. am Beginn einer Erzählung angesprochene Thematik nicht weiter verfolgt. Er wendet sich vielmehr auf Grund neuer Assoziationen anderen Themen zu. Gelegentlich kommt es auch zum abrupten Abbrechen eines Gedankens, was psychopathologisch an Gedankensperrungen erinnert. Auf diese Weise entstehen Geschichten, die inhaltlich oft keinen „roten Faden" aufweisen, sondern sprunghaft bis dissoziiert wirken und nur vordergründig logisch erscheinen, tatsächlich aber den Eindruck von „Verhältnisblödsinn" erwecken.

Diese formalen Auffälligkeiten finden sich in sämtlichen Geschichten, mehr oder weniger ausgeprägt. Ganz besonders eindrücklich zeigen sich die Sprunghaftigkeit der Assoziationen, die Sperrungen und der „Verhältnisblödsinn" jedoch in der Geschichte zur Leertafel 16. Hier wird zwar – zumindest notdürftig – das Thema „Nachhilfeunterricht" von Anfang bis Ende der Geschichte durchgezogen. Dennoch finden sich etliche Brüche und logische „Ungereimtheiten", die für den Leser verwirrend erscheinen und aus der Dissoziation der Denkprozeße des Patienten resultieren: Zunächst ist es der Patient selber, der in der „Ich"-Form einem Manne den Auftrag erteilt, einem Mädchen Nachhilfeunterricht zu geben (schon in dieser Phase der Geschichte ist es charakteristisch für Herrn R., daß er beim Erzählen mehrfach ansetzt: „Ich – stelle einen Mann an – der – ich sehe da einen Mann . . ."). Nachdem geradezu mit Akribie geschildert worden ist, daß dieser Mann „zum abgemachten Zeitpunkt" bei den Eltern erscheint, verfolgt der Patient plötzlich die Assoziationskette „empfangen . . . Glas Schnaps . . . höflich abweisen", worauf es aber unversehens zu einem Bruch in der Assoziationsfolge kommt, da er von „Schnaps" zu „Alkoholiker" überspringt. Immerhin gelingt es Herrn R., nachdem er diese Assoziationskette verfolgt hat, wieder zum ursprünglichen Thema des Nachhilfeunterrichts zurückzukommen. Völlig aus dem logischen Zusammenhang herausgerissen erscheint nun aber der Hinweis, der Mann kümmere „sich zuerst mal (darum), ob der Tisch groß genug ist für seinen Unterricht". Auch die beschwichtigende Antwort des Mädchens „das geht schon gut" schließt sich nur scheinbar logisch an. Tatsächlich spürt man, daß zwischen den einzelnen Assoziationsgliedern Lücken bestehen, deren Inhalte im Text der TAT-Geschichte nicht mitgeteilt werden. Auch das „Flimmern des Fernsehers" wird unvermittelt eingeführt, und die Überlegungen des Lehrers und der Mutter stehen in keinem sichtbaren logischen Zusammenhang mit diesem Ereignis. Man kann nur indirekt erschließen, daß vielleicht das Kind den Fernseher angedreht hat, da es sich beim Unterricht langweilte. Doch dieser Gedanke wird erst wesentlich später geäußert und wird auch nicht in Verbindung mit dem Fernsehen gebracht. Das heißt: Die Gedankenstücke, aus denen diese Geschichte zusammengesetzt ist, sind in ihrer Abfolge völlig ungeordnet, fast nach Art eines „Gedankensalats" (in Analogie zum „Wortsalat", wie er sich bei vielen Schizophrenen findet). Gegen Ende der Geschichte wird die Assoziationsfolge immer dissoziierter: Die „Moral" der Geschichte ist letztlich unverständlich, da hier als Begründung für das zuvor geschilderte Ereignis ein völlig neuer Gedanke eingeführt wird, nämlich daß offenbar der Aushilfslehrer „seine Arbeit nicht ernst nimmt." Auch die weiteren Assoziationselemente stehen weitgehend unverbunden nebeneinander und lassen keinen „Sinn" erkennen.

In psychodynamischer Hinsicht scheint mir die zunehmende Dissoziation vor allem durch die Kränkung der „Entlassung" bedingt zu sein. Von diesem Moment an bricht die Geschichte gleichsam auseinander. Die einzelnen Assoziationen stehen als Fragmente unvermittelt nebeneinander. Ein solche Reaktionsform ist psychodynamisch insofern plausibel, als Herr R. tatsächlich wenige Monate vor der TAT-Aufnahme empfindliche Kränkungen im Beruf erlebt und darauf mit einer psychotischen Dekompensation und mit der Entwicklung von Größenideen reagiert hatte.

Untersucht man die vom Patienten gelieferten Geschichten auf ihren **psychodynamischen Gehalt** und auf die Aussagen, die sich bei einer Deutung auf der **Objekt- und Subjektstufe** machen lassen, so kristallisieren sich folgende Hauptthemen heraus:

Ich habe bereits auf das Thema der **Kränkung** und der **Unfähigkeit, auf Enttäuschungen adäquat** zu reagieren, hingewiesen (außer bei Tafel 16 geht Herr R. auf diese Probleme auch bei den Tafeln 1, 3BM und 7BM ein). Der Patient spürt selber gut, daß seine erhöhte Kränkbarkeit und die mangelnde Frustrationstoleranz ihm viele soziale Schwierigkeiten bringen. Er sieht zugleich aber auch, daß er nicht in der Lage ist, sich realitätsadäquat mit Konflikten auseinanderzusetzen (17BM: er „läßt sich eben hängen . . . er scheint keinen Gebrauch von seiner Energie und seiner Körperästhetik zu gebrauchen"; 18BM: er wurde „nie zu einer Selbstleistung erzogen . . .braucht ständig Hilfe").

Mit diesem Themenbereich hängt eng die fundamentale **Desorientiertheit** zusammen, die Herr R. spürt und in etlichen Geschichten thematisiert (1, 3BM, 6BM, 13MF, 15, 17BM, 18BM): Er ist „verstört und weiß nicht ein noch aus" (1), „trägt . . . Hoffnungslosigkeit in die Zukunft" (3BM), ist „ratlos" und „kann nicht genau erzählen, woran er gewissermaßen leidet" (6BM), er ist „ziellos" (13MF), verliert jeglichen Bezug zur Realität und geht daran zugrunde (15: „Es scheint, daß er nur noch an die Toten denkt und nicht mehr an die Lebenden und deshalb auch selbst zugrunde geht . . . dem Märtyrertum verfallen ist"), er „läßt sich hängen" (17BM) und

„braucht ständig Hilfe" (18BM). Wie diese Zitate erkennen lassen, sieht er für sich keine positiven Zukunftsperspektiven (vgl. die in fast sämtlichen Geschichten zu findenden Hinweise auf die „Zukunft").Als Gründe für die innere Orientierungslosigkeit (die bei einer ich-psychologischen Deutung als Ausdruck desintegrativer Kräfte und insuffizienter Ich-Funktionen angesehen werden kann) nennt der Patient vor allem die folgenden: die mangelnde Frustrationstoleranz (1, 3BM, 7BM) und die schwere Kommunikationsstörung (3BM, 6BM).

Gerade die **Beeinträchtigung seiner Kommunikationsfähigkeit und seine tiefe Ambivalenz** in diesem Bereich wirken sich in verschiedener Hinsicht sehr behindernd für Herrn R. aus: Er sucht zwar „nach einem vertrauensvollen Menschen" (3BM) und „möchte den Dialog suchen" (6BM), zugleich spürt er aber, daß er jegliche Zuwendung dann doch „refüsieren" und „mit einem Schlag unterdrücken" würde (3BM) und daß er „den Dialog . . . verloren hat, . . . es ist eine Interruptio" (6BM). Der Patient bemüht sich zwar immer wieder, positive Gegenbilder zu entwerfen, indem er idealisierende, oft kaum an der Realität orientierte Darstellungen von Beziehungen „großer Brüderlichkeit und Homogenität" (9BM) gibt und von Menschen berichtet, die einfach füreinander da sind (4) und sich „innigst zärtlich umarmen" (10). Doch diese Kompensationsversuche sind letztlich zum Scheitern verurteilt, und Herr R. spürt deutlich, daß er „in eine schwierige Zukunft treten müsse, weil er sich nicht öffnen kann" (6BM). Er hat den Dialog mit den Mitmenschen „verloren" (6BM). In diesen Bildern vom Beziehungsabbruch drückt sich bei einer Subjektstufendeutung aber auch aus, daß Herr R. den „Dialog" mit seinen eigenen fragmentierten Persönlichkeitsanteilen verloren hat und deshalb „verstört" ist und „nicht ein noch aus weiß" (1). Sobald es zu Verschmelzungen von Teilidentitäten kommt, erlebt der Patient dies zwar als sehr beglückend (4, 9BM, 10). Dies führt jedoch zu einer völlig unrealistischen narzißtischen Aufblähung seines Selbst (die „Zukunft" wird plötzlich „sehr frohlockend und sehr verheißungsvoll", 4), wodurch Herr R. letztlich wiederum den Kontakt zu seiner mitmenschlichen Umgebung verliert.

Ein weiteres aus den TAT-Geschichten von Herr R. ersichtliches Phänomen ist der **Verlust des Realitätsbezugs.** Ich habe oben bereits auf die formalen Denkstörungen hingewiesen, in denen sich auch die Abkehr von der äußeren Realität (mit ihren logischen Gesetzen und Abläufen) manifestiert. Untersucht man die TAT-Geschichten auf die darin verwendeten Abwehrmechanismen, so finden sich kaum „höhere", differenzierte Abwehrmaßnahmen, sondern vor allem die archaischen Mechanismen der Verleugnung und der Abkehr von der äußeren Realität. In besonders ausgeprägter Art findet sich dies in den Geschichten zu den Tafeln 8BM und 19. Bei der Erzählung zu 8BM gelingt es Herrn R. nicht mehr, zwischen äußerer Realität und Geschichte zu unterscheiden: Der Hinweis „Man möchte ja auch keinem Unrecht tun, keine falschen Verdächtigungen aussprechen" läßt erkennen, daß die Grenzen zwischen Phantasie und Realität verwischt sind. Der Patient steht offensichtlich unter dem Eindruck, daß er von einer tatsächlichen Begebenheit und von realen Personen berichtet, bei denen er sich gleichsam für ungerechtfertigte Vermutungen entschuldigt. Ein ähnlicher Grad von Realitätsverlust wird bei Tafel 19 erreicht: Nachdem Herr R. zunächst eine Geschichte zu erzählen begonnen hat, geht er plötzlich zu Deutungen im Sinne des Rorschachtests über (den er in der vorhergehenden Sitzung gemacht hatte). Offenbar hat ihn die relativ wenig strukturierte Tafel 19 die TAT-Testinstruktion völlig vergessen lassen und hat dazu geführt, daß er sich der Rorschach-Instruktion entsprechend verhielt.

Als Abwehrmechanismen treten vor allem die Verleugnung und die Abkehr von der äußeren Realität hervor. Diese Mechanismen zeigen sich in besonders ausgeprägter Weise in den Geschichten zu den Tafeln 1, 3BM und 11: Das Kind, das in Konflikt mit den Eltern steht, ist „blank" (1), Enttäuschung und Hoffnungslosigkeit sollen durch ein „Versteckspiel" bewältigt werden (3BM), und die Reaktion auf die furchtbare Angst angesichts eines Weges, der „ins Nichts führt", besteht darin, daß die betreffende Person sich „mit dem Kopf in ein Gefäß versteckt" (11).

Wie die Interpretation des TAT-Protokolls von Herrn R. erkennen läßt, zeichnen sich seine Geschichten – im Gegensatz zum Protokoll von Herrn T. – nicht so sehr durch das Hervorbrechen primärprozeßhafter Inhalte, sondern durch formale Denkstörungen und durch den Verlust des Realitätsbezugs aus. Während den Leser der von Herrn T. erzählten Geschichten mitunter ein Gefühl des Grauens beschleicht, steht er bei den von Herrn R. gelieferten Geschichten vielfach unter dem Eindruck, den Sinn dieser Produktionen überhaupt nicht zu verstehen. Die Erzählungen wirken wie leere Schablonen, die mehr oder weniger beziehungslos nebeneinander gestellt sind. Der Assoziationsstrom fließt nicht kontinuierlich, sondern springt von einem Element zum andern, ohne einen bestimmten Gedanken konsequent weiterzuverfolgen.

Neben diesen formalen Auffälligkeiten finden sich im Protokoll von Herrn R. auch vielfältige Hinweise auf psychodynamisch für ihn bedeutsame Konstellationen. Die TAT-Geschichten liefern ein eindrückliches Bild von der schweren Kommunikationsstörung, von der erhöhten Kränkbarkeit und von der Unfähigkeit des Patienten, sich mit konflikthaften Situationen angemessen auseinanderzusetzen.

14 Narzißtische Persönlichkeiten und Borderline-Persönlichkeitsstörungen im TAT

14.1 Diagnostische Probleme

Den folgenden Ausführungen sind zunächst einige diagnostische Überlegungen vorauszuschicken. In der psychoanalytischen Literatur finden sich verschiedene Konzepte bezüglich der Phänomenologie und der Ätiologie der Borderline-Persönlichkeitsstörungen und der narzißtischen Persönlichkeiten. Die Unterschiede betreffen vor allem die Frage, ob das Größenselbst, das wir charakteristischerweise bei den narzißtischen Persönlichkeiten finden, das Produkt eines „normalen", aber an eine infantile Stufe fixierten Narzißmus darstellt (*Battegay, 1979; Kohut*, 1973, 1979) oder eine bereits primär pathologische Konfiguration ist (*Kernberg, 1979*). Ein weiteres diagnostisch wichtiges Kriterium ist das Ausmaß der Ich-Pathologie.

Unabhängig vom Konzept der Pathogenese finden sich in den Beschreibungen der verschiedenen Autoren jedoch einige wesentliche Gemeinsamkeiten. Im Hinblick auf die **narzißtischen Persönlichkeiten** sind dies: Vorliegen eines Größenselbst, Entwicklung von Omnipotenz- und Grandiositätsvorstellungen, Ausbildung von Spiegelbeziehungen, Fixierung an idealisierte, mächtige Eltern-Imagines, Ausbrüche narzißtischer Wut und Entwertung von übermächtig oder kränkend erlebten Beziehungspersonen.

Die **Borderline-Persönlichkeiten** zeichnen sich demgegenüber durch die folgenden Merkmale aus (*Kernberg, 1979*):

a) Deskriptive Aspekte:
Chronische, diffuse, frei flottierende Angst, polysymptomatische neurotische Symptome, polymorph-perverse Tendenzen im Sexualverhalten, präpsychotische Persönlichkeitsstrukturen, Impulsneurosen und Süchte;

b) Strukturelle Aspekte:
Unspezifische Anzeichen von Ich-Schwäche (mangelhafte Angsttoleranz, mangelhafte Impulskontrolle, mangelhaft entwickelte Sublimierungen), primärprozeßhafte Denkformen, spezifische Abwehrmechanismen (Spaltung, primitive Idealisierung und Entwertung, Projektion und projektive Identifizierung, Verleugnung, Allmacht und Omnipotenz), eine spezifische Pathologie der verinnerlichten Objektbeziehungen.

Die für die Diagnose „Borderline-Persönlichkeitsstörung" wichtigsten Kriterien sind die strukturellen Aspekte. Die bei der deskriptiven Diagnostik aufgeführten Merkmale ergeben sich im Grunde zwangsläufig aus der Ich-Pathologie.

Ich möchte im folgenden zeigen, in welcher Weise sich diese Merkmale im TAT präsentieren. Da ich bereits in den Kapiteln 8, 10 und 11 Protokolle von Borderline-Patienten mit zum Teil gravierenden narzißtischen Störungen zitiert und interpretiert habe, kann ich mich im vorliegenden Kapitel darauf beschränken, die wichtigsten diagnostischen Merkmale an einigen prägnanten Beispielen zu demonstrieren.

14.2 Borderline-Persönlichkeitsstörungen im TAT

Wie ausgeführt, stellt die Ich-Pathologie den Kern der Borderline-Störung dar. Ich möchte deshalb vor allem auf die strukturellen Merkmale und ihre Manifestationen im TAT eingehen.

In Ergänzung zu den bereits zitierten Protokollen von Herrn A., Herrn B. und Frau L. (vgl. Kapitel 8, 10, 11), die Borderline-Persönlichkeiten sind, möchte ich im folgenden noch einzelne TAT-Geschichten einer weiteren Borderline-Patientin, Frau M., zur Veranschaulichung heranziehen.

Die zur Zeit der Testaufnahme 40jährige Frau M. wurde der Psychiatrischen Poliklinik auf Veranlassung der Invaliden-Versicherung zugewiesen. Die Patientin hatte sich seit ihrer Eheschließung – zunächst fast unmerklich, in den vergangenen 7 Jahren aber zunehmend – von allen Tätigkeiten zurückgezogen und verbrachte, als sie uns konsultierte, 15–20 Stunden pro Tag im Bett. Der Ehemann hatte eine Haushaltshilfe engagiert, welche die Arbeiten im Hause erledigte. Frau M. verbrachte ihre Tage vor allem mit Lesen und Fernsehen. Subjektiv empfand sie ihren Zustand ambivalent: Einerseits genoß sie es sichtlich, aller Pflichten enthoben zu sein und – zum Teil wie ein Kind – versorgt zu werden; andererseits schämte sie sich ihrer Passivität und empfand es als kränkend, daß niemand sie mehr „für voll" nahm.

Frau M. ist das älteste von insgesamt 5 Kindern einer Hilfsarbeiterin und eines schwer alkoholabhängigen Hilfsarbeiters. Die elterliche Ehe war von erheblichen Spannungen geprägt. Da die Eltern die Kinder weitgehend vernachlässigten und es sogar zu Mißhandlungen der Patientin (in ihrem 2. Lebensjahr) durch den Vater kam, wurde den Eltern das Sorgerecht entzogen, und die Kinder wurden in verschiedenen Pflegefamilien untergebracht. Die Patientin wuchs bei der Großmutter mütterlicherseits auf (die Ehe der Großeltern war bereits etliche Jahre vor der Aufnahme der Patientin in den Haushalt der Großmutter geschieden worden). Die Großmutter sei eine „sehr sittenstrenge" Person gewesen, die unter allen Umständen habe verhüten wollen, daß die Patientin ein ähnlich unstetes Leben wie die Mutter führe. Insbesondere habe die Großmutter sie immer wieder vor den Männern gewarnt. Die Sittenstrenge sei so weit gegangen, daß „man den unteren Teil des Körpers gar nicht haben durfte".

In der Kindheit litt Frau M. bereits unter vielfältigen Ängsten. Auch im sozialen Kontakt habe sie große Probleme gehabt. Trotz guter Intelligenz vermochte sie nur die obligatorische Schule zu absolvieren. Sie habe sich stets unwohl im Klassenverband gefühlt, habe Angst vor den Lehrern gehabt und sei schon bei kleinsten Prüfungen in derartige Aufregung geraten, daß sie völlig insuffiziente Leistungen erbracht habe. Nach einigen – vergeblichen – Versuchen, eine Berufslehre zu absolvieren, übte Frau M. an verschiedenen Stellen Hilfstätigkeiten aus. In dieser Zeit entwickelte sie großes Interesse am Malen und belegte Abendkurse, in denen sie ihre Fähigkeiten so weit auszubilden vermochte, daß ihre Bilder in verschiedenen Kunstausstellungen angenommen und verkauft wurden.

Im Alter von 23 Jahren heiratete Frau M. einen um 1 Jahr jüngeren Mann, der ein eigenes handwerkliches Unternehmen führte. Während sie sich vor der Ehe intensiv mit der Malerei beschäftigt hatte, zog sie sich seit der Eheschließung zunehmend von allen Aktivitäten zurück und ließ sich mehr und mehr vom Ehemann versorgen. Die Patentin gab an, daß sie diese Situation anfangs sehr genossen habe. Sie sei gücklich gewesen, „daß endlich jemand da war, der sich um mich kümmerte". Schon bald aber spürte sie, daß sie der Passivität, die sie anfangs selber herbeigeführt hatte, völlig ausgeliefert war. Selbst wenn sie malen oder etwas anderes, was ihr eigentlich Freude bereiten würde, tun wollte, erlebte sie einen „unüberwindlichen Widerwillen" gegen jegliche Aktivität. Als die Patientin uns konsultierte, bestand ihre einzige Beschäftigung in Lesen und Fernsehen. Ferner hing sie – mitunter stundenlang – Tagträumen nach, in denen sie sich als erfolgreiche Malerin, reich, glücklich und allseits beliebt sah. In Anbetracht ihrer geringen körperlichen Bewegung und ihres (von ihr selber als „fast süchtig" erlebten) Konsums von Schokolade und Pralinen betrug das Körpergewicht von Frau M. 130 Kilogramm (bei einer Körpergröße von 1,70 Meter).

In den Gesprächen, die wir mit der Patientin führten, erschien sie wenig realitätsbezogen, mitunter wirkte sie wie ein Kleinkind. Frau M. suchte sich einerseits in kokettierender Weise Wohlwollen und Zuwendung des Gesprächspartners zu sichern, andererseits zog sie sich aber – durch einen geringfügigen Hinweis gekränkt – unvermittelt in sich zurück und „schmollte" demonstrativ. Besonders auffallend war ihr starkes Verhaftetsein im primärprozeßhaften Denken (wie es sich bereits in den erwähnten Tagträumen gezeigt hatte). Die Patientin beschäftigte sich nahezu ausschließlich mit ihrer inneren Welt. Ihre Phantasien und Träume übten offensichtlich eine so große Faszination auf sie aus, daß sie sich ihnen kaum zu entziehen vermochte. Die äußere Realität nahm Frau M. zwar wahr, setzte sich jedoch rigoros über alle diesbezüglichen Belange hinweg. Sie bestand geradezu unerbittlich darauf, daß sie vom Ehemann versorgt werden müsse; sie sei nicht in der Lage, ihr Leben selber zu gestalten. Der Ehemann kam dieser Forderung bereitwillig nach und pflegte die Gattin im Grunde wie ein Kleinkind.

Es war bezeichnend für die Persönlichkeit der Patientin und ihre Psychodynamik, daß sie dem Gespräch über die äußere Realität mit allen Mitteln auszuweichen suchte, hingegen voller Begeisterung einen Traum berichtete, den sie in der Nacht vor der ersten Konsultation geträumt habe. Zum zweiten Gespräch brachte sie diesen Traum aufgeschrieben mit und präsentierte ihn voller Stolz dem Untersucher. Dabei wies sie ausdrücklich darauf hin, daß sie sich am Morgen oftmals an derartige „schlimme" und umfangreiche Träume erinnere und dann, zum Teil stundenlang, darüber nachsinne. Da dieser Traum einen wichtigen Aspekt ihrer Persönlichkeit beleuchtet, soll er im folgenden im vollen Wortlaut (so wie die Patientin ihn aufgeschrieben hatte) zitiert werden:

Der große Platz, unendlich weit, ich sehe nicht, wo er anfängt, nicht wo er aufhört. Aber da mitten drin stehe ich, und doch bin ich da nicht mitten drin, sondern hier außerhalb und sehe mich dort mitten drin stehen. Ich bin also „Zwei". Zuschauer, Beobachter und betroffener Akteur.
Der Platz ist übersät mit abgeschlagenen Köpfen. Keine Leiber, keine Glieder, nur Köpfe, Männerköpfe. Unheimliches Grauen beschleicht mich. Warum haben sie ihre Köpfe verloren? Blicklose Augen, verklebte Haare, offene Mäuler, zahnlos. Warum haben sie ihre Köpfe verloren?
Ich habe Angst. Keine leise Angst, kein unheimliches Grauen, nein, irre Angst befällt mich, nimmt mich gefangen, schnürt mich ein.
Ich stehe außerhalb, sage mir: bleib cool, vielleicht brauchen sie dich, versuche zu helfen.
Dann wate ich im Kot rum, versuche, Gesichter zu erkennen. Ob irgendeiner noch lebt? Was tun? Ich stehe rum, gehe rum, unendlich lange Zeit. Die Köpfe, alles Unbekannte. Kein Blut, nirgends Blut, nur Kot. Meine Füße im Kot.
Ich stehe draußen, sage mir, das kann man alles abwaschen, Kot ist nicht so schlimm. Ich schaue über den Platz. Es ist Nacht, aber nicht so dunkel, daß man die Köpfe nicht sehen könnte. Der Platz ist unendlich, nichts von mir steht mehr außerhalb. Ich bin drin, drin, drin, stehe vor einer Guillotine.
Es wird noch dunkler, meine Angst wächst, mein Kopf, ich habe Angst um meinen Kopf. Da bemerke ich, daß mein Daumen weg ist. Der Daumen meiner rechten Hand. Ich fange an, ihn zu suchen, ich muß ihn wieder haben, er liegt irgendwo im Kot zwischen den Köpfen. Ich breche zusammen, ich heule, schreie, tobe. Panik!
Ich werde ruhig, alle haben den Kopf verloren, ich den Daumen, es wird alles gut.
Ich stehe an einem Wegrand. Ein Holzkreuz. Den Jesus hat jemand weggenommen, ich weiß es. Man wird ihn zur Guillotine gebracht haben. Auch er!!! Ein Stacheldraht, Leuchttürme, alles leer. Dann

kommen langsam und leise Menschen. Alles ist grau. Alles. Nur grau. Ein KZ. Sie gehen innerhalb des Drahtverhaus an mir vorbei, traurig, ruhig, seelenlos ihre leeren Augen. Ich weiß, daß sie mich weder sehen noch hören können, sie sind gezähmt, programmiert, angepaßt. Sie haben ihre Revolution verloren. Die Transparente, welche sie tragen, sind zerschlissen, unleserlich und grau. Ich möchte ihnen rufen, helfen, dabei sein. Es sind Massen von Menschen, welche in Kolonnen an mir vorbeiziehen, sie tragen lange graue Hemden. Der Stacheldrahtverhau ist zwischen uns. Ich schaue, schaue, schaue. Am Morgen erwache ich, bin naßgeschwitzt, mein Pyjama klebt, meine Haare kleben, mein Deckbett, meine Matratze, alles naß. Ich habe furchtbare Angst.

Im Zentrum dieses Traumes stehen vor allem aggressive Impulse, die nahezu unzensuriert auftauchen. Die ausführliche Schilderung, welche Frau M. hier gibt, läßt den Eindruck entstehen, als genieße sie es geradezu, diese Aggressivität bis ins Detail auszumalen – obwohl sie, wie es am Ende heißt, naß geschwitzt vor Angst erwacht. Die im manifesten Verhalten der Patientin im Vordergrund stehende Passivität ist, nach diesem Traum zu urteilen, wohl nur zum Teil Ausdruck oraler Wünsche. Daneben dient die Passivität offensichtlich der Abwehr der aggressiven Impulse (wie sie sich ja auch durch ihre Adipositas im wahrsten Sinne des Wortes „lahm legt", wodurch sie verhindert, daß sich ihre Aggressivität entladen könnte). Eine solche psychodynamische Konstellation erscheint angesichts der von Frau M. in der frühen Kindheit erlebten Mißhandlung und Vernachlässigung durchaus plausibel. Mit ihrem unerbittlichen Pochen darauf, daß der Mann sie versorgen müsse, befriedigte sie sowohl ihre oral-narzißtischen Wünsche als auch ihre Rachetendenzen, wobei sie sich indes, wie der Traum andeutet, in der Tiefe sehr wohl spürte, daß die „Revolution verloren" ist und sie letztlich „leer" ausgehen wird. Wir stellten bei der Patientin die Diagnose einer Borderline-Störung mit einer starken oral-aggressiven Komponente.

Nach anfänglichem Zögern ging Frau M. mit großer Begeisterung auf die Aufgabe ein, zu den TAT-Tafeln Geschichten zu erzählen. Dabei war bezeichnend für sie, daß sie sich mitunter in den Erzählungen beinahe verlor. Die durch die Bildvorlagen aktivierten Impulse quollen geradezu aus der Patientin hervor, und sie hatte mitunter sichtlich große Mühe, die Geschichten abzuschließen, obwohl sie jeweils am Ende der Sitzungen betonte, daß sie „völlig erschöpft" sei.

Im folgenden werde ich einzelne der von Frau M. gelieferten TAT-Geschichten zur Veranschaulichung der Borderline-Merkmale heranziehen.

14.2.1 Die unspezifischen Anzeichen von Ich-Schwäche

14.2.1.1 *Mangelhafte Angsttoleranz*

Kernberg (a.a.O.) weist darauf hin, daß die mangelhafte Angsttoleranz sich daran ermessen lasse, inwieweit jede Steigerung von Angst über das gewohnte Maß hinaus zu weiterer Symptombildung, alloplastischen Verhaltensweisen oder tieferer Ich-Regression führe. Es komme nicht auf das Ausmaß der Angst an sich an, sondern darauf, wie das Ich auf zusätzliche Angstbelastung reagiere. Bei Borderline-Patienten ist die Toleranzgrenze charakteristischerweise herabgesetzt.

In den Geschichten, die Frau M. zu den Tafeln 13MF und 14 erzählt hat, läßt sich deutlich das Phänomen der mangelhaften Angsttoleranz erkennen:

Tafel 13MF. Der Triebtäter oder der letzte Tag
Er erwachte aus einem Trancezustand. Das erste, was er wahrnahm, war die nackte Frau auf dem Bett. Sie lag da, friedlich und schön. Ihre Haut schimmerte leicht rosa im Licht der halb zugezogenen Vorhänge. Ihre Brüste, rund, straff und gut geformt mit den himbeerfarbenen Brustwarzen ließen ihn leichtes Verlangen nach Berührung fühlen. Ihre Schamhaare waren zu einer hübschen Herzform rasiert, sie hatte einen flachen Bauch und wunderbare lange Beine, die nicht aufzuhören schienen. Er

wandte sich von ihr ab, setzte sich auf den Bettrand und zündete sich eine Zigarette an. In der Flasche war noch ein Rest Brandy. Den schenkte er sich ein und trank ihn langsam und genießerisch. Nun war er also wieder in so einem Haus gelandet. Allen guten Vorsätzen zum Trotz. Er hatte sich geschworen: nie mehr! Aber diese Mädchen übten Anziehung auf ihn aus wie ein Magnet auf einen Nagel. – Und nun saß er hier, nippte an seinem Brandy und sog gierig den Rauch seiner Zigarette in seine Lungen. Hinter ihm lag ruhig eine schöne, teure Frau, welcher er fast sein ganzes Geld geben mußte, damit sie ihn mit nach oben nahm. Etwas störte ihn an der ganzen Situation, etwas stimmte nicht. Aber darüber wollte er jetzt nicht nachdenken. Gemächlich stand er auf und zog sich an. Als er ihr die Haare aus dem Gesicht strich, erschrak er, es war ein Alptraum, starr und leer sahen ihn ihre Augen an. Dann entdeckte er die violett-roten, fast schwarzen Würgemale an ihrem Hals. Eisig fuhr ihm der Schrecken in die Glieder, kalt lief es über seinen Rücken, und in seinem Kopf bildeten sich Bilder der Erinnerung. Die Erinnerung an sein Versagen, seine Bemühungen, ihr Lachen, wie sie ihre langen, schweren roten Haare mit einer ruckartigen Kopfbewegung über die Schultern zurückwarf; wie sie dasaß, auf dem Bett, nackt im Schneidersitz; wie er sich wieder und immer wieder beweisen wollte, und wie es nicht ging, einfach nicht ging. Sie quiekte vor Lachen, schalt ihn, mokierte sich über ihn, gab sich dann wieder Mühe, war zärtlich, streichelte und neckte ihn. Verlangte nochmals Geld, und er bezahlte. „Extra für Spezialitäten" sagte sie. Dann gab sie sich sehr viel Mühe mit seinem Geschlechtsteil, aber es war, als ob sein Männlichkeit verflogen wäre und sein Schwanz nur zum Pissen gut. Schließlich fing sie an, ihn zu beschimpfen, und verlangte, daß er ginge. Sie machte ihrem ganzen Haß auf die Männer Luft, ließ ihre ganze Wut an ihm, dem „Versager", aus, brüllte, weinte und schrie ordinäre Worte. Bei ihm rastete es irgendwann aus. Er legte ihr die Hände um den Hals und drückte zu. Sie schimpfte nicht mehr, sie rang nach Atem. In ihren Augen stand Angst. Er fühlte sich stark, war erregt und schaffte es, in sie einzudringen. Er hatte nicht bemerkt, daß er immer noch zudrückte, daß die Frau nicht mehr atmete, daß sie sich wohl zwei-, dreimal aufbäumte, nicht aus Lust. Er fühlte nicht ihre Fingernägel, welche sich verzweifelt in seine Schulter, seinen Rücken verkrallten, um dann kraftlos neben ihren Körper zu fallen. All dies sah er nun vor seinem inneren Auge, und er fragte sich, ob es so weitergehen könne, müsse. Warm rannen Tränen des Bedauerns über seine Wangen. Er ging zum Bett und schloß der jungen Frau die Augen. Er holte Kamm und Bürste aus dem Badezimmer und kämmte die Tote. Dann suchte er Make-up und Puder, um die häßlichen Spuren am Hals zu kaschieren. Auch trug er ihr etwas Rouge und Lippenstift auf. Sie war eine schöne Tote. Er war stolz auf seine Arbeit. Dann legte er sie so hin, wie er all die anderen Frauen auch hingelegt hatte, auf den Rücken, zugedeckt bis unter die Brüste. Nun war er ganz ruhig. Er ging in die Küche und suchte sich ein gutes Messer. Da diese Küche jedoch nicht zum Kochen eingerichtet war, befanden sich, außer ein paar schmutzigen Gläsern, Tassen und Löffeln, keine Küchengeräte dort. Nach langem Stöbern im Bad fand er schließlich ein Päckchen Rasierklingen. Er ließ ein Bad einlaufen, tat von all den wohlriechenden Essenzen, welche auf einem Bord standen, ein paar Tropfen ins Wasser. Das kleine Badezimmer war von Dampf und guten Düften überschwängert, der Spiegel beschlagen und blind. Nun zog er die Kleider aus und stieg – eine brennende Zigarette zwischen den Lippen, die Rasierklingen in der Hand – ins heiße Badewasser. Nochmals überdachte er sein Leben und sein Tun. Seine Zukunft, die Strafe die ihn erwarten würde, denn diesmal würden sie ihn bestimmt fassen. Sie hatten seine Fingerabdrücke, jetzt wo er in Untersuchungshaft war. Er wollte nicht mehr – nicht mehr eingesperrt werden – nicht mit Fragen gequält werden und sich an nichts mehr erinnern. Er schnitt sich die Pulsadern bei den Handgelenken auf, und es ging gar nicht so einfach, wie er es sich gedacht hatte. Die Haut war ziemlich weich, nachgiebig und doch ledrig, und die Adern lagen tief. Doch er schaffte es, und das Blut rann, sprudelte, spritzte wie ein junges lebendiges Bächlein aus seinen Armen. Schnell färbte sich das Wasser rot, und er wurde müde, döste ein und verlor schließlich das Bewußtsein.

Tafel 14. Das Fenster

Er öffnete das Fenster und sah die bleischwere Luft, welche kühl und nach Schwefel stinkend in seine Lungen eindrang. Das Zimmer hinter ihm lag dunkel und still. Gerade erst war er durch das Rappeln, Rasseln und Scharren einer Ratte aufgeweckt worden, welche sich im Loch aus der Wand zu nagen schien. Der Gedanke an die Ratte ließ ihn erschauern. Ein Riesenbiest mit gelben, langen Nagezähnen und bösen blitzenden Knopfaugen, das dann mit seinen nackten Krallenpfoten durch sein Zimmer huschen würde. Straßenlärm drang in sein Zimmer, das Hupen der Autos, Quietschen der Bremsen, flinke Schritte der Menschenmassen, die wie Ameisen zu und von den Bus- und Tramhaltestellen strömten, alle grau und trübsinnig. Ab und zu ertönte die Sirene eines Schiffes, das im Kanal, nicht weit, ein Schleusentor passierte. Langsam humpelte er wieder zurück zu seinem Bett, setzte sich hin und besah seinen Fuß, der geschwollen und bei der Verletzung teilweise mit grünem, schleimigen Eiter überzogen war. Dann tauchte er sein Handtuch, welches inzwischen nicht mehr im entferntesten nach

Handtuch aussah, in das mittlerweile schmutzige Wasser seines Waschbeckens und legte sich das feuchte Tuch zur Kühlung um den schmerzenden Fuß. Er rollte die Decke zusammen, um den schmerzhaft pochenden Fuß hochzulagern, legte sich aufs Bett zurück und horchte aufmerksam den Geräuschen seines Zimmers und der Straße. Die Ratte knabberte und schabte immer geräuschvoller hinter der Wand. Sie würde erreichen, was sie wollte, sie würde durchkommen, er wußte es, und leise Übelkeit stieg in ihm auf. Er stand auf und humpelte zur Kommode, wo sich ein kleiner elektrischer Kocher, Kaffeepulver, ein Rest saurer Milch in einer Tüte, ein viertel Pfund Brot, 2 Bananen, 1 Büchse halbvoll Ölsardinen, ein Ecken Käse und sein Taschenmesser befanden. Er zog die oberste Schublade auf und kramte zwischen seinen Socken, Unterhosen und Hemden und alten Zeitschriften und Comics rum, bis er erleichtert ein altes angebrochenes Paket vertrockneter Zigaretten hervorzog. Es war nicht seine Marke, jemand hatte sie irgendwann bei ihm liegenlassen, und weil er nicht wußte, wohin damit, schob er sie in die Schublade. Jetzt war er froh darüber, daß er ein so gutes Gedächtnis hatte. Seine Zigaretten waren alle, denn er hatte die ganze Nacht wachgelegen und geraucht und dem schmerzhaften Pochen in seinem Fuß und dem Scharren und Kratzen in der Wand seine Aufmerksamkeit geschenkt. Zurück zum Bett gehumpelt, nahm er die Streichhölzer vom Nachttisch und gab sich Feuer. Genußvoll sog er das Gift in seine Lungen und mußte an die Kriegsfilme denken, wo man die schreienden, stöhnenden Verletzten auf Tragen bettete und ihnen einen Glimmstengel zwischen die Lippen schiebt und sofort aus jammernden Babys echte harte Männer werden. Auf der Tischkante sitzend, seinen verletzten Fuß in der Luft baumelnd, überdachte er eine dieser männerglorifizierenden Szenen. Ein müdes Lächeln kräuselte seine Lippen. Im übervollen Aschenbecher drückte er seine Zigarette aus und ging leise stöhnend und auf die Zähne beißend zwei Stockwerke tiefer auf die Toilette. Seinen vollen Nachttopf unterm Bett, übelriechend und unbequem zu tragen, sowie seine volle Waschschüssel ließ er im Zimmer stehen. Nur den elektrischen Kocher nahm er mit nach unten, um ihn mit Wasser aufzufüllen. Von seinem kleinen Ausflug nach unten war er völlig erledigt. Schweißnaß und zitternd legte er sich schließlich, mit einer großen Tasse heißen Pulverkaffee auf seinem Nachttisch, wieder ins Bett. Langsam trank er Schluck um Schluck, und er fühlte sich wieder etwas besser. Er müßte wohl doch zum Arzt gehen mit dieser Verletzung. Erst sah es gar nicht so schlimm aus, als er mit der Axt abrutschte und sie kraftvoll und scharf in seinen Schuh hieb. Ein Kollege brachte ihn dann mit dem Laster nach Hause. Erst als er den Schuh auszog, fingen die Schmerzen so richtig an. Er tat sich all das weiße Pulver, welches ihm der Vorarbeiter mitgab, auf die Wunde. Erst wollte er jetzt schlafen und später zum Arzt gehen. Plötzlich und überraschend sprang mit einem Zischen die Wand auseinander, und ein kleiner, häßlicher Mann streckte seinen Kopf ins Zimmer. Der Mann wuchs an wie Nebel, wurde größer und stärker, sein Gesicht war verklebt mit Eiter, Schrunden und Warzen, seine Augen waren kalt und hart. Der Verletzte lag starr vor Entsetzen in seinem Bett. Er konnte seine Glieder nicht bewegen und die Augen nicht abwenden von diesem häßlichen, bösen Wesen, das vor ihm stand und grinsend seinen alten, staubigen, schwarzen Mantel öffnete. Abends kam ein Arbeitskollege beim Verletzten vorbei. Er fand ihn, tot im Bett liegend, mit schreckgeweiteten Augen, den Mund zu einem stummen Schrei geöffnet. Als er die Türe des Zimmers öffnete, um jemanden im Haus zu benachrichtigen, sauste eine fette, riesige, alte Ratte an seinen Füßen vorbei die Treppe runter. Der Mann schüttelte den Kopf und schloß die Türe hinter sich. Der Tote lag in der grauen, nach Schwefel stinkenden Abendluft, das Fenster stand weit offen.

In beiden Geschichten wird Angst geschildert, welche die Toleranzgrenze der betreffenden Personen übersteigt und zu psychischen Dekompensationen führt. Bei Tafel 13MF wird die Angst vor dem Versagen als schwere narzißtische Kränkung empfunden, gefolgt von einem Ausbruch destruktiv-aggressiver Impulse. In der Geschichte zu Tafel 14 erreicht die Angst, wiederum erlebt als ein Vernichtungsgefühl, eine solche Intensität, daß sie zum Tode des geschilderten Mannes führt. In beiden Fällen gelingt es der Patientin nicht, die Angst mit Hilfe differenzierter Abwehrstrategien zu verarbeiten. Es kommt vielmehr zu massiven Ich-Regressionen und alloplastischem Verhalten.

Mangelhafte Angsttoleranz zeigt sich auch in der Geschichte, die Herr A. (Kapitel 8) zu Tafel 11 erzählt hat:

Tafel 11
Nach Erzählungen von Leuten aus dem Dorf erfuhr ein Mann, daß hier im Wald ein Ungeheuer existiere. Er wollte es genauer wissen, und ging auf die Suche. Ein Forscher, der es wissen wollte, der Spur

nachging. Unterwegs mit dem Pferd, ganz allein, auf sich angewiesen, erlebt er plötzlich – begegnete er plötzlich diesem Ungeheuer, wie es ihm beschrieben wurde. Der Forscher, der nicht weiß, was tun, die Gruft – äh – ergreift die Flucht, in Panik zu Pferd. Im letzten Moment konnte er dem Ungeheuer noch entweichen.

Auch in dieser Geschichte fehlt es völlig an differenzierten Abwehrmaßnahmen, die der Patient einzusetzen vermöchte. Ihm bleibt nur die Flucht. Statt objektbezogener Furcht kommt es bei ihm bezeichnenderweise zur Entwicklung von blinder Panik.

14.2.1.2 Mangelhafte Impulskontrolle

Ein weiteres Anzeichen unspezifischer Ich-Schwäche stellt die mangelhafte Impulskontrolle dar. In diesem Falle erweist sich das Ich als unfähig, die auftauchenden Impulse zu kanalisieren und in einer der äußeren Realität entsprechenden Weise zu äußern. Die Impulse brechen vielmehr unzensuriert und unverarbeitet hervor.

Eine solche Situation ist von Frau M. in der oben zitierten Geschichte zu Tafel 13MF geschildert worden. Hier bricht der gegen die Frau gerichtete Haß des Mannes unverhüllt in seiner ganzen destruktiven Gewalt hervor und führt zum Mord (bezeichnenderweise läßt aber auch die geschilderte Frau ihrem Haß gegen die Männer freien Lauf). Der in der Geschichte dargestellte Mann ist sich nachträglich zwar dessen bewußt, daß er etwas Furchtbares getan hat. Angesichts der durch die Frau erlebte Kränkung und des eigenen Versagens sind die steuernden und kontrollierenden Funktionen seines Ich jedoch zusammengebrochen, so daß die aggressiven Impulse sich im impulsiven Verhalten entladen.

Ein anderes, weniger dramatisches Beispiel für eine mangelhafte Impulskontrolle stellt die Situation dar, die Herr A in seiner Geschichte zu Tafel 4 geschildert hat:

Tafel 4. Die gute Ehe
Da hat der Mann nach einem Streit schon öfters ein Restaurant aufgesucht und mit Alkohol eine Befriedigung gesucht. Wieder mal nach einer Auseinandersetzung will der Mann wieder mal in ein Restaurant gehen. Die Frau versucht, in zurückzuhalten: „Bleib hier, es hat doch keinen Sinn. Verzeih mir, daß ich das gesagt habe. Ich weiß, daß Du nicht zu faul bist, zu arbeiten. Ich weiß, daß Dir schon öfters Mühe gegeben hast und daß das Arbeitsamt Dir keine Stelle hat. Bitte verzeih mir, daß ich das gesagt habe, und bleibe hier." Da der Mann doch stärker ist als die Frau, kommt er los, geht in ein Restaurant, sucht die Befriedigung mit dem Alkohol und kommt abends spät betrunken nach Hause. Die Frau weiß: „Ich darf nichts sagen, sonst hört das ja nie auf." Sie bleibt im Bett liegen und läßt den Mann machen. Morgens steht die Frau auf, wie gewohnt. Sie geht zur Arbeit, und der Mann schläft seinen Rausch aus – wie es bis jetzt schon immer war.

Auf die Auseinandersetzung mit der Ehefrau folgt hier ein Impulsdurchbruch in Form des Alkoholexzesses. Herr A. ist offensichtlich nicht in der Lage, auf Konflikte in konstruktiver Art zu reagieren. Es kommt in solchen Situationen vielmehr zu Impulsdurchbrüchen.

14.2.2 Primärprozeßhaftes Denken

Auch das unzensurierte Auftauchen primärprozeßhafter Inhalte stellt ein strukturelles Merkmal der Borderline-Störung dar. Gerade dieses Phänomen läßt sich sehr gut mit Hilfe des TAT nachweisen. Paradigmatisch ist die bereits zitierte Geschichte, die Frau M. zu Tafel 14 erzählt hat (s.S. 167f.). Hier steigen aggressive Impulse und Angstinhalte völlig unverarbeitet auf und durchbrechen die Abwehrschranke (in ganz ausgesprochener Weise geschieht dies auch in den Geschichten von Herrn T., Kapitel 13.2).

Das unzensierte Aufsteigen primärprozeßhafter Inhalte (mit der dafür typischen Angst) zeigt sich deutlich auch in der folgenden Geschichte, die Frau M. zu Tafel 11 lieferte:

Tafel 11   Unheil

Steil ragen Wände beidseitig in den Himmel. Ein Grollen und Tosen des Flusses läßt die Luft vibrieren und die Felsen erzittern. Ich gehe auf dem steilen Pfad. Über mir schwebt das Unheil, und ein schwefelgelber Himmel hängt einen schmalen Spalt breit über mir und gibt wenig Licht in dieses verlassene Loch. Doch ist mein Pfad nicht so verlassen, wie ich es mir wünschen würde, wenn ich auch nur eine kleine Ahnung hätte von dem, was mich an Grauenhaftem erwartet. Zwanzig Meter unter mir tobt das Wasser, als ob es auf großem Feuer gekocht würde, die Gischt spritzt fast bis zu mir auf den Weg. Dieser Weg ist steinern, uneben und glitschig, vermoost. Oft rutsche ich ab oder gehe auf der Stelle. Steil kämpfe ich mich bergan. Vor mir im Dunkel nehme ich zwei Figuren wahr. Zwei düstere Gestalten. Mir graut. Ich fühle, dort lauert das Böse. Überrascht vor Panik, bleibe ich stehen. Die Figuren kommen auf mich zu. Langsam, nicht gehend, sondern rollend, fast schwebend. Ich habe Angst, sogar fürchterliche Angst, denn ich fühle, sie wollen mich töten. Ich rufe: „Gott, Gott hilf mir." Einmal mehr ist Gott nirgends, wenn er nötig gebraucht würde. Die Gestalten rücken näher, ich sehe schon ihre Gesichter. Sie tragen schwarze Masken, ihre Augen sind milchig, gräulich, ohne Iris, ihr Mund zum Schrei aufgerissen, ein dunkles Loch ohne Ton. Ihre Körper ein Loch, von Lappen umwickeltes Nichts. Sie haben keine Beine, ich erschrecke, unter den Lumpenkleidern nur abgerissene Stümpfe. Sie schweben ruhig auf mich zu. Mit dem linken Arm umfaßt jeder an die zwanzig Speere mit scharfen Spitzen. In der Rechten hält jeder einen Speer zum Wurf bereit. Ich muß also sterben, auf diese Art. In mir bäumt sich etwas auf. So will ich nicht krepieren. Ich mache einen Schritt auf die Gestalten zu. Entreiße beiden jene zwei Speere, welche sie in mich stoßen wollen, und ich stoße damit selbst zu. Mit dem ersten Speer rutsche ich ab, die Gestalt hat nicht mal einen Kratzer abbekommen. Also muß ich stärker zustoßen. Der einen geht der Speer ins Herz, der anderen in den Bauch. Und weiter kämpfe ich so, jeden Speer, den die Gestalten gegen mich führen wollen, nehme ich ihnen ab und stoße ihn durch sie durch wie durch Strohpuppen. In die Augen, den Mund, den Hals, Brust, Bauch, Geschlechtsteil. Dort, wo ich gerade treffe. Die Figuren sind mit Speeren gespickt wie der Igel mit Stacheln. Immer noch sind sie aber lebendig und versuchen, mich anzugreifen. Da entdecke ich einen schmalen Steg, der über den donnernden Fluß führt. Schnell springe ich auf die andere Seite und schneide die Taue durch. Die Figuren folgen mir, ihr Pech. Der Steg bricht zusammen, und die Gestalten fallen in den tosenden Bach.

Das Ich der Patientin wird überwältigt von dem „Grauenhaften" und „Bösen", das aus der Tiefe des eigenen (primärprozeßhaften) Innern aufsteigt und das Erleben überschwemmt. Charakteristischerweise gelingt es Frau M. nicht, sich dieser Phantasien und Impulse mit Hilfe strukturierter Abwehrmaßnahmen zu erwehren. Sie geht gleichsam unter in diesen Inhalten und führt gegen sie einen Kampf auf Leben und Tod.

Ein weiteres Beispiel für das Durchbrechen primärprozeßhafter Inhalte stellt die Geschichte zu Tafel 18GF von Frau L. dar (vgl. Kapitel 11):

Tafel 18GF

Sie hat noch nicht zugedrückt – man sieht es ihrem Gesichtsausdruck an: aber sie ist im Begriff, es zu tun. Das Opfer ist starr vor Schreck. Es ist willenlos und wehrt sich nicht. Die Arme hängen schlaff herab. Die Schultern sind im Schmerze zusammengezogen. Es ist schrecklich. Es liegt ja kein Grund zum Würgen vor. Ist das vielleicht der Grund, warum sie sich nicht wehrt? - Den Mund öffnen, nur den Mund öffnen zu können! Aber es geht nicht. Nur den Mund öffnen, öffnen. Aber der Würgegriff ist zu hart. Alles beginnt sich zu drehen. Jetzt würgt die andere noch härter, und unter ihren Händen erlischt das Leben. Den Leichnam wirft sie in eine Jauchegrube.

Das Erschreckende in einer solchen Situation ist, wie Frau L. treffend formuliert hat, daß „ja kein Grund zum Würgen vorliegt." Die aggressiven Impulse brechen in völlig dissoziierter Weise ins Bewußtsein ein, überschwemmen es und führen (in Form eines Impulsdurchbruchs) zur aggressiven Handlung, und zwar unter Umgehung sämtlicher steuernden und kontrollierenden Ich-Funktionen.

14.2.3 Spezifische Abwehrmechanismen

Wie ausgeführt, sind die für Borderline-Persönlichkeiten typischsten Abwehrmechanismen die folgenden: Spaltung, projektive Identifizierung, Verleugnung, primitive Idealisierung sowie Entwertung und Allmacht/Grandiosität. Es sind archaische Mechanismen, die zum einen der Aufrechterhaltung der Spaltung dienen und zum anderen aus der narzißtischen Problematik resultieren, unter der viele dieser Patienten leiden.

14.2.3.1 Spaltung

Spaltungsphänomene lassen sich im TAT entweder daraus erschließen, daß in einer Geschichte zwei gegensätzliche Tendenzen unvermittelt nebeneinander stehen („ganz gute" und „ganz böse" Selbst- oder Objektimagines bzw. die an sie gebundenen Affekte), oder indem in zwei aufeinanderfolgenden Geschichten je einer dieser Aspekte thematisiert wird.

Bei der Interpretation der Geschichten von Herrn B. habe ich bereits darauf hingewiesen, daß dieser Patient häufig den Mechanismus der Spaltung einsetzt. Ganz ausdrücklich geschieht dies in der Erzählung zu Tafel 12F:

Tafel 12F

Das kann ein Märchen sein: das ist eine Hexe. – Sie hatte eine Tochter. Die Tochter war einfach anders, als eine Hexe sein sollte: Sie war nicht frech, und sie zauberte nur schöne Sachen, keine wüsten Sachen. Sie lebte den Menschen nicht zuleid, wie die Mutter, sondern half den Menschen, wenn sie Hilfe brauchten. Die Hexe studierte, wie sie aus ihrer Tochter einen anderen Menschen machen könnte, daß sie auch so würde wie Hexen sein müssen. Die Mutter dachte schon: Das ist nicht normal, die Hexen sind alle häßlich, aber die Tochter war schön. – Das ist ein Märchen – Eines Tages fragte die Tochter die Mutter, ob Hexen auch richtige Menschen werden könnten, das heißt nicht mehr zaubern könnten. Die Hexe sagte: Das könne man schon, aber man muß sich in einen Menschen verlieben, dann kann man auch ein Mensch werden. Die Tochter ging auf die Welt hinunter und ging unter die Menschen. Sie sah, daß die Menschen nicht viel besser sind als ihre Mutter, die Hexe. Sie fand, daß es ungeheuer schwer sei, sich in einen Menschen zu verlieben. Eines Tages lernte sie einen blinden jungen Mann kennen. Sie verliebte sich in den Blinden, in den jungen Mann. Bevor sie sich richtig verliebte, half sie ihm noch, daß er wieder sehen konnte. Sie wurde dann ein richtiger Mensch. Von der Mutter hat sie nie mehr etwas gehört.

In dieser Geschichte sind die „bösen" und „guten" Teilidentitäten in den Gestalten der Mutter-Hexe und der guten Tochter personifiziert. Eine zweite Aufspaltung findet sich in bezug auf die beiden Geschlechter: Die zaubernde junge Frau und der blinde Mann (diese an das Geschlecht gebundene Spaltung findet sich auch in den Geschichten, die Herr B. zu den Tafeln 4 und 16 geliefert hat).

Spaltungsphänomene können, wie erwähnt, auch in Sequenzen von TAT-Geschichten dargestellt werden. Paradigmatisch sind in dieser Hinsicht die Geschichten, die Herr B. zu den Tafeln 13G und 13B lieferte:

Tafel 13G

Auch ein Bub. Es war einmal ein Bub – Der Vater erzählte eine Geschichte, bevor er schlafen mußte. Der Bub schlief dann ein und hatte einen Traum: Im Traum stand der Bub plötzlich auf einer ganz langen Brücke. Er war neugierig und lief die Brücke immer weiter hinauf. Die Brücke hatte einfach kein Ende. – Als er am Ende ankam – Er ist ganz, ganz lange gelaufen –, war die Brücke plötzlich fertig, und er war fast oben im Himmel, dort sah er einen Engel in einem ganz, ganz schönen Rock. Als der Bub das Gesicht des Engels anschaute, sah er, daß das seine Mutter war. Der Bub fragte: Was machst du denn da? Die Mutter sagte zu ihm: Ich bin jetzt ein Engel geworden und gehe in den Himmel hinauf. Der Bub fragte, ob er mit der Mutter hinauf in den Himmel gehen dürfe. Die Mutter sagte: Nein, du darfst später kommen, wenn eine Zeit vergangen ist, viel später, dann darfst du mir nachkommen, dann sehen wir uns wieder. Dann war der Engel, seine Mutter, plötzlich verschwunden. Der Bub erwachte. Und drei Tage später starb seine Mutter wirklich. Der Vater weinte, weil seine Frau gestorben ist. Der Vater überlegte, wie er es dem Bub beibringen könne, was jetzt mit dem Mami passiert ist. Der Bub sagte dann zum Vater: Du mußt nicht weinen, das Mami ist jetzt ein Engel, sie ist jetzt im Himmel, und ich darf später zu ihr gehen. Dann fragte der Vater, von wem er das wisse, und der Bub sagte: Als ich geschlafen habe, habe ich das gesehen. Der Vater merkte dann, daß manchmal ein Traum mit der Wirklichkeit identisch ist.

Tafel 13B
Es war auch eine Frau. Die bekam ein Kind, einen Bub. Sie hatte Kinder nicht gern. Sie wollte auch kein Kind. Als der Bub älter wurde, so vier Jahre, da hat sie es richtig gezeigt, daß sie ihn nicht gern hat, und hat an dem Kind ihre Wut ausgelassen. Eines Tages dachte sie: Das geht nicht mehr so, ich kann den Bub nicht länger sehen. Sie zog ihm das Mäntelchen an und sagte zu ihm, sie machten jetzt einen Spaziergang. Der Bub freute sich, weil die Mutter sonst nie einen Spaziergang mit ihm gemacht hatte. Die Frau lief mit ihm immer weiter, bis sie in einen Wald kamen. Irgendwo im Wald stand eine Holzhütte. Sie sagt zu ihm: Du mußt jetzt hier bleiben, bis ich wiederkomme. Und wenn du mir nachläufst, bekommst du Schläge. Du mußt warten, bis ich wiederkomme. Der kleine Bub hatte Angst, daß – und er blieb ganz still in der Hütte sitzen – und wartete. Immer länger wartete er, und das Mami kam nicht mehr. Der kleine Bub bekam Hunger und wußte nicht, was man essen kann. Er sah im Wald so rote Beeren. Von denen aß er. Die waren giftig. Er bekam Bauchkrämpfe, und es war kein Mensch weit und breit. Die Beeren waren so giftig für ein kleines Kind, daß er daran starb. So ist ihm wenigstens erspart geblieben, daß er verhungern mußte. Die Mutter von dem Kleinen, als man ihn fand – da kam alles heraus. Sie kam in eine Irrenanstalt bis ans Ende ihres Lebens.

Während in der Geschichte zu Tafel 13G die Mutter als „Engel in einem ganz, ganz schönen Rock" dargestellt wird, findet die davon abgespaltene „böse" Mutterimago in der Erzählung zu Tafel 13B ihren Ausdruck. Ich habe bei der Interpretation dieser Geschichte bereits darauf hingewiesen (s. Kapitel 10.5), daß man bei einer einer Subjektstufendeutung hierin auch Hinweise auf eine Spaltung zwischen „guten" und „bösen" Selbstrepräsentanzen sehen kann.

Auch Frau M. läßt in einigen ihrer Geschichten Spaltungsmechanismen erkennen. Als Beispiel sei folgende Geschichte zur Leertafel 16 zitiert, auf die später, bei der Diskussion der Verleugnung, noch einmal zurückzukommen sein wird:

Tafel 16
Sie legte mir ein leeres Blatt hin und sagte: „Bitte, das ist Dein Bild; mach etwas daraus." Und nun sitze ich vor dem weißen Stück Papier und meine Phantasie hat Freiheit. Leise knisternd wächst ein grüner Baum, reich mit Blüten übergossen. Darin züngelt eine Schlange der Versuchung. Sie sagt: „Schreib etwas Schönes, Gutes, Romantisches, Friedliches, Rosa-Hellblaues, Liebes, Zärtliches, oder laß die Welt explodieren; schreibe: Krieg, Totschlag, Notzucht, Laster, Angst, Schmerz, Streit, Qualen und Folter. Schreib, daß Dir die Handgelenke rauchen, denn Du hast nicht viel Zeit, weitere Geschichten warten darauf geschrieben zu werden." Ich sage: „Immer mit der Ruhe, Schlange, ich nehme mir viel Zeit, wenn ich keine Zeit mehr habe, wozu ist dieser grüne, saftige Blütenbaum dann gut!" Langsam zieht sich die Schlange zurück, sie verschwindet im Stamm des Baumes und wächst als knorrige, starke Wurzel in den braunen, gesunden Boden, der von Gras bewachsen ist. Ich mache einen großen Sprung und lande unter dem Baum, dessen Äste sich schützend über mir ausbreiten. Durch die noch zarten Blätter sehe ich das Blau des Himmels, rein und sauber wie eine Kinderseele. Blüten fallen von den Ästen und bilden in meinem Haar Tupfer von Fröhlichkeit. Ein lauer zarter Wind kommt auf und verwandelt die Blütentupfer in einen Blütenkranz. Leise singen Äste und die Blätter im Wind. Da wachsen aus den Ästen kleine, bunte Vögel, welche jubilierend und dankbar für ihr Aufleben mitsingen. Sie hüpfen und flattern von Ast zu Ast, und immer neue Melodien entschlüpfen ihren Kehlen. Ein kleines, zartes Bündel von Flaum und Federn setzt sich auf meine rechte Schulter, und in einem kurzen Moment der Stille höre ich, wie es mir zuflüstert: „Willst du ins unendliche Land des Glücks und der Seligkeit?" Ich sehe mir das Vögelchen an, seine aufgeweckten lebendigen Äuglein blicken ernst in mein Gesicht, und nochmals höre ich, wie es sagt: „Willst du mit ins unendliche Land des Glücks und der Seligkeit?" „Ja, doch, das möchte ich." Ich nicke mit dem Kopf. Das Vögelchen, klein, gelb und leicht wie Luft, schaut über meine Schulter, und ich folge seinem Blick über eine saftige grüne Wiese mit Wiesenblumen zu einem großen Einhorn, das am Waldrand steht. Das Vögelchen sagt: „Folge mir", und fliegt mir wie ein leuchtendes Licht voraus. Leicht hüpfe und springe

ich hinter meinem geflügelten Freund her. Dann rufe ich: „Nicht so schnell mein Freund, es gibt hier viel zu sehen." Denn diese Wiese lebt, tausende von Bienen arbeiten, flinke Schmetterlinge flattern von Blüte zu Blüte, Libellen stehen surrend wie Helikopter in der Luft, Maulwürfe werfen kleine Erdhügel auf, Spitzmäuse sammeln Samen und Blüten. Verzückt stehe ich und sehe. Ein Blick zurück zeigt mir, daß der Baum sattgrün geworden ist und schwere Früchte trägt. Dann sucht mein Blick das gelbe Vögelchen, und ich sehe eben noch, wie meine Phantasie mit ihm und dem Einhorn im Wald verschwindet.

Einen Hinweis darauf, daß die Patientin Spaltungsphänomene einsetzt, liefert die Passage, in der unvermittelt „Schönes, Gutes, Romantisches, Friedliches, Rosa-Hellblaues, Liebes, Zärtliches" und „Krieg, Totschlag, Notzucht, Laster, Angst, Schmerz, Streit, Qualen und Folter" nebeneinander stehen.

Ferner ist der Mechanismus der Spaltung bei Frau M. in der bereits zitierten Geschichte zu Tafel 13MF wirksam: Der Mann ist einerseits der Mörder, der Lust an der Angst seines Opfers findet, andererseits rinnen ihm „Tränen des Bedauerns über die Wangen", und er ist „stolz auf seine Arbeit", nachdem er die Tote gekämmt hat und mit Make-up die Spuren der ihr angetanen Gewalt getilgt zu haben meint. Auch in der Schilderung der Frau finden sich Hinweise auf Spaltungsphänomene: Sie liegt einerseits „friedlich und schön" da, und Frau M. gibt eine geradezu schwelgerisch klingende Schilderung ihres schönen Körpers, andererseits wird die Prostituierte als eine den Mann rücksichtslos ausbeutende und kränkende Frau beschrieben.

14.2.3.2 Projektive Identifizierung

Der Mechanismus der projektiven Identifizierung besteht aus zwei Phasen: Zunächst wird ein (zumeist aggressiver) Impuls auf eine andere Person projiziert; in einem nächsten Schritt empfindet sich der Betreffende dann als Opfer dieser Aggression und sucht sich durch Kontrolle des vermeintlichen Aggressors vor dessen Angriffen zu schützen.

Dieser Mechanismus tritt deutlich in der bereits zitierten Geschichte von Frau M. zu Tafel 11 in Erscheinung (s.S. 170). Bei einer Interpretation dieser Geschichte auf der Subjektstufe können die beiden grauenhaften Gestalten als Projektionen der aggressiven Impulse der Erzählerin interpretiert werden. Frau M. bleibt jedoch nicht bei dieser Hinausverlegung ihrer Aggressivität stehen, sondern fühlt sich als deren Opfer. Daraus resultiert ihr verzweifelter Versuch, sich gegen das externalisierte Böse zu wehren. Insofern ist es psychologisch ganz plausibel, daß sie den sie bedrängenden Wesen „jene zwei Speere (entreißt), welche sie in mich stoßen wollen, und ich stoße damit selbst zu."

Auch in der Geschichte, die Frau M. zu Tafel 14 lieferte (s.S. 167f.), kommt der Mechanismus der projektiven Identifizierung zum Ausdruck: Hier werden die „bösen" Impulse auf eine Ratte projiziert, deren – nun allerdings hilfloses – Opfer der Erkrankte ist. Diese Geschichte läßt auch erkennen, welche verhängnisvollen Konsequenzen der Einsatz dieses Abwehrmechanismus hat: Es gelingt Frau M. mit seiner Hilfe nicht, sich der eigenen Aggressivität wirklich zu entledigen, sondern das externalisierte „Böse" wendet sich mit den schlimmsten Konsequenzen gegen sie selbst.

Die projektive Identifizierung findet sich auch im TAT-Protokoll von Frau L. Am deutlichsten kommt dieser Mechanismus in ihrer Geschichte zu Tafel 12F zum Vorschein:

Tafel 12F
Sie ist eine Hexe. Ihr ganzes Leben hat sie zugebracht, Kräuter zu mixen, Kriechtiere und Federvieh zu töten, um so nach Wunsch ihrer Kunden auf magische Weise da und dort Einfluß zu nehmen. Ihr Leben lang hat sie den Bösen angerufen und zeitweise auch Luzifers Hilfe in Anspruch zu nehmen ge-

sucht. Die Bibel brauchte sie nur für Beschwörungen – das Kostbarste war ihr das 6. und 7. Buch Mose und andere geheime Rezepte, die sie bei ihrer Einweihung in Empfang genommen hatte. Das magische Gesetz verlangt, daß sie vor ihrem Tode eine junge Hexe einweihen muß, um nicht danach dem Bösen zu verfallen, den sie zu so vielen Diensten herangezogen hatte. Sie lächelt böse hinter dem Rücken der Jungen, denn sie weiß um die Gefährlichkeit und den Fluch des Hexentums, den sie nun weitergibt.

Die Erzählung zeigt in eindrücklicher Weise, daß die aggressiven Impulse zunächst auf die Mutter-Hexe projiziert werden und daß die Patientin sich dann als Opfer dieser externalisierten Aggression fühlt (wobei es für Frau L. charakteristisch ist, daß sie sich dieser Bedrohung schutzlos ausgeliefert sieht). Eine ähnliche Dynamik findet sich in der Geschichte, welche die Patientin zu Tafel 5 geliefert hat (s.S 110).

14.2.3.3 Verleugnung

Das Charakteristische der Verleugnung liegt in einer „Weigerung des Subjekts, die Realität einer traumatisierenden Wahrnehmung anzuerkennen" (*Laplanche* et al., 1972).

Ich habe bei der Interpretation der Geschichte, die Frau M. zur Leertafel 16 erzählt hat (s.S. 172f.), bereits auf die Wirksamkeit der Verleugnung hingewiesen. Nachdem zunächst „Schönes, Gutes, Romantisches, Friedliches, Rosa-Hellblaues, Liebes, Zärtliches" einerseits und „Krieg, Totschlag, Notzucht, Laster, Angst, Schmerz, Streit, Qualen und Folter" andererseits, durch den Mechanismus der Spaltung voneinander getrennt, genannt worden sind, greift die Patientin zur Unterstützung der Spaltung zur Verleugnung: „Ich mache einen großen Sprung und lande unter dem Baum, dessen Äste sich schützend über mir ausbreiten." Unter dem „Schutz" der Verleugnung versinkt die ganze Welt des „Bösen", und Frau M. sieht nur noch „das Blau des Himmels, rein und sauber wie eine Kinderseele". Mit keinem Wort kommt die Erzählerin mehr auf die abgespaltene Aggressivität zurück, sondern läßt sich – mit Hilfe der Verleugnung – „ins unendliche Land des Glücks und der Seligkeit" entführen.

Eine extreme Form der Verleugnung stellt Frau M. in ihrer Geschichte zu Tafel 13MF dar (s.S. 166f): Die Geschichte beginnt mit dem Versuch der Verleugnung, indem der Mörder die von ihm getötete Frau als „friedlich und schön" wahrnimmt und ihren Körper – wie den einer lebenden Person – als begehrenswert erlebt. Bezeichnenderweise heißt es an dieser Stelle der Erzählung, daß er sich von ihr „abwendet", d.h. die furchtbare Realität seines aggressiven Impulsdurchbruchs völlig auszublenden versucht. Die Realität drängt sich ihm jedoch (indem er der Frau die Haare aus dem Gesicht streicht) zu seinem Entsetzen wieder auf. Er unternimmt daraufhin nochmals den Versuch einer Verleugnung: „Er holte Kamm und Bürste aus dem Badezimmer und kämmte die Tote. Dann suchte er Make-up und Puder, um die häßlichen Spuren am Hals zu kaschieren. Auch trug er ihr etwas Rouge und Lippenstift auf. Sie war eine schöne Tote. Er war stolz auf seine Arbeit" (d.h. der Mechanismus der Verleugnung ist – zumindest temporär – erfolgreich). Aber wiederum erweist sich die Realität als stärker als alle Abwehrversuche: Der Mörder weiß um seine Taten und ist sich darüber klar, daß er der Strafe nicht mehr entgehen wird. Der Suizid („. . . verlor schließlich das Bewußtsein") stellt einen letzten, verzweifelten Versuch der Realitätsverleugnung dar, wobei die Patientin mit der Wahl dieses Bildes zum Ausdruck bringt, daß es eine selbstdestruktive Form der Abwehr ist.

Verleugnungstendenzen werden im TAT häufig im Bild von Träumen dargestellt. Dies ist insofern eine wirkungsvolle Strategie, als auf diese Weise das ganze Geschehen in die Sphäre des Irrealen geschoben wird. Herr B. bedient sich dieses Mittels der Verleugnung in seiner Geschichte zu Tafel 14:

Tafel 14
– Das ist schwer – Ein Mann, der schlecht geträumt hat und nicht schlafen konnte. Er hat vielleicht unheimliche Sachen geträumt. Im Zimmer ist es dunkel und schwarz und draußen Vollmond. Er hat die Fenster aufgemacht und sitzt am Fenster. Vielleicht ist er allein. Es fehlt ihm jemand, mit dem er reden könnte. Jetzt sitzt er am Fenster und denkt: Warum gibt es so viele glückliche Menschen auf der Welt, und warum ihn niemand versteht. Vielleicht überlegt er sich auch, ob er zum Fenster hinausspringen soll. Aber er überlegt es sich wieder anders und geht wieder ins Bett.

Hier werden die „unheimlichen Sachen" in den Bereich des Traumes verbannt. Die Formulierung „er überlegt es sich wieder anders und geht wieder ins Bett" am Ende der Geschichte bekräftigt noch einmmal die Verleugnungstendenz (Frau L. verwendet eine ähnliche Strategie in ihrer Geschichte zu Tafel 15, s.S. 111f.).

14.2.3.4.   Primitive Idealisierung

Diese Abwehrstrategie findet sich insbesondere bei Borderline-Persönlichkeiten mit ausgeprägten narzißtischen Störungskomponenten und dient der Kompensation der für diese Menschen typischen Selbstunwertgefühle.

Herr A. liefert in seiner Geschichte zu Tafel 7BM ein anschauliches Beispiel:

Tafel 7BM
Die gleiche Geschichte wie eben, nur Vater und Sohn. – Ein Professor mit einem Schüler im Studium. Er versucht ihm klar zu machen, daß er sich doch mehr Mühe geben soll – möchte. Ansonsten er für die kommende Zwischenprüfung schwarz sähe. Der Student sagt zu seinem Professor: „Ich werde mir Ihren Vorschlag mal zu Herzen nehmen. Ich versuche mir mehr Mühe zu geben." Die Zwischenprüfung geht gut vorbei, er hat sie gut bestanden. Danach sucht der Student den Professor auf und sagt zu ihm: „Herr Professor, ich danke Ihnen für Ihre guten Ratschläge und werde mir von nun an alle Mühe geben, um auch die Abschlußprüfung so gut zu bestehen wie diese Zwischenprüfung, und werde Sie von nun an weiter als mein großes Vorbild akzeptieren."

Es ist charakteristisch für die primitive Idealisierung, daß sie die Asymmetrie zwischen den Protagonisten ausdrücklich hervorhebt. Dabei wird, wie in der zitierten Geschichte von Herrn A., der eine der beiden Partner in einem Ausmaß idealisiert, das in keiner Weise mehr der realen Situation entspricht. Der Leser spürt diese Realitätsferne bereits dadurch, daß die Personen der Geschichte wie Karikaturen wirken. Es mag sogar der Eindruck entstehen, die Schilderung sei ironisch gemeint (was bei Herrn A. indes – zumindest bewußt – nicht der Fall war). Der Patient verfolgt mit dieser Strategie das Ziel, sich eine idealisierte Vaterfigur zu schaffen, an die er sich anlehnen kann und von deren Nähe er sich Schutz vor seinen bohrenden Insuffizienzgefühlen erhofft.

Ein anderes – extremes – Beispiel einer primitiven Idealisierung stellt die Geschichte dar, die Frau L. zur Tafel 16 geliefert hat:

Tafel 16
Ich sehe das Bild der Gottheit, die ich zutiefst verehre. An sie denkend überzieht sich immer alles wie mit einem zarten, unbeschreiblich schönen Lichtschimmer. Alles schmilzt in sie ein. Sie ist ohne Anfang, ohne Ende, gestaltlos, formlos – und dennoch jedem so erscheinend, wie er sie verehrt. Sie ist unbeschreiblich schön. Allmächtig, allwissend, allgegenwärtig bestimmt sie das Geschick des Menschen. In vielen Formen – selbst der schrecklichen der Kali – ist ihre Gegenwart hold und unvergleichlich. Für den, der sie liebt, gibt es keine Alternative. Sie will den sie Verehrenden ganz und kompromißlos bis in den Tod.

Wieder besteht das Ziel der primitiven Idealisierung darin, durch die Errichtung einer bewunderten Idealfigur die eigenen Insuffizienz- und Ohnmachtsgefühle abzuwehren. Indes zeigt das Ende dieser Geschichte in eindrücklicher Weise, daß ein solcher Mensch einen hohen Preis für die Fusion mit dem Idealobjekt zahlt: nämlich die die Aufgabe jeglicher Autonomie („Sie will den sie Verehrenden ganz und kompromißlos bis in den Tod").

14.2.3.5. Entwertung und Allmacht/Grandiosität

Die **Entwertung** stellt quasi die „Kehrseite" der Idealisierung dar. Ich habe bei der von Herrn A. zu Tafel 7BM erzählten Geschichte bereits darauf hingewiesen, daß sie im Leser leicht den Eindruck hervorrufen kann, es sei keine wirklich ernstgemeinte, sondern eine ironische Schilderung. In dieser affektiven Reaktion des Lesers (vergleichbar dem Gegenübertragungsgefühl) kommt nach meiner Beobachtung oftmals die hinter der Idealisierung stehende Entwertung zum Ausdruck. Das Ziel dieses Mechanismus ist, die als erdrückend erlebte Übermacht der idealisierten Gestalt zu zerstören und damit die Asymmetrie (zu Gunsten der eigenen Person) aufzuheben.

Mitunter finden sich in den TAT-Produktionen allerdings auch viel direktere Hinweise auf den Mechanismus der Entwertung. Anschauliche Beispiele stellen diesbezüglich die Geschichten dar, die Frau L. zu den Tafeln 1 und 2 geliefert hat (da es sehr umfangreiche Geschichten sind, sollen hier nur die relevanten Passagen zitiert werden. Der genaue Wortlaut der Erzählungen ist in Kapitel 11.2., S. 108f. nachzulesen):

In ihrer Geschichte zu Tafel 1 stellt Frau L. dem bewunderten Künstler (primitive Idealisierung) und dem ihm ähnlichen und fusionär mit ihm verbundenen Kind die Eltern gegenüber, wobei aus ihrer Beschreibung deutlich die Entwertung spricht: „Seine Eltern waren so herb in ihrem Wesen, wie das kleine Ackerfeld karg war. Derbe Nahrung, derbe Worte, derbe Umgebung – das war es, was er tagtäglich sah und erlebte . . . erst ein Fluchen von Seiten des durch die Arbeit gebückten und gezeichneten Vaters vermochte ihn dann seiner Welt zu entreißen . . . Arbeit – das war Sprache. Arbeit – das bedeutete Ehrlichkeit. Arbeit – das hieß Rechtschaffenheit. Wie konnte er da über seine in seinen Augen verwegenen Träume reden? Über etwas sprechen, dessen Wirklichkeit der Vater den Tunichtguten zusprechen würde?" Diese Entwertung erhält ein besonderes Gewicht durch den Vergleich des elterlichen Verhaltens mit dem des idealisierten Künstlers.

Noch unverhüllter tritt die Entwertung in der Geschichte von Frau L. zu Tafel 2 hervor: Hier ist die Rede von der älteren Schwester, „überaus durchschnittlich", die ihre „Verachtung . . . mit hämischen Bemerkungen und über sie hinweggleitenden Blicken kundtat".

Eine Entwertung findet sich auch in der folgenden Geschichte, die Herr B. zu Tafel 16 lieferte:

Tafel 16
Ich stelle mir vor: Oben ist eine ganz schöne Frau, eine berühmte Frau, eine Sängerin. Sie sieht ganz, ganz schön aus. Die Männer umschwärmen sie. Unter den Männern gibt es einen Mann, der jede Nacht in die Bar geht, wo die Sängerin auftritt, damit er sie sehen kann. Der Mann ist das ganze Gegenteil von ihr: Er ist gar nicht schön, vielleicht sogar wüst. Sie beachtet ihn gar nicht, vielleicht ein bis zweimal hat sie ihn gesehen, aber sie beachtet ihn gar nicht. Eines Tages hat sie einen Autounfall mit ihrem Sportwagen. Da hat sie das ganze Gesicht zerschnitten. Dann ist es aus mit der Schönheit. Sie kommt ins Spital, wird operiert. Aber sie ist nicht mehr schön, als Sängerin kann sie nicht mehr auftreten, und die schönen Männer in der Bar wollen nichts mehr von ihr wissen. Viel später merkt sie, daß der andere Mann, der nicht schön ist, sie aufrichtig liebt. Die anderen Männer haben nur ihren Körper, ihr schönes Gesicht gesehen. Später hat sie vielleicht den anderen geheiratet.

In dieser Geschichte wird der Mann – zumindest im ersten Teil der Erzählung – ausdrücklich durch Bezeichnungen wie „gar nicht schön, vielleicht sogar wüst" herabgesetzt. Die Entwertung wird noch verstärkt durch die Idealisierung der „ganz schönen

Frau, eine berühmte Frau, eine Sängerin. Sie sieht ganz, ganz schön aus. Die Männer umschwärmen sie." Unversehens verkehren sich aber Idealisierung und Entwertung: Nach dem Autounfall ist es bei der Frau „aus mit der Schönheit", und der Patient stellt die „schönen Männer in der Bar" im entwertenden Sinne als letztlich unverläßliche, nur auf Äußerliches schauende Bezugspersonen dar. Der „wüste" junge Mann hingegen erscheint nun – in fast idealisierender Weise – als der, der es wirklich ernst meint und auf den auch in der Not Verlaß ist.

Während der Mechanismus der Entwertung dazu verwendet wird, die (unerreichbare, übermächtige oder kränkende) Beziehungsperson als unattraktiv und unwichtig darzustellen, dient die Entwicklung von **Allmachts- und Grandiositätsvorstellungen** der Erhöhung der eigenen Person. Das Ziel ist aber letztlich das gleiche: Stets geht es bei diesen Strategien darum, das zwischen zwei Partnern bestehende Ungleichgewicht zu eigenen Gunsten zu verändern.

Frau L. entwickelt Grandiositätsvorstellungen in ihren folgenden Geschichten zu den Tafeln 11 und 14:

Tafel 11
Die Gralsburg: das hohe, hehre Ziel. Doch unendliche Schwierigkeiten liegen dazwischen – zwischen Mensch, Bestimmung und Erfüllung: der Raum, den es zu überwinden gilt. Große Felsblöcke liegen dazwischen, die Zeit, die sich wie ein Drache auf einen stürzt, und die Kausalität, die einen ständig narrt: auf jede Ursache folgt eine Wirkung, die ihrerseits wieder Ursache einer Wirkung ist und die sich wie eine Kette um den Menschen legt und den Zutritt zur Gralsburg verunmöglicht. Es ist das Drama dieser Welt, das so zur Tragödie wird.

Tafel 14
Freiheit. Freiheit. Ein Wort mit unendlicher Bedeutung. So reich und so arm wie das Leben selbst. So paradox wie der Sinn des Lebens. Er möchte den Sprung von einer Freiheit in eine andere tun. Doch er hält inne, sinnt wiederum. Die persönliche Freiheit: was ist sie? Dem Gefangenen das Draußen. Dem draußen die Unabhängigkeit, das So-sein-können, wie man sein will. So einfach gesagt. Und doch gibt es sie nirgends, diese Freiheit. Man ergeht sich in unendlichen Definitionen. Ist nicht jede Staatsform ein Versuch dieser Freiheit: hier einiger weniger, dort einiger mehr. Ist nicht jede Lebensform ein Erproben dieser Freiheit: hier im Mitwirken am Geschehen der Welt, dort im völligen Losgelöstsein von allem Irdischen, dem Mönchtum. Ist es Freiheit zu leben, oder ist es Freiheit zu sterben? Er findet das Letztere und stürzt sich aus dem Fenster.

In diesen Erzählungen entwirft die Patientin in grandioser Weise das Bild einer „Freiheit", in der sie sich über alle Begrenzungen der Realität hinwegzusetzen vermag (an diesen Geschichten wird auch deutlich, daß die Entwicklung von Grandiositätsvorstellungen nicht nur der narzißtischen Kompensation, sondern auch der Realitätsverleugnung dient). Mit einer grandiosen Geste, die sich auch in den sprachlichen Formulierungen niederschlägt, sucht sie die Koordinaten von Raum, Zeit und Kausalität zu übersteigen. Da Frau L. die Entwicklung von Allmachtsgefühlen zur Aufrechterhaltung ihrer narzißtischen Homöostase dringend benötigt, ist verständlich, daß sie die „unendlichen Schwierigkeiten", welche ihr die sich immer wieder aufdrängende Realität in den Weg legt, als „Drama" und „Tragödie" empfindet.

Grandiose Tendenzen finden sich – allerdings in eher indirekter Form – auch in der Geschichte, die Herr A. zu Tafel 20 geliefert hat:

Tafel 20
Könnte das nicht klarer sein? – Der Bauer, der bedenklich seinen Obstbäumen gegen den Spätherbst nachging, nach so einem nassen Sommer. Jetzt, wo es nun Zeit würde, daß eigentlich das Obst reifen würde. Nun noch dieser starke Nebel und noch so eine Kälte dazu. 10 bis 14 Tage darauf ist der Bauer wieder besserer Laune, da das Wetter wieder nach seinem – Wunsch erfüllt hat und das Obst nun auch, wenn auch verspätet, doch noch ausreifen konnte.

Hier äußern sich die Allmachtsphantasien in der Erwartung des Patienten, daß sich „das Wetter wieder nach seinem – Wunsch erfüllt hat". Diese Tendenz von Herrn A., in grandioser Weise stets davon auszugehen, daß sich die Situation zu seinen Gunsten entwickeln müsse, findet sich auch in fast allen anderen von ihm gelieferten Geschichten (vgl. Kapitel 8).

14.3 Narzißtische Persönlichkeitsstörungen

Wie bereits ausgeführt, besteht in der psychoanalytischen Literatur trotz allen Divergenzen bezüglich der Frage nach der Ätiologie der narzißtischen Störungen weitgehende Übereinstimmung im Hinblick auf das Erscheinungsbild von Menschen, die unter derartigen Störungen leiden. Die Hauptmerkmale sind die folgenden:

1. Zentrale Insuffizienzgefühle.
2. Fixierung an ein kindliches Größenselbst mit der Tendenz, magische Omnipotenz- und Grandiositätsphantasien zu entwickeln.
3. Eingehen von Spiegelbeziehungen zu einer narzißtisch besetzten Bezugsperson.
4. Fixierung an idealiserte, mächtige Elternimagines.
5. Ausbrüche narzißtischer Wut, die dem Betreffenden wenigstens temporär das Gefühl vermitteln, Beherrscher der Situation zu sein,
6. Entwertung von übermächtig, unerreichbar oder kränkend erlebten Beziehungspersonen.

Diese Phänomene lassen sich auch in den TAT-Produktionen solcher Patienten nachweisen. Sie sollen im folgenden an charakteristischen Beispielen veranschaulicht werden.

14.3.1 Zentrale Insuffizienzgefühle

Die Insuffizienzgefühle, unter denen narzißtische Persönlichkeiten leiden, werden von ihnen als zentrale Infragestellung der eigenen Person, als Selbstunwertgefühl, bis hin zur völligen Unsicherheit bezüglich der eigenen Identität erlebt. Diese Phänomene lassen sich auch in den TAT-Produktionen solcher Menschen nachweisen.
Frau L. hat in einigen ihrer Geschichten in eindrücklicher Weise solche Gefühle geschildert, beispielsweise in ihren Erzählungen zu den Tafeln 3GF und 17GF:

Tafel 3GF
„Wenn ich nur sterben könnte." Das Leben – was hat es denn für einen Sinn? Leben – wozu? Hineingestellt in eine Welt, die sinnlos ist – so sinnlos, wie das Leben selbst. Leben – wie ein Hohn steht es vor mir. Eine hämische Herausforderung und gleichzeitig rauhe Gleichgültigkeit. Ein wenig Leben für ein wenig Vergnügen? Etwas Macht? Ein bißchen Wissen – Wissen, das doch keines ist? Da wäre der Tod doch zu bevorzugen. Alles wäre vorbei. Dann ist es unsinnig, nach einem Sinn zu fragen. Aber warum kann ich das Fragen nicht lassen? Nicht einsinken in das Spiel der Vergeßlichkeit wie alle um mich her? Mich selber täuschen? Nein – ich möchte, ich muß wissen. Es muß doch einen Sinn geben, wenn so viel Leid und Ungerechtigkeit vorkommen. Es kann doch nicht alles für „nichts" sein. Leben, leben – es ist nichts wie ein schmerzender Dorn. Man spricht immer vom Stachel des Todes – aber es ist der Stachel des Lebens, der sticht. Das Leben selbst schmerzt. Und diese Schmerzen suchten die Philosophen mit Logik und Utopien, der einfache Mensch in einfachen Vergnügen zu stillen. Und wo stehe ich? Hat nicht beides letztlich keinen Sinn? Läuft nicht alles wieder letztlich auf eines hinaus?

Tafel 17GF
Das Problem liegt darin, daß der Mensch in den seltensten Momenten „sich selbst" ist. Ja, man möchte sogar fragen, ob dies nur Augenblicke überhaupt sind. Martha steht auf der Brücke. Alleine. In Ge-

danken jedoch weilt sie in einer fernen Stadt, wo sie auf den Boulevards die schönen Schaufenster bewundert. Sie ist Mitglied eines Vereins. Sie ist sich selbst nicht bewußt, daß diese Zugehörigkeit einen wesentlichen Bestandteil ihrer selbst darstellt. Sie ist eine Persönlichkeit auf Grund der gegebenen Umstände – nicht aus sich selbst heraus. Deshalb ist sie auch – unbewußt – unfrei. Sie ist Teilstück eines Ganzen. Eines Ganzen, das ihr inneren Halt und Selbstsicherheit gibt. Alleine käme sie sich verloren vor, nutzlos. Alleine hätte sie Angst. Aber die ihr gegebene Gewißheit, Teilstück eines Gesamten zu sein, läßt sie selbstsicher auf den Fluß blicken. – In umgekehrter Situation dächte sie daran, ins Wasser zu springen.

Im Zentrum der Geschichte zu Tafel 3GF stehen die Gefühle der Sinnlosigkeit und der inneren Leere, die charakteristisch für narzißtisch gestörte Persönlichkeiten sind. Diese Menschen spüren – zu recht –, daß die von ihnen eingesetzten Abwehrmaßnahmen und die narzißtischen Kompensationen letztlich nicht tragen und daß sie sich auf die Dauer nicht über ihr zentrales narzißtisches Defizit hinwegtäuschen können. Geradezu verzweifelt versucht Frau L. in ihrer Geschichte zu Tafel 17GF sich davon zu überzeugen, daß sie sich als „Teilstück eines Ganzen" nicht „verloren" und „nutzlos" fühlen müsse und daß ihr die „Zugehörigkeit" zu anderen Menschen „inneren Halt und Selbstsicherheit" zu geben vermag. Das Ende der Geschichte deutet an, daß sie auf eine solche narzißtische Bestätigung durch die Umwelt in extremer Weise angewiesen ist, denn sonst „dächte sie daran, ins Wasser zu springen". Die Insuffizienzgefühle betreffen bei dieser Patientin den innersten Kern ihrer Persönlichkeit und würden ohne den Einsatz von Kompensationsmechanismen zum Suizid führen.

Auch Herr B. hat in seiner Geschichte zu Tafel 17GF die furchtbare Konsequenz einer zentralen Selbstwertstörung, die bei ihm das Ausmaß einer völligen Desorientiertheit hinsichtlich seiner Identität erreicht, dargestellt:

Tafel 17GF
Das ist eine Frau. Die hatte einen Unfall mit dem Auto. Durch den Unfall hat sie das Gedächtnis verloren. Sie wußte nicht mehr, wer sie war, wo sie herkam und ob sie Verwandte hatte. Weil sie nicht mehr wußte, wer sie war, ging sie ins Spital, um den Doktor zu fragen, wie man ihr helfen könnte. Der Doktor sagte, es könne vielleicht eine Schockwirkung sein. Nach einer Zeitlang werde sie das Gedächtnis vielleicht wieder bekommen. Er könne ihr leider nicht weiterhelfen, sie solle einfach ein neues Leben anfangen. Die Frau mietete sich irgendwo ein Zimmer und ging auf Arbeitssuche. Weil sie aber nicht wußte, wie sie heißt und woher sie kommt, stellte sie niemand ein. Weil sie niemand einstellte, ist sie mit Männern gegangen für Geld, weil ihr nichts anderes übrig blieb. Das machte sie eine Zeitlang und hoffte immer, daß sie das Gedächtnis wiederbekäme. Aber es kam nicht wieder. Eines Nachts hielt sie es nicht mehr aus. Sie spazierte durch die Nacht. Plötzlich stand sie auf einer Brücke. Sie dachte: Wenn ich sowieso nie weiß, wer ich bin und woher ich komme, dann ist es besser, ich mache Schluß. Sie sprang von der Brücke hinab und ertrank.

Der Patient schildert hier in erschütternder Weise, daß der Zustand, nicht zu wissen „wer ich bin und woher ich komme" so unerträglich ist, daß der Suizid ihm als der einzige, ihm noch verbleibende, erlösende, Ausweg erscheint.

Daß Selbstunwertgefühle sowohl zu selbst- als auch zu fremddestruktiven Reaktionen führen können, zeigt Frau M. in ihrer bereits (s.S. 165f.) zitierten Geschichte zu Tafel 13MF: Die Impotenz wird von dem geschilderten Manne als ein ihn so tief im Kern seiner Persönlichkeit treffendes Versagen erlebt, daß es zu einem Durchbruch von aggressiven Impulsen kommt, die sich gegen die Frau und dann auch gegen die eigene Person richten.

14.3.2   Fixierung an ein kindliches Größenselbst mit der Tendenz, magische Omnipotenz- und Grandiositätsphantasien zu entwickeln

Diese und die übrigen im folgenden zu behandelnden Strategien stellen Maßnahmen zur Abwehr und Kompensation der unerträglichen Insuffizienzgefühle dar. Die Entwicklung von Omnipotenz- und Grandiositätsphantasien habe ich bereits ausführlich in Kapitel 14.2.3.5 bei der Darstellung der für Borderline-Persönlichkeiten typischen Abwehrstrategien diskutiert. Als Beispiele habe ich dort die Geschichten 11 und 14 von Frau L. erwähnt, in denen sich die Patientin in grandioser Weise über die Begrenzungen von Raum, Zeit und Kausalität hinwegsetzt. Omnipotenzvorstellungen wurden auch in der Erzählung sichtbar, die Herr A. zu Tafel 20 geliefert hat: Hier soll sich auf magische Weise das Wetter den Erwartungen des Bauern fügen.

Der Kern dieser Abwehrstrategie liegt darin, daß ein Größenselbst reaktiviert wird, mit dessen Hilfe der betreffende Mensch sich vor dem quälenden Gefühl von Ohnmacht, Insuffizienz und innerer Leere zu schützen sucht. Wie störanfällig die so erreichte narzißtische Homöostase indes ist, zeigt eindrücklich das Ende der Geschichte von Frau L. zu Tafel 17GF: Wenn sie sich nicht in grandioser Weise als „Teilstück eines Ganzen" fühlen könnte, bliebe ihr nur der Suizid.

14.3.3   Eingehen von Spiegelbeziehungen zu einer narzißtisch besetzten Bezugsperson

Auch diese Strategie dient dem Schutz vor dem der narzißtischen Persönlichkeit unerträglichen Gefühl des Selbstunwerts. In diesem Falle wird im Rahmen einer fusionären Beziehung zu einer Person, die als Spiegel dient, eine Verstärkung der eigenen narzißtischen Position gesucht. Oft sind es Beziehungen zu einem Alter-Ego, das mit ähnlichen Zügen wie die eigene Person ausgestattet wird und dessen Aufgabe es ist, dem im narzißtischen Bereich gestörten Menschen stets von neuem zu versichern, daß er einen Wert besitzt.

Herr B. hat eine solche Spiegelbeziehung in seiner Geschichte zu Tafel 18GF geschildert:

Tafel 18GF
Es waren zwei Frauen, zwei Freundinnen. Sie kannten sich schon von klein auf, als sie Kinder waren. Beide haben geheiratet, und beide haben sich wieder scheiden lassen. Und beide sind von den Männern geschlagen worden. Nach ein paar Jahren sahen sie sich mal wieder. Dann erzählten sie einander von ihrem Leben, wie es ihnen ergangen ist. Und beiden ist es ja gleich ergangen. Da beschlossen sie, zusammen eine Wohnung zu nehmen. Sie lebten 20 Jahre zusammen in einer Wohnung. Beide hatten niemanden mehr als sich selber. Eines Tages ist die eine Freundin auf der Treppe oben ausgerutscht und die Treppe hinunter gestürzt und hat das Genick gebrochen. Und die Freundin fand sie, als sie heimkam. Sie nahm sie in den Arm, aber sah, daß sie tot ist, und sah, daß sie nun alleine auf der Welt ist, ganz allein. Auf der Beerdigung von der Freundin hat sie ein Doppelgrab bestellt, weil sie genau wußte, daß sie ohne ihre Freundin nicht mehr lange leben könne. Zwei Wochen später starb sie, aus lauter Kummer. Sie hatte in einem Brief geschrieben, man solle sie neben ihre Freundin legen. Dann waren sie wieder zusammen.

In dieser Erzählung wird zu Beginn vor allem die Alter-Ego-Dimension der Beziehung betont: Die Frauen „kannten sich schon von klein auf", „**beide** haben geheiratet, . . . **beide** haben sich wieder scheiden lassen, . . . **beide** sind von den Männern geschlagen worden, . . . **beiden** ist es gleich ergangen". Die Geschichte bringt zum Ausdruck, daß eine solche narzißtische Beziehung über längere Zeit hin Schutz zu bieten vermag („sie lebten 20 Jahre zusammen"). Zugleich stellt Herr B. aber auch die Gefahr dar, die sich mit derartigen fusionären Beziehungskonstellationen verbindet: Der Tod der einen Person hat den Tod der anderen zur Folge! Es ist die gleiche Dynamik, welche Frau L. am Ende ihrer Geschichte zu Tafel 16 mit den Worten umschrieben hatte: „Für den, der sie liebt, gibt es keine Alternative. Sie will den sie Verehrenden ganz und kompromißlos bis in den Tod."

Mitunter werden in TAT-Geschichten auch Spiegelbeziehungen dargestellt, die sich nicht auf eine Person, sondern auf ein Objekt beziehen. Besonders eindrücklich ist in dieser Hinsicht die folgende Geschichte, die eine 18jährige Patientin mit schwerer narzißtischer Störung zur Leertafel 16 lieferte:

Tafel 16
Sie hatte sich schon immer ein Bild gewünscht, das sie porträtierte. Ihr Mann, der ein Kunstmaler war, hatte es ihr einmal versprochen, und er hielt es. Nun saß sie in einem mit Samt überzogenen Stuhl, und er fing an zu malen. Wie eine Königin saß sie da, so selbstliebend und stolz. Sie liebte sich über alles, und sie wußte jetzt schon, daß sie auch dieses Bild einmal lieben würde. Als das Bild beendet war, war sie stolz auf ihr Äußeres. Dieses Bild hängte sie in ihr Schlafzimmer, und jeden Morgen, als sie aufstand, bewunderte sie es.

Es ist für die Patientin offensichtlich existentiell notwendig, stets von neuem die Bestätigung zu erhalten, daß sie einen Wert besitzt. Ohne das Bild, das für sie die Funktion eines narzißtischen Spiegels besitzt, würde sie sich ohnmächtig und insuffizient fühlen. Man ahnt, daß hinter dem durch diese Bestätigung aufgeblähten Selbstwertgefühl eine der Patientin unerträgliche Leere liegt, wahrscheinlich sogar – ähnlich wie bei Herrn B.(Geschichte zu Tafel 17GF) – eine tiefe Identitätsunsicherheit.

14.3.4   Fixierung an idealisierte, mächtige Elternimagines

Diese ebenfalls gegen das Erleben von Insuffizienzgefühlen gerichtete Abwehrmaßnahme ist bereits in Kapitel 14.2.3.4 geschildert worden. Als Beispiele habe ich dort die Geschichte von Herrn A. zu Tafel 7BM (von der Beziehung Professor – Student) und von Frau L. zu Tafel 16 (von der allmächtigen, allgegenwärtigen Gottheit) zitiert. Auch in ihrer Geschichte zu Tafel 1 stellt Frau L. in der Gestalt des Violinkünstlers eine idealisierte Elternimago dar.

In allen diesen Fällen geht es den Patienten darum, sich eine mächtige Idealgestalt zu schaffen, die ihnen Schutz und narzißtische Gratifikation garantiert. In der fusionären Beziehung zur idealisierten Elternimago partizipiert der Patient an deren Großartigkeit und vermag dadurch seine eigenen Insuffizienzgefühle zu bekämpfen.

14.3.5   Ausbrüche narzißtischer Wut

Auch die narzißtische Wut stellt ein Mittel dar, Ohnmachts- und Insuffizienzgefühle abzuwehren. Durch den Ausbruch heftigster Wut (die zumeist durch narzißtische Kränkungen ausgelöst ist) vermag die narzißtische Persönlichkeit ihre Umgebung oftmals in massive Angst zu versetzen und ihren Wünschen entsprechend zu manipulieren. Auf dieses Weise gelingt es ihr, sich – wenigstens temporär – als Beherrscher der Situation und damit mächtig zu fühlen.

Wir finden eindrückliche Beispiele für Ausbrüche narzißtischer Wut bei Frau M. in ihrer Geschichte zu Tafel 13MF (s.S. 165f.) und bei Frau L. in der Geschichte zu Tafel 18GF (s.S. 111). Während bei Frau M. der Aggressionsausbruch Folge einer narzißtischen Kränkung ist (die Prostituierte beschimpft den impotenten Mann), schildert

Frau L. eine kalte narzißtische Wut („es liegt ja kein Grund zum Würgen vor"). In beiden Fällen gelingt es den dargestellten Personen durch die narzißtische Wut, sich zumindest für kurze Zeit als überlegen zu empfinden. Der Suizid am Ende der Geschichte 13MF von Frau M. läßt indes erkennen, daß es ein trügerischer Machtrausch ist und daß die narzißtische Wut nicht dauerhaft Selbstsicherheit zu vermitteln vermag.

Auch Herr B. stellt in seiner Geschichte zu Tafel 9GF einen Ausbruch narzißtischer Wut dar:

Tafel 9G
Es war einmal eine Frau. Die war verlobt mit einem Mann, einem Doktor. Sie war sehr hochmütig und arrogant. Aber der Doktor sah nur ihr Äußeres, nicht das Innere. Eines Tages bekam der Doktor eine neue Patientin, ein ganz junges und hübsches Fräulein. Sie war ziemlich fest krank. Sie mußte ziemlich lange zu ihm in Behandlung gehen. Mit der Zeit haben sie sich ineinander verliebt. Dann kam der Doktor eines Tages zu der Verlobten und sagte: Es tut mir leid, ich habe einen Fehler gemacht. Ich habe jetzt jemand gefunden, den ich sehr lieb habe. Er machte ihr klar, daß er es vorher nicht gemerkt hatte, weil er niemanden anderes hatte. Die Frau war sehr eifersüchtig und faßte den Entschluß: Wenn sie den Mann nicht bekommen könne, dann solle ihn die andere auch nicht haben. Als das junge Fräulein wieder in Behandlung war und auf dem Heimweg war, schlich die Frau dem Fräulein nach und zog Handschuhe an und hatte ein Tuch in der Hand, vielleicht einen Schal. Als das Fräulein vorbei ging, packte sie sie von hinten und erwürgte sie mit dem Schal. Dann kam sie später ins Gefängnis. Als sie wieder aus dem Gefängnis kam, war sie nicht mehr so hochmütig und arrogant.

Die Quelle der narzißtischen Wut ist in diesem Falle zum einen die Kränkung und zum anderen der Neid, Gefühle, die bei narzißtischen Persönlichkeiten auf Borderline-Niveau eine wichtige Rolle spielen (*Kernberg,* 1979). Wie die Geschichte zur Tafel 13MF von Frau M. läßt auch die Erzählung von Herrn B. erkennen, daß der Ausbruch narzißtischer Wut dem betreffenden Menschen nur für kurze Zeit das Gefühl der Überlegenheit zu vermitteln vermag. In der Geschichte von Herrn B. wird die Mörderin bestraft, wobei ausdrücklich auf die narzißtische Dimension hingewiesen wird („ . . . war sie nicht mehr so hochmütig und arrogant").

14.3.6 Entwertung von übermächtig, unerreichbar oder kränkend erlebten Beziehungspersonen

Auf diesen Mechanismus bin ich bereits ausführlich bei der Diskussion der für Borderline-Patienten typischen Abwehrformen in Kapitel 14.2.3.5 eingegangen. Wie dargestellt, ist das Ziel der Entwertung, die übermächtig, unerreichbar oder kränkend erlebte Beziehungsperson als unbedeutend und in keiner Weise für die eigene Person wichtig hinzustellen. Dadurch soll die in der Beziehung bestehende Asymmetrie zugunsten der eigenen Person verschoben werden.

Als Beispiele habe ich die – allerdings sich eher indirekt äußernden – Entwertungstendenzen in der Geschichte zu Tafel 7BM von Herrn A. genannt. Wesentlich deutlicher zeigte sich die Entwertung in den Geschichten 1 und 2 von Frau L. (in denen es um das vom Violinspiel begeisterte Kind und die es nicht verstehenden, unsensiblen Eltern sowie um die „überaus durchschnittliche" Schwester geht). Auch Herr B. hat in seiner Geschichte zu Tafel 16 den Mechanismus der Entwertung eingesetzt (der „gar nicht schöne, vielleicht sogar wüste" junge Mann und später der Hinweis auf die unverläßlichen „schönen Männer in der Bar").

15　Die Bedeutung der Leertafel 16

Ich habe bei meinen bisherigen Ausführungen wiederholt darauf hingewiesen, daß die Geschichte zur Leertafel 16 oftmals in besonders prägnanter Weise die Kernproblematik des Patienten darstellt. Dies ist insofern nicht verwunderlich, als die weiße Fläche ohne jegliche Darstellung den breitesten projektiven Spielraum gewährt. In diesem Falle werden die Phantasien des Probanden nicht durch die thematische Valenz in eine bestimmte Richtung gelenkt, sondern können völlig frei aufsteigen. Insofern stellen die Geschichten zu Tafel 16 im Grunde Tagträume dar (und weisen eine große Ähnlichkeit mit Nachtträumen auf).

In Ergänzung zu den bereits in früheren Kapiteln dargestellten Geschichten zu Tafel 16 möchte ich im folgenden die von ganz verschiedenen Patienten gelieferten Produktionen zur Leertafel zitieren und daran je den Kernkonflikt des betreffenden Erzählers herausarbeiten. Aus den Resultaten darf indes nicht der Schluß gezogen werden, als reiche zur Diagnostik im Grunde die Tafel 16 aus. Dies trifft aus zweierlei Gründen nicht zu: Zum einen bedarf es, bevor die Leertafel dem Probanden vorgelegt wird, zweifellos einer „Vorbereitung" und „Bahnung" der unbewußten Phantasien. Im Verlaufe der Testdurchführung hat der Proband ja (bei Durchführung des gesamten TAT) in einer ersten Sitzung 10 Tafeln und in der zweiten Sitzung bereits 5 weitere Tafeln bearbeitet, bevor er nun mit Tafel 16 konfrontiert wird. Zum anderen muß man sich darüber klar sein, daß bei aller diagnostischen Ergiebigkeit, durch die sich die Geschichten zu Tafel 16 im **allgemeinen** auszeichnen, sich mitunter durchaus auch Erzählungen finden, die wenig über den Kernkonflikt aussagen. Dies trifft etwa in solchen Fällen zu, in denen in der Geschichte vor allem die Abwehr dominiert (ich werde unten ein entsprechendes Beispiel zitieren).

Die folgenden Ausführungen sind in dem Sinne zu verstehen, daß der Untersucher den Produktionen zur Leertafel 16 seine besondere Aufmerksamkeit widmen sollte. Diese Erzählungen gestatten am ehesten Einblicke in die zentralen Konflikte eines Patienten.

Eine 23jährige Frau erzählte die folgende Geschichte zu Tafel 16:

Ich würde mir vorstellen: Ein Park als eine kleine Oase in einer lauten Großstadt. Man kommt aus der Hektik der Straßen, geht wie durch ein Tor und wird, obwohl die Stadt so nahe, von dem Frieden der Natur umgeben. Den Stadtlärm hört man kaum noch. Vögel singen, Leute spazieren, junge Menschen sitzen und lesen. Die Sonne scheint, so, als hätten alle, die hier sind, keine großen Verpflichtungen. Nach 15 Minuten geht man wieder hinaus. Man hat sich etwas besonnen und erfreut und die Hektik der Stadt hat einen wieder zurück.

Der zentrale Gehalt dieser Erzählung liegt im Bestreben der Patientin, sich in einen konfliktlosen Zustand zurückzuziehen, in eine „Oase" voller „Frieden" und ohne „große Verpflichtungen". Dies ist indes keine totale Abkehr von der äußeren Realität im Sinne eines Rückzugs in ein narzißtisches Universum oder Ausdruck eines Versinkens im primärprozeßhaften Denken. Die Patientin schildert hier vielmehr einen als Abwehr eingesetzten Rückzug, der es ihr erlaubt, sich temporär der sie bedrückenden „Hektik der Straßen" (d.h. in diesem Falle: den Konflikten der Alltagswelt) zu entziehen. Die Sphäre, in die sie zu entfliehen sucht, zeichnet sich durch eine betonte Aggressionslosigkeit aus. Diese Patientin litt unter vielfältigen **Konversionssymptomen,** die psychodynamisch im Zusammenhang mit einer sehr konflikthaften **ödipalen**

Fixierung standen. In ihrem Verhalten dominierte – wie in der Geschichte – die Tendenz, sämtliche Konflikte zu negieren, emotional präsentierte sie beinahe das Bild einer hysterischen „belle indifférence". Hintergründig jedoch waren (vor allem älteren Frauen gegenüber) starke rivalisierende Impulse spürbar. Die in der Geschichte erwähnte „Hektik der Straßen" besaß insofern einen direkten Bezug zur Symptomatik der Patientin, als sie unter einer Agoraphobie litt, deren psychodynamischer Kern in der Angst vor einer ödipalen „Versuchung" lag.

Eine in ihrem Gehalt recht ähnliche Geschichte liefere eine 45jährige Frau, die ebenfalls unter einer **hysterischen Störung mit depressiven Anteilen** litt:

> Ein Schriftsteller vor einem leeren Blatt. Er mußte dieses Blatt füllen. Ich schreibe einen Brief: „Lieber Mitmensch, ich bin gezwungen, dieses Blatt zu füllen, weil es sonst unerträglich ist. Dir bleibt keine andere Wahl, als mir zuzuhören. Nur müßte ich eigentlich wissen, wer Du bist, weil ich sonst nicht auf Dich eingehen kann. Sonst kann ich nur von mir, meiner Welt, meinen Phantasien, die mangelhaft sind, berichten. Aber vielleicht kann ich auch einen Unbekannten um eine kleine Hilfe bitten, die für alle ist, die man verallgemeinern darf. Sieh Dich an und geh hinaus in die Schöpfung, es wird Dir gut tun. Das Blatt ist voll. Alles Gute."

Die Patientin bringt in dieser Erzählung deutlich zum Ausdruck, daß ihr die durch die Leertafel angebotene breite Projektionsfläche „unerträglich" ist. Sie sieht sich einerseits „gezwungen, dieses Blatt zu füllen", andererseits möchte sie aber offensichtlich ihre eigenen „Phantasien" nicht preisgeben. Der Ausweg aus diesem Konflikt liegt für sie in der Flucht in das „Verallgemeinern", das heißt in eine indifferente Haltung. Dennoch stellt sie in der Geschichte die für ihre Perönlichkeit charakteristische Dynamik dar: Die Patientin erlebt sich einerseits unter dem Druck ihrer Partner („lieber Mitmensch, ich bin gezwungen . . ."), andererseits aber übt sie selber auch einen massiven Druck auf die Umwelt aus („Dir bleibt keine andere Wahl, als mir zuzuhören"). Neben dieser sadomasochistischen Beziehungskonstellation mit der darin gebundenen Aggression (einer Beziehungsform, die sich auch in der sozialen Realität der Patientin fand) kommt in der Geschichte zu Tafel 16 ferner eine orale Komponente zum Ausdruck. Die oralen Wünsche sucht die Patientin jedoch durch den Einsatz verschiedener Abwehrmaßnahmen zu kaschieren („ . . . einen **Unbekannten** um eine **kleine** Hilfe bitten, die **für alle** ist, die man verallgemeinern darf"). Schließlich zeigt sich in der TAT-Produktion dieser Patientin auch eine deutliche Ambivalenz ihren geltungsstrebigen Impulsen gegenüber: Auf der einen Seite finden sich Hinweise auf ein großartiges Bild von der eigenen Person: Es geht um einen „Schriftsteller", der „liebe Mitmensch" hat „keine andere Wahl", als sich der Patientin zuzuwenden, und sie bittet um eine Hilfe „für alle". Auf der anderen Seite aber werden die geltungsstrebigen Tendenzen heftig abgewehrt: Sie äußert sich nicht aus eigenem Antrieb, sondern ist „gezwungen", ihre Phantasien sind „mangelhaft", und sie bittet nur um eine „kleine" Hilfe.

Die **zwangsneurotische Dynamik** eines 24jährigen Mannes kommt deutlich in seiner folgenden Geschichte zu Tafel 16 zum Ausdruck:

> Es war einmal eine Druckerei, die druckte Kärtchen, so verschiedene Sachen. Sie hatten sehr viel zu tun, waren im Zeitdruck. Dann ging ihnen die Druckerschwärze aus. Weil sie im Zeitdruck waren, verschickten sie die Kärtchen trotzdem. Sie taten das, weil sie nicht den Mut hatten, die Kärtchen zu annullieren, es wäre ein zu großes Risiko gewesen.

Der psychodynamische Kern dieser Erzählung lautet: „Ich möchte eigentlich gerne die Erfüllung der Aufgabe, eine Geschichte zu liefern, verweigern, habe dazu aber ‚nicht den Mut'. Ich möchte nicht ‚das Risiko' eines Konflikts eingehen." Bei diesem Patienten stand die Aggressionsproblematik, die sich in diesem Fokus andeutet, tatsächlich ganz im Vordergrund. Er stand seinen Impulsen in der für Zwangsneurotiker typischen Art hochgradig ambivalent gegenüber, wobei der Hauptkonflikt für ihn in der Auseinandersetzung mit Autoritätsfiguren lag. Einerseits unterwarf sich der Patient den Autoritäten, andererseits revoltierte er gegen die als „Unterdrückung" erlebte Behandlung. Bei einer Interpretation auf der Subjektstufe liegt es nahe, in dieser Geschichte die Schilderung eines verzweifelten – ambivalenten – Kampfes zwischen Es und Über-Ich zu sehen. Wichtige Informationen liefert die Erzählung schließlich auch im Hinblick auf die zu erwartende Übertragungskonstellation: Der Patient wird sich dem Therapeuten scheinbar unterwerfen, tatsächlich aber – hintergründig – die therapeutischen Bemühungen zu torpedieren versuchen.

Eine völlig andere Struktur weist die folgende Geschichte eines 46jährigen Mannes mit einer schweren **depressiven Neurose** (mit **starken masochistischen Tendenzen**) auf:

Große Leere. Warum? Warum quält sich der Mensch selber und wird von anderen gequält? Warum gestaltet sich das Leben so? Warum gibt es so wenig herzliche Fröhlichkeit, alles ist so gekünstelt! Wenn wir fröhlich sein wollen, müssen wir an eine Veranstaltung, wo es angeblich fröhlich sein soll. Aber wenn man dieser angeblichen Fröhlichkeit auf den Grund geht, ist z.B. der Conférencier oder die Clowns nur fröhlich, weil sie bezahlt sind. Also alles gekünstelt und nicht echt.

Auffallend ist hier, neben dem resignativen Grundton und dem gleich eingangs erwähnten Gefühl der „Leere", das Gefühl des Patienten, Opfer zu sein, passiv und hilflos den Widrigkeiten des Lebens gegenüberzustehen. Der Patient empfand tatsächlich sein Leben hohl und leer, alles „gekünstelt", „nicht echt", wie er es in der Geschichte ausdrückt (die ja im Grunde keine Erzählung im üblichen Sinne ist, sondern eine Reflexion darstellt). Deutlich spürt man indes hinter diesen depressiv-resignativen Äußerungen die ungeheuren Erwartungen des Patienten der Umwelt gegenüber und die – aus der Enttäuschung resultierende – Wut darüber, daß seine Ansprüche nicht befriedigt werden.

Die folgende TAT-Geschichte stammt von einer 40jährigen Frau, deren Zurechnungsfähigkeit im Rahmen einer strafrechtlichen Begutachtung zu beurteilen war. Sie hatte im Verlaufe der vergangenen Jahre wiederholt in Geschäften Waren entwendet. Dabei war charakteristisch für sie, daß sie diese Gegenstände zum Teil gar nicht verwenden konnte. Sie fühlte sich jedoch jeweils von einem fast dranghaften Bedürfnis getrieben, „irgend etwas zu nehmen". Die genauere Untersuchung der Patientin ergab, daß sie derartige Diebstähle stets in Phasen depressiver Verstimmungen ausführte und daß bei ihr eine schwere **depressiv-narzißtische Neurose** vorlag. Die Diebstähle stellten bei dieser Patientin einen oralen Triebdurchbruch dar und waren Ausdruck ihres Versuchs, die oral-narzißtische Leere durch die Aneignung von Objekten auszufüllen. Die Patientin lieferte die folgende Geschichte zu Tafel 16:

Es ist nicht ein Bild, was ich hiermit beschreiben möchte, sondern vielmehr ein Wunsch bzw. eine Wunschvorstellung, die mich so oft beschäftigt, daß ich dabei ins Träumen gerate und alles um mich herum vergessen lasse. Ich stelle mir immer vor, wie es wäre, wenn ich frei über mich mal wieder verfügen könnte, zum Beispiel irgend wohin zu fahren oder hinzugehen, ohne daß die Familie fragt: „Wann bist Du wieder zurück?" Oder allein ein paar Tage Ferien zu machen, wenn ich weiß, daß die Familie versorgt ist. Gerne würde ich für mich etwas kaufen gehen, ohne ständig rechnen zu müssen, ob der Haushaltsetat es erlaubt. Oder mich ganz toll zu kleiden und mich dann vor meine Familie stellen und verkünden: „Heute abend gehe ich allein ins Theater. Wann ich zurückkomme, weiß ich noch nicht!"

Wie die Patientin zu Beginn der Erzählung erwähnt, schildert sie hier eine „Wunschvorstellung" (wobei sie durch die Formulierung in der Ich-Form direkt den Bezug zur eigenen Person herstellt). Der psychodynamische Kern der Geschichte liegt in den Äußerungen „frei über mich verfügen . . ., ohne daß die Familie fragt

Die Bedeutung der Leertafel 16   185

. . .", „ . . . für mich etwas kaufen gehen, ohne ständig rechnen zu müssen . . ." und „mich ganz toll zu kleiden". Hier artikulieren sich zum einen die oralen und narzißtischen Bedürfnisse, zum anderen aber auch die als unerträglich erlebten Versagungen dieser Wünsche. Die Patientin schildert eine Situation (die ganz ihrem realen Verhalten entspricht), in der sie sich für ihre Familie „aufopfert" und dabei unter dem Eindruck steht, selbst „leer" auszugehen. Sie führt einen vehementen Kampf gegen ihre oral-narzißtischen Wünsche, doch diese brechen – nicht zuletzt wegen der heftigen gegen sie gerichteten Abwehr – in den Diebstählen durch.

Die gleiche psychodynamische Situation lag bei einer anderen, zur Zeit der Untersuchung 58jährigen Frau vor, die zu Tafel 16 folgende Geschichte erzählte:

Ich sehe da mein Hündchen. Er erwartet mich daheim und springt an mir hoch. Ich nehme die Hundeleine. Er hat Freude, daß er spazieren kann.

Zum Verständnis dieser Geschichte ist es notwendig zu wissen, daß die wie erstarrt wirkende Patientin völlig isoliert lebte. Das einzige Wesen, mit dem sie Kontakt pflegte, war ihr kleiner Hund, der ihr sämtliche Beziehungen zu anderen Menschen ersetzen mußte. Die Patientin betonte bei den mit ihr geführten Gesprächen, daß sie von den Menschen stets enttäuscht worden sei (das heißt, daß diese die riesigen Ewartungen, welche die Patientin in sie zu setzen pflegte, nie befriedigt hätten). Die von ihr ausgeführten Diebstähle erfüllten – außer der oralen und narzißtischen Bedürfnisbefriedigung – bei dieser Patientin auch die Funktion, sie in Kontakt mit anderen Menschen zu bringen. Dabei war die Enttäuschung allerdings von vornherein „einprogrammiert", da die Entdeckung der Straftaten natürlich Vorwürfe und Strafen von Seiten der Umgebung zur Folge hatte. Die am Ende der Geschichte erwähnte „Freude, daß er spazieren kann" weist darauf hin, daß der Hund – bei einer Subjektstufeninterpretation - wohl auch Repräsentant eigener „lebendiger", „animalischer" (und damit auch oraler) Seiten der Patientin ist.

Das folgende Beispiel stammt von einem 24jährigen Studenten mit einer schweren **narzißtischen Neurose.** Neben den dafür typischen bohrenden Insuffizienzgefühlen und den grandiosen Kompensationen fanden sich bei ihm schwere Arbeitsstörungen. Diese waren vor allem dadurch bedingt, daß für ihn jegliches Lernen eine tiefe narzißtische Kränkung darstellte, da er seine Omnipotenz- und Allmachtsvorstellungen dadurch in Frage gestellt sah. Der Patient erzählte folgende Geschichte:

Die NASA hat beschlossen, eine Expedition in die Nähe der Sonne durchzuführen, und zwar soll es eine bemannte Reise werden. Sie wird durch zwei Astronauten durchgeführt. Die NASA hat ein neues Antriebssystem entwickelt, mit dem man fast Lichtgeschwindigkeit erreichen kann. Das geht jedoch nur, wenn man zur Sonne geht, weil der Antrieb abhängig ist von den Sonnenstrahlen. Man versucht, bevor man auf die Sonne aufprallt, irgendwie eine Kursänderung vorzunehmen, daß das Raumschiff wieder von der Sonne wegfliegt und mit ungeheurer Geschwindigkeit weiterfliegen wird. Man geht Richtung Sonne, damit man eine hohe Geschwindigkeit erreicht, wobei man nebenbei noch die Sonne genauer erforschen will. Nachdem sie die Sonne passiert haben, wollen sie weiterfliegen und das Sonnensystem verlassen. Nach einer sehr großen Vorbereitungszeit wird das Raumschiff gestartet, und sie fliegen gegen die Sonne, wie geplant (das ist das grelle Bild). Das Richtungsmanöver gelingt, und bald fast erreichter Lichtgeschwindigkeit verlassen sie das Sonnensystem sehr bald. Man hört von ihnen schon sehr bald nichts mehr, weil man keinen Funkverkehr mehr aufnehmen kann, da sie fast mit Lichtgeschwindigkeit fliegen. Die zwei Astronauten rasen durch das Weltall und machen unglaubliche Entdeckungen. Nach 50 Jahren wollen sie wieder auf die Erde zurück und ihre sensationellen Daten veröffentlichen. Wie sie auf der Erde ankommen, kennen sie die Erde überhaupt nicht mehr. Auch die Menschen sind anders geworden, moderner. Sie erfahren, daß sie sich im Jahr 4000 befinden. Sie erinnern sich jetzt daran, daß der Einstein die Relativitätstheorie aufgestellt hat, die sagt, daß, wenn man nahe Lichtgeschwindigkeit durch den Weltraum fährt, wird man viel weniger schnell alt als die, die auf der Erde bleiben. Was unglaublich ist, ist, daß die Leute über 2000 Jahre lang fortgewesen sind. Sie wollen Gewißheit haben, ob dies stimmt, und forschen in ihren uralten Büchern nach und finden auch, daß im Jahre 1986 diese Expedition stattgefunden hat. Dank dieser Daten, die veröffentlicht werden, ist die Menschheit wieder um Wissen reicher geworden.

Diese Geschichte vermittelt ein eindrückliches Bild von einer narzißtischen Inflation: Der Patient wählt nicht nur Bilder von kosmischen Dimensionen, sondern die Helden begeben sich sogar über die Grenzen unseres Sonnensystems hinaus und kehren erst im Jahre 4000 wieder zur Erde zurück. Zugleich deutet er in der Erzählung die Gefahr an, die eine solche narzißtische Inflation mit sich bringen kann (die er indes in der Geschichte ebenso wie in Realität zu verhindern vermag), nämlich daß das Ich (das Raumschiff) am pathologischen Größenselbst (der Sonne) zerschellt. In dieser Darstellung zeigt sich deutlich das Dilemma einer solchen Persönlichkeit: Einerseits braucht der Patient sein Größenselbst (er bezieht daraus die Energie, die ihn am Leben erhält), andererseits aber besteht für ihn die Gefahr des „Aufpralls" (das heißt vielleicht auch: des Identitätsverlusts), und zudem lenkt ihn das Größenselbst immer weiter von der äußeren Realität ab (anderes Sonnensystem, Rückkehr im Jahr 4000). Auch wenn der Patient es nicht expressis verbis ausdrückt, ergibt sich aus dem Inhalt dieser Geschichte ferner, daß die Aktivierung eines derartigen Größenselbst den Betreffenden auch in die soziale Isolation treibt: Die beiden nicht genauer charakterisierten und damit im Grund entpersönlichten Astronauten bewegen sich völlig isoliert durch den Raum, und alle grandiosen Beschreibungen („unglaubliche Entdeckungen", „sensationelle Daten", „dank dieser Daten ist die Menschheit wieder um Wissen reicher geworden") vermögen nicht darüber hinwegzutäuschen, daß der soziale Kontakt abgebrochen ist („ . . . man keinen Funkverkehr mehr aufnehmen kann", sie „kennen die Erde überhaupt nicht mehr. Auch die Menschen sind anders geworden").

Ein 43jähriger Mann, höherer Angestellter in einer Exportfirma, hatte sich durch Unterschlagungen von über dreihunderttausend Franken strafbar gemacht. Er hatte dieses Geld größtenteils dazu verwendet, seiner Frau und einer Freundin, aber auch Arbeitskollegen große Geschenke zu machen, beziehungsweise sie zu kostspieligen Reisen einzuladen. Er fühlte sich auf Grund einer (objektiv gesehen: leichten) körperlichen Behinderung von Kindheit an benachteiligt und hatte offenbar schon in der Jugend versucht, seine Insuffizienzgefühle durch grandioses Gebaren zu kompensieren. Zu den Delikten war es gekommen, als der Patient sowohl in beruflicher als auch in familiärer Hinsicht in eine unsichere, spannungsreiche Situation geriet. Wir stellten bei ihm die Diagnose einer **depressiv-narzißtischen Neurose.** Der Patient entwarf folgende Geschichte zu Tafel 16:

Ich sehe hier einen langen Strand mit feinem Sand und das unendliche Meer. Das Wasser ist ganz ruhig, vereinzelt sind in der Ferne einige kleine Wellen auszumachen. Die Sonne versinkt blutrot am Horizont und taucht das Wasser in viele Farben. Am Strand vergnügen sich einige Leute mit Ballspielen, andere Leute sehen dem Sonnenuntergang fasziniert zu. Einige Fischer rüsten bereits ihre Boote für den nächtlichen Fischfang und überprüfen nochmals das Netzwerk.

Das auffallendste Merkmal dieser Erzählung liegt darin, daß hier eine geradezu paradiesische, konfliktfreie Situation geschildert wird, im Grunde ein narzißtisches Universum, in das sich der Patient zurückzieht. Die TAT-Geschichte stellt ein anschauliches Bild der oral-narzißtischen Sehnsüchte des Patienten dar: in einer Welt zu leben, in der alle seine Bedürfnisse befriedigt sind, in der es keine Kränkungen und Spannungen gibt und in der er sich von der Umgebung getragen weiß, ohne selber irgendwelche Eigenaktivitäten entwickeln zu müssen.

Ich habe oben erwähnt, daß die Geschichte zu Tafel 16 nicht in jedem Falle in ergiebiger Weise Auskunft über die Psychodynamik eines Patienten gibt. Dies gilt insbesondere für Geschichten, in denen die Abwehr dominiert. Das folgende von einem 50jährigen **schizoiden Manne** stammende Beispiel möge das Gesagte verdeutlichen:

Ein leeres Blatt. Es verblüfft und amüsiert zunächst. So sieht Schnee aus oder Nebel. Wenn ich etwas darauf male, ist es nicht mehr leer. Dann hat es aber auch einen neuen Zweck, der ihm nicht vorbestimmt war. Deshalb male ich nichts darauf. Malen kann ich auch ein andermal und anderswo.

Der Patient hat keine Geschichte im eigentlichen Sinne geliefert, sondern lediglich einen Kommentar zur Tafel abgegeben (im Gegensatz zu den Produktionen zu den übrigen TAT-Tafeln, auf die er instruktionsgemäß reagiert hat). Dennoch enthalten seine Äußeurungen zu Tafel 16 wichtige Informationen. Sie besagen nämlich, daß der Patient sich offensichtlich vor den durch die Leertafel provozierten Phantasien fürchtet und dagegen eine massive Abwehr einsetzt, die ein Gemisch aus grandioser Überheblichkeit („verblüfft und amüsiert") und Aggressivität („ . . . etwas darauf malen . . .", „malen kann ich auch ein andermal und anderswo") darstellt. Es ist in diesem Zusammenhang interessant, sich den Unterschied zu vergegenwärtigen, der zwischen dieser, von einer rigiden, aber doch wirkungsvollen Abwehr bestimmten Reaktion und der umfangreichen, eine Fülle von primärprozeßhaften Inhalten aufweisenden Geschichte besteht, die Herr T. (s.S. 148ff.) produziert hat. Während bei Herrn T. die Abwehrschranke von den unbewußten Phantasien gleichsam überrollt wurde, ist es dem hier beschriebenen Patienten gelungen, sich vor dem Aufsteigen der durch Tafel 16 aktivierten Phantasien durch den Einsatz von Intellektualisierung und emotionaler Distanzierung zu schützen.

Die folgende TAT-Geschichte stammt von einem 36jährigen Manne, der als **Borderline-Persönlichkeit mit ausgeprägten schizoid-paranoiden** Zügen diagnostiziert worden ist. Im Zentrum seines Lebens standen seit etlichen Jahren Prozesse, die er gegen einen ehemaligen Arbeitgeber führte, von dem er sich in verschiedener Hinsicht ungerecht behandelt fühlte. Neben diesen querulatorischen Zügen fiel insbesondere auf, daß der Patient erhebliche Störungen in seiner Realitätskontrolle aufwies. Er imponierte als verschroben, weltfremd und in seiner Kommunikationsfähigkeit erheblich beeinträchtigt. Diese Verschrobenheit zeigt sich in besonders eindrücklicher Weise auch in seiner folgenden Geschichte zu Tafel 16:

Ein Polizist A geht zu Polizist B und überzeugt ihn davon, ich sei ein Verbrecher. B sieht mich gehen und zieht seine Dienstpistole und möchte sicher sein, daß ich nicht entkomme, feuert einen Schuß ab auf meine Beine. Er trifft mich aber in der Magen-Darm-Gegend, und es sind bleibende Gesundheitsschäden eingetreten. Ich beschwere mich über den Fall bei C, dem Vorgesetzten von B. Dieser sagt, er habe den Vorfall sorgfältig geprüft, B habe weder fahrlässig noch vorsätzlich seine Dienstpflicht verletzt. Deshalb sei meine Beschwerde unbegründet. Normalerweise müsse er Gebühren erheben, aber weil es stimmt, daß geschossen worden ist, und weil ich bezeugen kann, daß ich den Schuß gehört habe, hätte ich in gutem Treuen gehandelt in der Anzeige und daher würden großzügigerweise keine Gebühren auferlegt.

Diese Geschichte ist aus zweierlei Gründen bemerkenswert: Zum einen thematisiert sie den Hauptkonflikt im Leben des Patienten, nämlich sein Gefühl, Opfer eines ungerechtfertigten Angriffs zu sein und nicht zu seinem Recht zu kommen. Zum anderen ist die Erzählung in formaler Hinsicht auffällig und erinnert in ihrer Verschrobenheit und dem „Verhältnisblödsinn" an die Geschichte des schizophrenen Patienten Herrn R. (vgl. Kapitel 13.3.) Auffällig sind auch die Emotionslosigkeit, die in der Geschichte spürbar wird, und die Tatsache, daß der Patient – ungeachtet seines vordergründigen Querulierens – sich letztlich offensichtlich stets im Unrecht fühlt, selbst wenn die äußere Realität das Gegenteil beweist: So wird der Mann in der Geschichte zu unrecht angeschossen und schwer verletzt, muß dann aber dem Polizeichef noch dankbar dafür sein, daß ihm „großzügigerweise keine Gebühren auferlegt" werden. Aus diesen Formulierungen wird ersichtlich, daß die paranoid-querulatorischen Tendenzen dem Patienten dazu dienen, sich seiner Aggression zu entledigen und sich von dem ihm unerträglichen Gefühl der eigenen Nichtigkeit und Rechtlosigkeit zu befreien (in anderen TAT-Geschichten setzt er als weitere Abwehrstrategie Grandiositätsvorstellungen ein, indem er etwa in der Geschichte zu Tafel 17BM von einem Manne spricht, der ein „Radio-Interview" gegeben habe „betreffs seinen 120 Bundesgerichtsbeschwerden, die er bislang geführt hat . . . er ist Diplomingenieur ETH und hat Jurisprudenz studiert und führt seine Fälle stets in eigener Sache . . . und ist bekannt unter einschlägigen Fachkreisen").

Im folgenden möchte ich die Geschichten zu Tafel 16 von Patienten mitteilen, die unter einer **chronischen dissozialen Fehlentwicklung auf der Grundlage einer Borderline-Persönlichkeitsstörung** litten (zur Persönlichkeit von Dissozialen s. *Rauchfleisch,* 1981). Die beiden 19- und 25jährigen Patienten waren in verschiedenen Pflegefamilien und Heimen aufgewachsen, hatten, dadurch bedingt, wiederholte Beziehungsabbrüche erlebt und waren bereits in der Jugend durch deliktische Aktivitäten auffällig geworden. Beide Patienten hatten, als der TAT aufgenommen wurde, mehrere Haftstrafen hinter sich. Die folgenden Geschichten sind nach meiner Erfahrung paradigmatisch für die bei Delinquenten häufig zu findende Tendenz, in der Erzählung zu Tafel 16 ein Wunschbild zu entwerfen, das in krassem Gegensatz zur desolaten inneren und äußeren Situation dieser Menschen steht:

19jähriger Patient: Ein schönes Haus ist da drauf und schönes, grünes Gras und eine Kinderschaukel. Ich stehe drauf, mit meiner Frau und meinen zwei Kindern. Viele Freunde sind auch noch da. Sie sitzen im Gras und haben ein Festessen. Sie feiern mein Haus, das ich gerade gebaut habe. Es ist ein großes Fest, es gibt viel Essen und Wein. Es ist ein schönes Haus auf dem Land.

25jähriger Patient: Eine schöne Landschaft mit saftiger Wiese, mit Pferden, Kühen usw. Ich möchte auf dieser Wiese liegen und vor mich hindösen. Dazu wäre ich reich und könnte ohne schaffen und krampfen das Leben genießen. Das ist mein Traum.

Das diese Geschichten kennzeichnende Merkmal ist die Darstellung einer „heilen Welt". Viele dissoziale Patienten liefern vor allem zur Tafel 16 solche Bilder ihrer Sehnsucht nach einem Leben in einem narzißtischen Universum, in dem sie bedingungslose Zuwendung und orale Versorgung erfahren wollen und sich in einem konfliktfreien Zustand befinden. Die narzißtische Dimension dieser Phanantasien wird besonders deutlich, wenn man sich die Diskrepanz zwischen dieser Darstellung und der Realität der Patienten vor Augen hält: Sie leben unter schwierigsten sozialen Verhältnissen, in höchst konflikthaften Beziehungen zu ihrer näheren und weiteren Umgebung oder völlig isoliert, wie der 19jährige Patient, der sich in der oben zitierten Geschichte bezeichnenderweise in den Mittelpunkt eines ihn tragenden Familien- und Freundeskreises phantasiert.

Ein solches zur sozialen Realität komplementäres Bld entwarf auch eine 30jährige Frau, die zur Zeit der TAT-Aufname in einer symbiotischen Beziehung mit einem jungen Manne lebte. Er hatte sich zunehmend durch ihre unmäßige orale Ansprüchlichkeit und ihre narzißtisch-fusionäre Abhängigkeit von Gratifikationen seinerseits überfordert gefühlt und wünschte sich nun von ihr zu trennen. Als er diesen Entschluß, ungeachtet ihrer immer heftiger werdenden Anklammerungsversuche, durchzusetzen versuchte, erstach sie ihn. Die wenige Wochen vor diesem Ereignis aufgenommene TAT-Geschichte zu Tafel 16 lautet:

Dieses Bild ist weiß, nichts ist darauf. Im Gegensatz zu all den anderen Bildern kann ich mir vorstellen, daß man eine glückliche Familie darauf sehen könnte, einen Mann und seine Frau, die sich die Hand halten und füreinander da sind, in guten und schlechten Zeiten. Vielleicht auch ein oder zwei Kinder dürften auf diesem Bild sein, glückliche, aufgeweckte Kinder, die die Harmonie ihrer Eltern wiederum ausstrahlen und nichts anderes kennen als eine zufriedene, glückliche Mami und einen guten Vater. Ich könnte mir vorstellen, daß es das heute noch geben sollte. Glück, Liebe und Harmonie, sicher braucht es zwei dazu. Zwei, die sich auch helfen, füreinander da zu sein. So, denke ich, würde die Mutter wie der Vater nie auf unsinnige Gedanken kommen und das Leben mit anderen Augen betrachten. Schön und lebenswert. Ohne Rache, Haß und Depression.

Die Sehnsucht nach einer „glücklichen Familie . . . Liebe und Harmonie" und die andrängenden destruktiven Kräfte von „Rache, Haß und Depression" sind die beiden Pole, die sich zur Zeit der Testaufnahme noch in einem labilen Gleichgewicht zu halten vermochten. Wenige Wochen später jedoch zerbrach angesichts der definitiven Trennung des Freundes die narzißtische Phantasie einer konfliktlosen, alle Bedürfnisse befriedigenden Welt und ließ die bisher mühsam abgewehrten aggressiven Impulse der Patientin in ihrer ganzen Destruktivität hervorbrechen.

Das zuletzt zitierte Beispiel hat bereits erkennen lassen, daß die narzißtischen Phantasien oft die wichtige Funktion erfüllen, dem dissozialen Menschen als Abwehr zu dienen. Die Gefühle, gegen die sich diese Abwehr richtet, werden in den beiden folgenden Geschichten thematisiert:

33jähriger Patient: Ein langer Weg, endlos, wo ich dahermarschiere und immer hoffe, ich sehe das Ziel, trotzdem es endlos ist. Aber ich weiß es nur nicht, ich hoffe immer, daß ich auf etwas stoße, Mensch oder Haus, oder wenigstens daß ich Wasser habe, das wichtig ist im Leben. Aber ich laufe daher, sehe keine Zukunft, daß ich etwas erreiche von diesen Sachen. Ich bin so hilflos, quasi laufe ich einfach dahin, aber ins Ungewisse.

36jähriger Patient: Eine Ölkerze ist angezündet worden. Ich stelle mir vor, wie es das Leben ist. Die Flamme wird kleiner und immer kleiner und lischt aus. Dann ist das Leben zu Ende. Ich frage mich oft, ob es eine Glaubensgerechtigkeit gibt. Das Menschenleben ist wie eine Öllampe. Das ist die einzige Gerechtigkeit, nämlich der Tod. Niemand kann zurück.

Deutlich zeigen diese beiden Geschichten, daß hinter der Grandiosität und den manipulativen Verhaltensweisen, die viele dissoziale Persönlichkeiten an den Tag legen, Gefühle von Sinnlosigkeit, Verzweiflung und innerer Leere liegen. Diese Menschen laufen häufig tatsächlich, wie der 33jährige Patient es formuliert, „ins Ungewisse", und ihre vielfältigen Abwehrstrategien vermögen nicht über ihr zentrales narzißtisches Defizit hinwegzutäuschen („die Flamme wird kleiner und kleiner und lischt aus").

Ein weiterer, 21jähriger, dissozialer Patient mit schwerster Borderline-Pathologie, der ein Kind sexuell mißbraucht und getötet hat, stellt in seiner folgenden Geschichte zu Tafel 16 einen anderen Aspekt der bei vielen dissozialen Persönlichkeiten feststellbaren Psychopathologie dar, nämlich den geradezu verzweifelten Kampf gegen die in der Tiefe der eigenen Persönlichkeit lauernde Gefahr des „Bösen". Dabei zeigt gerade diese TAT-Produktion, wie vage und wie wenig an der Realität orientiert die „Lösungs"-Hoffnungen solcher Patienten oft sind:

– – –Da ist ein Mann drauf, der nicht gerade die beste Vergangenheit hinter sich hat, aber vor sich einen Garten mit vielen Früchten, als Symbol dafür, daß die Zukunft besser wird als die Vergangenheit. Am Eingang vom Garten gibt es eine Türe, die hinter ihm zugegangen ist und die er nicht mehr öffnen kann. Und vorne ist eine Türe, die offen ist. Mitten durch den Garten geht ein Weg. Mit jedem Schritt, den er auf die Türe vor sich zu macht, wird der Garten hinter ihm immer kleiner, so daß er nicht mehr zurück kann. Als er durch die Türe am Ende des Gartens gekommen ist, ist er in einen neuen Garten gekommen, der noch schöner war. Auch die Türe ging hinter ihm zu. Und so ging es immer weiter.

Der Patient beschreibt in dieser Geschichte einen unendlichen, letztlich nie gelingenden Abwehrkampf gegen die eigenen destruktiven Impulse, die er hier in verharmlosender Weise als die „nicht gerade beste Vergangenheit" bezeichnet. Sein ganzes Streben ist darauf ausgerichtet, das furchtbare Geschehen in der Vergangenheit „immer kleiner" werden zu lassen, gleichsam alle Brücken, die zur Erinnerung und Auseinandersetzung mit seiner Tat führen könnten, abzubrechen („ . . . so daß er nicht mehr zurück kann") und die grandiose Phantasie aufzubauen, daß er sich Schritt um Schritt in eine immer schöner werdende Welt begibt. Voraussetzung für eine solche narzißtische Phantasie ist indes, daß die Realität ausgeblendet wird (die Gärten hinter ihm werden „immer kleiner", und die Türen hinter ihm gehen immer wieder zu).

Abschließend möchte ich noch drei Beispiele für TAT-Geschichten zu Tafel 16 von **Transsexuellen** (einem Mann und zwei Frauen) diskutieren. In diagnostischer Hinsicht imponierten die Patienten als **Borderline-Persönlichkeiten mit ausgeprägten narzißtischen Störungsanteilen.**

Das erste Beispiel stammt von einem 32jährigen Mann, der zur Zeit der Testaufnahme noch nicht operiert war, aber bereits seit mehreren Jahren in der weiblichen Rolle lebte. Der Patient stellt in der folgenden von ihm gelieferten Geschichte seine eigene desolate Situation dar und verwendet dabei bezeichnenderweise auch die Ich-Form (während die Erzählungen zu allen übrigen Tafeln in der dritten Person formuliert sind):

Abend für Abend gehe ich auf die Gasse. Geldsorgen. Damit ich zu Geld komme, muß ich halt wieder einmal anschaffen gehen. Ich schaue mich in den gewohnten Beizen um und treffe Kolleginnen. Man trinkt etwas, und schließlich komme ich zu meinem Freier. Dabei denkt man heute schon an morgen. Denn in diesem Gewerbe muß man kalt sein. Oft bekomme ich den Ekel, aber so schnell schafft es leider keine, aus diesem Milieu zu entfliehen.

Der Patient zeichnet hier, wie erwähnt, ein getreues Abbild seiner sozialen Realität. Bedeutsam erscheint mir indes, daß er in der TAT-Geschichte eine emotionale Betroffenheit zum Ausdruck bringt („ . . . muß man kalt sein", „. . . bekomme ich Ekel", „ . . . schafft es keine, aus diesem Milieu zu entfliehen"), die er im Gespräch in dieser Eindeutigkeit nicht zu formulieren vermochte. Es war für den Patienten gerade kennzeichnend, daß er nicht nur in der Explorationsphase, sondern auch über weite Strecken seiner zirka 1 ½ Jahre dauernden Psychotherapie emotionale Reaktionen, insbesondere solche depressiver Art, unter allen Umständen zu vermeiden suchte. Die Tafel 16 des TAT bot ihm offensichtlich die Möglichkeit, seine Verzweiflung und Resignation zu formulieren und mir, dem zukünftigen Therapeuten, mitzuteilen. Interessanterweise hat dieser Patient seine Depressivität und innere Leere auch in der Therapie anfangs nur „aus Distanz" mitteilen können, nämlich wenn er alkoholisiert war und mir in diesem Zustand Briefe schrieb, in denen sein ganzes Elend aus ihm herausbrach. In den Therapiesitzungen selber präsentierte er lange Zeit das Bild der „Dame von Welt", die amüsiert und „kalt" (wie es in der Geschichte heißt) über alles Kränkende und Bedrückende hinwegging und das Leben im „Milieu" scheinbar aus vollen Zügen genoß. Hier bot die TAT-Geschichte eine wichtige Ergänzung.

Die nächste TAT-Erzählung stammt von einer 35jährigen weiblichen Transsexuellen, die eine operative Angleichung an das männliche Geschlecht anstrebte. Die Patientin lebte seit etlichen Jahren mit einer Freundin zusammen und litt nach ihren Angaben sehr darunter, daß sie sich zwar „ganz als Mann" erlebe, zugleich aber immer wieder mit ihrem weiblichen Körper konfrontiert sei. Ihre Geschichte zu Tafel 16 lautete:

Ein Mann, der sich mit seinem Leben nicht zurecht findet auf dieser Erde. Er ist innerlich zerbrochen, das Leben ist zu brutal für ihn. Er ist müde, er sehnt sich nach Reinheit und Ruhe. Aber dennoch lebt er ja, er muß leben, weil es so sein soll. Er geht ins Kloster. Als Ziel setzt er sich, Menschen zu helfen, die mit ihren Problemen nicht fertig werden. Er hat Erfolg, immer mehr vertrauen sich ihm an, er ist unentbehrlich geworden. Man braucht ihn überall. Er blüht auf, bei dem Gefühl, anderen Menschen helfen zu können, und so hat sein Leben wieder einen neuen Sinn bekommen.

Angesichts des Wunsches der Patientin nach einer Angleichung an das männliche Geschlecht ist es nicht verwunderlich, daß sie in ihrer Erzählung eine männliche Identifikationsperson wählt. Psychodynamisch bedeutsam ist indes, wie sie die Persönlichkeit und die Lebensumstände dieses Mannes schildert: Das (von ihr ja angestrebte) Leben als Mann wird als „zu brutal für ihn" dargestellt, „er ist innerlich zerbrochen . . . ist müde, sehnt sich nach Reinheit und Ruhe". Der geschilderte Mann, der sich selber „mit seinem Leben nicht zurecht findet", setzt sich zum Ziel, „Menschen zu helfen, die mit ihren Problemen nicht fertig werden". Diese Formulierungen lassen erkennen, daß es der Patientin im letzten nicht um den männlichen Körper oder das Leben in der männlichen Rolle geht, sondern daß im Zentrum eine narzißtische Problematik steht. Das Ende der Geschichte zeigt, was der Patientin eigentlich fehlt und wovon sie in extremer Weise abhängig ist: nämlich narzißtische Gratifikation durch die Umwelt. Nur auf diesem Wege ist es ihr möglich, ihrem Leben „einen neuen Sinn" zu geben, nun „blüht" sie auf. Die Patientin hat in dieser Geschichte eindrücklich die beiden Pole ihres Lebens dargestellt: die narzißtische Leere („zerbrochen", „müde") einerseits und die grandios-omnipotente Abwehr („unentbehrlich", „man braucht ihn überall") andererseits.

Eine weitere, zur Zeit der Testaufnahme 43jährige weibliche Transsexuelle thematisiert in ihrer folgenden Geschichte zu Tafel 16 einen anderen psychodynamischen Aspekt, der nach meiner Erfahrung ebenfalls häufig bei transsexuellen Patienten zu finden ist:

Auf dem Bild sieht man ein Haus mit überstehendem Dach. Es ist verwinkelt und liegt etwas verborgen in einem geschützten Tal. Rund herum sind keine anderen Häuser mehr. Es ist Sommer, und die Sonne scheint milde und warm. Das Haus ist umgeben von Wald und Wiesen. Ein kleiner See gehört dazu. Ein Bach fließt in der Nähe des Hauses. Er ist klar, man sieht darin Fische schwimmen. Das Haus - es ist natürlich mein Haus - ist sehr sorgfältig und solide gebaut und völlig in die Landschaft eingefügt. Es hat keine großen Fenster. Von außen kann man nicht viel von dem Inneren des Hauses erkennen. Die Fenster sind nicht sehr groß und liegen dazu noch tief im Mauerwerk. Draußen ist es still, aber es ist nicht totenstill. Es fehlt der Lärm und Krach, den die Konstruktionen der Menschen erzeugen. Man sieht Haustiere. Sie können völlig frei und uneingeschränkt leben. Sie fühlen sich da völlig sicher und sind da zu Hause. Es gibt da keine Tiere in Käfigen, auch keine Vögel. Man sieht Pferde auf den Weiden und keine Kühe, sondern nur wilde Rinder, die weder geschlachtet noch gemolken werden. Sie gehören sich selber.

Die Patientin schildert eine paradiesische Situation, die sich vor allem durch zwei Merkmale auszeichnet: durch Freiheit und Aggressionslosigkeit. Der psychodynamische Kern der Erzählung ist im letzten Satz formuliert: „Sie gehören **sich selber**." Dies ist, wie ausführlich in Kapitel 10 dargestellt, die zentrale Thematik der transsexuellen Patienten, für die es im letzten nicht um die Geschlechtsrolle geht, sondern um die Frage der Identität, des Wissens darum, „wer ich bin" wie es Herr B. in seiner Geschichte zu Tafel 17GF (s.S. 88) formuliert hat. Daneben deutet sich in der oben zitierten Geschichte der Patientin die Sehnsucht nach einem narzißtischen Zustand an, in dem sie sich wie in einem „geschützten Tal", „völlig sicher und . . . zu Hause" fühlen könnte und alle ihre Bedürfnisse befriedigt würden.

Auf der Subjektstufe gedeutet, weist das von der Patientin entworfene Bild darauf hin, daß sie frei sein möchte von den in Realität sie quälenden (inter- und intrasystemischen) Konflikten. Sie träumt von einer friedlichen Koexistenz ihrer verschiedenen Persönlichkeitsanteile und Triebtendenzen. Insbesondere soll aber aus dieser inneren Welt jegliche Aggression verbannt sein. Es ist eine Dynamik, die ebenfalls in der vorher zitierten Geschichte der 35jährigen transsexuellen Patientin zum Ausdruck kam: Auch diese Frau hofft, sich dem inneren Kampf (der für sie „zu brutal ist") entziehen zu können und in einem inneren „Kloster" „Reinheit und Ruhe" zu finden, d.h. aller aggressiven Impulse ledig zu sein. Nach meiner Beobachtung liegen dieser – bei vielen Transsexuellen feststellbaren – Aggressionsabwehr zwei Ursachen zugrunde: zum einen die Angst vor einer archaisch-destruktiven Form der Aggressivität (vgl. den Bericht über Hern B., Kapitel 10) und zum anderen die damit zusammenhängende Befürchtung, die aggressiven Impulse würden gleichsam alles „vergiften" (s. die Geschichte von Herrn B. zu Tafel 13B) und ihnen damit den Zugang zu der für sie so wichtigen narzißtischen Gratifikation zerstören.

Ich habe im vorliegenden Kapitel anhand der Geschichten, die ganz verschiedene Patienten zur Leertafel 16 geliefert haben, gezeigt, daß in diesen Erzählungen oftmals die zentrale Psychodynamik und wichtige Abwehrformationen gestaltet werden. Vieles, was in den anderen durch die thematische Valenz der Tafeln mehr oder weniger determinierten Geschichten andeutungsweise zum Ausdruck kommt, präsentiert sich bei Tafel 16 gleichsam als „Kondensat". Aus diesem Grunde sollte bei der Auswertung des TAT der zur Leertafel gelieferten Geschichte jeweils besondere Aufmerksamkeit geschenkt werden. Mitunter ist es sogar empfehlenswert, bei der Interpretation von der Geschichte zu Tafel 16 als dem psychodynamischen Zentrum auszugehen und dann zu untersuchen, wie sich dieser Kernkonflikt in den verschiedenen anderen Erzählungen ausdifferenziert.

Literatur

*Aaron, N.S.:*Some personality differences between asthmatic, allergic and normal children. J. clin. psychol. 23 (1967) 336-340

Abraham, E.: Zum Vorgang der Projektion. Schweiz. Z. Psychol. 10 (1951) 225-242

Alkire, A.A., A.J.Brunse, J.P.Houlihan: Avoidance of nuclear family relationships in schizophrenia. J. clin. psychol. 30 (1974)398-400

Anzieu, D.: Les méthodes projectives. Presses Univ. France, Paris 1960

Argelander, H.: Das Erstinterview in der Psychotherapie. Wissensch. Buchgesellschaft, Darmstadt 1970

*Arnds, H.G.:*Zum Begriff der psychoanalytisch-diagnostischen Anamnese. Psychother. Med. Psychol. 23 (1973a) 192

Arnds, H.G.: Die Praxis psychoanalytisch-diagnostischer Anamnesentechnik. Z. Psychother. Med. Psychol. 23 (1973b) 238

Arnds, H.G.: Anamnesenerhebung. In: *Battegay, R., J. Glatzel, W. Pöldinger, U. Rauchfleisch* (Hg.): Handwörterbuch der Psychiatrie. S. 33–66. Enke, Stuttgart 1984

Arnold, Magda B.: Story Sequence Analysis. Columbia Univ.Press, New York 1962

Balint. M., P.H.Ornstein, E.Balint: Fokaltherapie. Suhrkamp, Frankfurt/M. 1973

Battegay, R.: Narzißmus und Objektbeziehungen. Über das Selbst zum Objekt. 2.Aufl. Huber, Bern 1979

Battegay, R.: Pschoanalytische Neurosenlehre. Eine Einführung. Fischer, Frankfurt/M. 1986

Beck, D.: Die Kurzpsychotherapie. Huber, Bern 1974

Bell, J.E.: Projective Techniques, a Dynamic Approach to the Study of the Personality. Longmanns, Green & Co., New York 1948

Bellak, L.: The Thematic Apperception Test, the Children's Apperception Test and the Senior Apperception Technique in Clinical Use. 1954. 3.Aufl. Grune & Stratton. New York 1975

Bellak, L., S.S.Bellak: Senior Apperception Technique (SAT). C.P.S. Inc., Larchmont, New York 1973

Bellak, L., S.S.Bellak: Kinder-Apperzeptions-Test (CAT). Hogrefe, Göttingen 1955

Berns, R.S., D.E.Bugental, G.P.Berns: Research on student activism. Amer. J. Psychiat. 128 (1972) 1499-1504

Blanck, G., R.Blanck: Angewandte Ich-Psychologie. Klett-Cotta, Stuttgart 1978

Blankenburg, W.: Voraussetzungen der Projektionstheorie I. Confin. psychiat. 18 (1975) 207-220

Bleuler, E.: Lehrbuch der Psychiatrie. 14.Aufl. Springer, Berlin 1979

Blum, G.S.: The Blacky Pictures. Grune & Stratton, New York 1950

Cameron, N.: Perceptual Organization and Behavior Pathology. In: *Blake, R.R., G.V.Ramsey* (Hg.): Perception: An Approach to Personality. 283-306. Ronald Press, New York 1951

Ciompi, L., C.Müller: Lebensweg und Alter der Schizophrenen. Eine katamnestische Langzeitstudie bis ins Senium. Springer, Berlin 1976

Cooper, A.: A basic TAT set for adolescent males. J. clin. psychol. 37 (1981) 411-414

Corman, L.: Der Schwarzfuß-Test. Grundlagen, Durchführung, Deutung und Auswertung. E.Reinhardt, München 1977

Costantino, G., R.G.Malgady, C.Vazquez: A comparison of the Murray-TAT and a new Thematic Apperception Test fur urban Hispanic children. Hispanic J. Behav. Sciences 3 (1981) 291-300

Costantino, G., R.G.Malgady: Verbal fluency of hispanic, black and white children on TAT and TEMAS, a new thematic apperception test. Hispanic J. Behav. Sciences 5 (1983) 199-206

*Cronbach, L.:*Essentials of Psychological Testing. Harper, New York 1970

Düss, L.: Fabelmethode. Heft 4 der Studien zur diagnostischen Psychologie. Instit. Psycho-Hygiene Biel. 3.Aufl. 1976

Dungan, D.S., C.B.Holmes: Factos determining gender of the figure in TAT card 3BM. Percept. Motor Skills 55 (1982) 1209-1210

Dymond, R.F.: Personality and empathy. J. consult. psychol. 14 (1950) 343-350

Eckes-Lapp, R.: Psychoanalytische Traumtheorie und Trauminterpretation. Vandenhoeck & Ruprecht. Göttingen 1980

Fitzgerald, B.J, R.A.Pasework, S.Fleisher: Responses of an aged population on the Gerontological and Thematic Apperception Tests. J. personal. assessm. 38 (1974) 234-235

Frank, L.K.: Projetive Methods. Charles Thomas. Publ., Springfield, Ill. 1948

Frank, L.K.: Toward a projective psychology. J. proj. techn. 24 (1960) 246-253

Freud, Anna: Das Ich und die Abwehrmechanismen. 1936. Kindler, München 1964

Freud, S.: Studien über Hysterie. G.W. I, 1895

Freud, S.: Die Traumdeutung. G.W.II/III. 1900

Freud, S.: Bruchstück einer Hysterie-Analyse. G.W. V, 1905

Freud, S.: Psychoanalytische Bemerkungen über einen autobiographisch beschriebenen Fall von Paranoia. G.W. VIII, 1911

Gelles, R.J.: On the association of sex and violence in the fantasy production of college students. Suicide 5 (1975) 78-85

Goldstein, M.J., E.Gould, A.Alkire, E.H. Rodnick, L.L.Judd: Interpersonal themes in the Thematic Apperception Test stories of families of disturbed adolescents. J. nerv. ment. dis. 150 (1970) 354-365

Gonzales, J.M.: Psychological tests in Colombia. Rev. Latinamer. Psicolog. 9 (1977) 429–435

Grzesiak, R.C., J.P.Kegerreis, G.D.Miller: A comparison of thematic content on selected Rorschach and TAT cards. Brit. J. proj. psychol. person. study 18 (1973) 31–35

Haenel, Th., U.Rauchfleisch, R.Schuppli: Die Bedeutung von Hautartefakten. Schweiz. Med. Wschr. 112 (1982) 326–333

Hartman,A.A.: A basic TAT set. J. proj. techn. 34 (1970) 391–396

Hartmann, H.: Ich-Psychologie. Studien zur psychoanalytischen Theorie. Klett, Stuttgart 1972

Haynes, J.P., J.Peltier: Patterns of practice with the TAT in juvenile forensic settings. J. person. assessm. 49 (1985) 26–29

Heckhausen, H.: Hoffnung und Furcht in der Leistungsmotivation. Hain, Meisenheim 1963

Heiß, R.: Die diagnostischen Verfahren in der Psychologie. I.Teil. Psychol. Rdsch. 1 (1950) 266–275

Heiß, R.: Möglichkeiten und Grenzen einer Diagnostik der Persönlichkeit durch projektive Methoden. In: Die Vorträge der 4.Lindauer Psychotherapiewoche 1953. 22-39. Thieme, Stuttgart 1953

Hoffberg, C., I.Fast: Professional identity and impulse expression in phantasy. J. proj. techn. person. assessm. 30 (1966) 488–498

Holmes, C.B., D.S.Dungan: Gender of Thematic Apperception card 3BM figure. Percept. Motor Skills 53 (1981) 897–898

Honor, S.H., J.R.Vane: Comparison of Thematic Apperception Test and questionnaire methods to obtain achievement attitudes of highschool boys. J. clin. psychol. 28 (1972) 81–83

Horney, K.: New Ways in Psychoanalysis. Norton, New York 1939

Hymowitz, P., H. Spohn: The effects of antipsychotic medication on the linguistic ability of schizophrenics. J. nerv. ment. dis. 168 (1980) 287-296

Inman, D.J.: Differentiation of intropunitive from extrapunitive female inmates. J. clin. psychol. 33 (1977) 95–98

Irvin, F., K.V.Vander Woude: Empirical support for a basic TAT set. J. clin. psychol. 27 (1971) 514-516

Jacquemin, A.: The Thematic Apperception Test (TAT) in clinical practice. Bull. psycholog. Scolaire Orient. 30 (1981) 25–31

Johnson, B.L., P.R.Kilmann: Prediction of locus of control orientation from the Thematic Apperception Test. J. clin. psychol. 31 (1975) 547–548

Jung, C.G.: Über psychische Energetik und das Wesen der Träume. Rascher, Zürich 1948

Kagan, J.: The stability of TAT fantasy and stimulus ambiguity. J. consult. psychol. 23 (1959) 266–271

Kahn, M.: The usefulness of the TAT blank card in clinical practice. Psychother. Private Practice 2 (1984) 43–50

Kaldegg, A.: Aspects of personal relationships in heroin dependent young men: an experimental study. Brit. J. Addict. 70 (1975) 277–286

Kazdin, A.E., J.L. Matson, V. Senatore: Assessment of depression in mentally retarded adults. Amer. J. psychiat. 140 (1983) 1040–l043

Kernberg, O.F.: Borderline-Störungen und pathologischer Narzißmus. 3.Aufl. Suhrkamp. Frankfurt/M. 1979

Klein, M.: Das Seelenleben des Kindes und andere Beiträge zur Psychoanalyse. Rowohlt, Reinbek 1972

Kohut, H.: Narzißmus. Suhrkamp, Frankfurt/M. 1973

Kohut, H.: Die Heilung des Selbst. Suhrkamp, Frankfurt/M. 1979

Kornadt, H.-J.: Toward a motivation theory of aggression and aggression inhibition: Some considerations about an aggressive motive and their application to TAT and catharsis. In: *J. deWit, W. Hartup*(Hg.): Determinants and Origins of Aggressive Behavior. 567–577. Mouton, Paris 1974

Kornadt, H.-J., H. Zumkley: Thematische Apperzeptionsverfahren. In: *K.-J.Groffmann, L.Michel* (Hg.): Enzyklopädie der Psychologie, Themenbereich B, Serie II. Band 3 Persönlichkeitsdiagnostik. 258–372. Hogrefe, Göttingen 1982

Langeveld, M.J.: The Columbus. Picture Analysis of Growth Towards Maturity. 2.Aufl. Karger, Basel 1976

Laplanche, J., J.-B. Pontalis: Das Vokabular der Psychoanalyse. Suhrkamp, Frankfurt/M. 1972

Lennep, D.J.van: The Four-Picture-Test. In: *H.Anderson, G.L.Anderson* (Hg.): An Introduction to Projective Techniques. Prentice-Hall, New York 1951

Lennep, D.J.van: Projektion und Persönlichkeit. In: *H.v.Bracken, H.P.David* (Hg.): Perspektiven der Persönlichkeitstheorie. 206–218. Huber, Bern 1959

Lienert, G.A.: Testaufbau und Testanalyse. 3.Aufl. Beltz, Weinheim 1969

Lindzey, G., P.Herman: TAT: A note on reliability and situational validity. J. proj. techn. 19 (1955) 36–42

*Lindzey, G., M.Silverman:*Thematic Apperception Test: Technique of group administration. sex differences, and the role of verbal productivity. J. Personal. 27 (1959)311-323

Loeblowitz-Lennard, Reissmann (zit.nach *Revers,* 1973)

Macfarlane, J.W.: Critique of projective techniques. Psychol. Bull. 38 (1941) 746

Mahler, M.S.: Symbiose und Individuation. Bd.1 Psychosen im frühen Kindesalter. Klett, Stuttgart 1972

Mahler, M.S., F.Pine, A.Bergman: Die psychische Geburt des Menschen – Symbiose und Individuation. Suhrkamp, Frankfurt/M. 1978

Malan, D.H.: Psychoanalytische Kurztherapie, eine kritische Untersuchung.1963. Huber, Bern 1965

*Manchanda, R., B.B.Sethi, S.C.Gupta:*Hostility and guilt in obsessive-compulsive neurosis. Brit. J. Psychiat. 135 (1979) 52–54

McClelland, D., J.Atkinson, R.Clark, E.Lowell: The Achievement Motive. Appleton, New York 1953

Mertens, W.: Psychoanalyse. Kohlhammer. Stuttgart 1981

Meyer, E., G.Schaback-Pollert: Experimentelle Untersuchung zur Qualität projektiven Bildmaterials. Z. psychosom. Med. 31 (1985) 355–364

Milner, J.S.: Administrators gender and sexual content in projective test protocols. J. clin. psychol. 31 (1975) 540–541

Money, J., A.A.Ehrhardt: Männlich – Weiblich. Die Entstehung der Geschlechtsunterschiede. Rowohlt, Reinbek 1975

Moosmann, H.: Kontextspezifische Anwendung und Interpretation des thematischen Apperzeptionstests: Die TAT-Befunde bei Eltern-

rechtsfragen. Schweiz. Z. Psychol. 36 (1977) 211–238

Munn, N.L.: Psychology. Houghton Mifflin, New York 1946

Murray, H.A., C.D.Morgan: A method for investigating phantasies: the Thematic Apperception Test. Arch. Neurol. Psychiat. 34 (1935) 289-306

Murray, H.A.: Explorations in Personality. Oxford Univ. Press, New York 1938

Murray, H.A.: Thematic Apperception Test Manual. Harvard Univ. Press, Cambridge, Mass. 1943

Murray, H.A., M.I.Stein: Note on the selection of combat officers. Psychosom. Med. 5 (1943) 386

Murstein, B.: Theory and Research in Projective Techniques (Emphasizing the TAT). Wiley, New York 1963

Murstein, B.: The Stimulus. In: *B.Murstein* (Hg.): Handbook of Projective Techniques. 509–546. Basic Books, New York 1965

Murstein, B., R.S.Pryer: The concept of projection: A review. Psychol. Bull. 56 (1959) 353-374

Oppenheimer, F.: Pamela, a case study in status symbols. J. abnorm. soc. psychol. 40 (1945) 187

Pasewark. R.A., B.J. Fitzgerald, V. Dexter, A.Cangemi: Responses of adolescent, middle-aged, and aged females on the Gerontological and Thematic Apperception Tests. J. person. assessm. 4O (1976) 588–591

Pettigrew, C.G., D.J.Inman, J.G.Dawson: Sexual expression of seminarians on projective techniques. Southern Psychologist 1 (1982) 36–40

Phillipson, H.: The Object Relations Technique. Tavistock Publ., London 1955

Plaßmann, R., B.Wolff, H.Freyberger: Die heimliche Selbstmißhandlung, eine psychosomatische Krankheit. Z. Psychosom. Med. 32 (1986) 316-336

Plaßmann, R.: Der Arzt, der Artefakt-Patient und der Körper. Eine psychoanalytische Untersuchung des Mimikry-Phänomens. Psyche 41 (1987) 883-899

Polyson, J., D.Norris, E.Ott: The recent decline in TAT research. Profession. Psychology: Research and Practice 16 (1985) 26–28

Rapaport, D.: The Thematic Apperception Test. In: *D.Rapaport:* Diagnostic Psychological Testing, Vol.II. Yearbook Publ., Chicago 1949

Rauchfleisch, U.: Handbuch zum Rosenzweig Picture-Frustration Test. Band 1: Grundlagen, bisherige Resultate und Anwendungsmöglichkeiten des PFT. Huber, Bern 1979a

Rauchfleisch, U.: Handbuch zum Rosenzweig Picture-Frustration Test. Band 2: Manual zur Durchführung des PFT und Neueichung der Testformen für Kinder und Erwachsene. Huber, Bern 1979b

Rauchfleisch, U.: Testpsychologie. Eine Einführung in die Psychodiagnostik. Vandenhoeck & Ruprecht. Göttingen 1980 (UTB 1063)

Rauchfleisch, U.: Dissozial. Entwicklung, Struktur und Psychodynamik dissozialer Persönlichkeiten. Vandenhoeck & Ruprecht, Göttingen 1981

Rauchfleisch, U.: Traum und bildhafte Intervention als Kommunikationsmittel in der Psychotherapie dissozialer Persönlichkeiten. Prax. Psychother. Psychosom. 27 (1982) 51-55

Rauchfleisch, U.: Verschiedene Deutungsaspekte des Traumes. In: *Th. Wagner-Simon, G.Benedetti* (Hg.): Traum und Träumen. 229–241. Vandenhoeck & Ruprecht, Göttingen 1984

Rauchfleisch, U.: Angst- und Panikreaktionen bei dissozialen (delinquenten) Patienten. In: *V.Faust* (Hg.): Angst – Furcht – Panik. 128-132. Hippokrates, Stuttgart 1986a

Rauchfleisch, U.: Psychoanalyse und theologische Ethik. Neue Impulse zum Dialog. Universitätsverlag Freiburg Schweiz/Herder Freiburg/ Br. 1986b

Rauchfleisch, U., R.Schuppli, Th.Haenel: Zur Persönlichkeit von Patienten mit dermatologischen Artefakten. Z. psychosom. Med. 29 (1983) 76-84

Revers, W.J.: Der Thematische Apperzeptionstest. 3.Aufl. Huber, Bern 1973

Revers, W.J., C.G.Allesch: Handbuch zum Thematischen Gestaltungstest (Salzburg) und Testtafeln. Beltz, Weinheim 1985

Reynolds, W., N.Sundberg: Recent research trends in testing. J. person. assessm. 40 (1976) 228–233

Riemann, F.: Grundformen der Angst. Reinhardt, Basel 1961

Rosenzweig, S., S.B. Sarason: Fantasy in personality and its study by test procedures. J. abnorm. soc. psychol. 37 (1942) 1042

Seifert, W.: Der Charakter und seine Geschichten. Reinhardt, Basel 1984

Semeonoff, B.: The effect of colour on TAT response. Brit. J. Project. Psychol. Person. Study 21 (1976) 31–38

Smyth, L.D.: Psychopathology as a function of neuroticism and a hypnotically implanted aggressive conflict. J. Person. Soc. Psychol. 43 (1982) 555–564

Staabs, G. von: Der Scenotest. 4.Aufl. Huber. Bern 1964

Starker, S., D.R. Goodenough: Effects of sleep state and method of awakening upon Thematic Apperception Test productions at arousal. J. nerv. ment. dis. 150 (1970) 188–194

Stein, M.I.: The Thematic Apperception Test. Addison-Wesley Press, Cambridge 1948

Stix, E.-M.: Der Interaktions-TAT – ein Hilfsmittel zur Erfassung von Ehekrisen. Z. klin. Psychol. Psychother. 27 (1979) 248–257

Streitberg, G.: Jugendliche Exhibitionisten. Z. klin. Psychol. Psychother. 21 (1973) 317–328

Taylor, G.J., K. Doody: Verbal measures of alexithymia: What do they measure. Psychother. Psychosom. 43 (1985) 32-37

Thomas, A.D., S.Z.Dudek: Interpersonal affect in Thematic Apperception Test responses: A scoring system. J. person. assessm. 49 (1985) 30-36

Tomkins, S.: The Thematic Apperception Test. Grune & Stratton, New York 1947

Vane, J.R.: The Thematic Apperception Test: A review. Clin. Psychol. Rev. 1 (1981) 319–336

Weier, I.: Does psychodiagnosis have a future? J. person. assessm. 36 (1972) 534–546

Weintraub, W., H.Aronson: The application of verbal behavior analysis to the study of psychological defense mechanisms: Methodology and preliminary report. J. nerv. ment. dis. 134 (1962) 169–181

Weintraub, W., H.Aronson: The application of verbal behavior analysis to the study of psychological defense mechanisms III: Speech pattern associated with delusional behavior. J. nerv. ment. dis. 141 (1965) 172–179

Weisskopf, E.: A transcendence index as a proposed measure in the TAT. J. psychol. 29 (1950) 379–390

Wellek, A.: Der Stand der psychologischen Diagnostik im Überblick. Stud. Gen. 7 (1954) 468

Werner, M., J.R.Stabenau, W.Pollin: Thematic Apperception Test method for the differentiation of families of schizophrenics, delinquents, and „normals." J. abnorm. psychol. 75 (1970) 139–145

Wilde, K.: Die Wunschprobe. Psychol. Rdsch. 1 (1949/50)

Willi, J.: Der Gemeinsame Rorschach-Versuch. Huber, Bern 1973

Yudin, L.W., M.Reznikoff: Color and its relation to personality: The TAT. J. proj. techn. person. assessm. 30 (1966) 479–487

Zubin, J., L.D.Eron, F.Schumer: An Experimental Approach to Projective Techniques. Wiley, New York 1965

Sachregister